国家级一流本科专业建设点监狱学·系列教材

法医学

（第二版）

Forensic Medicine

刘迎春／主编

法律出版社
LAW PRESS·CHINA
北京

图书在版编目(CIP)数据

法医学 / 刘迎春主编. --2版. --北京 : 法律出版社, 2023(2025.7重印)
ISBN 978-7-5197-7580-3

Ⅰ. ①法… Ⅱ. ①刘… Ⅲ. ①法医学 Ⅳ. ①D919

中国国家版本馆CIP数据核字(2023)第027882号

法医学(第二版)
FAYIXUE(DI-ER BAN)

刘迎春 主编

责任编辑 慕雪丹
装帧设计 汪奇峰 臧晓飞

出版发行 法律出版社
编辑统筹 法商出版分社
责任校对 赵明霞
责任印制 胡晓雅
经　　销 新华书店

开本 710毫米×1000毫米 1/16
印张 27.75 **字数** 310千
版本 2023年5月第2版
印次 2025年7月第2次印刷
印刷 三河市兴达印务有限公司

地址:北京市丰台区莲花池西里7号(100073)
网址:www.lawpress.com.cn
投稿邮箱:info@lawpress.com.cn
举报盗版邮箱:jbwq@lawpress.com.cn

销售电话:010-83938349
客服电话:010-83938350
咨询电话:010-63939796

书号:ISBN 978-7-5197-7580-3 **定价**:64.00元
凡购买本社图书,如有印装错误,我社负责退换。电话:010-83938349

总　　序

如果从20世纪初国人翻译日本学者佐藤信安、小河滋次郎等人的监狱学著作算起，现代意义的监狱学在中国出现已有百余年。历经百年沧桑，监狱学已经发展成为涵盖数十门分支学科的学科群。从移译西学到自主创新，从依附西方到独立自主，中国监狱学的百年发展成为中国学术由弱到强发展历程的缩影。

2018年，为推进教材建设，中央司法警官学院启动了监狱学系列教材编写的计划，首批推出五本教材，分别是《犯罪心理学》《监狱学基础理论》《狱政管理学》《罪犯教育学》《法医学》。教材出版得到了兄弟院校的支持和肯定。三年来，高等教育形势发生了变化，监狱工作改革不断推进，司法警官教育取得了一系列成绩，现实对教材建设提出了新要求、新期待。

从全国高等教育形势来看，全国教育大会胜利召开，为加快推进教育现代化、建设教育强国、办好人民满意的教育指明了方向；教育部发布《关于加快建设高水平本科教育　全面提高人才培养能力的意见》（新时代高教40条），教育部会同有关部门联合推出“六卓越一拔尖”计划2.0；教育部、财政部、国家发展和改革委员会联合发布《关于高等学校加快“双一流”建设的指导意见》，明确“双一流”建设的核心是人才培养；《深化新时代教育评价改革总体方案》印发，对引导全党、全社会树立科学的教育发展观、人才成长观、选人用人观具有重大意义。

从监狱改革发展来看，2018年以来，司法部连续召开了两次全国监狱工作会议，要求提高政治站位，夯实监狱事业发展基石，狠抓内部管理，深化监狱改革，打造过硬队伍，不断开创监狱工作新局面。2019年4月，中共中央办公厅、国务院办公厅印发《关于加强和改进监狱工作的意见》，要求努力建设一支信念坚定、执法为民、敢于担当、清正廉洁的高素质监狱人民警察队伍，并强调，加强教学练战一体化培训，进一步加强司法行政系统所属院校警察类专业毕业生培养和入警工作。同时,《刑法修正案(十一)》施行,《社区矫正法》以及修订后的《未成年人保护法》《预防未成年人犯罪法》正式实施,这些新规定的出台,都要求监狱学专业教育教学内容作出及时调整。

作为监狱学研究和教学的重要机构,中央司法警官学院三年来取得了一系列成绩。2019 年 12 月,经教育部高等学校教学指导委员会评议,中央司法警官学院监狱学专业、侦查学专业获批国家级一流本科专业建设点。这是全国首个监狱学一流本科专业建设点,标志着司法行政系统所属高等院校学科专业建设取得历史性突破,对提升人才培养质量、增强服务监管改造工作能力和水平具有重要意义。此后,狱内侦查学入选首批国家级一流本科课程,罪犯教育学课程和团队被评为国家级课程思政示范课程和团队,"新文科建设框架下的监狱学专业升级改造"成功获批教育部首批新文科研究与改革实践项目。

在上述背景下,监狱学专业人才培养目标、培养规格、课程体系乃至教学方式方法等都有必要作出相应调整。为此,我们组织校内外相关学者,同时吸收实务部门专家共同编写"国家级一流本科专业建设点监狱学系列教材"。

教材是教育理念的反映,同时也引领教育理念的变革。一些重要的教育理念,往往可以通过教材内容、形式的变化得到反映。教育需求决定教育创新,学习需要影响教学方式。诚如陶行知先生所说,教的法子必须根据学的法子,学习方式的变革正在悄悄影响着教学方法和教学理念。在教材编写过程中,我们充分考虑学习需求,努力贯彻"学生中心、产出导向、持续改进"理念,注重将价值塑造、知识传授和能力培养三者融为一体,力争体现高阶性、创新性和挑战度。同时,在教材体例上作出调整,在每节之前增加了要点提示,节末设置研究与思考题,在章节中增加图例、图表、专栏或案例,尽量方便学生自学。

期待这个系列教材能为监狱学专业的教育改革、为司法警官教育的高质量发展作出应有的贡献。

中央司法警官学院教材编审委员会

2021 年 7 月

目 录

Contents

第一章　绪　　论

重点提示

1. 法医学是运用医学、物理学、化学和生物学等自然科学技术及法学等社会科学理论，研究和解决法律中涉及的医学专门性问题的学科。

2. 法医学是司法鉴定学的骨干学科之一，与司法鉴定学、法科学、刑事侦查学和法学等学科有密切的联系。

3. 法医学的学科特点，表现为独立性、综合性、交叉性和应用性。

4. 现代法医学由基础法医学和应用法医学组成，其中，应用法医学主要分支学科包括法医病理学、法医临床学、法医精神病学、法医毒理学和毒物分析、法医物证学、法医现场学等。

5. 法医学发展经历了萌芽时期、形成时期、发展和成熟时期。

第一节　法医学的概念与学科特点

一、法医学的概念

法医学(forensic medicine, legal medicine)是应用医学、生物学及其他自然科学的理论技术及法学等社会科学理论，研究并解决法律实践中有关医学专门问题的一门科学。

人类社会自从有了法律，就有了为法律服务的法医学实践。在任何法治国家中，它都是一门不可缺少的法学和医学的分支学科。随着社会进步及科学技术的发展，法医学也逐步发展和完善，形成了目前具有完整理论体系、拥有诸多分支学科的现代法医学。

二、法医学与相邻法学学科的关系

(一)法医学与司法鉴定学的关系

司法鉴定学(science of judicial expertise)是一门在诉讼活动中鉴定人运用科学技术或者专门知识对诉讼涉及的专门性问题进行鉴别和判断并提供鉴定意见的学科。司法鉴定学是由法医学、物证检验学等诸多学科构成的综合学科,法医学是司法鉴定学中历史最悠久、技术最成熟、应用最广泛、作用最突出的骨干学科之一。

(二)法医学与法科学的关系

法科学(forensic science)又称司法科学或法庭科学(美国等国家较为通用),是运用自然科学理论和技术为法律提供技术服务和鉴定意见的一系列学科总称。

随着科学技术的发展,法科学的内涵不断发展,迄今国内外尚无对该学科领域的明确界定。国际法庭科学协会是目前国际上唯一涵盖该学科领域各专业工作者的学术组织,它主办的国际法庭科学大会涉及犯罪侦查学、犯罪行为模式分析、指纹侦测及鉴定、枪械及工具痕迹鉴定、法医学(法医病理学、法医临床学、法医人类学、法医牙科学、法医精神病学、法医毒物学、法医护理学、滥用药物、药后驾驶及道路交通法医学)、法庭生物学、法庭昆虫学、法庭科学教育、法庭考古学、法庭毒物学、电子物证及法庭电脑学、法律和道德、灾难受害人识别、法庭工程学、可疑文件检验、性犯罪案勘验等科学专题。

(三)法医学与刑事侦查学的关系

刑事侦查学(criminalistics)是研究侦查策略和侦查技术,发现、提取、检验、识别和鉴定证据,揭露、证实和预防犯罪的策略的一门应用学科。法医学和刑事侦查学两门学科有各自的理论和方法,故不能将法医学简单地视为刑事侦查学或刑事侦查技术的一部分。此外,法医学在司法领域应用更广泛,除刑事案件外,还大量应用在民事诉讼、行政诉讼、非诉讼调查等领域。但任何一起刑事案件往往是由多种要素构成的有机整体,在处理刑事案件方面法医学和刑事侦查学有类似或共同的任务和作用。在法医学鉴定过程中,某些问题的解决不仅需要熟练掌握法医学的专门知识和技术,同时必须结合现场情况、痕迹及遗留物检验结果的综合分析,才能得出科学、客观、公正的鉴定意见。例如,高坠死的案件性质判定,需要在全面的尸体检验基础上,结合现场勘查、痕迹检验及案件调查等多方面进行综合分析。因此,刑事侦查人员要了解和掌握法医学的理论和技术,法医工作者也必须了解和掌握与法医学关联密切的刑事侦查学内容,尤其是现场勘查、痕迹检验、刑事化验和刑事摄影等学科。

(四)法医学与法学的关系

法学(legal science)又称法律学或法律科学,是以法、法的现象及其规律为研究内容的学科。法医学与基础法学、实体法学及程序法学均有密切关系。法医学发展的新成果不断丰富法学有关证据方面的内容,法医学是服务于法律的一个分支学科——鉴定科学。同时法医学也要不断吸收法学研究的新成果,法律制度的不断完善是法医学发展进步的源泉和动力,法医学鉴定必须依法进行。

三、法医学的学科特点

(一)法医学是一门独立学科

法医学是在医学和其他有关的自然科学基础上发展起来的,法医学应用这些学科的理论与技术解决司法实践的有关问题。同时,法医学又是一门独立的学科,在实践中又以它本身的成就来丰富医学和其他有关自然科学的内容,它的内容和作用却又非其他学科所能包含和替代。在长期的历史发展中,法医学早已形成一门具有特定的研究对象和内容、独特的理论体系和专门的检验鉴定技术的独立学科。例如,在损伤方面,外科学的着眼点主要是诊疗,而法医学的着眼点是研究损伤的形成机制、损伤特征,依照法定程序检验鉴定,对涉及法律的损伤程度、受伤时间推断、致伤物推断、自伤抑或他伤等问题作出分析判定。又如,法医学也不是刑事侦查学或侦查技术(物证检验)的一部分。

(二)法医学是一门综合学科

由于司法实践给法医学发展提供了广阔的天地,现代医学和其他自然科学的伟大成就又为法医学的发展提供了最新技术手段,原来单一的法医学逐渐形成相对独立的多分支学科构成的综合性应用学科。就应用法医学而言,主要的分支学科包括:法医病理学、法医临床学、法医精神病学、法医毒理学和毒物化学、法医物证学、法医现场学等。此外,有的法医学学科分支还可进一步划分为法医人类学、法医遗传学、法医齿科学、法医放射线学、法医昆虫学、法医化学等。现代的法医学学科跨度越来越大,法医分工将越来越细,很难想象每一个法医都能做好所有的法医分支学科的工作。

(三)法医学是一门交叉学科

法医学是法学等社会科学与医学等自然科学相互结合,相互渗透的交叉边缘学科。在法学体系中,法医学是研究检验和鉴定证据的学科,因而它与法学体系中的司法鉴定学、侦查学、刑法学、民法学、诉讼学、物证技术及监狱学的关系都很密切。在医学体系中,法医学需要广阔扎实的基础医学和临床医学的理论和技术,法医学的发展和成就又将进一步丰富医学的内容。在我国专业分类上,法医学既是医学的二级学科,又是法学的二级学科——司法鉴定学的骨干学科。

(四)法医学是一门应用学科

法医学的研究目的是为侦查、检察、审判及刑罚执行中客观准确判断案情提供证据或依据,为健全和巩固我国社会主义法治服务,具有很强的实践性。例如,法医学通过对尸体、活体、相关现场、物证和文证的研究和检验鉴定,为侦查提供线索、方向和证据,缩小范围。实践证明,侦查学与法医学的密切配合,能为破案发挥至关重要且不可替代的作用。此外,法医学鉴定本身则要按司法鉴定程序的要求进行,如果违反了法定程序,则鉴定结果不具备法律证据效力。

第二节 法医学的研究领域和方法

一、法医学的研究对象

诉讼法学中的证据是法医学的主要研究对象。

凡涉及法律的人体(包括尸体、活体)和来源于人体的生物学检材的检验均属于法医学的工作范畴。具体来说,法医学研究对象主要有法医相关的现场、尸体、活体、物证。随着法医学的不断发展,法医学的研究对象也不断延伸。例如,法医物证的研究对象,从人体有关的材料,包括活体、尸体、体液、分泌液及排泄物等,发展到非人体物证,如研究和运用动物、植物、微量元素、作用物体、现场遗留物,通过对尸体或衣物上的泥土附着物等分析、判断生前行动情况。

此外,法医学研究对象还包括文证、各种人证的陈述(如法医精神病鉴定)、各种资料(如视听、图片、影像、软件等)等。

二、法医学的分类和方法

现代法医学分为基础法医学和应用法医学两部分。基础法医学研究法医学的原理和基础,主要包括法医学概论、法医学史、法医解剖学、法医化学、法医物理学和法医生物学及生物化学等;应用法医学则是运用法医学的理论和方法,解决司法、立法和行政上涉及医学的有关问题。

根据研究对象、研究方法和任务不同,现代应用法医学主要分为以下相对独立的分支学科。

（一）法医病理学（forensic pathology）

法医病理学是以尸体为主要研究对象，解剖为主要方法，研究有关死亡的各种理论，尸体变化，生活反应，各种暴力的形成特征、形成机理，暴力存在的鉴定，猝死的理论和检验鉴定等的法医分支学科。法医病理学的基本技术方法包括尸体现场勘查、尸体外表和衣着的检查、尸体解剖、尸体发掘、离体组织和器官检查及法医病理学文证审查等。

（二）法医临床学（forensic clinical medicine）

法医临床学是以活体为对象，法医学和临床医学为主要研究方法，解决伤、残、病、生理功能状态、劳动能力、个体识别等涉及法律的医学专门问题的法医分支学科。法医临床学的基本技术方法包括体格检查和医学仪器检查等。

（三）法医精神病学（forensic psychiatry）

法医精神病学是以活体为对象（个别为尸体），研究和鉴定人的行为能力、责任能力和精神状态等，以解决涉及法律的精神问题的法医分支学科。目前我国司法鉴定学分类中已将其单列，称司法精神病学。法医精神病学的基本技术方法包括病史采集、精神检查、心理测试及与精神科关系密切的仪器检查。

（四）法医毒理学和毒物分析（forensic toxicology and forensic toxicological analysis）

法医毒理学和毒物分析是以毒物分析检材为对象，运用物理、化学和仪器检验等方法，研究中毒原因、毒理作用、临床表现和中毒鉴定。常见中毒鉴定包括鉴定检材中毒物的性质和含量，判定是否中毒及中毒死、是否吸毒及吸毒死。

（五）法医物证学（forensic physical evidence）

法医物证学是就涉及法律的生物学检材进行研究和检验，以遗传分子生物学和法医人类学为主要研究方法，解决个人识别和亲权认定等问题的法医学分支学科。法医物证学的基本技术方法包括形态学检查，化学、免疫学、生物化学、分子生物学和遗传学检查等。根据检验和研究内容的不同，法医物证学也可进一步分为：

1. 法医遗传学（forensic genetics），主要是通过对生物学检材进行遗传标记的检测分型，其目的是进行种属认定、个人同一认定，并根据遗传学原理进行亲权认定。

2. 法医人类学（forensic anthropology），主要通过对骨骼、毛发的形态学等检查，确定被检个体的种属、性别、年龄、身高及民族等个人属性。

3. 法医牙科学（forensic dentistry），是以牙齿及口腔结构为检测对象，通过形态学检查及/或与生前牙齿检查治疗的对比，确定被检个体的年龄、性别及个人特征。

（六）法医现场学（forensic sceneology）

法医现场学是运用法医学、物证技术学、生物学、分析化学、行为与犯罪心理学等自然科学与社会科学理论,研究命案、伤害、性犯罪、自然灾害以及意外事故等造成人员伤亡的现场,分析案件发生发展的过程,为案件的处理及案件的审理提供科学证据的学科。

(七)其他

如法医昆虫学(forensic entomology)是应用昆虫及其他自然科学的理论和技术,研究并解决司法实践中有关昆虫问题的一门学科。

此外,还有根据法律服务类别等不同设有医学法学、医学赔偿学和医学证据学等分支学科。

三、法医学的科学思维研究方法

法医学是研究科学证据的学科,法医学的研究方法除了技术方法,还需要正确的科学思维方法。思维是哲学的术语,法医学的科学思维方法就是指运用辩证唯物主义认识论研究法医学的思维方法。因此,在研究法医学及分析判断法医学问题时应注意主要矛盾和次要矛盾的关系,整体和局部的关系,一般情况和特殊情况的关系。

第三节　法医学与司法实践

一、法医学在司法实践中的主要作用

1. 为揭露犯罪活动提供线索和科学证据。任何犯罪活动,不论其手段如何隐蔽,事先计划如何周密,不可能不留下一点罪证。法医学就是要以本学科的科学手段来发现罪证、收集罪证、分析罪证,从而为侦查部门提供追缉罪犯的线索,为审判机关认定犯罪事实、定罪量刑提供科学依据。这是法医学的首要任务。

2. 为正确处理民事诉讼和非诉讼纠纷及行政诉讼活动提供解决依据。诸如医疗纠纷、伤残等级评定、亲权问题、性功能状态、精神行为能力、猝死原因等均需通过科学鉴定,才能辨明是非,明确责任,供有关机关及时妥善处理。

3. 提高监狱管理水平。诸如监狱服刑人员又犯罪、非自然死亡、保外就医、诈病、罪犯身份个体识别和管理,罪犯的教育改造中的服刑能力、说服教育和劳动改造等都与法医学密切相关。

4. 为公共安全事件的处理提供可靠的科学依据。诸如重大事故、自然灾害、公共卫生事件和社会安全事件等,常需要法医临场进行检验鉴定,查明伤病情况,鉴

定死亡相关问题及个体识别等。

5. 构建社会安全屏障。例如，建立罪犯身份自动识别系统、罪犯 DNA 数据库，有力地防范罪犯回归社会后的重新犯罪，落实“治本安全观”，切实保障社会的和谐稳定。

6. 完善法治建设。从法医学角度对尸体解剖、医疗纠纷、伤残程度评定、遗产继承、劳动保险、抚养责任及至脑死亡、安乐死、人体器官移植、人工授精和试管婴儿、优生教育、性转换和法医鉴定体制等的法治建设提供科学依据，使我国法治建设日臻完善。

7. 其他。为处理医疗纠纷提供科学证据，为民政、保险等部门进行人身伤亡赔偿、抚恤提供科学依据，为卫生防疫部门发现传染病、职业病或食物中毒提供科学证据和信息，促进医学发展等。

二、司法警官院校学生学习法医学的意义

面对“知识激增”，学科的不断分化与综合，自然科学与社会科学相互渗透，相互结合的趋势，各国为了培养能够满足新时代国际竞争需要的人才，相继对本科教育进行了改革，其重要的趋势是：

1. 加强“普通教育”，提高基础课在课程总量中的比重；

2. 大量开设跨学科课程，要求大学生掌握与本专业有关的其他学科的知识；

3. 注重技能训练和能力的培养。

法医学的内容本身决定其兼具这三方面的优势，尤其对培养学生的逻辑思维、分析、推理、归纳能力具有独到之处。

法医学是现代法治实践不可或缺的重要环节之一，我国司法警官院校设有监狱学、侦查学、法学、心理矫治、戒毒等专业，每年向全国监狱、公、检、法及戒毒等部门输送大量研究型和实用型优秀人才。司法警官院校学生学习法医学的目的主要不是从事法医职业，而是扩大知识面、调整知识结构、提高分析和解决问题能力，对于提高执法水平和办案的准确性和效率、提高执法的公正性、深化落实治本安全观、推动我国监狱和戒毒事业的进步发展都具有重大的意义。因此，司法警官院校的学生应该花大力气努力学好法医学知识，以更好地为我国的社会主义法治建设服务。

三、司法警官院校学生学习法医学的方法

司法警官院校学生学习法医学的方法主要有：

1. 全面系统学习法医学理论知识。对于司法警官院校学生而言,只有踏实地学好法医学的基本理论知识,才能应对复杂多变的案情,也才能提高自己的执法水平,更好地为司法实践服务。

2. 学习法医独特的理论思维方法,提高综合分析能力。法医学虽然是一门实验学科,但也有自己独特的科学理论思维方法,主要根据检验所见客观事实,结合委托鉴定目的和要求,采用综合归纳、演绎推导、比较分析和驳论反证等科学严谨逻辑思维方法及辩证唯物主义的认识论思维方法进行论证。在法医检案中,特别是一些重大的刑事案件,为判明事实的真相,经常需要法医学不同分支学科的相互协作,在综合分析各学科检验结果的基础上才能作出正确的鉴定意见。实践证明,法医工作者的理论思维能力越强,知识面越广,对法医学知识掌握得也就越深入,其综合应用法医学理论知识解决实际问题的能力就会越强,鉴定水平也就越高。

3. 提高观察能力。法医学观察主要有肉眼观察和实验观察两种。法医学是一门比较直观和生动的学科,法医学书本的许多知识都是法医工作者长期实践中通过细心观察获得并总结出来的,观察能力的高低也直接影响法医的办案水平。

4. 坚持理论与实践相结合。法医学是一门实践性极强的学科,只有将掌握理论知识运用到解决法律实践中遇到的实际问题,才能真正学好法医学。

第四节　法医学发展简史

法医学的诞生和发展,与社会经济的发展、法的出现以及医学和其他自然科学的进步有着密切的关系。法医学的历史大体可以分为三个时期,即萌芽时期、形成时期、发展和成熟时期。

一、萌芽时期

萌芽时期大约在公元前500年到公元10世纪。这时不仅法已经出现,而且医学已经得到一定程度的发展,在处理人命案件时,执法人已知征求医生的意见来处理案件。

与法医有关的最古老的法律条文,是出自4000多年前(约公元前2113—公元前2008年)的世界上第一部法典《乌尔纳姆法典》。该法典写在黏土板上,在残片上与法医学有关的如"若某人用××打伤另一人,切掉一脚,应付银10舍克勒(约84克)"等。世界上现存最完整的成文法典《汉谟拉比法典》也规定了伤害、伤亡、致残、误伤及因而致死和因伤坠胎等法医学内容。

我国的历史源远流长,法医学也同样具有悠久的历史,并被世界公认为法医学发源地之一。世界上最早文字记载的法医学检验,是2200年前先秦时期的《礼记·月令》和《吕氏春秋》,均记载如"……命理瞻伤、察创、视折、审断,决狱讼,必端平"等法医学内容,其中所描述的损伤类型(伤、创、折、断),已沿用至今。1975年,湖北省云梦县睡虎地出土的大量秦代竹简,称为《云梦睡虎地秦简》,或简称《云梦秦简》。其内容不仅有《秦律》,还有《法律答问》和《封诊式》。《封诊式》是最早的活体和尸体检验著作,它是世界上第一部以文书格式出现的法医学图书,同时也说明了我国在战国时期就有法医检验组织制度。该书以勘验为中心,包括活体检查、尸体检验、现场勘查、法兽医学检验等内容,如关于缢死,提出了"舌出、二便失禁、气出喟然"和缢沟"不周项"等特征,至今仍有意义。战国末期还有"令史"专门从事尸体检验和活体检查。

东汉时蔡邕(133—192)曾对损伤的程度有过评述如"皮曰伤、肉曰创、骨曰折,骨肉皆绝曰断。言民斗辩而不死者,当以伤、创、折、断、深浅、大小正其罪之轻重",说明东汉时期(25—220年)案件中的损伤程度已有法医学判断标准,并以损伤程度作为定罪量刑的依据。

首先区分钝器伤和锐器伤的是唐太宗贞观十一年(637年)颁布的《贞观律》,它对损伤定义为"见血为伤",将致伤物分为三类即"手、足,它物和兵刃"。《唐律疏议》对鉴定人做伪证也有明确的规定:"诸诈病及死、伤,受使检验不实者,各依所欺减一等……"比现在刑法对伪证罪的处罚严厉,也说明了在我国古代早已认识到法医学的重要性。

五代后晋高祖时候,和凝、和𡸣父子等著有反映汉唐以来法医学成就的著作《疑狱集》(4卷本),其中"张举烧猪"就是应用病理解剖方法来判别生前烧死与死后焚尸的著名例子。

欧洲古代法医学的发展却缓慢得多,仅有个别案例的传闻,如公元前44年古罗马恺撒大帝被杀:身上有23处创伤,内科医师兼法学家安提斯提乌斯(Antistius)检验确定贯穿胸部第一、二肋间的是致命伤,该尸检体现了古罗马医学和法学的最高水平。

二、形成时期

形成时期约为公元11—18世纪,这时社会经济得到进一步的发展,法制趋向健全,案件的鉴定有专业医生参与,法医学理论从尸表检验发展到解剖和科学实验方法检查,开始有较系统的法医著作和学术代表人物出现。

宋朝是这时期法医学发展的鼎盛时期,最有代表性的著作是中国南宋理宗淳祐丁未年(1247年)湖南提点刑狱宋慈博采前人经验,加上自己的实践,撰写成的《洗冤集录》5卷,共53篇,序1篇。该书系统阐述了我国古代法医学研究的范围、对象和方法,广泛性、理论性、经验性和实用性很强,对世界法医学、病理学均有很大贡献。其内容包括:检验总说、疑难杂说、初检、复检、验尸、四时变动、验骨、自缢,溺死、自刑、杀伤、火死、跌死、服毒、急死及其他各种死亡共53项。从1384年到1968年,该书在朝鲜、日本、法国、英国、荷兰、德国等国家先后翻译出版,广为效尤,中外法医学者公认它是现存最早的法医学专著。一般认为,中国法医学形成以《洗冤集录》问世的年代为标志。

自元代起,法医学发展较为缓慢。元代的《无冤录》系王与(1260—1346)编著,其主要贡献是流传国外,成为朝鲜和日本的检验用书。明代吕坤(1536—1618)的《实政录》建立了从活体检查到尸体检验的程序,记载了对致命伤的确定和真死的确定等方法。

图1-1 宋慈(1186—1249)

我国法医学虽有过光荣的历史,但在封建社会长期不能得到发展,一直到清末民初,仍沿用《洗冤集录》的检验方法,对当时的法医工作者称"仵作",视为贱业,而法医工作者本身素质亦差,甚至有少数不识字的人,凭着《检验歌诀》上场检验。沈葆桢曾力奏提高法医工作者地位,但由于朝政昏庸,此奏反遭呵斥,以致冤狱层出不穷,民不聊生。"银叉验毒"更是流毒匪浅,不知坑害了多少无辜之人。

中世纪,随着西方医学解剖学和其他实验科学的产生和发展,欧洲的法国、德国和意大利的法医学有了较快发展。1543年,解剖学专家维萨里(A. Vesalius,1514—1564)出版了《人体构造》一书,在解剖学上取得了划时代的进步,是近代法医学区别于古代法医学体系的重要标志。1562年,法国外科医师巴雷(Ambroise Pare,1510—1590)经尸体解剖,第一次做出了升汞中毒的法医学鉴定;1575年出版了欧洲第一部法医学著作《报告的编写及尸体防腐法》一书中,阐述了损伤、机械性窒息、杀婴、电击死的法医学鉴别方法,该著作使他成为近代法医学奠基人之一。1598 年意大利福蒂纳特·菲德尔(Fortunato Fadele,1550—1630)在继承前人经验和总结自己多年实践基础上,撰写出版了欧洲第一部系统、全面的法医学专著《论医学关系》(也有翻译为《医生的报告》),这是欧洲第一部公认的法医学著作,主要内容有创伤、诈病、医疗过失、处女、阳痿、妊娠、胎儿生活能力等。1621 年欧洲法医学之父,意大利医学家、罗马教廷医生保罗 - 查克其亚(Paulus Zacchia,1584—1659)撰写的 7 卷《法医学问题》是 17 世纪著名的法医学著作,也是第一个英文法医学术语 legal medicine 的由来。1650 年,德国莱比锡大学首次以"forensic medicine"开设系统的法医学讲座,历史上认为这是法医学第二个英文名称的由来。1682 年德国法医学者施雷格(Schreger)首次应用肺的浮扬实验(hydrostatic test of the lungs)鉴定杀婴。18 世纪是欧洲近代法医学繁荣发展的时期。这一时期建立了准许尸体解剖制度;起源于意大利、法国、德国的医学鉴定人制度几乎遍及欧洲大陆各国;1782 年,柏林创办了第一份法医学杂志。经过 200 多年的发展,法医学作为一门独立的学科得到承认,形成独立的学科体系,并且有了自己的学术领导人。

三、发展和成熟时期

工业革命给科学技术的发展开辟了广阔的前景。18 世纪以前的法医学主要靠肉眼观察活体、尸体现象,所得到的是直观的、浅显的结论,19 世纪后则由于显微镜技术的出现和化学分析方法的应用,法医学的研究工作得到了更深入发展。法国著名的法医毒物专家奥菲拉(Orfila,1787—1853)首先把精确的化学分析方法应用于毒物学,成为现代毒物学的奠基人,著有《论毒物》一书于 1814 年在巴黎出版。德国的卡斯帕(Casper,1796—1864)著有《实用法医学手册》。奥地利的 Hofmann(1837—1897)撰写了《法医学教科书》。1844 年英国伦敦大学 Guy 教授撰写《法医学原理》。1879 年法国犯罪学家贝铁隆(Alphonse Bertillon)又创立了人体测量法,并以此作为个体识别的方法。在 18 世纪前后,像《法医学大全》《法医学中的毛发问题》《毒物与普通毒物学》等都是当时的名著。俄国奈丁(Найтин)应用显微镜研究自缢与勒死的颈部索沟,以判断究系生前抑或死后形成。

20 世纪以来,经济的发展和自然科学的突飞猛进大大促进了法医学的发展,现代分析仪器的运用和新检验技术的应用,标志着现代法医学体系的形成。分子生物学等科的发展,将法医学的近几十年来的基础理论推向一个崭新的阶段。现代法医学研究和检验鉴定工作中,广泛采用了各种新兴和先进的理论和技术,诸如仪器分析技术、透射和扫描电镜技术、电泳技术、酶组织化学技术、分子生物学技术、细胞杂交技术、免疫血清学、DNA 分析技术、电子计算机技术、图像分析以及各种先进的临床检验技术。这些技术的使用,使法医学检验鉴定水平达到了一个质的飞跃,在法律实践中的应用范围更广。例如,法医学研究和鉴定从定性研究发展到定量,从常量测定发展到半微量、微量、超微量测定,从肉眼和光学显微镜的观察深入超微结构,从手动到仪器自动检测分析,从而达到了准确、快速和微量的目的,基本上能满足司法实践工作的要求。随着医学和其他自然科学的发展,法医学的研究范围、研究内容和研究手段,皆发生了根本性的改变。例如,法医病理学已从肉眼和细胞水平,进入超微结构、分子水平;从单纯的形态的研究,进入形态学改变和机能改变相结合;从定性进入定量组织病理研究;从人工分析到计算机自动分析。电脑多媒体及网络用于信息交换、技术交流、人员培训等广阔的领域。总之,任何新技术,只要有助于阐明涉及法律的医学问题,均可被法医工作者所用。

罪犯在实施犯罪时,与受害者或环境物体发生互相接触,总会形成和遗留物证材料。如致伤物、指纹、血迹、毛发、烟头、精液、唾液等法医物证。法医通过对这些物体(质)进行分析检验,可以得出致伤方式(自杀、他杀、意外杀)、损伤机制及损伤过程,确定犯罪嫌疑人或被害人,从而实现案件的再现。1985 年英国科学家杰弗里斯(Jeffreys)等学者研究基因结构中发现一段 33bp 串联重复的小卫星序列,建立了第一代 DNA 分型技术,因其辨认个体的能力大于指纹,故被称为 DNA 指纹,实现了法医物证鉴定从排除到认定的质的飞跃。1985 年莫里斯(Kary Banks Mullis,1944—2019)创立了以聚合酶链式反应(PCR,又称无细胞克隆技术)为基础的第二代 DNA 分型技术。随后,利特(Litt)等发明了短串联重复位点扩增片段长度多肽性(PCR - STR)技术(1989—1991 年)。1990 年,莫里斯和威廉姆斯(Williams)等采用了特殊的 PCR 技术,同样揭示了个体的许多特异性 DNA 条带。1993 年莫里斯因此获诺贝尔奖。PCR 技术具有更简便、快速、对检材要求低等优势,此技术一经出现,便在个体识别和亲子鉴定中发挥了重要作用,现已广泛应用在法医破案实践中,实现犯罪嫌疑人、受害人的同一认定。通过一滴血、一根毛发、微量组织等可以达到个人识别。自 2001 年人类基因组计划完成了第一张人类基因组工作草图,单核苷酸多态性(SNP)越来越受到法医学界的重视,有专家预测 DNA 芯片—SNPs 分型技术极有可能成为第三代 DNA 分型技术。

20 世纪后期,法医学教育受到世界许多国家的高度重视,如欧洲经济共同体(European Economic Community,EEC)各国的法医学代表大会举行数次教育大会,研讨在 EEC 各国之间法医学教育问题。1996 年 EEC 11 个国家的法医学代表在西班牙塞维利亚(Seville)召开的法医学教育大会上,签署了有关法医学教育的一系列问题的塞维利亚决议,其内容之一是将法医学教育必须纳入法学专业学生的教学计划中，课程设在最后一学年，教学时数最低 30 学时，课程内容为熟悉法医学的各种术语、死亡学、法医临床学、法医精神病学及中毒学，并在课程结束时考试。

四、我国近代和现代法医学的发展

清代末年，西方近代法医学开始传入中国，比如，英国法医学家该惠连、弗里爱共同撰写的《法律医学》。辛亥革命后，1912 年颁布的《刑事诉讼律》规定了挖墓检验和尸体解剖检验，是我国历史上首次立法规定可行尸体解剖检验。将西方医学理论和技术应用于法医学，在我国实际始于 1912 年之后。1915 年北京和浙江医学专门学校开设裁判医学；1929 年浙江省立医药专门学校附设法医专修班，招收医药专门学校毕业的学生，专习法医 6 个月，毕业后分配浙江各法院任法医。

在中国现代法医创建史中，林几（1897—1951）是一位杰出的法医学家，是我国现代法医学的奠基人。1924 年，他在《晨报》发表《收回领事裁判权与法医学之关系》一文，要求政府重视法医人才的培养，改旧法验尸为尸体解剖，提倡科学办案。1932 年司法行政部法医研究所在上海成立，林几任该所第一任所长，并为该所配备了解剖、病理组织学检验、毒物分析、实验室、教室等。1934 年，林几创办了《法医月刊》。1951 年秋，受原中央卫生部委托，林几创办了第一期法医学高师班，培养高等医学院校法医师资。这批学员为我国现代法医事业做出了积极贡献。

中华人民共和国成立后，1951 年，司法部在上海成立法医研究所（现已更名为司法鉴定科学研究院），1952 年起先后培训了三期法医专业人员，并受理全国各政法机关送验的检案。1956 年上海卫生出版社出版《法医病理解剖学》，首次从法医学中分出"法医病理学"分支学科，连同 1958 年出版的《法医毒物学》，均曾作为法医研究所培训班的教材，在当时法医参考书缺乏的情况下，在教学、检案中起到了一定作用。1964 年，由陈康颐主编的《法医学》第 2 版出版，作为医学院校的通用教材。

20 世纪 60 年代以后，我国法医学发展处于停滞状态，这种局面直至党的十一届三中全会以后才得到改变。1980 年年底，大型的法医学参考书《实用法医学》出版，接着，《医学百科全书》法医学分册和《实用法医病理学》先后出版，其他法医学专著、教材、参考书也陆续出版，为我国法医事业做出了一定贡献。1983 年 10 月，国家教育委员会（已撤销）、公安部、司法部、卫生部（已撤销）、最高人民检察院和最高人民法院在山西省太原市晋祠宾馆联合召开了全国高等法医学专业教育座谈会，会议指出了全面加强高等法医专业教育的方向。1984 年，国家教育委员会（已撤销)决定全国各主要医学院校恢复法医学课程。同年7月,国家教育委员会(已撤销)与卫生部(已撤销)确定在上海医科大学、中山医科大学、华西医科大学、中国医科大学、同济医科大学、西安医科大学等6所院校设立法医学专业,建立法医学系。法医学教育资源的优化布局不仅有利于培养法医学人才,也为我国法医鉴定体制改革奠定了基础。1985年3月,成立全国法医学专业教育指导委员会,10月成立中国法医学会,定期召开学术会议,交流研究成果。1986年创刊了《中国法医学杂志》,这是中华大地继《洗冤集录》问世以后,在发展与攀登现代法医学高峰征途中的大事。20世纪80年代以后,国内先后出版了数以百计法医学专著和教材。2000年创刊了《中国司法鉴定》杂志,发表内容包括法医学在内的多种鉴定门类,为全国中文核心期刊。目前,我国许多医学类和法学类高校培养法医学人才,并且开始培养我国的法医学硕士和博士。

一直以来,我国的法医鉴定制度存在诸多先天不足。例如,法院部门的"自审自鉴",公安部门的"自侦自鉴"及检察部门的"自检自鉴"等问题。经过学者们的长期研究,立法机关的大量调研和论证,2005年2月28日,第十届全国人大常委会第十四次会议审议通过了《关于司法鉴定管理问题的决定》(以下简称《司法鉴定管理决定》),并于当年10月1日正式生效。可以说,《司法鉴定管理决定》成为我国司法鉴定体制改革的一道分水岭,促进了我国司法鉴定体制的巨变。《司法鉴定管理决定》规定了司法鉴定机构系独立享有权利和承担义务的民事机构,互不隶属,法院和司法行政部门不得设立鉴定机构。公安系统的法医主要针对刑事犯罪、意外灾害进行现场勘查,尸体检验和解剖,活体损伤检查和物证检验;检察系统的法医对刑事检查、监所检查、控告申诉检查等业务部分提交的有关人身伤亡的案件进行审查复核。根据《人民法院组织法》的规定,法院系统的法医不是鉴定人,而是协助法官对法医学证据材料进行审查、判断与采信的司法技术人员。当然,司法鉴定社会化后的弊端也是显而易见的,仍存在"技术标准不统一""多头鉴定""重复鉴定"等问题的困惑,这些问题也引起了中央和司法机关高层以及法学界的极大关注。为此,2012年和2014年,《刑事诉讼法》《民事诉讼法》《行政诉讼法》修正时,对鉴定的内容作了较大的改动。2014年,党的十八届四中全会通过的《中共中央关于全面推进依法治国若干重大问题的决定》推进"以审判为中心的诉讼制度改革",明确要求"健全统一司法鉴定管理体制"。2017年7月19日,习近平总书记主持召开的中央全面深化改革领导小组第三十七次会议审议通过了《关于健全统一司法鉴定管理体制的实施意见》(以下简称《统一司法鉴定管理意见》。同年10月4日,中央办公厅、国务院办公厅印发了《统一司法鉴定管理意见》,明确司法鉴定制度对维护社会公平正义、全面推进依法治国具有重要意义,为新时代司法鉴定管理工作改革发展指明了方向路径。

目前,我国的法医学研究、鉴定机构和鉴定人管理逐渐步入规范,虽数量有所减少,但鉴定业务量逐年增加,且投诉率逐渐降低。司法部接受中央政法委委托,遴选出最高人民检察院司法鉴定中心、司法鉴定科学技术研究所司法鉴定中心、公安部物证鉴定中心、法大法庭科学技术鉴定研究所、西南政法大学司法鉴定中心等10家国家级司法鉴定机构。2010年至2016年,司法部先后制定出台了74项司法鉴定技术规范推荐给全行业适用。《人体损伤程度鉴定标准》和《人体损伤致残程度分级》的国家标准分别于2014年1月1日和2017年1月1日正式实施。

五、法医学展望

自宋慈的《洗冤集录》问世以来,距今已有700多年历史,法医学由原来的单一学科发展到门类齐全的多科性应用学科,其研究方法和检测手段更趋现代化,我国法医鉴定制度建设取得了重大进展。但是,随着医学等科学技术的不断发展,社会法治建设的不断健全,司法实践也不断给法医学提出新的课题。这方面的课题主要有:死因竞争的量化指标的研究,对于某些特殊的死因分析可能会提供更科学的手段;精确、可靠地确定死亡时间和伤后经过时间的技术;简易、科学、实用的生前伤与死后伤鉴定方法;死亡标准、脏器移植及人工脏器与法律的关系;法律伦理学方面的问题,如安乐死、现代生殖技术(人工授精、试管婴儿或胚胎移植、转基因技术)带来的法律问题,性转换术、生物医学的人体实验与法律问题;完善的遗传分子生物DNA鉴定技术,如DNA分型的标准化对于DNA数据库的建立以及数据作用的发挥是一个重要的保证;决定人类各项生理、病理状态的基因座的不断发现,结合DNA芯片技术及新一代测序技术的不断成熟,将会实现对个体的生理画像;猝死的机制和有效的鉴定方法;毒物分析的微量化技术研究;以及法医鉴定体制的进一步完善等。大网络信息和大数据云计算时代为法医学的研究发展提供了机遇和突破的可能性。未来的法医学研究和实践的内容将日趋丰富多元,法医鉴定方法标准将更加完善统一,法医鉴定人的权利和义务将更加明晰,诉讼当事人的程序参与权将得到进一步的法治保障。

研究与思考

1. 何谓法医学?
2. 法医学的研究对象有哪些?
3. 简述法医学的分类。
4. 简述法医学在司法实践(监狱)中的应用价值。
5. 简述我国古代法医学的重大成就。
6. 简述中华人民共和国成立以来我国法医学取得的重大成就。

拓展阅读

1. 丁梅主编:《法医学概论》(第5版),人民卫生出版社2016年版。
2. 黄瑞亭、陈新山主编:《中国法医学史》,华中科技大学出版社2015年版。
3. 贾静涛:《世界法医学与法科学史》,科学出版社2000年版。

第二章　法医学鉴定

重点提示

1. 法医学鉴定是指在诉讼过程中，司法机关指派或聘请具有专门知识的人就案件中的专门性问题作出判断性结论的科学活动。

2. 法医学鉴定的主要内容包括法医学鉴定的主体、法医学鉴定的程序以及法医学鉴定意见的质证和认证。

第一节　法医学鉴定概述

一、鉴定、司法鉴定与法医学鉴定的概念

在汉语词典中，鉴定是辨别并确定事物的真伪或优劣的意思。一般认为，对某一事物的性质，运用专门知识给予科学认定或判定，称为鉴定（identification）。我国《刑事诉讼法》第146条规定："为了查明案情，需要解决案件中某些专门性问题的时候，应当指派、聘请有专门知识的人进行鉴定。"我国《民事诉讼法》第79条第1款规定："当事人可以就查明事实的专门性问题向人民法院申请鉴定。当事人申请鉴定的，由双方当事人协商确定具备资格的鉴定人；协商不成的，由人民法院指定。"

在诉讼过程中，侦查、审判机关为了查明案情，就案件中某些专门性问题，委托法定的鉴定机关或鉴定人依照法定程序所作出的鉴别和判断，称为司法鉴定。根据司法部2000年下发的《司法鉴定执业分类规定（试行）》，司法鉴定共分十三大门类，其中法医学占其中五大门类。由此可见，法医学鉴定在司法鉴定中的重要地位。

运用法医学知识，对死亡原因、案件性质（如自杀、他杀、意外）死亡时间、损伤程度、致伤物属性、个人识别等涉及法律的医学专门问题进行科学分析和判定，即称为法医学鉴定。

二、法医学鉴定的原则

(一)客观的原则

坚持鉴定的客观性就是要运用科学原理和方法,对人身、尸体、物证、现场进行全面的、客观的检查,然后作出有充分根据的结论。检查结果必须如实记录,不可夸大或缩小,不得任意增添或删除,也不得事后补誊。既要仔细听取介绍或口供,又不能不加分析地轻信。分析要恰如其分,不可疏漏微细发现,也不能为假象所迷惑。鉴定意见要经得起再次鉴定,不可受外界因素的干扰。对不同意见要虚心听取,发现错误应及时改正。倘若材料不足或自己业务水平限制,要如实反映,不可为了维护自己的权威勉强鉴定。鉴定要避免受到案情、人情等因素的干扰。

(二)法治的原则

法医工作中,为法治建设服务的法医鉴定人应该成为执法守法的模范。在接受鉴定任务后,法医鉴定人应廉洁奉公,不徇私枉法,不包庇坏人,不隐匿或仿造证据,不出具不真实的检验报告或鉴定结论,不通风报信。如出现上述情况,将受到法律追究。鉴定人如果是本案的当事人,或为当事人的近亲属,抑或他本人或他的近亲属与本案有利害关系,或他曾担任过本案的证人等,均可能影响公正的鉴定,故不得担任本案法医鉴定人,如被委托担任鉴定人时,应主动提出回避。尸体检验、人身检查、提取检材等,必须按照法律和有关政策规定进行。要照顾风俗习惯,防止损害群众利益;尤其在少数民族地区,应奉行民族政策,避免产生民族矛盾。

(三)独立(中立)的原则

鉴定执行权属于鉴定机构,并由鉴定人独立行使。鉴定意见由鉴定人个人负责。

(四)时限的原则

一般来讲,鉴定人应在30个工作日内完成鉴定;涉及疑难检材的,一般最多可延长30个工作日;特殊情况下,可与委托部门约定时间。在鉴定过程中补充或者重新提取鉴定材料所需的时间,不计入鉴定时限。

(五)保密的原则

司法鉴定机构和司法鉴定人应当保守在执业活动中知悉的国家秘密、商业秘密,不得泄露个人隐私,无权将鉴定结论告诉委托单位或个人以外的任何单位或个人。

三、法医学司法鉴定的种类

(一)依据执业类别分类

执业类别是指确定司法鉴定人执业资格和司法鉴定机构鉴定业务范围的依

据,《司法鉴定执业分类规定(试行)》将其分为十三类,其中法医类分为法医病理鉴定、法医临床鉴定、法医精神病鉴定、法医物证鉴定、法医毒物鉴定。

(二)依据诉讼性质分类

按鉴定出现于不同性质的案件中可分为刑事诉讼中的鉴定、民事诉讼中的鉴定、行政诉讼中的鉴定。在刑事诉讼活动中,法医学鉴定作为一种重要的、特殊的技术手段为公安机关、检察机关、国家安全机关所运用。民事诉讼和行政诉讼中的法医学鉴定,由于诉讼性质的不同而与刑事诉讼中的法医学鉴定有很大的区别,主要由面向社会服务的司法鉴定机构所承担。

(三)依据鉴定程序分类

按鉴定程序的要求可以将法医学鉴定分为初次鉴定、补充鉴定、重新鉴定、协调鉴定和复核鉴定等。

1. 初次鉴定。初次鉴定是指就一个具体的鉴定对象和鉴定要求而言,司法机关或个人委托鉴定人进行的第一次鉴定。

2. 补充鉴定。有下列情形之一的,司法鉴定机构可以根据委托人的要求进行补充鉴定:

(1)原委托鉴定事项有遗漏的;

(2)委托人就原委托鉴定事项提供新的鉴定材料的;

(3)其他需要补充鉴定的情形。

补充鉴定是原委托鉴定的组成部分,应当由原司法鉴定人进行。

3. 重新鉴定。有下列情形之一的,司法鉴定机构可以接受办案机关委托进行重新鉴定:

(1)原司法鉴定人不具有从事委托鉴定事项执业资格的;

(2)原司法鉴定机构超出登记的业务范围组织鉴定的;

(3)原司法鉴定人应当回避没有回避的;

(4)办案机关认为需要重新鉴定的;

(5)法律规定的其他情形。

重新鉴定应当委托原司法鉴定机构以外的其他司法鉴定机构进行;因特殊原因,委托人也可以委托原司法鉴定机构进行,但原司法鉴定机构应当指定原司法鉴定人以外的其他符合条件的司法鉴定人进行。

接受重新鉴定委托的司法鉴定机构的资质条件应当不低于原司法鉴定机构,进行重新鉴定的司法鉴定人中应当至少有 1 名具有相关专业高级专业技术职称。

4. 协调鉴定。对于涉及重大案件或者特别复杂、疑难、特殊技术问题或者多个鉴定类别的鉴定事项,办案机关可以委托司法鉴定行业协会组织协调多个司法鉴定机构进行鉴定。

协调鉴定可以是初次鉴定,也可以是补充鉴定或重新鉴定。

5. 复核鉴定。司法鉴定人完成鉴定后,司法鉴定机构应当指定具有相应资质的人员对鉴定程序和鉴定意见进行复核;对于涉及复杂、疑难、特殊技术问题或者重新鉴定的鉴定事项,可以组织3名以上的专家进行复核。

复核人员完成复核后,应当提出复核意见并签名,存入鉴定档案。

(四)依据鉴定的目的分类

1. 确定事实因果关系的鉴定。如死亡原因的鉴定。

2. 确定种属或种类的鉴定。该类鉴定指确定鉴定客体的种属或种类的鉴定。如毒物毒品种类鉴定、枪弹射击残留物种类鉴定、采用血型鉴定或DNA鉴定进行的个人识别鉴定及动植物种属鉴定等。

3. 确定事实有无的鉴定。这类鉴定指通过对鉴定客体的检验,确定某种待证事实是否存在的鉴定。如法医毒物鉴定中的定性分析、法医临床鉴定中的有无损伤事实的鉴定。

4. 确定同一的鉴定。此类鉴定指确定案件中有关的人或物是否同一的鉴定,法医学鉴定中主要是人的同一认定鉴定,如DNA鉴定进行的个体识别鉴定和亲权鉴定。

5. 确定事实程度的鉴定。如法医临床鉴定中的活体损伤程度的鉴定、交通事故中受伤人员伤残等级的鉴定、工伤事故中劳动能力丧失程度的鉴定、医疗事故技术鉴定中医疗事故等级的鉴定、司法精神病学鉴定中责任能力和行为能力的鉴定。

6. 确定鉴定客体来源的鉴定。如尸体上寄生的昆虫的栖息地、孳生地的鉴定,植物种子生长地的鉴定。

第二节 法医学鉴定的主体

司法鉴定的主体是指在司法鉴定的活动中享有权利和承担义务的机构和个人,主要包括司法鉴定人、司法鉴定机构。司法鉴定人和证人并列为诉讼参与人,但与证人有本质的区别。司法鉴定人应具备相应的条件,取得司法鉴定人执业资格,才能开展司法鉴定业务，并享有一定的权利，履行相应的义务；司法鉴定机构的设立也应具备法律规定的条件，并承担相应的职责和法律责任。

一、法医鉴定机构

法医鉴定机构指经过有鉴定管辖权的司法机关或有鉴定管理权的司法行政机关依法批准而设置的行使鉴定执行权、承担鉴定任务的专业机构。我国的法医鉴定机构的组织形式主要有两种：一是公安、检察和安全部门为履行职责而保留的内部法医技术鉴定机构。公安系统的法医主要针对刑事犯罪进行犯罪现场勘验、尸表检验和尸体剖验、活体损伤检查及物证检验，为司法审判提供犯罪证据。检察院系统的法医主要针对刑事检查、监所检查、控告申诉检查等业务部门提交的有关人员伤亡的案件进行审查复核，即进行证据的核实。此外，检察院系统的法医还对检察机关直接受理自侦的案件进行勘查并参加活体检查、尸体检验和物证检验及鉴定，同时也参加公安部对重大案件的现场勘查。法院系统无鉴定机构，但有法医师，他们不是鉴定人，主要是协助法官对证据材料进行审查、判断与采信。在具体的司法实践中，公、检、法系统内的法医各司其职，相互配合，以保证我国司法工作的顺利进行。二是独立享有鉴定执行权和承担义务的鉴定机构（社会服务组织）。如大学、研究所、医院和个人出资成立的法医（司法）鉴定中心。各机构间互不隶属，无高低之分。根据 2005 年 2 月 28 日全国人民代表大会常务委员会颁布的《关于司法鉴定管理问题的决定》（2015 年修正）的规定，这类组织从事法医学司法鉴定业务应具备下列条件：(1)具有明确的业务范围；(2)具有在业务范围内进行司法鉴定所必需的仪器、设备等条件；(3)具有在业务范围内进行司法鉴定所必需的、依法通过计量认证或实验室认可的检测室；(4)每项司法鉴定业务必须有 3 名以上鉴定人。这类司法鉴定机构多数成立在设有法医学专业的全国各地的高等医学院校内。

法院、司法行政机关（司法厅或司法局）和学术团体不得设立鉴定机构。

二、法医学鉴定人

具有专门知识经验和法定资格的人员，接受司法机关委派或个人聘请进行检验和鉴定，以解决案件中某些专门性问题，在法律上被称为鉴定人（expert witness）。在英美法系国家，鉴定人被视为证人的一种——专家证人，专家证人与普通证人一样要出庭作证，接受当事双方的交叉询问。鉴定意见被称为专家证言，和普通证据一样，也要在法庭上接受交叉询问。在立法上实施鉴定人主义，任何人，只要能够凭其知识、技能、经验或教育就案件的专门性问题提供专业意见,就可以成为专家。大陆法系国家鉴定人则被视为法官的助手,其作用是在诉讼中弥补法官科学技术知识的不足,以帮助法官查明案件事实,因此鉴定人需要像法官那样保持中立。在立法上实施鉴定权主义,鉴定人欲从事司法鉴定必须事先取得国家有关部门的认证。

《关于司法鉴定管理问题的决定》规定我国司法鉴定人的资格认定可分为两种:一是公、检机关内部设立的鉴定部门的鉴定人,其资格由内部审查确认;二是经国家司法鉴定行政主管部门授予司法鉴定资格的人员。这反映出我国司法鉴定资格的取得尚未有相对统一的规范和标准。

1. 法医学鉴定人必须具备的条件:

(1)具有法医学理论知识和技能的自然人。

(2)具有良好的思想品质。

(3)具有法定的资格条件。

(4)法定回避。主要指《刑事诉讼法》第29条规定的四种情形。只要具备其中一种情形,就不应当承担鉴定任务。

2. 法医学鉴定人依法享有下列权利:

(1)有权要求委托机关提供必要的鉴定材料或资料;

(2)有权查阅有关的案件材料;

(3)有权在侦查人员的许可和主持下参加现场勘查等活动;

(4)当提供的材料不符合鉴定要求时,可要求补充鉴定材料或拒绝鉴定;

(5)有权对非法或不符合法律程序收集的物品拒绝鉴定;

(6)有权拒绝任何机关、团体或个人对其鉴定活动提出的不正当要求和倾向性意见。

3. 法医学鉴定人依法履行的义务:

(1)无正当理由不得拒绝鉴定;

(2)及时、准确地作出鉴定;

(3)向委托人作出必要的说明和解释;

(4)故意弄虚作假要承担相应的法律责任;

(5)严格保密;

(6)妥善保管送检物品和材料;

(7)根据庭审需要履行出庭作证义务。

4. 鉴定人与一般证人的区别(见表2-1)。

表2-1 鉴定人与一般证人的区别

内容	鉴定人	一般证人
性质	就所委托案件的专门性问题,通过鉴定作出科学判断	提供证言,陈述自己所了解的案件事实案件本身决定
资格条件	必须具备	无须具备
回避	法定回避	无须回避
特定的权利和履行义务	依法享有	无
询问规则	共同参与鉴定的鉴定人间可以讨论,共同写出鉴定意见,共同签名;鉴定人可以询问证人	询问证人只能个别进行,证人间不能讨论
选择和更换	根据需要被指派或聘请,可选择,也可以更换	不能选择,也不能代替
发表意见	发表自己根据事实得出的结论和意见	就其所知悉的案件事实陈述意见
出庭作证	有正当理由可以不出庭接受质证	是一项普遍的诉讼义务,一般不能拒绝

第三节 法医学鉴定的程序

法医学鉴定程序是对法医学鉴定过程的一种法律规定。法医学鉴定程序规则是按照法医鉴定活动的客观规律、确保鉴定活动有序进行而制定的规则和步骤。其内容包括:鉴定的启动程序、鉴定的实施程序、司法鉴定文书的出具、鉴定资料的归档及鉴定人出庭作证等。《司法鉴定程序通则》已经于2015年12月24日司法部部务会议修订通过,修订后的《司法鉴定程序通则》自2016年5月1日起施行。

一、法医学鉴定的启动程序

司法鉴定的启动被认为是司法鉴定的关键程序,目前有两种具有代表性的司法鉴定启动方式:一种是在实行职权主义的大陆法系国家,司法鉴定程序通常由法官来启动,无论是刑事诉讼、民事诉讼还是行政诉讼,司法鉴定程序通常都由法官来启动。这被称为法官委托鉴定制度,这种制度有助于维护司法鉴定的公正性和权威性,并提高了诉讼效率。另一种是在奉行当事人主义的英美法系国家,诉讼程序由当事人推进,鉴定程序的启动权在当事人手中。这被称为当事人委托鉴定制度,这种制度有利于对当事人诉讼权利的保护,鉴定意见的冲突对立也有助于案件事实的查明,但鉴定意见的当事人化也使得鉴定有失客观性和中立性。我国法医学鉴定的启动方式则实行以法官委托鉴定制度为主导,但在某些具体规定上也在一定程度上体现了当事人委托鉴定制度的一些特点。

司法鉴定的启动是司法鉴定程序的开端,主要包括司法鉴定申请、决定和委托。

(一)法医学鉴定的申请

司法鉴定的申请是指享有司法鉴定申请权的主体,向享有司法鉴定决定权的主体,提出对案件中涉及的某些专门性问题进行鉴定的口头和书面请求。

在刑事诉讼中,根据《刑事诉讼法》第 148 条"侦查机关应当将用作证据的鉴定意见告知犯罪嫌疑人、被害人。如果犯罪嫌疑人、被害人提出申请,可以补充鉴定或者重新鉴定"的规定,犯罪嫌疑人及其辩护律师或者被害人及其代理人是补充鉴定或重新鉴定的申请主体。对于初次鉴定的申请主体目前法律还没有明确规定。在民事、行政诉讼中,当事人及其代理人有权提出司法鉴定申请,包括初次鉴定申请、补充鉴定申请和重新鉴定申请。

(二)法医学司法鉴定的决定

司法鉴定的决定是指享有鉴定决定权的主体,对案件中的专门问题是否交付鉴定,由谁进行鉴定的裁决,是依法行使鉴定决定权的程序形式。司法鉴定决定的具体程序包括鉴定申请的审查和决定的作出。

(三)法医学司法鉴定的委托

在我国,委托鉴定一般指在诉讼过程中,有鉴定决定权的侦查、审判机关就案件中的专门性问题委托专门鉴定机构或具有专门知识的鉴定人进行鉴定。我国刑事案件鉴定委托主体是公、检、法的侦查部门;民事、行政诉讼案件鉴定是由法院委托;在当事人负有举证责任的诉讼案件和诉前案件的鉴定可由当事人委托,但一般通过律师事务所进行委托。委托的方式可以是指派鉴定,也可以是聘请鉴定。委托人对鉴定材料的真实性、合法性负责,司法鉴定机构应当核对并记录鉴定材料的名称、种类、数量、性状、保存状况、收到时间等。

二、法医学鉴定的受理

司法鉴定的受理是指司法鉴定机构或司法鉴定人通过对司法鉴定委托事项的审查,对符合条件的委托予以接受,同意予以鉴定的行为。法医学鉴定的受理主体只能是法医学鉴定机构，司法鉴定人无权受理委托。司法鉴定机构在7个工作日内对委托鉴定事项、鉴定材料等进行审查，能够满足鉴定需要的，应当受理。对于复杂、疑难或者特殊鉴定事项的委托，司法鉴定机构可以与委托人协商决定受理的时间。对于鉴定材料不完整、不充分，不能满足鉴定需要的，司法鉴定机构可以要求委托人补充；经补充后能够满足鉴定需要的，应当受理。具有下列情形之一的鉴定委托，司法鉴定机构不得受理：(1)委托鉴定事项超出本机构司法鉴定业务范围的；(2)发现鉴定材料不真实、不完整、不充分或者取得方式不合法的；(3)鉴定用途不合法或者违背社会公德的；(4)鉴定要求不符合司法鉴定执业规则或者相关鉴定技术规范的；(5)鉴定要求超出本机构技术条件或者鉴定能力的；(6)委托人就同一鉴定事项同时委托其他司法鉴定机构进行鉴定的。司法鉴定机构决定受理鉴定委托的，应当与委托人签订司法鉴定委托书。决定不受理的，应向委托方说明理由，退还鉴定材料。

三、法医学鉴定的实施

司法鉴定的实施是指司法鉴定人针对鉴定对象所进行的一系列具体的司法鉴定活动。司法鉴定启动是司法鉴定程序的开端，司法鉴定受理程序是司法鉴定实施的前提，那么，司法鉴定的实施就是司法鉴定程序的核心环节，是确保鉴定工作质量的关键。

法医学鉴定机构受理鉴定委托后，应当指定本机构具有该鉴定事项执业资格的法医鉴定人进行鉴定。委托人有特殊要求的，经双方协商一致，也可以从本机构中选择符合条件的司法鉴定人进行鉴定。鉴定人是法医学鉴定具体实施的主体。

法医学鉴定人进行鉴定的内容主要有以下几方面。

(一)现场勘查

涉及人身伤亡的犯罪现场、灾害、事故现场是法医研究的重要对象。法医鉴定人会同侦查人员及时赶赴现场，对现场进行实地调查、检验尸体外表、发现并提取犯罪证据称为法医现场勘查。有时现场不止一个，有原始现场、第二现场等。有时罪犯作案之后，为了掩盖犯罪痕迹，使侦查人员误入歧途，故意变动或伪造的现场称假现场。

到达现场后，可以根据实际情况制订现场勘查计划，循序检查。对已经发现的痕迹，并且难以保留的，可以首先检查。现场发现的受害人，如果还能抢救，应在弄清他与周围的位置关系和采集他身上发现的痕迹后，立即送往附近医院急诊室进行抢救，并检查其损伤情况。

详细的尸体外表检查可以在现场勘查基本结束后进行,以免分散注意力,疏漏现场上的重要线索,甚至造成现场的破坏。现场勘查时应注意搜索现场出入口、通道、楼梯扶手等处有无血痕、指纹、罪犯遗留的物品,室内废纸篓、邻近垃圾箱中有无值得注意的痕迹,现场地上的足迹、血迹、呕吐物等的分布,药瓶、凶器及沾附其上的血迹和指纹,遗留的书信和字条都要一一检查和收集。

现场勘查中,必须边检查边记录,必要时辅以示意图和拍照。对于检查中必须移动的物体,都要有专项说明。对于收集到的物证、痕迹均须分别包装,并附标签注明采集地点、部位、名称、数量等。

死亡案件现场记录应包括下列内容:

1. 一般情况。案发时间、地点;参加现场勘查人员、在场人及旁证人。

2. 案情经过。提供案情者的姓名、性别、年龄、职业、地址、与死者的关系;目击者叙述的案件经过情况;死者临终前的情况及可能与死亡有关的因素;发现尸体的经过及尸体位置等。

3. 现场情况。尸体所在环境情况的描述(注明是否原始现场),尸体在现场的状态、位置及其与周围物体的关系(应有准确的距离测量),尸体周围能说明案情的物品情况。现场除尸体以外的有关物品均应由法医和侦查人员或家属共同清点列单,并共同签名,注明由何部门负责保管。

(二)尸体剖验

尸体是法医学最重要的研究对象,法医学尸体剖验包括尸表检查和尸体解剖。法医学尸体剖验必须依法进行,我国《刑事诉讼法》第131条规定:"对于死因不明的尸体,公安机关有权决定解剖,并且通知死者家属到场。"实践中家属拒绝到场的,不影响解剖进行。当前我国有权进行法医解剖的单位包括侦查办案部门、依法审批的法医鉴定机构。我国卫生部(已撤销)1979年9月10日颁布的《解剖尸体规则》指出:尸体解剖分为三种,普通尸体解剖、病理解剖、法医解剖。凡符合下列条件之一者应进行法医解剖:(1)涉及刑事案件,必须经过尸体解剖始能判明死因的尸体和无名尸体需要查明死因及性质者;(2)急死或突然死亡,有他杀或自杀嫌疑者;(3)因工、农业中毒或烈性传染病死亡涉及法律问题的尸体。

剖验要求全面系统规范,并应留取足够检材作组织切片,必要时需经电镜、组化和免疫组化检查、毒物分析和微生物学等检查。

尸体剖验的主要任务是判明死亡原因,推断死亡时间,确定损伤部位、种类和程度,鉴别生前伤和死后伤,推断受伤时间和伤后行为能力,推断致伤凶器,分析作案方式,确定死亡性质(自杀、他杀、灾害)以及检查有无中毒和疾病体貌特征。

确定死亡原因：通常应在全身剖验的基础上，结合毒物学、微生物学及其他检查确定。必要时，要采用现代医学和有关自然科学的各种新技术，如用荧光显微镜、电镜和免疫组织化学方法诊断猝死者心肌中早期缺血性改变；利用抗肌红蛋白抗体免疫组化检测挤压综合征时肾脏病变；用各种离子化学分析法研究溺死者左、右心腔中血液的差异或掺入血中的微量元素；用血液循环和各器官中硅藻的检出法来诊断溺死等。

推断死亡或损伤时间：通常根据尸体现象、出血后血红蛋白分解的情况和生活反应等推断。近年有人用免疫组织化学方法研究纤维连结蛋白（FN）与皮肤损伤时间的关系，从损伤皮肤中 5－羟色胺、组胺、ADP 酶等显微定位、定量推断损伤时间。

推定致伤物：主要根据损伤的形态、大小、程度及创伤内附着物等推定。扫描电镜结合 X 线能谱分析，可检验体内枪弹头碎片和残留物、发射枪支后手上沾染的特殊粉尘、毛发内的化学成分、尸体表面的作案工具痕迹等。

个体识别：对无名尸体可以根据其衣着特点、携带物品和票证、体貌特征等进行鉴别。有条件时，可通过手印、足迹、咬痕、血型的检验、DNA 分析技术以及颅像重合手段进行个体识别。在碎尸案中，还可根据骨骼、牙齿及毛发的检验，推断死者性别、年龄和身长，利用 DNA 分析技术也可以确定死者的身份。

（三）活体检查

活体检查是近年来国内法医学工作中发展较快的一个项目，许多法医部门专设法医门诊部接受这方面的鉴定、咨询工作。医院依法成立的法医鉴定室等亦经常接受这方面的任务。活体检查包括被害人和被告人等的损伤程度、伤残等级、劳动能力的鉴定，有关性犯罪、性功能、妊娠、虐待、堕胎的鉴定，个人识别检查、亲子鉴定，疾病的鉴定、诈病、造作病（自残）的检查和诊断，医疗纠纷的鉴定，司法精神病鉴定，疾患（含外伤和疾病，职业性和公害引起的疾患）鉴定，年龄鉴定（犯罪年龄的确定），酩酊检查（酒后肇事），毒品注射斑痕检查（兴奋剂和麻醉剂注射）等。

活体检查的方法是应用各种医学仪器设备，如 CT 扫描、核磁共振和神经诱发电位仪等，为解决伤害案件，如确定脑内有无小灶性出血或小血肿形成及其部位提供更精确的、更可靠的检查手段。

（四）物证检验鉴定

物证种类很多，与法医相关的主要有：

1. 生物学检材。包括人体的一部分（骨片、毛发、组织块、血痕等），人的分泌物、排泄物（精液、尿、汗液、粪便等及其斑迹）这些检材主要是用于解决个人识别的问题。近年来，随着免疫血清学、生物化学和分子生物学迅猛发展，PCR 技术等的建立和应用更新了法医物证学的研究内容,提高了检验鉴定质量。

2. 毒物分析检材。包括剩余食物饮料、药品、器皿、呕吐物、胃内容物、脏器组织等,主要用以解决有无毒物、毒物种类、是否中毒或中毒死等问题。

3. 其他。人体表面复制物(指纹、足迹),人体附着物(化妆品、垢、尘土),凶器与衣着。

鉴定时应记录物证名称、件数,检验方法及步骤,试剂规格、批号及供应单位,检验结果等。

(五)文证审查

文证指能证明案件涉及的人、事、时、地等情况的文字资料,如访问调查笔录、现场勘验笔录、尸体剖验和活体检查记录、化验报告、病历、诊疗意见书、手术记录、鉴定书和证明书等均属文证范畴。根据文证的内容,经过核查和研究,答复所提出的问题,即为文证审查(appraisal of document)。对于书证材料不足的,可要求补充材料。

四、法医学鉴定意见书的出具

根据《刑事诉讼法》第147条第1款“鉴定人进行鉴定后,应当写出鉴定意见,并且签名”的规定,鉴定完成后,司法鉴定机构和司法鉴定人应当按照统一规定的文本格式制作司法鉴定意见书。司法鉴定意见书的格式一般应包括标题、编号、基本情况、基本案情、资料摘要、鉴定过程、分析说明、鉴定意见、附件和落款等内容。撰写司法鉴定意见书要有科学依据,不但反映事实要客观、准确,而且要加以解释,并作出恰如其分的、明确的结论;文字要简练,用词要准确,不得使用方言、文言和土语,以便办案人员理解;不得泄露国家机密;不得载有对案件定性和法律责任的语句。一份好的鉴定书,实际亦相当于一篇具有相当水平的论文。鉴定书通常包括以下内容。

1. 基本情况。在“基本情况”中应当简要说明委托人、委托事项、受理日期、鉴定材料等情况。如对象为人,应包括被检查者的姓名、性别、年龄、籍贯、职业、住址等。如对象为物体及书证,应指出其名称、数量、大小、编号、出处。如对象为尸体,应指明死亡时间及地点,检验时间及地点。在绪言中写明委托鉴定的目的和要求,如损伤程度鉴定、致伤物的推定、死因分析等。与老版相比,新版的“基本情况”不再强调鉴定日期、鉴定地点、在场人员、被鉴定人等内容。

2. 基本案情。这部分内容可根据委托单位的介绍,或根据侦查材料及病史等加以摘录。简要地介绍受伤或死亡经过、诱发因素、既往病史等案件的基本情况。

3. 资料摘要。“资料摘要”是新版的司法鉴定文书中新增加的内容，应当摘录与鉴定事项有关的鉴定资料，如法医鉴定的病史摘要等。

4. 鉴定过程。这部分是鉴定的主要内容，也是最后鉴定意见的主要依据，应当客观、翔实、有条理地描述鉴定活动发生的过程，包括人员、时间、地点、内容、方法，鉴定材料的选取、使用，采用的技术标准、技术规范或者技术方法，检查、检验、检测所使用的仪器设备、方法和主要结果等。

5. 分析说明。根据检验所见客观事实，结合委托鉴定目的和要求进行分析、论证。论证是采用综合归纳、演绎推导、比较分析和驳论反证等方法，用论据来证明论点。论点是鉴定人的看法、观点和结论。正确的论点是在掌握大量资料的基础上经过客观分析、比较而提出的，是鉴定文书的关键部分。论点要求明确，不能模棱两可，使办案者无所适从。当鉴定人的论点与他人的鉴定意见有出入时，鉴定人首先应客观地介绍他人的论点，然后加以评述。不可为了迎合自己的论点，对他人的论点避而不谈。评述要有根据，或根据自己的检验结果，或根据文献资料。

6. 鉴定意见。根据法医学检验结果和说明的理由，对于委托要求解答的项目扼要地作出科学的意见就是法医学鉴定意见。例如，“根据检验结果及说明的理由，今鉴定：×××系由于冠心病而猝死”。若提供的资料不足以回答鉴定事由，鉴定人可以及时向委托机关作必要的说明。

鉴定意见有肯定、可能和条件三种。在用词方面肯定意见多用系、是、具有、认为、认定、构成、符合、导致等词，可能意见常用推定、不能排除、可能，条件意见用若、如果等词。

7. 法医学鉴定书结尾应写明司法鉴定人签名（打印文本和亲笔签名）、司法鉴定人执业证证号，同时加盖司法鉴定机构的司法鉴定专用章，并注明文书制作日期。多人参加鉴定的，按责任主次分别签名。

五、法医鉴定人出庭作证

现行《刑事诉讼法》确认的控辩式庭审方式要求鉴定人到庭作证和陈述。我国《刑事诉讼法》第192条第3款规定：“公诉人、当事人或者辩护人、诉讼代理人对鉴定意见有异议，人民法院认为鉴定人有必要出庭的，鉴定人应当出庭作证。经人民法院通知，鉴定人拒不出庭作证的，鉴定意见不得作为定案的根据。”第194条规定：“……公诉人、当事人和辩护人、诉讼代理人经审判长许可，可以对证人、鉴定人发问……审判人员可以询问证人、鉴定人。”法医鉴定人出庭时，必须依照法律条文，证明自己的鉴定人资格，回答应切题中肯，言语清晰、准确，并合乎法律规定,切忌过犹不及,遗人以把柄,依据法医学理论和鉴定结果充分证明自己的鉴定书的科学性、准确性和权威性。对与鉴定无关的问题,鉴定人则有权拒绝回答。

第四节　法医学鉴定意见的质证和认证

随着 2018 年修正的《刑事诉讼法》和 2016 年修订的《司法鉴定程序通则》出台,法医鉴定人不仅要出具鉴定意见,还要出庭作证,通过法庭上对法医学鉴定意见的质证,排除非法证据,准确阐释鉴定意见的证明力,最终被法官采信,从而实现刑事诉讼的实体公正和程序公正。

一、法医学鉴定意见的质证

司法鉴定质证有广义和狭义之分,从广义上讲,是指在裁判活动中,由法律规定的质证主体对司法鉴定意见采取询问、辨认、质疑、说明、解释、咨询等形式,帮助法官形成内心确信的证明活动。狭义的司法鉴定质证,是指诉讼当事人对在法庭上出示的司法鉴定意见采取质疑、询问、辩驳等形式进行对质核实的活动。

质证制度是证据法的一项主要内容,它直接体现了公开原则、直接原则、言词原则和辩论原则的精神,立法以及司法实践上主要采取狭义的司法鉴定质证的概念。司法鉴定质证实际上就是对鉴定意见的质证。

(一)法医学鉴定意见质证的概念

法医学鉴定意见的质证是指当事人双方及其辩护人、诉讼代理人对鉴定意见向法医鉴定人询问、质疑和专家辅助人对法医鉴定人询问,以及法医鉴定人针对鉴定意见作出回答、说明等诉讼活动。

法医学鉴定意见作为一种法定证据,同其他形式的证据一样,必须经过查证属实方可成为定案的依据,这是证据法的基本要求。我国《刑事诉讼法》第 192 条、《民事诉讼法》第 81 条对鉴定人出庭作了原则性规定。最高人民法院《关于民事诉讼证据的若干规定》第 83 条第 1 款规定:“当事人依照民事诉讼法第七十九条和《最高人民法院关于适用〈中华人民共和国民事诉讼法〉的解释》第一百二十二条的规定,申请有专门知识的人出庭的,申请书中应当载明有专门知识的人的基本情况和申请的目的。”《刑事诉讼法》第 197 条第 2 款规定:“公诉人、当事人和辩护人、诉讼代理人可以申请法庭通知有专门知识的人出庭,就鉴定人作出的鉴定意见提出意见。"《民事诉讼法》第 82 条规定:"当事人可以申请人民法院通知有专门知识的人出庭,就鉴定人作出的鉴定意见或者专业问题提出意见。"法学界将司法解释、刑事诉讼法和民事诉讼法所规定的"有专门知识的人"称为"专家辅助人"或者"专家证人"。专家辅助人是在诉讼中帮助当事人实现与鉴定有关的权利的人,也称作技术顾问或专家证人。专家辅助人当庭就司法鉴定结论对鉴定人进行质询,代理当事人行使陈述权、质证权和辩论权。陈述权体现在回答法官的询问,质证权体现在对鉴定人的询问,辩论权体现在双方专家辅助人的对质。

(二)法医学鉴定意见的质证内容

根据最高人民法院《关于民事诉讼证据的若干规定》第 63 条第 1 款的规定,当事人应当就案件事实作真实、完整的陈述。对法医学鉴定意见的质证,除了以上的基本内容外,主要是围绕法医学鉴定意见的科学依据、法医鉴定人的资格、鉴定意见的可信程度、鉴定方法的可靠性以及鉴定活动的程序性等方面进行。

鉴定意见由法医鉴定人出具,对法医学鉴定意见的质证主要是对法医鉴定人的质询。法医鉴定人在当庭进行的交叉询问中接受当事双方的提问和质询。法医鉴定人应当对自己出具的鉴定意见从科学原理和依据、仪器设备和规格、技术方法和手段、实施程序和技术标准、技术规范等方面予以说明。对有关鉴定资料的内容,包括检材、鉴定文书资料来源的可靠性和真实性,提供鉴定资料的人的情况,检材的数量、质量、保存时间、保存条件和方法以及提取的方法,鉴定步骤和过程等进行说明并接受质询。

(三)专家辅助人的质证价值

我国在司法鉴定人接受质证的程序中引入了专家辅助人制度,实际上是让具有专门知识的人协助质证,使对司法鉴定人的发问走向专业化、实质化。

一方面,专家辅助人发表的意见具有专门性、独立性,而不是当事人意志的体现,因此专家辅助人要尊重科学和自然的规律以及经验法则,保持其内心的中立,中立性是专家辅助人的基本特征。另一方面,设立专家辅助人是对抗制诉讼的应有之义,因此倾向性就成为专家辅助人职业属性社会化的应然内容,专家辅助人一般不能保持中立,致使当事人各方的专家辅助人之间以及与鉴定人之间形成高度对抗的格局。

这是因为,专家辅助人是当事人一方委托的,是为一方当事人的诉讼主张提供帮助的,因此和鉴定人形成第一层次的对抗;加之当事人双方都有可能委托专家辅助人,就形成了第二层次的对抗。这种对抗的格局的形成,既避免了鉴定意见无人质证的尴尬,又提升了对鉴定意见的质证质量。

专家辅助人最重要的职责是在法庭审理过程中发表自己的意见,在法庭上接受询问、交叉询问和回答问题,寻找对委托人有利的专业意见,运用专业的技巧与鉴定人或对方专家辅助人对质和进行专业辩论。

专家辅助人协助当事人对司法鉴定人进行询问和辩论,同时,与己方律师合而为一地与对方展开直接对抗,充当己方当事人的科技辩护人角色。己方提出诉讼主张,其专家辅助人提供证明其诉讼主张成立的专家意见;针对己方的主张及事实,对方提出反驳,对方的专家辅助人提出反对的意见,由此形成对抗性意见,使案件事实得以充分证明,以利于法庭对案件事实的确认。

在法庭询问中,专家辅助人既可以在当事人的授权下直接向鉴定人发问,也可以在当事人及其律师(或代理人)对鉴定人的询问中给予必要的提示,还可以将自己有关鉴定结论的一些不同意见以书面形式提交法庭。

这样质证的结果不仅有利于提高法庭询问司法鉴定人的质量,而且有利于提高法庭询问司法鉴定人的效率,更重要的是,有利于法官通过当事人对鉴定人从正反两方面的多角度的质询中作出综合判断,并最终有利于公正的裁判。

二、法医学鉴定意见的认证

司法证明的过程由取证、举证、质证和认证四大环节构成,在完成前三个程序之后,如何对质证后的证据材料进行采纳和采信,就是认证所要解决的问题了。所谓认证,是指法官在审判过程中对证据材料进行审查判断,确认其证据能力和证明力的活动。

证据能力是指证据材料能否满足诉讼活动的基本要求,是否具备成为证据的能力,换言之,它是证据被采纳时应具备的“资格证”或“准入证”。大陆法系国家习惯用证据能力或证据资格(competency of evidence)这个概念,而英美法系国家则习惯用可采性(admissibility of evidence)来描述。

证明力又被称为证据效力或证据力,是指证据对案件中待证事实的证明程度,即证据能在多大程度上证明待证事实,它体现了证据对审判法官内心的影响力。

证据能力与证明力的区别在于,证据能力是一种法律判断,是在法律上规定具备何种条件才能成为证据,它从形式上解决证据资格问题;证明力体现的是证据对待证事实有无证明力及其证明力大小,它更多的是一种事实判断,由审判法官自由裁量。

(一)法医学鉴定意见认证的概念

法医学鉴定意见的认证过程,就是法官对法医学鉴定意见证据能力与证明力的审查评断过程,法官通常应先审查鉴定意见有无证据能力,决定是否采纳,然后再对其证明力进行判断,决定是否采信。

(二)我国法医学鉴定意见的认证

我国没有统一的证据立法,对鉴定意见的认证也分散于不同层级的法律法规之中,并且在数量上明显少于西方国家。鉴定意见的认证可以分为对证据能力的认证和对证明力的认证,其中,对证据能力的认证主要涉及证据的关联性与合法性,对证明力的认证主要涉及证据的真实性和充分性。

对鉴定意见证据能力的认证包括以下几个方面。

1.关联性认定。鉴定意见的关联性是指鉴定意见与待证事实的联系,鉴定意见必须对待证事实有实质的证明作用,才能作为证据使用。主要包括:

(1)鉴定材料来自案件现场。如在辛普森杀妻案中,现场提取的血痕和警方抽取的辛普森血样在流转过程中没有严格的交接手续记录,使辩护方对鉴定材料的关联性提出了质疑,从而导致了对鉴定意见的否定。

(2)鉴定意见是对案件的事实判断,且这一判断有助于对案件事实的证明。

2.合法性认定。鉴定意见的合法性是指鉴定意见产生的全过程必须合乎法律的要求,包括:

(1)主体合法。①鉴定人和鉴定机构必须具备鉴定资格,要在相关主管部门登记、注册和公告;②对鉴定事项有鉴定权限;③没有法定的回避情形。

(2)程序合法。①启动程序合法,委托主体一般是公检法机关,但在民事诉讼中,当事人自行委托而对方当事人又予以认可的,鉴定意见也有证据能力;②鉴定材料收集程序合法,包括鉴定材料的提取、包装、保管、送检、检验过程必须符合规范,以防止材料被调换或污染;③提取鉴定材料的方法和过程是否有同步记录,鉴定材料的流转是否符合要求。

(3)鉴定方法符合规范。鉴定过程是利用科学技术进行分析判断的过程,因此,鉴定手段必须符合该项技术所要求的基本标准,否则鉴定意见没有证据能力。

(4)鉴定意见的形式与内容合法。①形式合法。鉴定意见是法律文书,必须符合法定的格式要求,否则,其证据能力有瑕疵,需要通过综合判断、重新鉴定或补充鉴定的手段判断其证据能力。②内容合法。鉴定意见是科学判断和事实判断,不是法律判断,如果鉴定意见对法律问题进行判断,就丧失了证据能力。

3.充分性认定是指鉴定意见是否有足够的证明力来证明案件事实的存在或不存在,或存在的可能性有多大。一般可以从以下几个方面进行:(1)鉴定人的专业技术水平;(2)鉴定人所使用的技术设备和方法在该领域的先进程度;(3)鉴定材料的数量、种类的充分程度。

研究与思考

1. 法医学鉴定的含义是什么?
2. 法医鉴定人应具备什么条件?其权利和义务有哪些?
3. 法医学鉴定的程序有哪些?
4. 法医学鉴定意见的特点有哪些?如何审查鉴定意见?
5. 试比较鉴定人和专家辅助人的区别。

拓展阅读

1. 丁梅主编:《法医学概论》(第5版),人民卫生出版社2016年版。
2. 陈光中主编:《证据法学》(第3版),法律出版社2015年版。
3. 何家弘主编:《司法鉴定导论》,法律出版社2003年版。

第三章　死亡与尸体变化

重点提示

1. 死亡是指生物个体生命的终止，表现为循环、呼吸、脉搏等生命功能的丧失。

2. 死亡是一个过程而不是一个事件。

3. 传统死亡标准有心脏死亡和肺死亡。脑死亡的概念是对传统死亡定义的进一步补充和完善。

4. 死亡原因有直接死因、根本死因、辅助死因、联合死因和诱因等。死亡原因和死亡机制有根本性的区别，对确定死亡的根本死因具有重要理论和实际意义。尸体变化主要表现为尸体现象、死后伤及尸体化学变化和分子变化等。

5. 早期尸体现象表现为肌肉松弛尸冷、尸斑、尸僵、皮革样化、角膜混浊、自溶等，晚期尸体现象表现为腐败和保存型尸体。尸体现象的发生和发展有一定的规律，认识这些表现对确证死亡、推断死亡时间、分析死亡原因和判定案件性质等有重要的意义。从尸体现象推断死亡时间是法医学判断死亡时间的一个重要手段。

第一节　死亡的概念与过程

一、生命与死亡

生物体的本质特征——生命活动，表现为新陈代谢、兴奋性和繁殖或自我复制。由于人在自然和社会中的特殊地位，人的生命具有双重属性：生物学个体生命和人群中充当一定角色个体的社会学生命。

死亡（death）是一个过程，是指生物个体生命的永久终止。人类生命的双重属性使人类有两种死亡理念。

二、死亡的过程

通常，死亡是一个逐渐进行的过程，从生到死无截然分界线。死亡是机体在分子代谢水平由量变到质变地引起躯体到细胞及分子相继死亡的过程。长期以来,我们将死亡过程分为濒死期、临床死亡期和生物学死亡期三个阶段。

(一)濒死期

濒死期为死亡过程的开始阶段,因此期常呈苦闷状,又称死战期(agonal stage)或临终状态(terminal stage)。此期机体各系统的功能发生严重障碍,中枢神经系统脑干以上的部位处于深度抑制状态甚至丧失,相应的功能活动也发生障碍或停止。可以表现种种精神障碍,如谵妄、摸空、不能辨认亲人或看不见人、昏迷等,并可出现躁动不安、抽搐,最后变得安静、肢体松软,各种反射减弱或迟钝,血压不降,心跳和呼吸减弱或出现周期性呼吸。

濒死期生命处在可逆阶段,经过积极抢救,采取适当复苏措施,可以挽救部分患者的生命。如果不能复苏,或未能逆转这一过程,则进一步发展为临床死亡期。

人体生命活动处于极度微弱时,心跳、呼吸和脉搏不经仔细检查亦难觉察,从外表看如同死亡,这种状态称为假死(apparent dearth)。经过抢救和适当治疗有时可复苏;但亦有处于假死状态的人被过早地宣告死亡的事情发生。

[案例] 1989年,某妇,67岁,因患脑梗死后遗症在家养病,某日发生病危,"呼吸停止"死亡。医师开具死亡诊断书,随即送医院停尸房的尸体冷藏柜内暂存。3天后火化工推尸体去火化时,发现眼球微动,即送医院抢救后复苏。

假死是脑缺血、缺氧和高度抑制的结果,常见于各种机械性窒息(如缢死、扼死、溺水等)、某些中毒(如麻醉剂过量、催眠药、阿片、吗啡、酒精等)、电休克、脑震荡、低温麻醉、低温治疗、冻死、日射病、热射病、脑血管意外、癫痫发作、强烈精神刺激、深度昏迷(脑死亡除外)、霍乱或砷中毒所致剧烈腹泻和脱水、发生大出血、缺氧、营养障碍以及尿毒症等。新生儿缺氧容易发生假死,常见新生儿"无脉"10~15分钟后又"恢复生命"者。

(二)临床死亡期

临床死亡(clinical death)又称躯体死亡(somatic death)和个体死亡(individual death),是指充当一定社会角色的个体,从特定时刻起不可逆地丧失了个性和意识,不能感知任何刺激和承担社会职责,全脑机能或者循环呼吸机能已不可逆转的时期。此期死亡或社会层面的死亡可以确定具体时间,判断个体死亡的发生依赖于死亡的确定标准,不同的国家和地区法定死亡标准不一样,我国仍以心跳和呼吸停止为死亡标准。

医学逐步发展,特别是复苏技术和器官移植能使已停止活动的心、肺、肾等器官恢复其功能。此外,在超低温麻醉时,病人瞳孔固定、对光反射消失、呼吸和心跳停止，脑电图、心电图以及血压计不能显示其生命活动，如同死亡，其实并非真死，一经复温后病人便可完全复苏。因此，确定死亡需要特别慎重。

死亡发展到躯体死亡或个体死亡阶段，作为统一整体的人体虽已死亡，但构成人体的细胞、组织以及某些器官仍保持一定的机能活动。因此，在此期迅速摘出的器官或组织用作器官移植或组织培养是可能存活的。此外，躯体死亡后的组织、器官对刺激还能发生一定反应，称为超生反应(supravital reaction)。超生反应对于推断死亡时间具有一定意义。

(三)生物学死亡期

生物学死亡(biological death)又称全体死亡(total death)、细胞死亡(cellular death)或分子死亡(molecular death)，是死亡过程的最后阶段，指机体在分子代谢水平上由量变到质变地引起组织细胞死亡的过程。

因为各种组织对缺氧的耐受性不一，通常，胚胎发育越晚的细胞耐受能力越差，故心脏停止跳动后，各种组织的死亡时间也很不一致。中枢神经系统对缺氧的耐受性最差，常温下产生不可逆损害的极限仅 8 ~ 10 分钟，心、肝、肾、角膜能存活一段时间，皮肤、肌肉、骨骼则可以维持较久。

第二节 确定死亡的意义和标准

一、确定死亡的意义

确定死亡是人类社会中的一项重要的工作。在法律方面，自然人的权利始于出生止于死亡，作为一种事实，死亡可导致民事法律关系的产生(如继承)、变更(如合同当事人一方的更换)和终止(如婚姻关系)；在刑法范畴中，非法剥夺他人生命则构成杀人罪，最重的刑罚为死刑。《刑事诉讼法》第 16 条规定，犯罪嫌疑人、被告人死亡的，不追究刑事责任，已经追究的，应当撤销案件。对病人停止抢救、出具死亡证明、进行器官移植及尸体解剖，都必须以死亡为前提。此外，殡葬、注销户籍、停发离退休工资等则必须证明当事人已经死亡。

二、确定死亡的标准

在法律上对死亡的标准作出一种科学规定，对解决法律、医学、法医学等问题是十分重要的。传统的观念认为，心跳和呼吸完全停止，不能再使其恢复时，即可判断机体已经死亡。根据这一概念，按心跳和呼吸停止发生的先后顺序，分别称为心脏死亡或肺脏死亡。随着医学科学技术的发展,特别是复苏技术、器官移植、医疗仪器设备的发展和应用及支持疗法的改进,能使已停止活动的肺、心、肾等器官恢复其功能。由此又产生了新的死亡标准,即脑死亡标准。应特别指出的是,我国现行法律采取的死亡标准仍是心、肺功能的停止,脑死亡虽逐渐被医学界接受,但至今尚未立法。

(一)心脏死亡

心脏死亡(heart death,cardiac death)又称心性死亡,是指心跳先于呼吸停止所引起的死亡,主要见于心脏原发性疾病或心脏损伤,如心外膜、心肌、心内膜、心瓣膜、心脏传导系统和冠状动脉系统疾病以及心脏外伤等。心跳停止多数为渐进性,但也有心跳骤停的。后者可发生于上述各种原发性心脏疾病和损伤,也可继发于高碳酸血症、低钾血症或外来强烈的刺激引起的迷走神经反射以及电击等情况。还可见于损伤致离子通道功能及结构异常造成的心功能严重障碍或衰竭引起的死亡。

心跳和循环停止的检查法:

1. 用手触摸左前胸心尖部、双腕桡动脉、双颈前胸锁乳突肌旁的颈总动脉;

2. 将听诊器放在左心前区听心音是否存在;

3. 有条件的,应进行心电图检查,心电图检查是确认心脏死亡的最可靠的方法;

4. X线检查,观察心脏活动情况。

此外,可切开桡动脉,如有血液涌出说明存在血液循环。压迫眼球,瞳孔随即变形,压迫解除,瞳孔又复原,证明为假死;因死后血液循环停止,眼压降低,瞳孔受压变形后不能复原,通常在死后数分钟即可出现上述情况。也可用眼底镜观察视网膜血管内有无血液流动来判断是否假死。

(二)肺脏死亡

肺脏死亡(lung death,pulmonary death)又称呼吸死亡(respiratory death),是指呼吸先于心跳停止所引起的死亡,主要指源于呼吸系统疾病后损伤等造成其呼吸功能严重障碍或衰竭所引起的死亡,如机械性窒息、肺气肿、肺水肿、肺实变、气胸、血气胸、胸腔积液、肺栓塞、麻醉过深、触电、延脑呼吸中枢受压损伤、呼吸肌麻痹以及呼吸运动神经损害等。其死亡主要是由于缺氧。死后生化检查显示血液的氧含量(血氧张力)显著下降,可作为区别心脏死的指征。

呼吸停止的检查法:

1. 用眼观察胸腹部,细心观察有无胸腹壁的微弱呼吸运动;

2. 用听诊器检查喉部、胸前有无呼吸音;

3. 将纤细的棉花纤维放在口、鼻孔前,观察有无摆动;

4. 将镜面或玻璃冷却后置鼻孔前,观察是否变得模糊;

5. 将肥皂泡沫抹在鼻孔处,或将杯水置胸壁,观察有无呼吸。

(三)脑死亡

1959 年,法国学者莫拉雷(P. Mollaret)等在第 23 届国际神经学会上首次提出“昏迷过度”的概念。1966 年国际医学界正式提出了脑死亡的概念。1968 年,美国哈佛大学死亡定义审查特别委员会提出了脑死亡的标准(即“哈佛标准”),“哈佛标准”是目前所有实施脑死亡的最权威的标准,对脑死亡标准的推行具有重要意义。其定义为:包括大脑、小脑和脑干在内的全脑死亡。“哈佛标准”主要内容包括:脑昏迷不可逆转,无自主呼吸,无反射,平直脑电图等。上述检测在 24 小时后还需要重复一次,必须排除低温(32.2 摄氏度以下)、中枢神经抑制剂如巴比妥酸盐中毒等情况下,得出脑死亡结果才有意义。后又增加了应排除代谢性神经肌肉阻滞剂中毒、休克及 5 岁以下儿童。同时检测方法上增加了脑血管造影和放射性核素检查以证明脑血流的停止。1983 年,美国医学会、律师协会、州际法律统一协调委员会,以及美国医学和生物学及行为研究伦理学问题总统委员会建议采纳的死亡诊断为:一个循环和呼吸功能不可逆停止,或全脑包括脑干的一切功能不可逆停止的人,就是死人。

1. 脑死亡的定义。脑死亡(brain death)是指大脑、小脑和脑干等全脑功能不可逆的永久性的丧失。脑死亡分为原发性的脑死亡和继发性的脑死亡。原发性的脑死亡是由原发性的脑组织病变或损伤引起的死亡。继发性的脑死亡是继发于心、肺等脑外器官的病变或损伤所导致的脑死亡。

2. 脑死亡原因和死亡机理。脑死亡可原发于脑组织的严重损伤、出血、炎症、肿瘤,以及其他原因引起的脑组织严重破坏、脑水肿、脑压迫或脑疝形成等,也可继发于心脏或肺脏功能的先行障碍和停止。此时尽管心脏功能可在抢救下得到恢复,但由于缺血和缺氧所引起的脑组织损害在继续发展,最后仍可发生脑死亡。

脑死亡的机理主要是缺氧和代谢产物的毒性作用。脑重量虽然只占体重的 2%,但在正常安静情况下,其血流量却为心输出量的 15%,其耗氧量高达全身总摄氧量的 20%,并且脑组织的能量储备和无氧代谢能力极小,所需能量几乎完全有赖于葡萄糖的有氧氧化,而葡萄糖和糖原的储备又极少,只能维持数分钟。因此,脑组织一旦供血停止即可因缺血和缺氧而遭到严重损害。脑组织对缺氧最为敏感,脑各部对缺氧的耐受性又各不相同。在种系进化过程中越年轻的部分,对氧的耐受性越差,越古老的部分则耐受性越强。通常,大脑皮质缺氧 4 ~ 6 分钟即可以发生严重损害和不可逆的功能停止,其余依次为中脑 5 ~ 10 分钟,小脑 10 ~ 15 分钟,延髓 26 ~ 30 分钟,脊髓则超过 30 分钟。

3. 病理变化。脑死亡者在大脑、小脑和脑干神经组织均可见弥漫性坏死,并且一般无炎症反应,这说明坏死的发生与供血不足或脑局部血流停止有关。

4. 脑死亡与持续植物状态。持续植物状态(persistent vegetative state,PVS)又称植物生存,是指由于神经中枢的高级部位大脑皮质功能丧失,使患者呈意识障碍或昏迷状态。把持续植物状态的患者当作脑死亡而放弃抢救和治疗或当死人处置是违反医疗常规甚至是违法的。

5. 医学诊断标准。由于各个国家立法不同,对于脑死亡的诊断标准也不一样,迄今已提出数十种脑死亡的诊断标准,其中具有代表性的有美国的"哈佛标准"、"协作组"标准和英联邦皇家学院标准。虽然标准各不相同,但其主要内容大多相同。我国迄今尚未对脑死亡立法,但原卫生部已制定了中国版脑死亡的相关条款,主要有以下四个诊断标准:

(1)持续性深昏迷:呈不可逆的深度昏迷状态,对外界失去反应,甚至对强烈的疼痛刺激亦无反应;但应排除中枢神经系统抑制剂过量、原发性体温过低以及代谢障碍或内分泌功能障碍等所致的深度昏迷。

(2)脑干反射完全消失:包括瞳孔散大、固定、对光反射消失(中脑),动眼反射、角膜(桥脑)及咽喉反射消失(延脑)等。

(3)中枢性永久性自主呼吸停止:依赖人工呼吸机维持呼吸,又能排除肌肉松弛剂或其他药物中毒所致呼吸衰竭者。

(4)脑电图平直:经颅脑多普勒超声诊断呈脑死亡图形,且观察 12 小时无变化。阿托品实验对脑死亡的诊断具有重要价值,脑干听觉诱发电位是一项准确的客观指标。其他的检查如前庭变温试验、脑温测定、脑血管造影等。

6. 脑死亡立法的特别意义。

(1)脑死亡的新概念发展了死亡观念,更符合社会学意义上的死亡观念。虽然自古以来,心跳停止是判断个体死亡的标志,只要心脏还在跳动,即使跳得极其微弱,仍然表明还有生命。但随着现代医学的发展,心跳和呼吸停止的人并不表明必然死亡;相反,心肺功能得到人工维持的人并不意味着必然存活。就当前的医学进展来看,脑死亡发生后没有一个复苏成功的。因此,研究并确定脑死亡既有利于争取在"脑死亡"阶段到来之前进行积极有效的抢救,又可对复苏的预后作出估计。一个人的基本特点在于其意识状态,而意识状态的特点又与脑中枢密切相关。以某甲为例,人们根据他的精神特点、意识状态、身体特点和习惯等,就可确认他的存在。即使他做了肾脏移植，换了个肾脏，他仍然是某甲。如果他发生意外事故，四肢折断，甚至面目全非，人们只能说某甲变样，却不能否认他是某甲。但是假定某甲做了一次脑移植，具有别人的一些思想意识、信念、态度、素质和知识，当然就不能认为他还是某甲。由此可见，死亡的定义基于脑的功能活动不可逆转的丧失，要比传统的以心、肺功能停止作为死亡标志更为恰当。

(2)有利于解决司法实践中的一些重大问题。脑死亡不仅是医学或法医学上死亡标准的问题，更是司法实践中涉及法律责任、法律关系甚至是关系到人命的重大问题。首先，由于死亡涉及《刑法》《民法典》《刑事诉讼法》《民事诉讼法》《监狱法》等几乎每一个法律领域，这样就会使与其相关的犯罪认定，婚姻家庭关系、继承关系、债权债务关系及刑罚执行等在死亡标准不确定的状态下，容易造成混乱，没有相应的立法，谁也不敢冒此之大不韪宣告其死亡。因此，如何科学、准确地判断一个人的死亡，在司法实践中具有极其重要的意义，这既是对生命的尊重，也为处理相关法律纠纷提供了依据。其次，脑死亡立法为放弃对脑死亡者进行救治的医师与家属提供了立法依据和保障，使放弃对脑死亡者进行救治的医方免受来自社会舆论的巨大压力，也可使病人家属免受伦理非难，甚至不必要的法律纠纷。总之，脑死亡立法是完善我国生命法律体系，实现我国生命问题法治化的需要。

(3)提高医学诊疗水平，减轻老百姓的负担，有利于构建和谐社会。脑死亡对医务工作者提出了更高的要求，医务人员必须在脑死亡发生前分秒必争，方能使病人得到完全复苏。医院重症监护病房(ICU)昂贵的治疗费用使很多病人亲属对现代医疗技术感到敬畏。有观点认为，如果对一个实际上无生还可能的脑死亡的人连续多日地进行人工心肺功能的维持治疗，不但大大增加了老百姓的负担，也极大地浪费了国家财力和社会医疗资源。

(4)促进器官移植，造福子孙万代。器官移植的进展，需要大量可供移植的器官。供移植用的尸体器官必须非常新鲜，才能在移植后有存活的可能，故须在死后立刻从供体摘出。我国法律不允许收买活人的器官，自 2015 年 1 月 1 日起我国全面停止使用死囚犯器官作为移植供体来源，公民逝世后自愿器官捐献成为器官移植使用的唯一渠道。为此，脑死亡者作为供体是最理想的。可以认为，对于已经发生脑死亡的人来说，继续使用机械复苏等措施，只是延缓生物学死亡而已。据统计，美国每年大约有 2 万人死于脑外伤、脑肿瘤或脑血管意外等易于产生脑死亡状态的外伤或疾病，这个数字大致可满足那些等待接受同种异体器官移植的病人的需要。我国《人体器官移植条例》已经于 2007 年 3 月 21 日在国务院第 171 次常务会议上通过，并自 2007 年 5 月 1 日起施行。该条例规范了我国人体器官移植的全过程，使器官移植工作真正纳入了法治进程。

7. 脑死亡立法现状。目前从国际上脑死亡立法情况看,脑死亡立法主要有以下三种状态:

(1)国家制定有关脑死亡的法律,直接以立法形式承认脑死亡为宣布死亡的依据,如美国、德国、芬兰等十多个国家。

(2)国家虽没有制定正式的法律条文承认脑死亡,但在临床实践中已承认脑死亡状态,并以之作为宣布死亡的依据,如比利时、新西兰、泰国等数十个国家。

(3)脑死亡的概念为医学界接受,但由于缺乏法律对脑死亡的承认,医生缺乏依据脑死亡宣布个体死亡的法律依据。

我国现行司法实践中认定死亡的标准依然是心脏和脉搏停止跳动、呼吸停止。对脑死亡立法目前仍处于借鉴其他国家经验的阶段。1999 年 5 月 11 日,在武汉召开的全国脑死亡标准(草案)专家研讨会上,专家们一致认为应以脑死亡作为确定死亡的标准。2003 年 7 月,中央电视台报道的网上民意调查结果显示,大多数被调查者赞成和接受脑死亡,只有 28% 的被调查者对此持反对意见。这说明脑死亡观念已经得到越来越多的专家和社会人士的认同,为了顺应死亡观念的进步,更好地解决司法实践中的法律责任界定问题,减少不必要的医学资源浪费和促进器官移植工作的开展等,我国制定统一的脑死亡诊断标准及脑死亡立法已势在必行。

[**案例**]在瑞士有个企业主,由于长期未交国税而受到指控;但是他提出异议,他引用瑞士的法律,即心脏停止跳动是死亡的标志,而他的心脏停止跳动已近一年(他依赖人工心脏生活),因此按法律规定自然不必交税了。由此可见,随着人工脏器研制技术的进步和越来越广泛的应用,必然会产生更多的社会伦理和法律问题。

第三节　死亡基本问题分析

死亡的基本问题包括死亡原因、死亡机制和死亡方式,是几乎所有涉及死亡案件都需解决的问题。在过去的法医学鉴定,甚至法医学教科书中,常把死亡原因、死亡机理、死亡方式、根本死因、直接死因、间接死因、辅助死因、诱因等概念互相混淆,结果同一案例,不同的鉴定人可以得出不同的鉴定意见。正确甄别对个体死亡起作用的各种相关因素,明确地分析这些因素在死亡过程中的因果关系和主次顺序,是法律工作者必须掌握的知识。

一、死亡原因与死因分析

确定死亡原因无论对民事还是刑事案件都具有十分重要的意义,从某种意义上讲,它对于死亡方式的鉴定也具有决定性的作用。当前,在死因分析中存在三个问题,即死因分析缺乏规范化;遇两种以上死亡原因,主次难分;某些猝死、尸检无明显病变或其他阳性发现的,死因难以确定。

(一)死亡原因的概念

死亡原因(cause of death)是指导致死亡的原因(以下简称死因),如疾病、暴力或生理因素。世界卫生组织(WHO)《国际疾病与相关健康问题统计分类》第10次修订版本(ICD-10)中对死亡原因的定义是:所有导致或促进死亡的疾病、病态情况或损伤以及造成任何这类损伤的事故或暴力情况。许多情况下,死亡不是单一疾病或损伤的后果,还有一些其他因素在死亡发生的不同环节上不同程度地起着作用。一个法医病理工作者的责任之一就是对死因进行正确的分析和评价。

(二)死因的分类

死因可进一步分为直接死因(immediate cause of death)、根本死因(primary cause of death)、辅助死因(contributory cause of death)、联合死因(combined cause of death)和诱因(predisposing or inducing factor of death)等。

1. 直接死因:直接死因系来自根本死因的致命性并发症,也可译作立即死因,它不是一种独立的疾病、病变或病理过程,通常有感染、出血、栓塞、肺水肿、中毒、全身衰竭等,如刺伤引起失血性休克、支气管肺炎引起中毒性休克、颅脑损伤合并感染等。直接死因可以是一个,也可以是几个。

2. 根本死因:根本死因指导致上述直接死因的损伤或疾病,即直接死因的启动原因。它不是并发症或继发症,它包括继发的生理功能的紊乱,因而不同于上述直接死因。大多数根本死因应能在ICD-10中查到。如由于股骨骨折而长期卧床不活动继发了坠积性(支气管)肺炎或者肺动脉栓塞而死亡。坠积性肺炎或肺动脉栓塞是直接死因,股骨骨折是根本死因。

根本死因与直接死因间的关系是一种因果关系。例如,腹部刺创后继发化脓性腹膜炎死亡,腹部刺创是根本死因,继发的化脓性腹膜炎是直接死因。有时在根本死因与直接死因之间还可能有中间介入性原因。如头部被钝器打击致闭合性颅骨骨折,骨折片损伤其下的硬脑膜窦而致硬脑膜外血肿。开颅手术清除血肿后继发感染形成化脓性脑膜脑炎,而长期卧床又继发支气管肺炎而死亡。根本死因头部钝器损伤与直接死因支气管肺炎间有医疗失误导致的术后化脓性脑膜脑炎介入。它们之间形成了一个因果链的关系。

根本死因与直接死因之间通常有一个时间间隔,可以是几天、几个月、几年,甚至更长的时间。根本死因本身也可导致死亡而没有直接死因和中介原因。这最常见于重要生命器官的严重损伤或疾病,如重度脑挫裂伤、脑干损伤、严重的颅内血肿、心脏或大血管的破裂、化脓性脑膜脑炎、冠心病、心肌病、心肌炎、肺炎并发肺脓肿,以及重度中毒、心或脑的电击等。

许多病变,如急性或慢性胸(腹)膜炎、肺动脉栓塞、肺动脉血栓形成、肺出血、肺水肿、支气管性肺炎、流产等,当它们仅仅是某一疾病或外伤的直接结果时,也不宜作为根本死因。在分析死因时,必须指出导致这些病变的原发性疾病或外伤,这才是根本死因。如扼颈可立即因窒息而死,也可当时未死亡,但因喉头水肿或继发肺水肿、肺炎而死亡,其根本死因只能是扼颈。

在分析死因时,不能把直接死因当作根本死因。如果把直接死因作为根本死因,就不存在区别,也失去死因分析的意义。

3. 辅助死因:辅助死因是根本死因以外的疾病或损伤等因素,它们本身不足以致命,但在死亡过程中起到辅助作用,也称促进死亡的因素,它们与根本死因和直接死因无因果关系。这些辅助死因包括年龄幼小或过老、营养不良、慢性疾病(如结核病、糖尿病)、免疫机能异常等。

[案例] 陈某死于肝硬化并发食管静脉曲张出血。其根本死因为肝硬化,直接死因为食管静脉出血。解剖发现他同时患有肺癌,而后者在死亡中具有一定作用,则可以说肺癌为此患者的辅助死因。

4. 联合死因:两种或两种以上互不联系的死因在同一案例中联合在一起引起死亡,难分主次,可称联合死因。其中包括:病与病联合致死;病与暴力联合致死;暴力与暴力联合致死。根本死因与辅助死因在某种意义上也可称联合死因。

5. 死亡诱因:身体原有潜在病变,因某种诱发因素导致其恶化而死亡。这种诱发因素即为死因中之诱因。常见诱因如情绪激动、剧烈体力活动、洗澡、吸烟、饮酒等。这些因素对于真正健康的人来说一般不会致命,但对某些重要脏器有潜在病变、体质异常或过敏的人,却能引起潜在病变的迅速恶化,甚至导致死亡。如某冠心病患者于他人激烈争吵中突然倒地死亡,其所患的冠心病为根本死因,争吵导致的情绪激动为死亡诱因。其中以轻度外伤在法医实践中最常见和重要。如头部的轻微外伤可能诱发脑动脉瘤、脑血管畸形破裂出血,或诱发冠心病急性发作而猝死;轻度的腹部外伤可使异常肿大的脾或肝破裂出血而发生急性失血性休克而致死;胸前区或上腹部的钝性暴力打击诱发急性神经源性心血管衰竭而死亡。这些都是众所周知的情形。在诱因作用下发生的死亡都在诱因作用后很短的时间内发生,这是其重要的特征。

[**案例**]李某与邻居因琐事徒手打架,致肝破裂大出血,发生失血性休克,最终死亡。尸检发现,死者患晚期结节性肝癌,弥漫性肝肿大,肝重约2500g以上。死因分析结果为,晚期肝癌、弥漫性肝肿大应为根本死因,肝破裂、腹腔大出血、失血性休克应属于直接死因,打架事件及胸腹部遭受的外力应属于死亡诱因。

6. 其他:如中介死因(interveningantecedent cause)或称中间环节,指根本死因和直接死因之间的并发症或外部介入情况。

(三)死因鉴定的意义

1. 通过死因鉴定可以明确死亡方式,即暴力死或非暴力死。暴力死往往涉及刑事诉讼法律问题。非暴力死可能涉及民事诉讼、监所管理和医疗纠纷处理等。因此,明确区别死亡方式有重要意义。

2. 通过死因鉴定可以明确器质性损害或功能性损害,阐明机体受到外力作用或发生疾病时,产生临床症状及体征的病理学基础,为临床工作提高诊疗水平提供帮助。

(四)死因鉴定的分析要点

1. 系统、全面的尸体解剖。死因鉴定仅靠尸表检验或局部检查难以避免出现错误的鉴定意见。在特殊情况下,如尸体已被处理,或尸骨不全、白骨化等,根据检查结果,结合案情分析与死前经过表现等,大多数仅能得出分析性意见,因此死因鉴定应十分谨慎。

2. 不能单纯根据尸体解剖与病理所见确定死因,特别是在病理检查结果不能充分说明死因时。即使在尸检中发现致死性所见,因为可能存在其他因素而发生死因竞争,如尸体解剖发现有冠脉阻塞Ⅳ级,但血液毒物检测一氧化碳(CO)含量达到致死浓度。因此,常规的生化检测、毒物分析等都是十分必要的。

3. 在死因分析时应明确死因及相关概念。尸体解剖时可发现多种脏器存在病理变化,有时致死因素复杂,应分清死亡与相关的各种因素之间的关系。

(五)疑难案例的死因分析

在某些案例中,存在疾病与外伤并存、疾病与中毒并存、疾病与机械性窒息并存、两种或两种以上暴力并存或者缺乏阳性发现的猝死的情形,欲确定尸体死亡原因,必须具有充分资料,如死亡经过、现场所见、临床资料、生前健康状况、家族史、化验报告、尸检记录等,然后经过详细检查和客观分析,才能得出结论。

1. 疾病与外伤并存

这种状况主要有以下六种可能性:

(1)因损伤致死:虽有器质性疾病,但损伤程度已达到致死程度,并且损伤后不久即死亡的。

(2)因疾病致死:虽有损伤,但是死后或濒死期发生的。

[**案例**]曾某原有冠心病病史,从高楼坠落死亡,尸检时见体表多处擦伤或挫伤,内部可见肝、脾破裂,但内出血不多,同时发现严重的冠状动脉粥样硬化和心尖部心肌梗死疤痕。鉴定意见为冠心病猝死后从高楼坠落。

(3)外伤激发疾病恶化:如血吸虫病巨脾,遭轻度左上腹外伤而破裂、出血以致毙命。这种情况,应判定血吸虫病巨脾为根本死因,而外伤为诱因。

(4)外伤并发严重病变:如颅脑外伤后继发肺水肿,肺水肿为颅脑外伤后的致命性并发症,系直接死因,颅脑外伤为根本死因。

(5)外伤是根本死因,疾病为辅助死因。

[**案例**]某血友病患者从高处坠落,伤及头部,引起硬脑膜下血肿,进而发生脑移位和脑疝形成,压迫脑干生命中枢而死。鉴定意见应该为坠落(外伤)是根本死因,血友病是辅助死因,硬脑膜下血肿为直接死因,压迫脑干生命中枢是死亡机理。

(6)联合死因:有时严重的疾病和严重的外伤同时存在,难分主次,共同构成合并死因。

2. 疾病与中毒并存

尸检时既发现明显病变,又发现体内有毒物存在或药物中毒可疑。此时的死因鉴定应根据毒物或药物在体内的含量而定,如果毒物或药物含量超过其中毒量或致死量,而且生前又有中毒症状,形态学检查也有相应的病变,则应判定中毒死亡。

3. 疾病与机械性窒息并存

只要有明显的机械性窒息征象,如缢吊、绞颈、气管异物阻塞,而且证明是生前所为,则不论并存何种严重疾病,死因应为机械性窒息。

[**案例**]某女乳腺癌晚期广泛转移,痛苦不堪,自缢死亡。鉴定意见为缢死是根本死因。

4. 两种或两种以上暴力并存

当两种或两种以上暴力并存时,如外伤中毒,外伤与机械性窒息并存,中毒与机械性窒息并存,或在同一个体身上不同加害人造成两处或两处以上致命伤,分析死因更为复杂。此时宜结合多方面因素加以论证。通常凡致命性与非致命性暴力并存时,致命性暴力为死因;同为致命性暴力,但一为生前发生,另一为死后发生,当然生前发生的为死因;如均属生前发生的致命性暴力,可考虑联合死因,有时亦可从行为发生中的得要性来考虑。这类死因分析,有时还必须结合死亡方式考虑。其他情况类同,但死亡方式不一,结论亦可不同。此类案例案情复杂,不能一一列举。

[**案例**]有人既服毒自杀,又悬梁自缢,则虽毒物已达致死量,但悬缢应系导致死亡发生的行为,故为根本死因。

5. 缺乏阳性发现的猝死

尸检无明显致命性疾病或病变发现,毒物化验排除中毒可能,微生物学检查否定暴发性感染,则在排除暴力原因后可以考虑猝死。

二、死亡机理

死亡机理(mechanism of death)是指死因引发的危及生命的生理、生化方面的紊乱。常见的死亡机理有心脏停搏、心室纤维性颤动、反射性心脏抑制、呼吸抑制和麻痹、严重代谢性酸中毒或碱中毒、严重水电解质功能紊乱、心肺功能衰竭、肝肾功能衰竭等。这些机理最后都导致心、肺、脑三个生命重要器官活动停止而死亡。如果我们把死亡机理再归纳为一点,即心、肺、脑三联主器官(sovereign triad)的功能衰竭,最后又通过氧循环(oxygen cycle)终止而结束机体的生命,这种关系可以说是殊途同归。

在分析死因时,不能把死亡机理当作死亡原因,但在法医和医学的临床和病理工作中此类错误却屡见不鲜。例如,将小儿融合性支气管性肺炎的死亡原因分析为呼吸衰竭,或将多处长骨骨折的死亡原因分析为由休克而引起的呼吸衰竭。其实,呼吸衰竭是死亡机理,并非死亡原因。许多肺部和肺外疾病或病变,最后均可通过呼吸衰竭而死。又如,将甲亢性心脏病的猝死死因归于室颤和心衰。其实,室颤和心衰均为死亡机理。Robbins 指出,心脏病的死亡机理为心律失常和心脏泵功能衰竭。一切严重心脏病均能通过影响心脏泵功能,或通过血性心力衰竭而死。心律失常和心脏泵功能破坏又可互相诱发。如果把死亡机理当作死因来分析,必然会产生千篇一律的结果,这对于司法人员判案量刑毫无参考价值。

三、死亡分类与方式

在法医学上,通常将人体死亡分为非暴力自然死亡(nonviolent death)和暴力死亡(violent death)两大类。在死亡方式的分类中,西方法医学认为死亡方式(manner of death)是产生根本死因的实现方式。通常将死亡方式分为自然死、自杀、他杀、意外死、安乐死及无法确定的死亡方式。我国法医学界通常将死亡方式定义为暴力性死亡的实现方式,分为自杀、他杀和意外,具有一定的法医学意义。

确定死亡方式的意义在于简明地阐释死亡的发生及应负主要责任的事件情节,使有关人员正确地理解现实生活中复杂的死亡情况及其性质。

区别暴力死和非暴力死是法医学鉴定的首要任务。确定暴力死后,还需进一步鉴别是自杀、他杀或是意外。除根据全面系统详细的病理学检查外,还需结合死者的全面情况和其他各项检查(如毒物化验)进行综合分析,才能作出正确的判断。

(一)非暴力自然死亡

非暴力自然死亡,又称自然死(natural death)或正常死亡,包括疾病死、衰老死和无生活能力的新生儿死亡。衰老死是人至老年期由于全部生命过程逐渐衰退消失所引起的死亡。单纯的衰老死极为罕见,人们习惯上所说的衰老死,实际上多属于症状、体征不明显的疾病死。

(二)暴力死亡

暴力死亡,又称非自然死(unnatural death)或非正常死亡,它是由能量大或作用力强的外部因素侵害人体引起的死亡。引起暴力死的外因种类繁多,在法医学上认为是由各种物理因素、化学因素以及生物因素作用人体所引起的死亡,如机械性损伤、机械性窒息、烧死、冻死、电击死、雷击死、外源性毒物中毒以及生物或生物活性物质引起暴力窒息等。

暴力死可分为三种死亡方式(又称案件性质):自杀死、他杀死及意外死。工伤意外、交通意外、医疗意外及各种自然灾害等都属于意外死。

1. 自杀死(suicide death),是指蓄意地自己对自己施加暴力手段终止自己生命引起的死亡。

2. 他杀死(homicide death),是指用暴力手段剥夺他人生命引起的死亡。实际情况可分为以下几种:

(1) 非法他杀死(death from murder)。非法他杀是指蓄意地用暴力手段剥夺他人生命的行为,即通常所说的谋杀或故意杀人,其行为人犯了故意杀人罪。我国《刑法》第 232 条规定:“故意杀人的,处死刑、无期徒刑或者十年以上有期徒刑;情节较轻的,处三年以上七年以下有期徒刑。”

(2)过失伤害死(manslaughter)。这种是指过失行为致人死亡,有的对他人故意实施伤害,但没有预谋杀人;也有的没有故意伤害的目的,而是由于过失原因或处置不当,最后在客观上造成了他人的死亡,多见于家庭纠纷、斗殴、虐待老人或儿童以及监狱内对犯人的伤害等导致的死亡。过失伤害死与非法他杀死的根本区别在于前者不是以杀人为目的,但行为有过失,客观造成的后果与主观动机不一致。

(3)合法他杀死(death from justifiable decision)。这是指在法律允许范围内的

剥夺他人生命引起的死亡。比如，按照法律规定对死刑犯执行死刑、为了保护自己的生命而进行的正当防卫、在追捕在逃杀人犯的过程中犯人持枪拒捕而将其当场击毙，以及越狱逃跑的囚犯被鸣枪警告后仍不听劝阻而被击毙的情况都属于合法他杀死。法律允许的合法堕胎、引产而引起的胎儿死亡及部分安乐死也属于此类。

(4)其他他杀死。如部分安乐死及战争死等。

3. 意外死(accidental death)，是指未曾预料到的、非故意或过失的行为所造成的死亡。"意外"是指没有预见到实施的行为在一般情况下会导致死亡，"非故意"是指不是以结束他人或自己的生命为目的。意外死常见的有各种意外事件和灾害死，也可见于自伤、自残致死。自伤、自残致死是指自伤、自残者出于某种目的对自己施行伤害行为或采取一些态势，但意外地超过了限度而发生的死亡。如性窒息者用绳索悬吊自己使自己处于一种暂时缺氧状态，从而获得反常的心理快感，但可能由于绳索过紧而发生死亡。又如，监狱犯人出于某种目的吞针自伤、自残，结果造成胃肠大出血而死亡。

四、安乐死

安乐死是较为特殊的一种死亡。"安乐死"一词来源于希腊语 euthansia，原意是"善终"或"愉快的死亡"，又可译为无痛苦死亡。现在是指对那些因患有不治之症而非常痛苦，要求安适地、迅速地结束生命的病人，采用药物或其他方式实现其愿望的一种临终处置。目前我国学术界对安乐死还没有统一的定义，《中国医学百科全书》对安乐死的解释是："对于现代医学无可挽救的逼近死亡的病人，医生在患者本人真诚委托的前提下，为减少病人难以忍受的剧烈痛苦，可以采取提前结束病人的生命。"

安乐死分主动安乐死和被动安乐死。主动安乐死指病人或其家属鉴于病人的疾病治愈已无指望，采用药物或其他办法结束其痛苦的生命，又称积极安乐死。被动安乐死指对那些确实无法挽救其生命的病人，终止维持其生命的治疗或抢救措施，任病人自行死亡，而不采用药物或其他方式加速其死亡，又称消极安乐死。

根据国内外专家研究，安乐死的对象主要有：(1)植物人；(2)晚期恶性肿瘤失去治愈可能者；(3)患严重缺陷的新生儿；(4)先天性智力丧失、无独立生活能力，并无恢复正常的可能者；(5)患严重精神病，患者已无正常感觉、知觉、认知等，经长期治疗无恢复正常可能者；(6)老年痴呆症患者或高龄的重症伤残者。

随着现代科技的发展和民族素质的提高，要求安乐死的问题又重新提上议事日程，受到各国医学界和法学界的关注。荷兰议会于 2001 年 11 月 29 日通过安乐死法令,荷兰成为世界上第一个给安乐死立法的国家;比利时是第二个给安乐死立法的国家;安乐死在澳大利亚曾经合法,但又被推翻;瑞士的部分城市认可安乐死合法;美国联邦政府不完全认同安乐死,但部分州认同,如俄勒冈州和夏威夷州。多数国家至今尚未颁布有关安乐死的法律,但赞成安乐死的国家和人越来越多。从国外有关安乐死的争论和病例、法案来看,安乐死虽经过长期酝酿,但目前仍未能获得普遍的承认与接受。有的国家通过法院判例给安乐死以有条件的认可,如日本就是通过对其《刑法》“正当行为”和“紧急避险”的解释,有条件地确认安乐死的合法性。

目前,我国尚无此项立法,但国内对安乐死的认识逐步提高,要求实施安乐死的人逐渐增多。有全国人大代表曾提出有关安乐死立法的提案。未来,我国立法部门可能会对安乐死作出相应的法律规定,并且对于擅自实行、不履行或不认真实施安乐死行为的,制定相关违反安乐死的法律规定,视情节轻重,追究刑事责任。

五、死亡证明书

死亡证明书是由医务人员对死亡者填写的一种具有法律效力的证明文件。死亡证明书具有法律效力,可作为户籍管理、死亡统计、尸体安葬的证明,还可作为涉及死亡的刑事、民事和行政案件的依据。医师出具死亡证明书的要求有:(1)死者是该医师的患者;(2)死因明确;(3)没有其他可能涉及的法律问题。凡是非正常死亡或卫生部门不能确定是否属于正常死亡者,需公安机关判定案件性质并出具死亡证明或具有法医病理司法鉴定资格的鉴定机构和鉴定人进行法医鉴定。

第四节　死后变化与生活反应

人死后,尸体各器官、组织和细胞的生命活动停止,在体内外物理、化学混合生物等因素作用下,发生一系列的变化称为死后变化(postmortem changes),主要表现为尸体现象、人和动物等人为因素对尸体的毁坏和死后化学分子变化等。正确认识死后变化的一系列表现和规律,对法医和法律工作者具有重要的意义。

一、尸体现象

由于非人为因素死后变化而使尸体表面和内部器官组织呈现与活体不同的形态学征象,即为尸体现象(postmortem phenomena)。尸体现象按一定时间顺序显现。根据其发生发展过程,可大致分为早期尸体现象和晚期尸体现象两大类。

(一)早期尸体现象

早期尸体现象大致出现于死后24小时内,包括肌肉松弛、尸冷、尸斑、尸僵、皮革样化、角膜混浊、自溶等。但这些现象并非在24小时后立即消失,而仍在继续发展演变。

1. 肌肉松弛

人死后尸体肌张力消失,肌肉变软,称为肌肉松弛(muscular flaccidity)。肌肉松弛是最早出现的尸体现象,表现为尸体呈弛缓状态,全身皮肤失去弹性,各关节极易屈曲,瞳孔散大,口微张,眼睛半闭,面部沟纹变浅。

由于死后肌肉和皮肤失去张力和弹性,在尸体受压部位,如肩、背、臀、小腿后侧等处皮肤可形成一种压痕,能反映出接触物表面的形态物征。法医学尸表检查时,可根据尸体上的压痕判断尸体是否被翻转或移动,并提示死亡当时尸体所处的体位,这对分析案情、判定死亡性质有一定的意义。

肌肉松弛与死亡同时发生,待尸僵(死后1~2小时)开始即自行消失。但有的肌肉松弛不明显或缺如,死后可迅即发生尸体痉挛。

2. 尸冷

人死后,体内产热停止,但尸体仍不断地继续散热,尸温逐渐下降,直至与环境温度一致或略低于环境温度,称为尸冷(algor mortis)。尸体温度经直肠测定,刚死时体温为37℃左右,气温在15℃~20℃时每小时下降0.5℃~1℃。尸体温度降至与周围环境温度相等约需24小时。一般刚死后尸温下降慢,死亡10小时内下降快,以后又减慢,呈反“S”形尸温曲线。

(1)影响尸冷的因素

环境因素:环境温度越低,通风越良好,则尸体冷却越快;反之则越慢。例如,当尸体处于冰雪环境中,约经1小时即可完全冷却,甚至发生冰冻。如周围环境高于尸温时则不发生尸冷。水中或土中的尸体比空气中的尸体冷却快。

衣着:尸体衣着越多,铺盖越厚,尸冷速度越慢,裸体则快。衣服潮湿时,由于蒸发,体温放散也快。

个体差异:肥胖强壮者的尸体,温度下降慢;老人、小儿和瘦弱者的尸体,温度下降快。

死因:死亡前有高热或痉挛者(如患有热射病、肺炎、败血症、破伤风、癫痫、士的宁中毒、颅脑损伤或机械性窒息等)尸冷较慢,患慢性消耗性疾病,发生大失血、溺死或冻死者,则尸温下降较快。

(2)法医学意义

尸温下降是推断死亡时间最基本且比较可靠的方法。

3. 尸斑

人死后,血液循环停止,尸体血液因其本身重力坠积于尸体低下部分的血管内,并透过皮肤呈现出边缘不清的红色或暗红色的斑痕,称为尸斑(lividity)。

[**案例**]一青年男性,在拘留所内死亡,死者家属对死者背部出现的大片状暗红色斑痕提出疑问,认为是其生前被刑讯逼供所致,强烈要求追查凶手,法医经过详细系统的尸体解剖及组织学检查,确认此斑痕是尸斑,而不是损伤,同时发现死者患有严重的大叶性肺炎,最后,结论是因大叶性肺炎而死亡,从而澄清了案件性质。

(1)部位:尸斑分布于尸体低下未受压部位。仰卧位时,尸斑见于枕部、项部、背部、腰部、臀部及四肢背侧面,有时也见于尸体的侧面,甚至上身的倾斜部位,如锁骨上区。俯卧尸体尸斑的分布与仰卧相反。缢死尸体,尸斑的分布在四肢远端以及裤腰带上缘的皮肤。溺死尸体,由于其尸体被频繁翻转移动,尸斑的分布不恒定,颜色亦较淡。

(2)颜色:尸斑的颜色取决于血红蛋白的氧合状态,通常呈暗红色。死后尸体经历的时间越长,血液中的氧合血红蛋白越少,尸斑逐渐呈现暗紫色。死因不同,尸斑颜色亦有明显差异,一氧化碳和氰化物中毒死者分别因体内碳氧血红蛋白形成和氧合血红蛋白消耗较少而呈鲜红色,冻死尸体和冬季溺死尸体尸斑亦呈鲜红色,酸中毒时血红蛋白转化为正铁血红素,尸斑呈黄褐色,过氯酸钾或亚硝酸盐中毒时,因有高铁血红蛋白形成,尸斑呈灰褐色。

(3)发展过程:尸斑的发生发展分为坠积期、扩散期、浸润期三期。尸斑的分期既标志尸斑的演变过程,也标志死亡经历的时间,三期之间呈移行重叠状态。

①坠积期尸斑:指死后 8 ~ 12 小时以内的尸斑。死后 1 ~ 2 小时尸斑开始出现,初期因坠于毛细血管中的血液相对较少,故尸斑色淡,面积亦小,多呈云雾状或条纹状,以后逐渐融合成片,颜色加深,呈暗红色。此期,血液仅局限于毛细血管网内,手指按压可以褪色,除去压迫尸斑又重新显现(见图 3 - 1)。死后 5 ~ 6 小时内如翻转尸体则已形成的尸斑可消失,在尸体低下部位又可形成新的尸斑。切开尸斑部位的皮肤及皮下组织可见血管断端滴出血液,用纱布较易擦去。

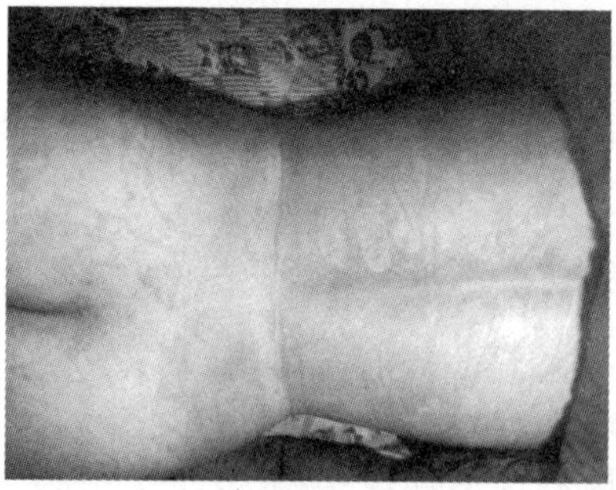

图 3 - 1　坠积期尸斑

②扩散期尸斑:指死后 12 ~ 24 小时的尸

斑。此期组织液透过血管壁进入血管,促进死后溶血,血浆被血红蛋白染红向血管外渗出,尸斑范围扩大,颜色加深。此时指压,尸斑不再消失,仅颜色有所减退,翻转尸体,原形成的尸斑不再消失,而新尸斑也不易形成。切开尸斑部位皮肤及皮下组织,可见血管断端有血液缓缓滴出,组织染成红色,用纱布不易抹去。

③浸润期尸斑:是指死亡24小时以后的尸斑。此时,尸斑固定,按压或翻转尸体,尸斑不再消失,更不能形成新的尸斑。切开尸斑部位的皮肤和皮下组织,呈均匀一致的淡紫红色,无血液自血管断端滴出,本期尸斑持续时间较长,以后即转变为腐败。

(4)影响尸斑发展的因素:尸斑出现的迟早及其程度与死亡前后的情况有关,如窒息死、猝死、急性中毒、败血症等死亡的尸体,因血液呈流动状,易于坠积,故尸斑出现早而强,甚至因毛细血管过度充盈而发生死后点状出血;死前贫血或大失血的尸体,尸斑出现迟而弱。尸斑出现与否还与有无外力压迫有关,仰卧位尸体,肩胛部、背部及臀中部因与硬面接触,皮肤苍白而不见尸斑,此外,如腰带结扎、衣服折叠、袜子紧套的相应部位也难见尸斑。长期浸在冷水或放在冷处的尸体,由于立毛肌收缩,皮肤血管受压,尸斑出现迟而弱。

(5)尸斑与皮下出血的区别:皮下出血常由外伤所致,可发生于身体任何部位,其范围较小,伴有表皮剥脱,局部肿胀,压后不褪色,切开有凝血,用纱布擦拭或用水冲洗不易去除,必要时可根据组织学检查加以区别。

(6)内脏血液坠积:死后血液坠积不仅仅发生于体表,同时发生于内脏,尸体仰卧位时,大脑枕叶、小脑、肺的背侧面、胃肠后壁及肾背侧面都可有血液坠积,统称为内脏血液坠积(visceral hypostasis)。不可将此误认为出血与炎症等病变。

(7)法医学意义:①尸斑是较早出现的死亡征象之一,可确证死亡;②根据尸斑的发展可以估计死亡时间;③根据尸斑的颜色和程度可作为分析死因的参考;④根据尸斑的位置,可推测死亡时的体位,判断尸体有无翻转移动。

4. 尸僵

死后,肌肉经短时间的松弛柔软后尸体各肌群逐渐变得坚实僵硬,并轻度收缩,使关节固定,此现象称为尸僵(rigor mortis, cadaveric rigidity)。尸僵的形成机制至今尚未完全明了,目前较多学者认为尸僵的发生与尸体肌肉内腺苷三磷酸(ATP)的消耗有关。

(1)出现的时间和顺序

尸僵于死后1~3小时开始出现,其顺序通常是小肌群在先,大肌群在后,缓解也是如此。尸僵开始出现于下颌部,4~6小时扩延到全身,12~16小时尸体强直发展到高峰,持续时间为1~2天,以后逐渐缓解,3~7天完全消失。其发展顺序有所谓下行次序和上行次序,以下行次序居多,先由咬肌、颈肌开始,向颜面肌、躯干、四肢发展。上行次序则由下肢开始,逐渐向上发展,但这种情况罕见。

如在尸僵早期,用强力将已发生的尸僵破坏,不久又会恢复尸僵,这种现象称为再僵直。但尸僵发展6~8小时以上,再人为破坏之,尸僵不再出现。

尸僵不仅见于骨骼肌,心肌和平滑肌死后也可发生强直,立毛肌强直使皮肤呈鸡皮状,睫状肌和虹膜肌强直可改变瞳孔的大小,肠管、膀胱、子宫等也可发生轻度强直。

(2)影响因素

外界环境:温度高时,尸僵出现早,消失也早;反之,则出现迟,消失也迟。如夏季仅36~48小时即可完全缓解,而冬季则要72小时或更久。水分多湿度大的环境尸僵发生缓慢。

个体差异:肌肉发达的健康人尸僵出现缓慢,程度强,持续时间也长;老人、小儿尸僵出现早,程度弱,持续时间也短。

死因:死前有肌肉痉挛者,如破伤风、士的宁中毒、急性热性病者,尸僵出现早而强;窒息,大出血,败血症,全身衰弱或砷、汞中毒者,尸僵出现迟而弱。

尸体痉挛:这是一种特殊的尸僵现象。死者生前由于有剧烈的肌肉运动或高度紧张兴奋,死后肌肉未经松弛而发生僵直,称为尸体痉挛(cadaveric spasm)。分为局部和全身尸体痉挛两种。

尸体痉挛可保留临死时的姿势,如用枪自杀者,死后仍紧握枪;溺死者,手中抓有水草、泥沙,故对判断或推测死亡性质具有重要意义。破伤风或士的宁中毒死者,因死前有较强烈的痉挛性收缩,可发生全身性的尸体痉挛。

(3)法医学意义

①尸僵是确证死亡的早期尸体现象之一。②根据尸僵的发生发展,持续时间的长短和强度可作为推测死亡时间的参考。必须注意,由于尸僵的出现和消失时间变异较大,在推测死亡时间时应与其他尸体现象相互印证。③推测死亡时的体位和姿势。

5. 皮革样化

尸体局部表面,尤其在湿润的创面和黏膜面,水分不断蒸发,乃至局部干燥、变硬,呈淡黄色或黄褐色,如羊皮纸样外观,称为皮革样化(parchment - like transformation)。

皮革样化常见于唇、眼结膜、阴囊、大小阴唇及皮肤皱折处,也可见于生前擦伤,如颈部索沟、扼痕,被强奸尸体大腿内侧形成的表皮剥脱及烫伤面,以及抢救时施行人工呼吸、胸外心脏按摩而致的胸部擦伤等均易形成黄褐色或暗褐色的皮革样化,并保留其损伤时的形态。死后所致损伤如搬运尸体时引起的表皮剥脱,局部也会形成皮革样化,但其色泽一般较淡,切开皮肤无血管扩张充血等生活反应,二者应予鉴别。

6. 角膜混浊

人死后,角膜逐渐混浊不透明,呈灰白色乃至完全不能透视瞳孔,称为尸体角膜混浊(corneal turbidity)。角膜浑浊的形成及其程度与黏多糖和水的含量有关,而不是过去认为的局部干燥所致。

人死后不久,黏多糖和水的含量几乎未变化,角膜清晰透明;死后 5 ~ 6 小时,角膜上可出现白色小斑点;以后斑点扩大,至死后 8 ~ 12 小时角膜轻度混浊,呈薄雾状;15 ~ 24 小时角膜已相当混浊,表面有小皱折,但仍可透视瞳孔;48 小时后角膜高度混浊,已不能透视瞳孔。

尸体角膜混浊的速度与尸体所处的环境及眼睑闭合情况有关。周围环境温度越高,角膜混浊越快;反之,冷藏条件下角膜混浊的速度变慢。

角膜混浊的程度可作推断死亡时间的参考。

7. 自溶和自家消化

人死后,组织细胞失去生活功能,受本身固有的各种水解酶的作用而发生细胞结构的破坏,使器官软化,称为自溶(autolysis)。

形态变化:肉眼观察时可见组织混浊软化,切面组织结构境界不清。镜检查发现,细胞肿胀,胞浆嗜酸性,胞浆内固有的特征性结构如心肌横纹、神经细胞的尼氏小体等消失,细胞核染色质凝聚、碎裂乃至溶解消失。自溶形态与坏死相同,但自溶范围广泛,且无炎症反应,而坏死则局限在一定的范围内,边缘有炎症细胞浸润,可供判别。

自家消化:人死后,胃、肠壁组织因受消化液的作用而溶解液化,称为自家消化(autodigestion)。胃的自家消化表现为黏膜膨胀、松软、皱襞消失、颜色污垢,有的显示胃底部血管网。严重的胃自家消化可导致胃壁穿孔。穿孔处的胃壁形状不规则,边缘薄,无出血等生活反应,纤维镜下可见黏膜上皮脱落。肠的自家消化较胃的自家消化相对较轻。

影响自溶和自家消化的因素:(1)温度。环境温度高,自溶发生早。夏天,死后数小时即开始自溶,冬天则较慢。衣着较多的尸体,自溶较裸露尸体快。尸体冷藏可防止自溶或使自溶变缓。(2)死因。猝死、机械性窒息、机械性损伤、中毒、电击等急速死亡的尸体,组织自溶较快;慢性消耗性疾病死亡者,自溶较慢。

法医学意义:不同器官组织自溶的发展情况不同有助于推测死后经过时间。死后自溶须与变性、坏死等生前病变相鉴别。有时从单一组织或细胞的形态变化很难鉴别,往往需要比较各个脏器组织的自溶速度和程度,再参考当时的气温、死亡时间、死因、尸体保存条件,以及死者生前临床资料等综合分析。

为防止自溶影响正确诊断,法医检案时应争取尽早解剖。如一时条件不成熟,也应将尸体及时冷藏冷冻保存或固定,以延缓自溶的发生。

8. 超生反应

生物个体死亡后,其器官、组织和细胞在短时间内仍保持某些活动功能或对外界刺激产生一定反应的能力称为超生反应(supravital reaction)。

如人死后 2 小时内,几乎所有的骨骼肌受刺激均可收缩而形成肌隆起,有的死后 6 小时仍有阳性反应。人死后 4 小时内,瞳孔对注入结膜囊的药物如阿托品可出现散瞳反应。有的尸体在死后数小时仍能见到肠蠕动,有的甚至可因邻近肠段松弛扩张发生肠套叠现象。人死后约 30 分钟内,汗腺对阿托品及肾上腺素等药物仍可有发汗反应。人死后 30 小时(个别报道甚至 127 小时)内,精囊内精细胞仍有活动能力。断头后十多分钟内,可观察到眼球、口唇及下颌运动,躯干部痉挛,心肌收缩等。有报道称,人死后,对缺血、缺氧耐受性较强的细胞尚可分裂增生,如内皮细胞、神经胶质细胞和某些上皮细胞等。

(二) 晚期尸体现象

一般认为晚期尸体现象是死亡 24 小时以后出现的尸体现象。其分毁坏型(主要是腐败)和保存型两大类。当然,晚期尸体现象并非在 24 小时后突然出现,而是死后不久就开始发生,如腐败虽属晚期尸体现象,但腐败细菌的生长繁殖早在死后数小时就已开始,只不过 24 小时后表现得更明显罢了。

1. 腐败

尸体在腐败细菌的作用下逐渐分解的过程称为腐败(decomposition)。

腐败是尸体内外细菌共同作用的结果。引起尸体腐败的细菌,初期主要是大肠杆菌、肠球菌及大肠腐败杆菌等肠道细菌。以后,空气或土壤中的细菌,如葡萄球菌、细球属及变形杆菌等亦大量侵入尸体。腐败细菌在尸体内滋生繁殖,引起蛋白质、脂肪和碳水化合物的分解,最终使组织器官毁坏。

尸体腐败的发展和形态变化表现为以下几个方面。

(1)尸臭。死后数小时,肠道内的细菌使蛋白质分解,产生以硫化氢为主的腐败气体,并从口、鼻、肛门排出,具有强烈臭气,称为尸臭。

(2)尸绿。人死后1～2天,尸体右下腹皮肤出现污绿色斑迹,称为尸绿。尸绿是由腐败气体中的硫化氢与血红蛋白结合生成的硫化血红蛋白透过皮肤呈现出来的绿色印斑。由于回肠部常有粪便积滞,细菌易于繁殖,故尸绿先见于右下腹。以后,随着腐败的发展,尸绿逐渐扩展到全腹壁,最后波及全身。

(3)腐败气泡和水泡。死亡3～4天后,腐败尸体中可能蓄积大量腐败气体,腐败气体窜入表皮与真皮之间,形成大小不等的气泡,即为腐败气泡。如气泡内充满腐败液体,称为腐败水泡。

(4)"死后循环"。尸体血管内产生的腐败气体压迫血液使之流动,称为"死后循环"。结果导致腐败细菌随血液散布至各脏器,促进腐败发展。

(5)"泡沫器官"。肝肾等实质脏器由于蓄积了腐败气体而形成大小不等海绵样空泡,称为"泡沫器官"。

(6)腐败静脉网。死后,内脏血管中的血液受腐败气体的压迫,流向体表,使皮下静脉扩张,充满腐败血液,在体表呈现暗红色或者绿色树枝状血管网,称为腐败静脉网(见图3－2)。

(7)"巨人观"。尸体高度腐败,腐败气体充盈于各体腔和组织间隙,使整个尸体膨胀,称为"巨人观"。

(8)死后分娩。怀孕尸体,腐败后产生的气体使盆腔压力增大,迫使胎儿娩出,称为死后分娩。

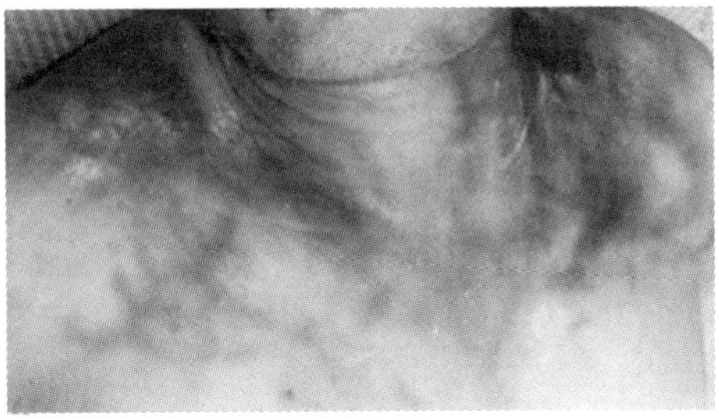

图3－2　腐败静脉网

影响尸体腐败发展的因素包括以下几点。

(1)周围环境:温度、空气流通情况均对腐败有很大影响。腐败菌生长繁殖最适宜的温度是20摄氏度～35摄氏度,在这样的环境中腐败发生迅速。温度过高过低均影响腐败发生。如气温超过50摄氏度则尸体干燥,低于0摄氏度则尸体冻僵,均可使腐败不发生或延缓。

(2)个体差异:肥胖尸体较瘦弱尸体腐败快。幼儿尸体因富含水分,腐败较成年人快,老年人尸体腐败最慢,新生儿尸体因细菌较少,腐败亦慢。

(3)死因:机械性损伤、窒息或其他急死尸体,死后血液呈流动状,尸体水分充足,因此腐败发展较快,而大出血死亡的尸体腐败发生较慢。消耗性传染病、败血症、菌血症、毒血症死亡的尸体腐败发生快。若死前用过大剂量抗生素者,则可推迟腐败的发生,砷、汞中毒死者,腐败也较慢。

各器官因腐败发展程度不同而表现为以下顺序：

一般情况下，各脏器腐败的顺序为：肠、胃、气管、肺、心肌、肝、脑、肾、膀胱及骨骼肌等。前列腺和子宫腐败较慢，血管、肌腱、韧带、软骨对腐败的抵抗力较强，毛发及骨骼保存时间更长。上述顺序也并非固定不变，如妊娠期或分娩后的子宫则较早发生腐败。

随着尸体腐败的进展，各脏器组织逐渐软化、液化，最后溶解消失，体表软组织也液化崩解。尸体毛发及指(趾)甲脱落，最终仅残存骨骼，称为白骨化。

白骨化所需时间随季节和尸体所处环境的不同而异，埋葬在泥土中的尸体经过3~4年，毛发和骨骼不易毁坏，埋葬数百年后，尸骨尚可保持完整。

尸体腐败的发生和发展具有以下法医学意义：(1)根据尸体腐败的发生和发展程度，可以粗略估计死后经过时间。(2)腐败可使沉入水中的尸体浮起，有利于发现尸体，揭露犯罪。(3)腐败会破坏生前形成的损伤病变，鉴定时应予注意鉴别。对需要进行法医学检验的尸体应尽早解剖，因故不能尸检时，尸体必须冷藏或防腐处理。另外，对已发生腐败的尸体也不应放弃检验，如有骨质损伤的尸体，即使高度腐败，其损伤形态依然保留，对一些无名尸骨亦可根据其骨骼的结构特征，判断死者年龄、性别和种族等。对某些重金属和某些生物碱中毒的尸体，尸检时采取脏器组织所在部位的肉泥检验，亦可获得较为满意的阳性结果。

2. 尸霉

尸体处于潮湿、封闭的环境中，温度适宜时，由于霉菌生长，尸表长霉斑或霉丝，称为尸霉。尸霉可与腐败同时发生。根据霉菌生长情况可推测死亡时间。

3. 保存型尸体

当尸体受内外因素影响，腐败过程中断，则可将尸体不同程度地保存下来，这种在特殊条件下长期保存的尸体，称保存型尸体。

(1)干尸。尸体水分急剧丧失，腐败过程中断，尸体重量减轻，皮肤、内脏及软组织干燥皱缩、变硬，这种保存型尸体称干尸或木乃伊(mummy)。

干尸形成条件主要是通风、干燥和较高的环境温度。干热沙漠地区，干尸较易形成，而棺墓中发现的干尸则是置放各种吸水物质和防腐剂的结果。

干尸能保留生前某些特征、病变及损伤形态，对个体识别、死因鉴定、揭露犯罪有一定意义。

(2)尸蜡。浸泡在水中或埋于潮湿泥土中的尸体，皮下脂肪组织因皂化或氢化，形成污黄白色的蜡样斑块，称为尸蜡(adipocere)。

整具尸体形成尸蜡者罕见，多为局部性尸蜡。常见于四肢、臀部、面部及妇女乳房等处。形成尸蜡的部分或软如黏土或硬如石膏，放出腐败干酪样特有的恶臭，摸之有油腻感。镜检发现，皮下脂肪组织中可见脂肪酸结晶。尸蜡可保存生前伤痕（如颈部索沟等），对揭露犯罪、查明死因有一定意义。

（3）泥炭鞣尸。尸体浸没在泥炭沼泽中，由于鞣酸与腐植酸的防腐作用，尸体原形得以长期保存，这种保存型尸体称为泥炭鞣尸（tanned cadaver in peat bog），又称软尸。其特征是皮肤色暗，致密如鞣皮，脏器及肌肉脱水，体积高度缩小，骨骼、牙齿脱钙而变软，容易曲折和切开，甚至尸身可过度卷曲。

泥炭鞣尸罕见，根据资料，在西欧和北欧曾发现泥炭尸群，估计多数在2000年前死亡，尸体上可见当时致死的暴力痕迹。国内亦先后在浙江、湖北等地发现数具软尸，据分析，其性质与泥炭鞣尸相近。

（4）以下尸体为现已发现的我国古代的保存型尸体。

马王堆女尸：1972年，在湖南省长沙市东郊马王堆出土一具保存完好的女尸。据考证，系西汉初期的墓葬，距今2100多年。女尸身长154厘米，重34.3千克，头颈、躯干、四肢保存有较完整的外形，全身润泽且软组织富有弹性，皮肤覆盖完好，轻度尸蜡化，肘踝关节仍可活动，内脏俱在。该尸不同于过去所报道任何一类保存型尸体，特称“马王堆尸”。

江陵古尸：1975年，在湖北省江陵县出土一具保存完好的男尸，称为江陵古尸。研究证明，该古尸既不属于干尸，也不是尸蜡和鞣尸，而在多方面与长沙马王堆古尸属同一类型。据墓中竹帛记载，该尸下葬时间比“马王堆尸”还要早几年。江陵古尸不仅形态结构保存相当完好，而且蛋白质、脂类、糖以及核酸也保存得相当高水平，组织中的血型物质尚部分存在。

明代古尸：1956年，南通医学院报道几具明代古尸，其中盛彭氏葬于1554年，距今已400余年，尸体外形完整，各内脏大小、颜色与正常近似。

上文说明，早在西汉初期，我国的防腐技术就已达到相当高的水平，充分反映了我国劳动人民的聪明才智和伟大创造力。

二、死后伤与生活反应

人体死亡后，人、昆虫、其他动物及周围物体均能破坏尸体从而造成尸体的毁坏，主要表现为在尸体上形成各种损伤，称为死后伤（postmortem injury）。

（一）违法与偶然性死后伤

从法律层面上看，形成死后伤的原因可分两类：一类是违法的死后伤，可见于暴力致死后继续对尸体施加暴力作用所形成的损伤，如割去尸体的耳朵、舌头、乳房、外阴等,或将尸体肢解,如碎尸案。也可见于用一种暴力致死后,又用另一种暴力伪装自杀或灾害死,如扼死后抛到火车轨道上伪装交通事故。另一类是偶然或意外的死后伤,如人工呼吸造成胸肋部擦伤、挫伤、肋骨骨折或肝脾破裂,或搬运尸体过程中造成的擦伤。死后被昆虫、动物等造成体表损伤,均为偶然性死后伤。

(二)死后伤的致伤因素分类

1. 死后人为现象

人体死亡后,由于外来违法或偶然的人为因素的作用,尸体发生的改变或征象被称为死后人为现象(postmortem artifacts)。

常见的人为现象有:

(1)抢救时施行胸外心脏按摩,如果用力过大可致肋骨及胸骨骨折,甚至引起心、肺、肝等内脏器官的破裂。

(2)搬运尸体时可致颈椎骨折,表皮擦伤以及肢体损伤。死后变动体位亦可使胃内容物反流,进入呼吸道而造成窒息死的假象。

(3)尸体检验及大体标本存放、固定及取材过程中,如果操作不当,亦可造成人为损伤,如颈部解剖时,可发生舌骨骨折或甲状软骨骨折,开颅时可使原有生前骨折线延长。

(4)违法的死后伤。罪犯为了干扰案件侦破而对尸体进行破坏,常见的有碎尸、焚尸、毁容、腐蚀尸体等。

2. 动物、昆虫或周围物体对尸体的毁坏

常见的有:

(1)水中尸体漂荡不定,可与礁石、桥桩碰撞,甚至可被船舶螺旋桨切削,亦可能被鱼、蟹及其他水栖动物啮食。

(2)陆上尸体可发生交通损伤,也易受昆虫、动物的破坏。夏季,婴儿尸体在6~8日内,成人尸体在3~4周内就能被蝇蛆吃尽软组织而仅剩骨骼。蚂蚁、蟑螂也可咬食尸体,抛在野外或山上的尸体还能被鸟兽啄食。

(三)生活反应

所谓生活反应,是指活体对损伤所产生的一种反应。这种反应可在形态学上表现出来,也可在机能和生化方面有所改变。机能和生化方面的改变主要是机体抗御损伤时出现的一系列应激反应,如激素的反应、糖原的分解、血浆蛋白输出的变化以及血脂的变化等(详见第四章)。

三、尸体化学变化和分子变化

死后体内继续进行分解代谢,而产生一系列化学变化,主要表现为多种化学成分含量的改变，称为尸体化学变化(postmortem chemical changes)。其中一些生物大分子物质需要用分子生物学等技术才能观察到其变化的称为死后分子变化(postmortem molecular changes)。

目前尸体化学研究的主要对象是血液、脑脊液、眼玻璃体液、心包液、胆汁、尿液、羊水和胸腔与腹腔液等。测定的主要成分包括：(1)电解质，如钾、钠、氯、钙等；(2)微量元素、碳水化合物，如葡萄糖、乳酸等；(3)含氮化合物，如氨基酸氮、尿素氮等；(4)激素、蛋白质和酶类；(5)染色质、DNA、RNA等。

采取检材时，血液以外周的较好，脑脊液应从小脑延髓池抽取，眼玻璃体可用注射器和20号针头从眼球的前外侧缓慢抽取，每侧大约抽2毫升。检测的方法包括化学、生物化学、组织化学、酶组织化学、免疫组织化学和各类分子生物学方法。

第五节 死亡时间的法医学推断

死亡时间(time of death)是指从死亡到发现、尸体检验时经过的时间，又称死后经历时间(the time since death，TSD)或死后间隔时间(postmortem interval, PMI)。死亡时间的推断(estimation of time since death)即推测死亡到尸体检验时经历或间隔的时间。死亡时间的推断是法医鉴定要解决的重要问题之一，在他杀案件侦查中尤为重要。尸体变化与死亡时间有密切的关系，从尸体变化推断死亡时间就成为法医学推断死亡时间的一个重要手段。准确的时间推断可为侦查提供线索，为审判提供证据。但推断死后经过时间是一项难度较大的工作，目前的方法尚不尽如人意，因此常需要采用多种方法，综合分析判断。

一、根据尸体现象推测死亡时间

(一)根据尸温推断早期死亡时间

近年来，许多法医学家就尸冷推断死亡时间作了广泛的研究，认为在早期尸体现象中，尸冷对推断死亡时间相对最有价值，较为可靠。一种以尸温为基础，综合多种影响因素的多参数综合推断早期死亡时间的方法在法医鉴定中得到实际应用。

1. 尸温的测量。尸体温度分为尸体表面温度和尸体内部温度。尸体内部温度下降的规律与死后经历时间相关性较好，可用于推断早期死亡时间。研究证实，直肠温度能较好地反映尸体内部温度，且操作相对简便。直肠温度的正确测量方法是：将温度计(肛温表)插入尸体肛门15厘米，插入时温度计应尽量远离骨盆后壁，以避免骨盆壁温度较低而造成误差。

2. 死亡时的尸体温度。直肠温度在活体间有一定差异,平均为36.9℃。

3. 尸温下降规律。研究表明尸体直肠温度下降规律遵循一定的曲线,表现为在短暂的平台期后,散热过程最初较缓慢,逐渐加快并达到最大速率,最后再次变慢,直至达到环境温度,其整个过程呈反"S"形曲线。

4. 尸温下降在推断死亡时间方面的应用。以春秋季为准,尸体颜面、手足等裸露部分有冷却感,为死后1~2小时或以上,着衣部分皮肤有冷却感,为死后4~5小时;死后最初10小时,尸体直肠温度每小时平均下降1 ℃;10小时后,每小时平均下降0.5 ℃左右;肥胖尸体在死亡后最初10小时,尸温每小时平均下降0.75 ℃,消瘦尸体每小时平均下降1 ℃。夏季尸冷速率是春秋季的0.7倍左右,冬季是春秋季的1.4倍左右;暴露在冰雪天气的尸体,尸温在死后数小时即降至环境温度。

[**案例**]冬季某日晚上,某出租屋内发现一具尸体。经法医检验,死者身体肥胖,直肠温度26 ℃。该死者的死亡时间分析推断:尸温下降了11 ℃,按春秋季最初10小时尸温每小时下降1 ℃,10小时后每小时下降0.5 ℃,该尸体死亡经历时间应是12小时;由于该案发生在冬季,因此最终死亡时间应为8~9小时(12×1/1.4)。

(二)根据超生反应推断死亡时间

超生反应有种种表现,在法医学上有重要意义,尤其对推测死亡时间有帮助。例如,死后数小时仍可见肠蠕动,如果邻近肠段松弛扩张还可发生死后肠套叠现象。死后4小时内,在眼结膜囊内滴入阿托品或依色林可引起散瞳或缩瞳反应。精囊内的精子在死后30小时,甚至70小时内仍有活动能力。骨骼肌在机械性刺激下可收缩而形成肌隆起,死后2小时内几乎所有肌肉均可见这种反应,死后6小时在肱二头肌可呈阳性反应。

(三)根据其他尸体现象推断死亡时间(见表3-1)

其他尸体现象如尸斑、尸僵、角膜混浊程度、腐败情况等综合推断死亡时间,也是法医学尸体检验中的传统方法。但由于死后尸体受多种因素的影响,其推测结果不可能十分精确。

表3-1 根据尸体现象推断死亡时间(春秋)

早期尸体现象	死亡时间	晚期尸体现象	死亡时间
尸斑开始出现	2~4小时	下腹部出现尸绿	24~36小时
尸斑指压易褪色	12小时以内	腐败静脉网和水泡	2~4周
尸斑指压不易褪色	12~24小时	成人尸体空气中白骨化	5~6周

续表

早期尸体现象	死亡时间	晚期尸体现象	死亡时间
尸斑指压不褪色	24 小时以上	成人尸体浅土中白骨化	1～2 年
尸僵开始出现	1～3 小时	成人尸体深土中白骨化	3～4 年
尸僵发展达高峰	12～16 小时	土葬	5 年以上
尸僵完全缓解	3～4 天	木乃伊(小儿)	2 周多
角膜轻度混浊	8～12 小时	木乃伊(成人)	3 周多
角膜中度混浊	24 小时左右	尸蜡化(小儿)	6 周多
角膜重度混浊	48 小时左右	尸蜡化(成人)	1～1.5 年

二、根据胃肠内容物消化程度推测死亡时间

根据死者胃肠内容物消化程度，可以推断死亡距离最近的一次进餐的时间，从而大致可得知死亡时间(见表 3－2)。

表 3－2 根据胃肠内容物推断死亡时间

胃肠内容物	餐后到死亡的时间
胃内充满未消化的食物	进餐中或餐后不久死亡
胃内食物变软，但外形较完整	进餐后 1 小时左右死亡
胃内食物移向十二指肠	进餐后 2～3 小时死亡
胃、十二指肠内有少量食物残渣	进餐后 4～5 小时死亡
胃、十二指肠均已空虚	进餐后 6 小时以上死亡

三、根据蝇蛆生长发育情况推断

夏季，人死后不久，苍蝇即可在眼、鼻、口、外耳道、肛门、外阴部或创口等处产卵，在 30℃左右的环境中，约经 10 小时左右即可孵化成蛆。蛆每日生长 0.24～0.3cm，4～5 日可达 1.2cm，便潜入附近泥土中变成蛹。一周后蛹破壳成为幼蝇。因此，在夏季的尸体周围发现有蛹壳和幼蝇，可推断死亡时间在两周左右。

四、根据尸体化学成分变化推断

如玻璃体中的钾含量、血及脑脊液中氨基酸氮来推测死亡时间。由于眼球内结构受外界污染、疾病、年龄、尸体腐败等影响较小，目前公认对眼房水及玻璃体的

钾离子浓度的检测是有意义的尸体化学指标之一。玻璃体内钾的正常值为3.4mmol/升。死后,其浓度升高平均约0.17 mmol/升,死后12小时内误差为±1.1小时,在死后24小时内误差为±3.5小时。因此,此法常与检测尸冷、尸斑等尸体现象结合推断死亡时间。

另外,还要参考现场勘查的情况,如钟表停止时刻,日历上的日期、报纸、书信、日记以及随自携带的物品,如是野外尸体亦可参考尸体下的植物情况、死者胡须和头发的长短、衣着及血痕的陈旧度等综合分析。

研究与思考

1. 尸斑、尸僵及角膜混浊的发生机制是什么?
2. 尸斑与皮下出血怎样鉴别?
3. 如何根据尸温推断死亡时间?应注意哪些影响因素?
4. 举例说明死亡原因与死亡机制的区别。
5. 试述脑死亡立法的意义。
6. 何谓死因分析?如何进行法医学死因分析?
7. 何谓死亡方式?试述死亡方式的种类及其在法医学鉴定中的意义。
8. 在法医学鉴定中推断死亡时间的依据有哪些?

拓展阅读

1. 丛斌主编:《法医病理学》(第5版),人民卫生出版社2016年版。
2. 徐英含主编:《最新法医病理学》,世界图书出版公司1996年版。
3. 闵银龙主编:《法医学》,法律出版社2015年版。

第四章　机械性损伤

重点提示

1. 凡机体受到致伤因素作用，引起器官组织结构的破坏或功能发生障碍者称为损伤。

2. 由机械性暴力引起的损伤称为机械性损伤。

3. 按致伤物的性状分为：锐器伤、钝器伤和火器伤；按损伤的形态分为：表皮剥脱、挫伤与皮下出血、创、骨折及关节脱位、内脏器官破裂和肢体断碎等。

4. 机械性损伤法医学鉴定主要解决的问题有：致命伤、非致命伤及死亡原因的确定，生前伤和死后伤的鉴别诊断，损伤时间的推断，致伤物的推断，死亡方式的判断等。

第一节　损伤与机械性损伤概述

一、损伤与机械性损伤的概念

（一）损伤的概念

凡机体受到致伤因素（外力）作用，引起器官组织结构的破坏或功能发生障碍者称为损伤（injury）。致伤因素包括物理性、化学性和生物性三类。物理性原因可分机械、电、热、光、声、气压及放射线等。物理性因素以机械性损伤、电流损伤和高低温损伤较为常见，机械性损伤是本章重点讲解的内容，电流损伤和高低温损伤在第五章讲解。

（二）机械性损伤的概念

机械性暴力作用于人体造成器官组织的损伤或功能障碍者称为机械性损伤（mechanical injury）。

机械性损伤是法医学检验中最常见的暴力损伤，常造成人体伤残或死亡，因而涉及民事纠纷或刑事诉讼案件,在法医检验工作中占有重要地位。

(三)机械性损伤的分类

1. 按致伤物的性状分类。在法医学上,造成机体机械性损伤的物体称为致伤物。

(1)钝器伤:包括徒手伤、棍棒伤、斧背锤面伤、砖石伤、高坠伤和挤压伤等。

(2)锐器伤:包括切伤、砍伤、刺(切)伤、剪伤等。

(3)火器伤:包括枪弹伤、霰弹伤、爆炸伤等。

2. 按损伤性质分类

(1)自杀伤:受伤者自己采用机械性暴力加害自身引起的损伤。

(2)他杀伤:受伤者被他人采用机械性暴力加害引起的损伤。

(3)意外或灾害伤:自然灾害或非故意的人为暴力引起的损伤。

3. 特殊类型机械性损伤

(1)交通损伤:包括道路交通事故、铁路交通事故、航空事故、水运航海事故等。

(2)颅脑损伤:包括头皮损伤、颅骨骨折、颅内出血、脑挫伤、脑震荡等。

二、机械性损伤形成的机理

机械性损伤的形成,可由运动的物体作用于静止的人体(打击伤),也可由运动的人体作用于静止的物体(高坠伤),当然还可以物体与人体均处于运动状态(碰撞伤)。损伤形成受机械力、致伤物和人体组织结构特点三个基本因素影响。

(一)机械力

1. 机械力的强度。施力于致伤物,致伤物产生了机械运动,作用于人体形成损伤。致伤物的动能可由公式:$E = 1/2mv^2$ 或势能公式:$Ep = mgh$ 和 $v = 2gh$ 计算得到。同时还必须考虑到动能的转移,不论动能多大,必须转移到身体才能造成损伤。其转移过程与下列因素有关:(1)转移时间(能量释放时间);(2)作用面积(S)$P = F/S$;(3)人体组织的可塑性和弹性;(4)动能在身体内部传播受到气体或液体等流体的影响。胸部受击时,心腔内血液因受外力作用骤然涌入上腔静脉,导致头面淤血及毛细血管广泛性破裂出血。腹部受击时,可使胃肠内气体和液体的压力突然升高而致胃或肠破裂。

2. 力的形式。致伤物打击时,一定有三种形式的力作用,即外力(打击力)、内力(人体组织内部产生的一种抵抗力)和应力(单位面积所受的压力)。外力与内力大小相等而方向相反。

不同方向的力作用下人体组织可发生变形。(1)拉伸(拉力):组织被拉伸长,如五马分体。(2)压缩(压力):组织受压力作用而短缩,如坠落时脊椎受压缩而变形。(3)剪切(剪力):两种力在受力物表面或内部相作用,使受力物内部结构滑动而引起变形,这种作用称剪切,作用力称剪力,如脑部对冲伤,体表擦伤等。(4)扭转:一对外力在受力组织轴线上,以相反方向旋转扭动的作用,如颈椎和脊髓也可由扭转而发生损伤。(5)弯曲:受力组织在轴线垂直外力作用下而发生的变形,如颅骨受到斧背打击而发生凹陷性骨折。

(二)致伤物

机械性损伤的产生与致伤物的种类和性质有很大的关系。法医学中把致伤物分为钝器、锐器和火器三大类。不同类型的致伤物造成性质不同的损伤。如铁质的致伤物因质地硬、比重大,在同等条件下造成的损伤较木质致伤物所造成的损伤要严重。

(三)人体组织结构特点

人体各种组织结构不同,其物理性能如弹性、脆性的能力有很大差别。同类致伤物,以同样方式和同样大小的力,作用于不同组织,则所形成损伤的性状和后果也不同,如胶原纤维具有抗牵引力,韧性强,其弹性系数是2650～8800千克/平方厘米,但它的弹性能力小,它伸展长度只是原长度的5%;弹力纤维伸展长度可达100%～140%,但它对牵引力的抵抗能力却很小,其弹性系数为3.8～6.3千克/平方厘米;骨组织对压力、牵引、弯曲和扭转都保持一定强度,但系一种脆性物质,其抗压强度为1257千克/平方厘米,抗拉强度为1054千克/平方厘米。

三、机械性损伤的基本形态特征

机械性损伤可致机体形态结构和生理功能的改变。根据损伤的主要表现,机械性损伤可分为形态改变为主的损伤和功能改变为主的损伤两大类。功能改变为主的损伤主要有神经源性休克和震荡伤两种。神经源性休克是指机体某些部位的神经末梢对机械性暴力的作用非常敏感,受到打击时可引起严重的反射性自主神经功能紊乱而出现休克并迅速死亡。由猛烈的变速性外力作用于头部、颈部、心前区而引起的脑、颈髓、心脏和肺等重要器官功能障碍为主要表现的损伤称为震荡,严重者可致死。形态改变为主的损伤按基本形态特征,可分为表皮剥脱(擦伤)、挫伤与皮下出血、创、骨折及关节脱位、内部器官破裂、肢体断碎等。下面按此分类进行叙述。

(一)表皮剥脱

外力作用于皮肤,造成表皮从真皮脱离,真皮外露,这种损伤称为表皮剥脱(ab-

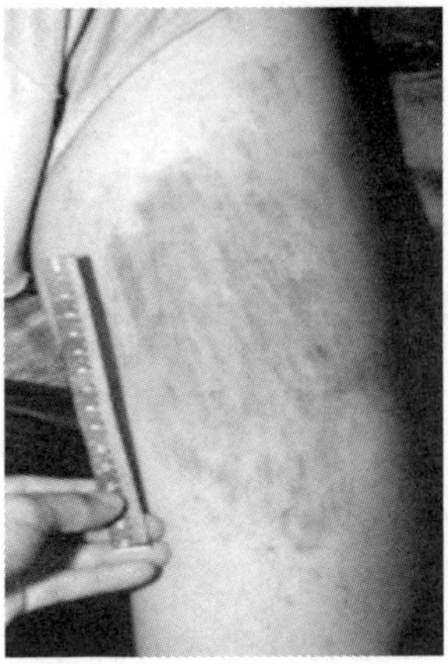

图4－1 左大腿在水泥面拖擦形成的擦伤

rasion),亦称擦伤(见图4－1),有以下五种类型。

1. 抓痕(scratch):是尖的硬物抓擦皮肤所致,如指甲抓破表皮呈扇形抓痕,其起始端较宽且深,尾端逐渐变浅变细。

2. 拖痕(graze):是较大面积的皮肤与粗糙的地面或物体相摩擦而形成。分布在人体突出的部位,多呈片状、条状,表面可附着粗细不等的砂粒、泥土等。

3. 磨痕(friction):由物体较持久地压迫人体,略有轻微的擦动而形成。磨痕处由于表皮损伤变薄,表皮水分易于蒸发而干燥,死后可迅速出现皮革样化。

4. 压痕(impression):由钝器瞬时压迫人体皮肤而形成,常伴有皮下出血。多出现/发生于交通事故,如车辆轮胎碾压留下的印痕。

5. 撞痕(impact):人体表皮与物体碰撞造成表皮剥脱,往往伴有皮下出血和挫伤。

表皮剥脱在法医学中的意义:(1)可以提供外来暴力作用的客观证据。(2)可帮助判断案件性质。例如,颈部有抓痕提示扼死;女子大腿内侧或外阴部有磨痕提供强奸暴力证据。(3)可判断作用力的方向,剥脱表皮的游离缘为力的起始端,附着缘为力的终止端。(4)有助于推断致伤物的种类、形态,如车辆压痕、指甲抓痕等。(5)有助于鉴别生前伤和死后伤,生前擦伤呈棕褐色或暗红色,死后擦伤呈蜡黄色。(6)有助于推断受伤后经过的时间。

(二)挫伤与皮下出血

皮肤受钝器打击造成非开放性损伤,伴有皮内、皮下软组织血管破裂出血者称为挫伤(contusion, bruise),其中最常见的是皮下出血(subcutaneous hemorrhage)。广义的挫伤,是指人体受钝器的碰撞或挤压后形成的闭合性损伤。

一般皮下出血的大小与暴力作用的大小成正比,也与受伤者个人体质以及受伤部位有关,如小孩、妇女、老年人、患有血液病和肝脏病的患者,虽然作用力不大,也容易产生明显的皮下出血。眼眶周围、面颊部、股部、股内侧和会阴部皮肤薄,皮下组织疏松,血管网丰富,受暴力作用后,组织和血管易发生破裂,出血较多而广泛。深层组织的皮下出血,有时要经过10多个小时或1天,才能在体表显现出来。皮下出血与尸斑在肉眼上看起来常常相似,需要仔细鉴别,两者的区别见表4－1。

表 4-1 皮下出血与尸斑的鉴别

鉴别项目	皮下出血	尸斑
形成原因	外力作用	血液坠积
发生部位	任何部位	低下未受压部位
形态特征	与外力作用面相关	无关/云雾状和片状
范围	局限	较大
边界	明显	不清
颜色特征	不均匀	较均匀
指压	不褪色	< 12 小时褪色
变动尸体	不消失	< 12 小时可消失
切开皮肤	紫红色凝血块	无凝血块

挫伤在法医学中的意义:(1)挫伤所在的部位标示暴力的作用点,但皮下出血可以是暴力作用,也可能是血液等疾病造成的;(2)挫伤伴皮下出血是生前伤标志;(3)根据挫伤和皮下出血的形态推断致伤物,如平坦较厚的软组织在遭受竹棒或木棍打击而作用力均匀时,皮内或皮下毛细血管突然受压闭合,瞬时血液流向两侧,使闭合两端的毛细血管内压骤增,从而破裂、出血,或两边组织受到剪切的作用,出现中空性皮下出血,法医学通称为"竹打中空"(parallel linear bruise);(4)根据皮下出血颜色的改变,可推测挫伤形成时间。

[**案例**]某年1月的一天早晨,人们发现北京东光电工厂楼下水泥地上有一具女尸。尸体右眼青肿,耳中出血,口吐白沫。尸旁有一带血的湿抹布,脚前有一双红塑料底的女鞋。二楼窗台外有擦蹭痕迹。还发现死者身怀有孕。根据这些情况,有人认为死者可能是到窗台上做清洁,由于身子不方便,加上冬天塑料鞋底打滑,失足从楼上坠下摔死。后来,进一步勘验现场和检验尸体,发现死者颈部右前侧有不规则的条状轻度皮下出血。说明这是生前形成的损伤。公安人员根据这一新发现,结合其他情况推断,死者是先被打伤掐昏后推下楼去的。破案后的事实证明,公安人员的推断完全正确。

(三)创

作用于人体的暴力超过皮肤弹性极限时,造成皮肤、皮下组织,甚至血管、神经、肌肉都发生断裂,所形成的开放性损伤称为创(wound)。创由以下六部分构成:创

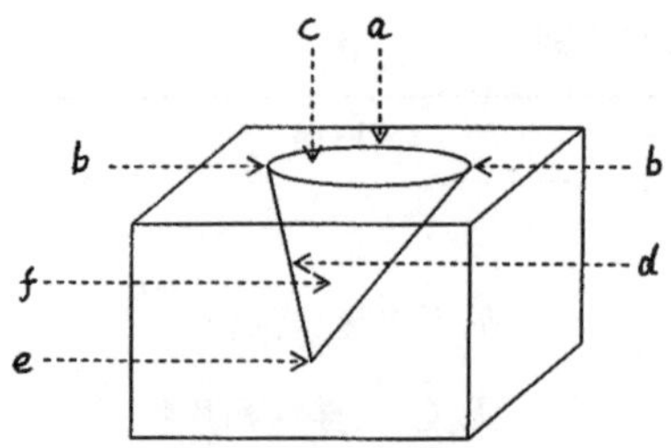

图4-2 创的结构

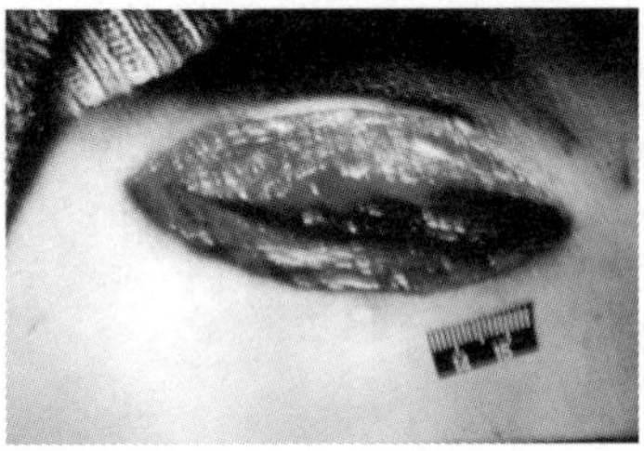

图4-3 锐器创

缘、创角、创口、创壁、创底及创腔(见图4-2)。

创有下列三种:

1. 锐器创。通常锐器创的创角锐利,创缘整齐,创壁平整,创底深,无组织间桥,出血多,无明显表皮剥脱和挫伤带(见图4-3)。根据致伤物的不同,可分为切创、砍创、刺(切)创和剪创。

2. 钝器创。由于作用方式不同,钝器创又分为:(1)撕裂创(tearing),系皮肤牵扯所致,创口呈直线形,与作用力的方向垂直并与皮纹一致,创缘较为整齐,无挫伤带或表皮剥脱,创角尚锐,但创壁内组织间桥仍存在。(2)挫裂创(laceration),系皮肤受较硬的钝器挫压所致。多见于皮下坚硬骨组织,如头皮、眼眶、前臂和小腿胫前部。国外称为"三明治伤"。在挫裂创的一端或两端可形成撕裂创,根据撕裂方向可推测作用力的方向。其特征是创缘不整,伴表皮剥脱及皮下出血,创角钝,创底不平,常大于创口呈潜掘状,创壁不整齐,有组织间桥。锐器创和挫裂创的鉴别见表4-2。

表4-2 锐器创与挫裂创的鉴别

区别项目	锐器创	钝器创(挫裂创)
形态	线形、棱形、契形	条形、弧形、星芒形
创缘	整齐	不整
挫伤带	多不明显	多较明显
创壁	光滑	粗糙
创腔	一般较创口小	一般较创口大
创底	平整	不平
组织间桥	无	有
毛发断端	整齐	不整齐
骨质切痕	有	无
创内异物	刀刃断片	铁锈或泥沙等

挫裂创的描写示范如图4-4,该创应记录为:右面颊部颧弓处见一创,创口长3cm;创缘不整齐并有轻度表皮剥脱和皮下出血;创角钝且有撕裂;创壁不光滑;创腔深0.4cm,组织间桥不明显;创底可见上颌骨骨折,未见异物。

3. 枪弹创是由枪弹击中人体而形成的创。一般由射入口、射创管和射出口三部分组成(贯通枪弹创);也可只由射入口和射创管组成(盲管枪弹创);或仅呈沟状组织缺损(擦过枪弹创)。

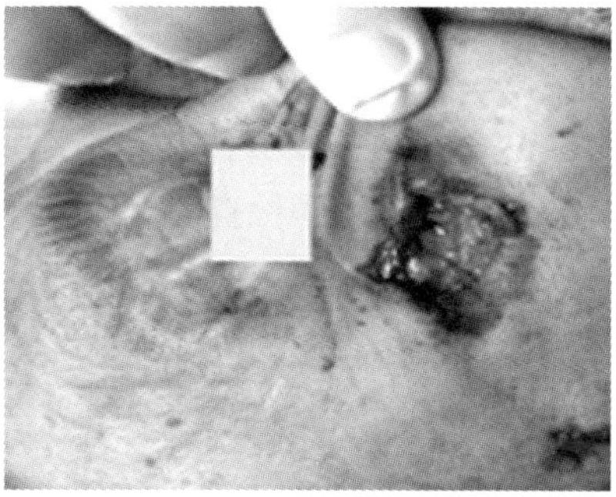

图4-4　右面颊部挫裂创

创在法医学中的意义:(1)表明力的作用部位(伸展创除外);(2)反映作用在皮肤上的力的大小和方向;(3)不同程度的反映作用物的形态;(4)较客观反映作用物的性质,如钝器或锐器等;(5)创口哆开的大小除与致伤物接触面大小、作用力大小相关外,与皮肤纹线的走向也有十分重要的关系,一般来说,平行于皮肤纹线的创口较垂直于皮肤纹线的创口小。

(四)骨折及关节脱位

暴力作用使骨的完整性和连续性发生破坏称为骨折(fracture)。外伤性骨折分开放性和闭合性骨折。致伤物着力处发生的骨折称直接骨折,远离受力点的骨折称间接骨折。骨折有线形、凹陷、孔状、粉碎等多种形态。根据骨折的形态,可判断致伤物、外力作用方向、打击次数和先后顺序。外力作用下各骨的关节面失去正常对合关系称为关节脱位(dislocation of joint)。

(五)内脏器官破裂

暴力作用下引起内脏器官挫伤和破裂,常见于实质性器官如肝、脾、肾的破裂。

(六)肢体断碎

巨大暴力使人体各部遭受广泛而严重的破坏及肢体断离者称为肢体断碎,见于高坠、爆炸、火车事故、航空事故等,往往需与死后碎尸鉴别。

四、机械性损伤的检查原则

损伤的检查是机械性损伤案件法医学鉴定的关键,损伤的检查和记录直接关系到相关案件能否准确快速侦破,为避免遗漏和失误,损伤的检查应遵循一定的原则进行。

1. 仔细观察损伤的形态特征。准确记录损伤的位置、数目、大小及形态特征。

2. 认真观察损伤的位置和分布。若有多处损伤,应逐一编号,或按照一定顺序逐个进行检查,避免遗漏。每一损伤应分别记录。形态一致的多个损伤可以分组描述。

3. 查明体表损伤与内部器官的关系。每一损伤都应先做外表检查,记录形态特征,然后再检查深部组织,有无内脏器官损伤等。

4. 做好拍照记录。照相时必须放比例尺,照相时光线要充足,角度要适宜。

5. 组织病理学检查。对特殊损伤应取材做组织病理学检查。

6. 认真检查损伤处异物。

7. 仔细检查衣物的破损情况。

第二节 常见的机械性损伤

一、钝器伤

钝器伤(blunt instrument injury)是指人体遭受钝器作用所发生的损伤。钝器种类繁多,重点介绍徒手伤、棍棒伤、斧锤伤、砖石伤、坠落伤、挤压伤等。

(一)徒手伤

徒手伤包括打耳光、拳击及脚踢,多发生在殴斗、虐待或事先无准备、无工具利用的情况下,约占钝器伤的65%。打耳光多用手掌前三分之二抽打被害人的颊部、颧部,而拳击伤多发生在头、面、胸、腹等部位;打耳光一般外观无明显损伤,有时可使鼓膜穿孔,引起中耳炎,偶见通过神经反射引起心搏骤停的严重后果。拳击头面部,眼睑出血显著类似"熊猫眼",鼻梁青紫瘀血,久后显现"蝴蝶斑",重者可造成脑震荡、颅内出血、肋骨骨折、心脏震荡和内脏破裂。打击某些敏感部位,如腹上部、喉头部、心前区、外阴生殖器,可引起疼痛性休克、急性神经源性循环衰竭或心脏停搏。拳击可促使内脏或血管瘤破裂而致死。脚踢伤多见于下肢、阴部及下腹部。

咬伤(bite wound)是指人牙齿咬合所致的损伤。咬伤多发生在殴斗过程中,出于攻击或自卫的目的,多见于身体的突出部位,如鼻尖、耳郭、面颊、口唇、手指、手背、上臂、乳房、肩胛部等处。咬伤有时能反映案件的性质,具有个人的特性和较好的稳定性,根据咬痕及提取的唾液进行同一认定,常为个体识别提供有力的依据。从咬伤的轻重程度分为牙印痕、牙挫伤、多切牙形成挫裂创及咬断创等。

(二)棍棒伤

手持钝器种类很多,棍棒是在他伤(杀)案件中最常见的致伤物之一。

棍棒易取得，挥动后有一定的打击力，是常见的凶器。棍棒的形状可分为圆柱形、扁平形、方柱形和不规则形。棍棒的品种可分为木质、金属、竹藤、胶塑等。棍棒伤的基本特点是条状损伤。打击软组织部位，可形成与棍棒长轴方向一致的条状表皮剥脱与皮下出血，在平坦丰满的软组织处，如背、臀、肩胛等处可形成中空性皮下出血，即"竹打中空"（见图 4-5）。

打击头部，由于有颅骨衬垫，皮下脂肪少，易造成条状挫裂创，创缘两侧伴表皮剥脱及皮内、皮下出血，称为镶边状挫伤带，创角多呈撕裂状（见图 4-6）。棍棒打击头部、躯干、四肢部位皆可造成不同程度骨折，以颅骨骨折多见，形成线状骨折、舟状凹陷骨折，多次打击可引起粉碎性骨折。骨折线的延伸方向与棍棒的长轴相一致。

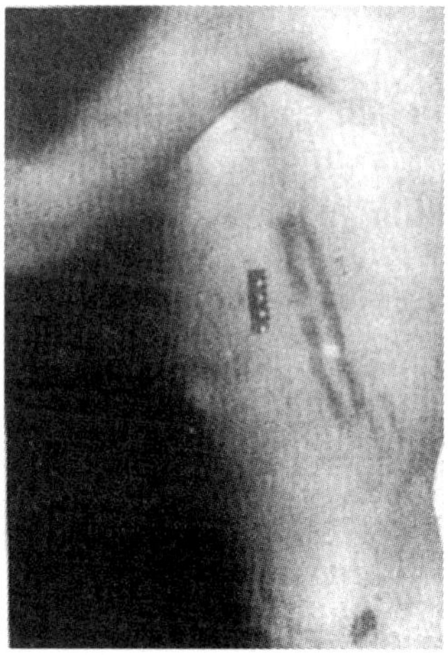

图 4-5　左背部侧面中空性皮下出血

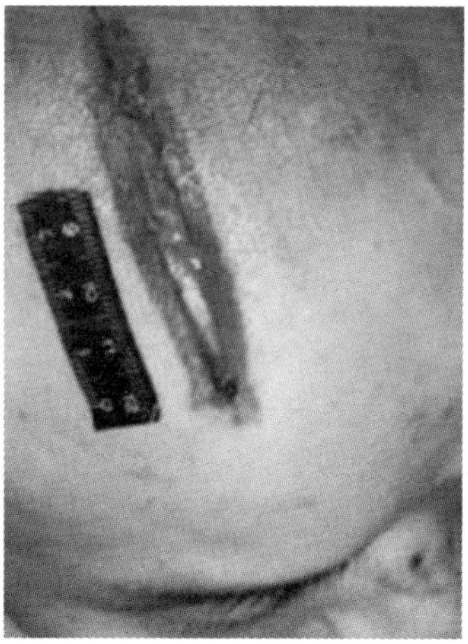

图 4-6　头顶部条状挫裂创

用棍棒插入人体造成的损伤称捅伤。多为经腹壁插入腹腔，亦有由阴道或肛门插入盆腔或腹腔者。捅伤属一种特殊类型的挫裂创，创口不规则，伴擦伤、挫伤，并可造成内脏不同程度的损伤。

（三）斧锤伤

1. 斧背伤。斧的种类繁多，有民用斧与各种职业的专用斧。由于它携带方便，杀伤力强，在凶杀案件中为常用的凶器之一。斧击伤多发生在头部。民用斧的背呈方形，轻击头部时，由于斧背与颅骨相挤压，可使局部头皮组织形成挫伤，这种挫伤常能清清楚楚地反映出斧背形状和轮廓；重击头部时，可造成头皮挫裂创和线形骨折、凹陷骨折、粉碎性骨折，其形状取决于斧背与头皮接触点，可呈 U 字形、T 字形、十字形、短弧形、三角形等。

2. 锤击伤。锤类工具分布很广,杀伤力强,是比较常见的致伤凶器。圆形锤轻击头面部可形成圆形、半圆形或新月形皮内出血和挫伤、头皮下血肿;重者造成弧形挫裂创和凹陷骨折或孔状骨折。根据弧度,可用几何制图法求出锤面的直径。

(四)砖石伤

1. 砖击伤。砖是一种常见建筑材料,容易获取,它具有坚硬、笨重、持握不便和易碎等特点。行凶时多贴近或投掷打击,常伤及头面部,损伤严重,形态复杂,凶器常常遗留现场。它有平面、棱角和棱边 3 个打击面,可形成不规则的片状擦伤和皮下出血,以及三角形、星芒状、条状与不规则形的挫裂创,创腔大于创口,创内组织挫碎严重,并常留有砖屑、灰尘等异物,也可形成线状骨折,重复打击时可形成粉碎骨折,称"一物多伤",往往误以为多种致伤物打击所致。

2. 石头伤。石头随处皆有,不需准备和携带,行凶时可就地取材,可以贴近打击,也可投掷,多发生于头面部。由于石头的种类繁多,形成损伤的形态也具有多样性。有些不规则形石头,常在一次打击下形成多个大小、深浅、形状不同的损伤(从表皮剥脱、皮下出血、挫伤、挫裂创直至骨折皆可同时出现),称"一击多伤",往往误以为多次打击所致。在挫裂创内有石屑,重打击下可造成放射状或龟裂状骨折,甚至粉碎性骨折,或者可造成颅盖骨与颅底骨联合的线形骨折。

(五) 坠落伤

人体由高处坠落碰撞到地面或其他物体所形成的损伤称为坠落伤(injury by falling)。坠落伤严重程度受坠落高度、人体着地姿势和部位、地面性质及坠落过程中有无障碍物等因素影响。

坠落伤的特点:(1)坠落可形成皮肤擦伤、挫伤、挫裂创、关节脱位、骨折、内脏破裂和肢体断离等各种程度的损伤,往往是一次形成;(2)损伤广泛而严重,如臀位着地时,骨盆骨折、颈椎与颅底相撞,可形成枕骨大孔周围的环状骨折,由于体内受到剧烈的震荡,可造成广泛内脏破裂;(3)体表损伤多在着地一侧,但高空坠落时,往往双足先着地,双侧跟骨对称性骨折,跟骨皮肤挫裂创,膝部嵌入性骨折,有时脊椎与肋骨结合处及第一、二肋骨的胸骨处有骨折,髋关节脱臼。

一般来讲,法医学鉴定坠落伤并不困难,但难以确定坠落的性质是自杀、他杀或意外事件。在法医鉴定中,有时还会遇到罪犯采用其他暴力手段杀人后,将尸体从高处推下伪装自坠的案件。因此,对每一坠落案件,均应及时勘查现场,进行完整的尸体剖验和实验室检查,结合调查情况综合分析,才能求得正确的鉴定意见。

(六)挤压伤

挤压伤(crush injury)指由体积较大和重量较重的物体挤压人体造成的损伤。

多见于地震、山崩；或建筑物、矿井倒塌等灾害事故；或重型机械挤压的工伤事故及交通事故。

挤压伤的特点如下：分布广泛，损伤类型多样、复杂，严重程度不等，既可有擦伤、软 组织挫伤、挫裂创、各种类型的骨折，也可见内脏破裂、出血甚至肢体断离。受伤者因胸腹部受压引起压迫窒息，立即死亡，也可存活一段时间，常出现挤压综合征(crush syndrome)，多死于休克肺、多器官损伤和急性肾功能衰竭。骨骼肌广泛性损伤时，肾小管内可有血红蛋白和肌红蛋白管型(见图4－7)，并以远端肾曲小管、直小管及集合管为明显，同时由于损伤性休克，导致肾局部缺血，使肾小管上皮细胞变性、坏死，即所谓急性肾小管坏死。

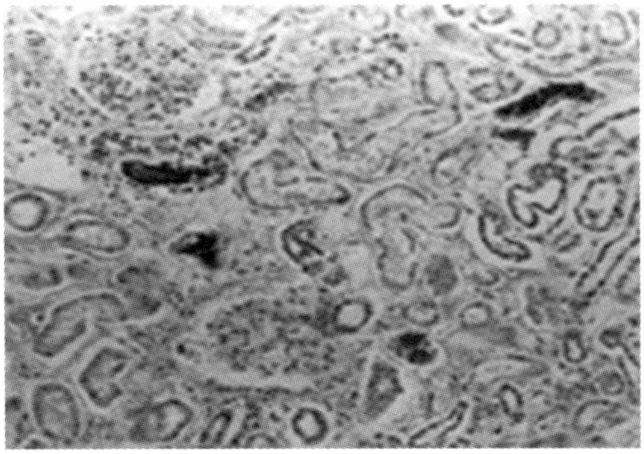

图4－7　肾小管肌红蛋白管型

另外可见肺重量增加、肺间质和肺泡水肿、出血、肺透明膜形成，在肺小血管内有透明血栓形成，即所谓休克肺。同时可因脑、肝、心等器官休克所致缺血，造成多器官损害而死亡。

挤压伤多数为灾害事故，但应排除用其他手段致死后伪装挤压伤死亡。钝器反复拷打或捆绑造成广泛的肌肉软组织损伤，出现挤压综合征而导致死亡的则属于故意伤害致人死亡。

二、锐器伤

由具有刃和/或尖的锐器导致的损伤称为锐器伤(sharp instrument injury)。

根据锐器的种类及其着力方式的不同，可将锐器伤分为切创、砍创、刺创及剪创。

(一)切创

各种具有锋利刃边的切器，以刃锋压迫皮肤，沿着刃锋的长轴方向牵引，将组织断离形成的锐器伤称为切创(incised wound)。常见的切器为剃刀、屠刀、菜刀、手术刀、碎玻璃片、金属片等。切创多见于自杀，少见于他杀或事故。

1. 切创的特征。切创多见于颈部、手腕部和腹股沟部，主要切断一侧或两侧颈动脉而死亡，亦有切断腕部的桡动脉或腹股沟部的股动脉大出血死亡。切创多呈梭形，合拢时呈线状。创缘整齐、创角尖锐、创壁光滑、创底短于创口、创腔内无组织间桥。创口哆开程度与肌肉纤维的走向有一定关系,切口与纤维排列的方向一致时,创口哆开较小,呈裂隙形;切口与纤维排列垂直时,创口哆开明显,呈纺锤形。创口的长度与刀刃的长短无关系,而取决于刀刃沿体表牵引移动的距离长度。

2. 切创的案件性质。切颈自杀称自刎。右利手者,切创呈左高右低斜行走向,创口起始端较深,收尾端较浅,常有表浅切痕伸延,称为鱼尾状切痕,颈深部结构如颈静脉、颈动脉、神经肌肉束、食道和气管等均被伤及。在自刎致创的附近,有数条长短不一、深浅不等、密集平行的创口,这些较浅的创口或切痕称为试切创(tentative incision),可伤及颈椎,但无断离。腕部自切多在左侧,腹股沟部切创多在右侧,也有切割双侧者,创口一般较短,始端深,尾端浅,常有多次重切切痕而形成多尾形切创并有末端皮瓣形成。左利手者,各处自切创的形状正好与右利手者相反。他杀切创分布无规律,有多个致命伤。在被害人的手指、手背或手掌等处可形成切创,称抵抗创(defense wound)。

(二)砍创

挥动有一定重量的锐器,其刃口砍入人体,将组织离断所造成的创伤称为砍创(chop wound),常见砍器为较重的刀类及斧类,如斧子、菜刀、屠刀、柴刀、锄头、镐、西瓜刀、消防斧等锐器。砍创多见于他杀,自杀少见。

1. 砍创的特征。砍创多见于头部、面部,多伴有严重的骨折。受害人的手指、手背、前臂等处,常因徒手自卫或抵抗而形成砍创,故又称抵抗创。有砍器的刀片残留在创口时,可成为认定某一凶器的依据。砍创多为严重损伤,创口较宽,呈明显哆开状,创角可锐可钝,取决于砍器厚薄和长短,创壁光滑,创腔无组织间桥,创缘整齐,有时可出现表皮剥脱或皮下出血,创底平齐,砍及骨质时常伴有线状砍痕和舟状凹陷骨折。创口长度与砍器刃锋的长度有一定的关系。

2. 砍创的案件性质。砍创多属他杀。自砍多见于精神异常者,创口应位于死者自己所能用力砍击的部位,其数目常多个,位置集中,平行排列,一般只有一个致命伤。

(三)刺创

末端尖锐的器械沿其纵轴方向刺入人体所形成的管状损伤称刺创(stab wound)。刺器种类很多,形态各异,常见带刃刺器有匕首、尖刀、小刀、短剑、剪刀等,根据刃面可分单面刃与双面刃,带棱边的刺器如三角利刀,无刃有尖的刺器如铁钉、竹签、针、笔尖等。

1. 刺创的特征。刺创创口小、创道深,体表损伤常较轻而内部器官损伤严重。若刺穿人体则为贯通性刺创,有刺入口、刺创管及刺出口,若无刺出口,则以盲管刺创较多见。

(1)刺入口。形态与刺器的横截面的形态基本一致,其创口长度不短于刺器的宽度。单刃刺器的刺入口创角一锐一钝,双面刃刺创两创角均尖锐,三棱刮刀刺创口呈等边三角形。圆棒形刺器如铁钉、钢针等刺入皮肤时形成的刺入口,其周围有环状表皮剥脱区,死后表皮干燥呈皮革样,有时刺入口周围可有铁锈留下,易误认为远距离枪弹创射入口。

(2)刺创管。刺创管的特点能反映刺器的作用力、方向和刺器长度。刺创管的方向和刺器刺入的方向一致。深度一般与刺器长度相近,若用力,刺器全部刺入体内,在皮肤上可见刺器柄的压痕,此时刺创管略长于刺器,尤其刺在腹部,受压下凹,拔出刺器后下凹的腹壁又复位,故刺创管长于刺器刺入段。刺器遇到骨组织时易折断,在刺创管内可留下刺器尖端的断片,有助于认定凶器。

(3)刺出口。贯通性刺创才有刺出口,常为较长的刺器造成,一般比刺入口小,不一定反映刺器横断面的形状。

2. 刺创的案件性质。刺创多见于他杀案件或斗殴案件,亦见于自杀或意外事故。自杀者多见于自己手所能及之处,如胸部或腹部,很少自刺头部,偶见有长铁钉钉入颅腔内自杀的案例,刺创符合自伤的特征。他杀者刺创可位于死者身体的任何部位,致命伤有多个,并有抵抗创,同时现场找不到凶器。意外刺创少见,医疗事故中曾发生针刺哑门穴误伤延脑致死、针刺大椎穴误伤肺脏而致急性气胸死亡及胸骨穿刺造成心脏刺伤致死的事件。曾有一位江湖郎中针刺哮喘病人的膻中穴引起心脏穿破、出血,心包填塞而死亡的事件发生。

3. 切创、砍创和刺创的鉴别(见表4－3)。

表4－3　切创、砍创和刺创的鉴别

项目	切创	砍创	刺创
创的位置	自杀切创多在颈部、腕部和腹股沟部;他杀可在身体的任何部位	多见于他杀,常发生在头面部	自杀多发生在心脏区和腹部;他杀可发生在身体的任何部位
创的长度和深度	创的长度常较砍创和刺创长,深浅不一,有时亦可较深,但不及刺创	取决于砍器的刃缘长度和利度;创深者较长,创浅者较短	创深,刺入口形态可反映刺器的横断面的形状,内脏损伤严重

续表

项目	切创	砍创	刺创
创角	创角尖锐,常有较长的延长线	创角有的尖锐,有的较钝圆	双刃刺器两创角较尖锐,单刃刺器一角尖锐,另一角钝圆,能反映刺器的横切面
出血	外出血严重	外出血严重	内出血严重
骨折	刎颈自杀者颈椎前沿可有切痕	创口下常有颅骨和颜面骨的骨折,有时有断裂的砍器碎片留在骨质内	头部刺创,颅骨上可能遗留刺痕,偶尔有断裂的碎片留在骨质内

(四) 剪创

剪刀两侧刃口剪切人体组织所形成的创伤称为剪创(clip wound)。根据剪刀作用人体方式不同又分夹剪创、剪断创和刺剪创。

1. 夹剪创。用剪刀呈垂直方向或以一定角度夹剪组织形成夹剪创。剪刀长轴与体表垂直夹剪软组织,所形成的创口呈线形或略呈弧线形。若两刃合拢时在一条直线上,中央部常出现一微小突起,称为剪脊。如剪刀与体表有一定角度夹剪时,在皮肤上形成一个"V"字形的剪创。若两刃没有合拢,中间留有间距,则形成"八"字形剪创。

2. 剪断创。剪断创是指剪刀剪断人体突出部位的组织,如乳头、耳、鼻、阴茎、手指等。剪断创创面较平整,但仔细检查仍可发现创面不是一个面,而是两个平面,创缘有小夹角存在。

3. 刺剪创。该种创是指剪刀的两刃分开或合拢刺入人体形成的创。刺剪创深度不超过两刃接合点时,皮肤上形成大小不一、距离不等、两两相对的瓜子形创口;若深度超过两刃接合点时,皮肤上形成"S"状刺剪创。

夹剪创多见于自杀,夹剪颈及腕部大血管而死亡。刺剪创多见于他杀,刺破胸、腹部重要器官而死亡。剪断创多见于奸情案件,往往伴有其他损伤。

三、火器伤

火器伤(firearm injury)是指火药武器作用于机体造成的损伤,可分为枪弹创和爆炸伤。枪弹创可发生于自杀或他杀,亦有枪支不慎走火引起死亡。爆炸伤多见于工伤事故,也见他杀或自杀,国外恐怖分子常常采用爆炸手段,破坏社会治安。我国对枪支严格管制，因此，枪弹创案例较钝器伤和锐器伤少见。

（一）枪弹创

由枪弹击中人体造成的损伤称为枪弹创（gunshot wound）。枪支的种类很多，依枪筒的长短不同，分为长筒枪（步枪、冲锋枪、机关枪等）与短筒枪（各种手枪）。根据枪筒内有无膛线（rifling）又分为来复枪与滑膛枪。各种枪支的膛线数目不等，少者 2 条，多则 20 条，通常 6 条。枪筒的后段装有撞针，射击时，撞针冲击枪弹底雷管，引爆火药产生大量气体，迫使枪弹射出，故射击后的弹壳底部留有撞针冲击发生的痕迹，弹头外壳留有膛线摩擦的痕迹，这些痕迹可用于比对，对枪支的同一认定非常重要。

枪弹由弹壳、雷管、火药和弹头 4 部分组成，弹头呈圆柱形，外壳为合金，内为铅心。猎枪用的霰弹为细小铅粒组成，射出后铅粒可逐渐散开，可造成多个创伤。火药分为黑色火药和无烟火药两种。自制霰弹猎枪常使用黑色火药，燃烧时火焰明显，伴有浓烟，声响较强，近距离射击时，创口周围有较多烟灰沉着。现代枪弹使用无烟火药，爆炸时烟少，燃烧完全，近距离射击时，留有烟灰痕迹少。

常见的枪弹创有以下五种：（1）贯通枪弹创：弹头射入人体后，穿过组织，并穿出体外，由射入口、射创管和射出口三部分组成；（2）盲管枪弹创：弹头射入人体，存留于组织中，只有射入口和射创管，无射出口；（3）回旋枪弹创：弹头射入人体后，在体内受到骨组织的阻抗，改变方向，形成射入口与射创管方向不同的枪弹创；（4）擦过枪弹创：弹头以切线方向擦过体表所形成的损伤，有时类似锐器切割伤；（5）反跳枪弹创：弹头击中一坚硬物体，反跳击中于人体，若弹头变形，速度减慢，则弹头易留在组织内。

枪弹对人体产生以下四种作用：（1）穿透作用：弹头由于有很大动能和旋切作用，会造成皮肤圆形或卵圆形缺损的射入口和管状射创管，甚至飞出体外；（2）戳破作用：弹头的动能小时，旋转力不足以引起组织缺损，仅使局部组织戳破呈裂隙状；（3）打扑作用：弹头的动能很小，不足以穿破组织，打扑于体表而形成局部组织挫伤；（4）炸裂作用：弹头有较大动能通过含液体成分较多的器官，如脑、心、充盈的胃等脏器，由于液体动力学的作用，能发生严重的炸裂创。有一种含铅叠氮的爆炸子弹，当外科医生从组织中取弹头或用超声波、微波技术诊断时，就可能引爆，给受害人和医师造成损伤。

典型的枪弹创由射入口、射创管、射出口组成。

射入口：创口边缘皮肤内卷，中心皮肤组织呈类圆形漏斗状缺损。接触射击时由于爆炸气浪在高压下进入创口，使创口周围皮肤牵张，入口中央组织缺损较大，边缘呈星芒状撕裂,同时弹头出膛时温度极高,创口有烧灼,周围皮肤及皮下组织因碳氧血红蛋白的形成而呈樱桃红色,而且创口存在枪口印痕。远、近距离射击时,射入口周围的皮肤能看到污垢轮、挫伤轮。近距离射击时还可见到火药颗粒和烟晕。(1)污垢轮:指射入口边缘常有油污、铁锈、弹头的金属碎屑,形成金属化环,称污垢轮。在X线照片上清晰可见。(2)挫伤轮:在弹头穿透皮肤组织的同时,射入口周围形成一个1~2毫米宽的环状表皮剥脱和皮下组织挫伤,称为挫伤轮,开始呈鲜红色,随着时间的推移可变为棕色,并逐渐皮革样化。(3)火药颗粒和烟晕:多见于近距离射击,在射入口周围可见到火焰或灼烧气体的烧灼作用以及烟灰和火药颗粒的痕迹。使用黑色火药的土制枪支,部分燃烧不全的火药烟灰附着在周围的皮肤上,火烧颗粒击中皮肤能引起点状出血。

射创管:弹头在体内经过的途径,称为射创管。射创管的方向与射击方向一致,但当弹头在体内受到骨组织的阻抗,可使弹头方向发生改变,与射击方向不一致。在颅骨的射入口,其外板口小,内板口大,呈圆锥形,经过脑实质到对侧颅骨射出口,其内板口小而外板口大向外崩裂,呈喇叭形。

射出口:进入体内的弹头穿破皮肤飞出体外时形成的创口称为射出口。射出口的创缘外翻,中央无组织缺损,创口周围皮肤无其他损伤及火药附着物,射出口形状一般呈裂隙状或星芒状。射出口大小和形状与射击距离有关,一般大于射入口;近距离射击时,射出口略小于或大小相近于射入口。

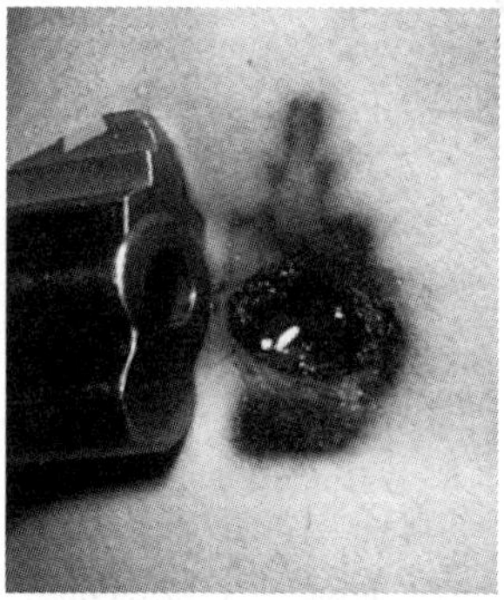

图4-8 接触性射击下的枪口印痕

对枪弹创进行法医学鉴定主要是确定枪弹创,然后推测射击距离和方向,判断案件性质。枪弹创根据射入口的特性及X线检查体内有无弹头存在,一般能明确判断。

射击距离和方向需根据枪弹创的特点来判断。

1. 接触射击:枪口紧贴人体和体表的衣服射出时,其爆炸气体和爆震波冲入体内,受击皮肤呈星芒状,射入口伴有囊状创腔,烟灰、火药颗粒深入组织内部,射入口周围皮肤上留下枪口印痕(见图4-8);

2. 近距离射击:射入口周围出现烟灰、火药颗粒;

3. 远距离射击:射入口周围无火药颗粒及烟灰,但仍可见挫伤分界线和污垢轮,射入口小于射出口;

4. 霰弹猎枪击发后,飞出枪口的霰弹呈圆锥形散开,射程越远,散开的范围越大。一般距离1米时,可形成直径约3厘米的霰弹的弹孔群,距离3~4米时,其扩散直径为16～20厘米的霰弹孔群。射击方向主要依据射入口、射创管、射出口三点连线判定射击方向。盲管创主要依射入口形态来判定。

枪弹创案件性质分为自杀、他杀和意外事故。自杀现场留有枪支，或死者手中紧握枪，枪支扳机上有死者指纹，死者手背上可有火药痕迹，射入口多见颞部、胸部、口部或颈前，大多为接触射击或近距离射击，致命伤只有一个。他杀现场枪支不在现场，远距离射击，一个以上致命伤，射入口可在身体任何部分，尤其在背侧部位。他杀与意外事故区别必须根据案情调查和现场勘查来判定。

（二）爆炸伤

爆炸多为火药库、化工厂、矿井、锅炉及煤气罐等爆炸工伤事故，但有时用炸药搞破坏，他杀或自杀也有发生。

手榴弹、炮弹、地雷、雷管、炸弹、炸药包等爆炸所致的损伤称为爆炸伤（explosive injury）。由于炸药种类不同，威力的大小各异，其共同特点是：(1)爆速快，炸药爆炸时反应过程很短，1千克炸药可以在万分之一秒或十万分之一秒内爆炸完，传播速度很快，为3000～3500m/s；(2)能释放很大热量，1千克炸药爆炸时，能释放400～1500千卡的热量，爆炸温度可升高1500℃～4500℃；(3)爆炸时产生气体，1千克炸药爆炸时，可产生100～1000升的气体，形成巨大的冲击波，使人体或物体发生震荡，造成损伤。

1. 爆炸损伤的种类。由于人体与爆源的距离不同，可形成各种各样爆炸伤。

爆碎伤：人体处于爆源或爆心部位时，可造成人体肢体断离，内脏炸碎，肌肉、骨组织四处飞溅，有的可飞扬出200米以外。

冲击波伤有下列特点：(1)多处损伤，中度冲击波伤常同时有心内膜下及心肌出血，肺有沿肋骨走向的出血带，肺泡和胸膜破裂，引起血气胸和肺萎陷，中耳鼓膜破裂；重度冲击波伤还常有肝、脾破裂、骨折、颅脑损伤和软组织损伤；(2)外轻内重，一般体表损伤轻而内脏损伤较重；(3)伤情发展迅速，机体调节与代偿功能暂时维持，但很快失调，进而全身情况急剧恶化而迅速死亡。

弹片及爆炸物击伤：由爆炸的弹片和被炸毁的物体飞散打击于人体上造成了钝器伤或锐器伤。

烧灼损伤：人体距离爆心较近，朝爆心的一侧身体可发生广泛性烧伤。

摔伤和挤压伤：由于冲击波致人体跌倒，发生摔伤，或者建筑物倒塌引起挤压伤。

2. 爆炸伤法医学鉴定。(1)从尸体爆炸伤特点提供爆炸中心；(2)多数粉碎尸体需要判明死者身份，进行个体识别；(3)排除尸体有无用其他手段杀死后，伪装爆炸事故死亡。

第三节 特殊机械性损伤

一、道路交通损伤

随着交通运输事业的发展,汽车和摩托车增多,农村拖拉机被普及,这些机动车造成人体损伤已成为当今一个重要的社会问题。交通损伤(traffic injury)除上述机动车外,火车、自行车、航空和航运损伤也不少见,应引起广泛重视。交通损伤绝大多数是由于交通事故(traffic accident),涉及民事责任和损伤赔偿问题。少数人利用机动车和火车自杀或他杀,亦有将人害死后,抛尸于公路或铁路上伪装交通事故。因此,交通损伤往往需要法医检验。下面重点介绍道路交通损伤的特点。

(一)机动车损伤

机动车一般多由金属部件构成,其突出部位多,具有重量大、速度快、动能大的特点。机动车造成人体损伤主要有撞击伤、轮胎碾压伤、摔伤、挥鞭样损伤等。

1. 撞击伤(impact injury)。机动车不同突出部位所致的撞击伤具有不同的特点,如汽车保险杠撞击正行走的人时,着地侧下肢形成撞击伤,举步侧无损伤;如撞击两足均立地时,两下肢同一高度形成撞击伤,表现为带状表皮剥脱、皮下出血、两肢骨楔状骨折,其楔底为外力作用点,楔顶为外力作用方向。车辆的大小型号不同,下肢撞击伤部位高低也有别。迎面撞击,损伤发生于下肢的伸侧面;后面撞击,则发生于下肢屈侧面;侧面撞击,撞击伤位于外侧面,对侧腿造成摔伤。又如,散热器撞击人体,损伤多发生于臀部、腰部或腹部,有皮下出血、挫裂创、脊柱或骨盆骨折等,有时可出现散热器花纹的皮内出血印痕。

高速行驶的车辆突然刹车时,车内司机或乘客头部撞击到挡风玻璃、方向盘及车辆前部部件,造成头面广泛性撞击伤,第一颈椎与枕骨髁前节脱位或碎裂玻璃刃面切割颈部,引起声带死亡;有时椎动脉破裂,则可引起蛛网膜下腔出血而毙命。如胸骨被撞击,造成胸部皮下出血、胸骨和肋骨骨折,严重时发生心脏挫伤或主动脉破裂,肺脏被肋骨骨折断端刺破等严重损伤。

2. 轮胎碾压伤。机动车轮胎碾压人体时造成的损伤称碾压伤(run – over injury)。机动车轮胎表面有不同形状的凹凸花纹。当轮胎碾压人体时,体表与轮胎凹陷部相对处因真皮毛细血管内压突然升高而致出血,而与轮胎凸起部相对处的表皮发生擦伤,其形状能反映出轮胎花纹的形状,称为轮胎印痕,对推断和认定车辆有一定意义。

在碾压伤中，由于车轮转动作用，使表皮受到牵拉作用而撕裂，或者汽车从背后直撞，身躯向后仰，由于过度伸展，撕裂可发生于躯干部与四肢移行部，如腹股沟和腋窝部皮肤撕裂，这种撕裂创与皮纹走向一致，平行排列，呈浅表皲裂，称为伸展创（stretch parallel tears）。碾压伤也可形成环状皮肤与皮下组织分离，发生广泛性皮下出血或血肿，严重时可有环状皮肤撕脱，宽度与轮胎接触面一致，压在胸腹部也可造成内脏破裂、膈肌挤破、胸腔脏器突入腹腔内，或腹腔脏器挤入胸腔内。

3. 摔伤。人体被机动车撞击后常发生严重摔伤。有时小汽车高速行驶时，可将人体抛到车盖上，然后又从车盖上摔下，造成两次损伤，使其颅脑损伤或内脏破裂而致死。

4. 挥鞭样损伤。车辆在快速行驶中（每小时超过 60 公里）紧急刹车时，或车辆尾部受撞击发生急剧烈的加速运动时，由于车体和车内人员躯干的突然变速及头部的惯性作用，使头部向前、向后剧烈晃动，引起颈椎半脱位而致颈髓压伤，或第一颈骨与枕骨的关节韧带或关节囊撕裂，引起颈髓及延脑震荡等，这种损伤称为挥鞭样损伤（whiplash injury）。

（二）非机动车损伤

我国非机动车主要是自行车，它是我国城乡的主要交通工具，发生交通事故较多，自行车撞行人一般不引起严重损伤，但在车速快时可造成严重撞击伤，尤其撞击老幼体弱者，可因摔倒造成颅脑损伤，重者可引起死亡，老年人被撞跌倒往往发生股骨头和股骨颈骨折。另外，自行车失控者可因跌倒发生颅骨骨折并延至颅底，导致颅内出血及广泛的对冲伤，造成死亡，但要排除颅内先天性动脉瘤破裂及自发性出血引起自行车失控的可能。

二、颅脑损伤

颅脑是机械暴力打击的主要部位，又是生命中枢所在。颅脑损伤（cranio cerebral injury）的发生率和死亡率均甚高，在暴力死中占重要位置。据上海市公安局一组统计资料表明，791 例凶杀案件中，颅脑损伤 271 件，占 34.26%。颅脑损伤有头皮损伤、颅骨骨折、颅内出血、脑组织损伤。

（一）头皮损伤

1. 擦伤。头皮表面有毛发覆盖，一般不易发生擦伤。钝器打击形成头皮挫伤时，创缘可伴有表皮剥脱，据此可推断暴力作用的方向。

2. 挫伤。头皮的真皮层结缔组织致密，与帽状腱膜之间通过许多纤维紧密连接，形成小网格状结构，故头皮内出血不易扩散，而形成边界清楚的局限性出血或血肿。头皮血肿常能反映暴力打击的部位和致伤物的打击面特征。帽状腱膜与骨膜之间为疏松结缔组织,故该层出血易扩散,出血量大,可蔓延到颅顶大部分区域,形成所谓的"血帽"。"血帽"外观隆起,有波动感。骨膜仅借少量结缔组织与颅骨相连,但在骨缝处夹嵌紧密,故骨膜下出血,范围仅限于该块颅骨。

3. 挫裂创。头皮较厚,有许多毛囊及毛根,故脆性较大,加之头皮下有颅骨衬垫,本身血管丰富,故在钝性暴力打击时,易造成挫裂创,创口易哆开,出血较多。头皮挫裂创的创缘较整齐,创壁较平整,但仔细检查可见挫裂创边缘表皮剥脱,创口内有组织间桥。挫断的头发断端不整齐,牵拉扭曲,可与锐器创鉴别。钝性暴力强大时,还可造成头皮组织错碎,结构不清。

4. 头皮撕脱。当强大暴力牵拉头发时,可使头皮连同帽状腱膜与其下方的疏松结缔组织层分离,造成头皮的广泛撕裂创。

(二)颅骨骨折

颅骨骨折是颅脑损伤最常见的标志之一,颅骨骨折可以是直接暴力作用所致,也可以通过间接暴力作用所致。例如,高坠伤,臀部着地可通过力的冲量传递发生颅底枕骨大孔环状骨折。

常见的颅骨骨折有以下几种:

1. 线状骨折。暴力作用于颅骨造成颅骨全层线状裂开,称为线状骨折(fissured fracture),可呈直线形、弧形、环形、星芒状或不规则形等。

2. 凹陷骨折。作用力较强而集中时,可使外骨板内陷,或全层骨质凹陷,称凹陷骨折(depressed fracture)。凹陷骨折最常见呈圆锥形,其尖端指向颅内,底部朝外,凹陷的深度不一。

3. 粉碎性骨折。作用力较强,多次重复打击时,颅骨骨折呈多块状,碎骨片的大小、形状及数目不一,有的呈叠错位,称粉碎性骨折(comminuted fracture)。有时骨裂隙中可夹有头发。

4. 穿孔性骨折。作用力速度快而集中,使颅骨洞穿,碎落入颅内,称为穿孔性骨折(penetrated fracture)。

5. 崩裂性骨折。巨大外力作用于颅骨,造成广泛性、开放性的粉碎性骨折称为崩裂性骨折(bursting fracture)。如接触性枪伤、爆炸伤、巨大物体撞击头颅、从高处坠落,或车轮碾压过头颅。发生颅骨崩裂性骨折者常伴有脑组织外溢,一般均在短时间内死亡。

6. 颅底骨折。颅底骨折常由于暴力间接作用所致。打击头顶部或臀部(如高坠时),可以引起颅底骨折。当前后或左右同时受力时,也很容易发生颅底骨折,严重者可造成颅前、中、后窝的同时骨折。如发生颅前窝筛板或眶板骨折，可见眼眶发紫，球结膜下出血，脑脊液从鼻腔或口腔流出，可伴有嗅神经和视神经损伤及颞叶损害。颅后窝骨折，可见耳后乳突区皮下瘀血，脑脊液从中耳或咽部流出，常伴有听神经、面神经损伤和颞叶损害。颅后窝骨折，可见耳后枕颈区皮下淤血，偶见舌咽、迷走、副、舌下神经损害，可有脑干损害症状。上述的颅底骨折 X 线平片对诊断帮助不大。

（三）颅内出血

暴力作用除颅骨骨折外，往往合并脑膜和脑实质出血，根据出血部位不同可分四种：

1. 外伤性硬脑膜外出血。颅骨与硬脑膜之间的血管破裂出血称为外伤性硬脑膜外出血。出血可使硬脑膜与颅骨剥离形成血肿，称外伤性硬脑膜外血肿（traumatic epidural hematoma）。多由暴力伤及脑膜中动脉和它的分支引起硬脑膜外血肿；也有些由于骨折线横过上矢状窦或横窦，引起颅后窝的硬脑膜外血肿；有时粉碎性骨折或凹陷性骨折致折障静脉破裂，形成骨折处的硬脑膜外血肿；也有前额骨骨折伤及筛前动脉及其分支，出现额极部和额底部硬脑膜外血肿。出血量由几毫升到数百毫升不等，血肿呈红果酱样，多为扁平状，体积大小不一。多数在伤后 24 小时内出现症状，伤后短时意识丧失，常出现“中间清醒期”，以后出现烦躁不安和再昏迷，由于脑压升高，出现剧烈头痛、呕吐等症状。有些受伤者原发性脑损伤较轻微，受伤时无明显意识变化，伤后数日才因血肿逐渐增大而陷入昏迷。严重血肿可引起脑移位，出现海马沟回疝和小脑扁桃体疝而死亡。

2. 外伤性硬脑膜下出血。外伤所致血液聚集于硬脑膜和蛛网膜之间，称为外伤性硬脑膜下出血（traumatic subdural hemorrhage）。其发生率比硬脑膜外血肿多 3 倍，受伤 3 天内出现症状为急性，4 ~ 20 天为亚急性，20 天以上为慢性。它的发生主要由于大脑静脉回流到各静脉窦的桥静脉发生外伤性破裂和撕裂，也可能由于静脉窦发生撕裂，使脑皮质血管破裂溢入硬脑膜下腔。此血肿可发生在着力点或其附近；也可发生在着力点对侧，称为对冲性硬脑膜下出血。血肿分布较广，以大脑半球背侧面最常见，多为卵圆形或蝶形，出血量大，大脑受压较久可发生萎缩，出血速度慢，少量血肿可吸收不留痕迹。较大血肿逐渐机化，由成纤维细胞增生形成新生膜，蛛网膜不参与机化，而毛细血管从硬脑膜侧伸入血肿中形成新生血管，这些新生血管支极易破裂再出血，使血肿进一步增大，多次出血和机化，形成多层新生膜，故病程较长。

3. 外伤性蛛网膜下腔出血。外力打击头部和上颈部造成的蛛网膜及脑沟中血管破裂出血,称为外伤性蛛网膜下腔出血(traumatic subarachnoid hemorrhage)。外伤性蛛网膜下腔出血主要局限于脑挫伤周围,由于皮质静脉和软脑膜血管在脑挫伤时破裂,血液流入蛛网膜下腔。也可能由于额面部外伤使头部突然后仰致脑底动脉破裂出血,打击下颌、颈部、项部及挥鞭样损伤,均可引起椎动脉损伤,发生严重脑底蛛网膜下腔出血。出血位于脑挫伤区,可呈点片状或弥散性,往往非对称性分布,出血量少时多呈薄层,很少出现凝血块。

4. 外伤性脑出血。头部外伤引起脑血管破裂出血者,称为外伤性脑出血(traumatic cerebral hemorrhage)。多见于钝器重复打击头部,如发生于大脑穹窿部。高坠或车祸撞击后摔倒,可引起额叶、颞极、颞底部脑内出血。另外,头部外伤时,脑脊液冲击脑室室管膜,也可引起室管周围与相邻的出血灶融合成较大的外伤性脑内血肿。一般枕部受到较大的暴力作用可引起小脑出血,合并大脑和脑干等部位损伤,死亡率甚高。也有的头部外伤后,经数日、数周甚至数月之后,突然出现脑出血,称为迟发性外伤性脑卒中或出血(delayed traumatic apoplexy),容易引起法律纠纷,必须与非外伤性脑出血鉴别。这种迟发性外伤性脑出血,主要由于脑外伤引起血循环障碍,发生脑组织缺血性坏死,在血压骤升时,坏死区血管破裂,引起脑出血,往往呈多发性,位于脑挫伤灶附近,并有陈旧性出血灶,后者可见载有含铁血黄素的巨噬细胞及各种神经胶质细胞反应。这种出血应与高血压脑出血鉴别,后者多见于老年人,出血多发生在基底节部位。

(四)脑组织损伤

1. 脑震荡。头部受到暴力作用,可引起短时间意识障碍与记忆力障碍,多可自行恢复,称为脑震荡(brain concussion)。它是脑损伤中最轻的一种,多数缺乏器质性改变,主要由于脑干网状结构功能障碍,少数严重者可发生死亡。轻度脑震荡者仅有短期意识丧失,重者可见脉搏缓而弱、面色发白、呼吸浅慢、瞳孔散大或缩小、全身肌肉松弛、肌张力降低及生理反射消失,有人称为脑性休克。意识障碍的特点是伤后立即发生,短期内逐渐恢复,清醒后出现头痛、头晕、轻度恶心或呕吐、注意力不集中、对受伤当时的经过情况及受伤前一段时间的事物不能回忆,即所谓逆行性遗忘。儿童还能发生语言障碍。极少数可发生脑白质性损害。国外某些拳击者,经过多次脑震荡后出现痴呆现象,死后发现大脑皮质、脑干网状结构等有广泛性神经细胞消失,神经轴索肿胀、碎裂和固缩改变,胶质细胞增生,有时呈脑萎缩。

2. 脑挫伤。头部受暴力作用引起脑组织出血、坏死,称为脑挫伤(cerebral contusion)。脑挫伤形成时,脑组织无断裂,脑外形与软脑膜完整。暴力作用于相对静止的头颅,使其加速运动时,常引起较严重的冲击伤,而对冲伤较轻或不出现。运动着的头部撞击在静止物体上(如地面),常表现对冲伤严重,冲击伤相对较轻。同时,这两种脑挫伤与颅脑结构有密切关系,据统计:枕部着力时,83%为额叶对冲伤,17%为枕叶冲击伤。额部着力时79%为额叶冲击伤,而枕叶对冲伤仅占21%。侧方着力时,50%为冲击伤,40%为对冲伤,10%两侧均有伤。因为颅前窝和颅中窝凹凸不平,脑组织前后活动,易造成额叶、颞叶挫伤。当头顶被暴力打击,大脑镰与小脑天幕阻止脑组织上下左右移动,往往造成脑干、下丘脑、扣带回与胼胝体的挫伤,形成中间冲击伤。

脑干挫伤最早以出血为主,有时出血灶很小,显微镜下才见到出血灶,如发生在重要的神经核内,特别是迷走神经核和网状结构,可发生致命性心跳呼吸停止,如出血灶不在生命中枢,1~2天后出血灶组织坏死,5天后坏死组织开始液化,局部呈黄色或棕黄色的软化灶,最后形成微小胶质疤痕。有时颅脑外伤后,发生颅内血肿、脑挫伤、脑水肿及颅内压增高,引起海马沟回疝压迫中脑过久,致使桥脑的静脉回流受阻,管壁坏死,继发出血,多见于脑干的中线,称为继发性脑干损伤。

3. 脑挫裂伤。由外力直接引起的脑组织碎裂性破坏,称为脑挫裂伤,常伴有头皮、颅骨和硬脑膜的损伤,见于弹头、刀、斧等的打击及高坠、交通事故等的伤害。病理诊断依据为脑表面有裂痕,其间有碎烂脑组织及出血,神经细胞和胶质细胞被破坏。损伤严重者可迅速死亡,损伤较轻者,经坏死、修复过程,最后由瘢痕代替,常留下肢体瘫痪、痴呆及外伤性癫痫等后遗症。

4. 外伤性脑水肿。脑损伤后引起脑组织含液量异常增多,脑体积增大和脑重量增加,称为外伤性脑水肿(traumatic cerebral edema)。脑水肿的形态特点为脑回变平增宽,脑沟变浅,切面白质肿胀,脑室系统缩小,灰白质界限不清。镜检发现,星形胶质细胞肿胀,毛细血管内皮细胞肿胀,血管周间隙增宽,内有蛋白性液体渗出,白质明显水肿,胶质细胞周围有空隙伴蛋白性液体,纤维间隙明显增宽,呈蜂窝状或海绵状。由于脑水肿使脑脊液压力超过180mm H_2O,可出现严重的意识障碍,最终死于脑疝所致的呼吸衰竭。

5. 弥漫性轴索损伤。弥漫性轴索损伤(diffuse axonal injury, DAI)是指头部受钝性暴力作用后发生的,主要弥散在脑白质,以轴索损伤为主要改变的一种原发性脑实质损伤。其损伤特征要点如下:

(1)头部遭受钝性暴力,尤其是头部处于突然加速或减速运动时。

(2)伤后立即出现昏迷,且昏迷持续时间较长。

(3)体格检查无明显神经系统定位特征,如瞳孔改变、瘫痪、失语等。

(4)CT检查仅见脑弥漫性肿胀,灰白质不清,无占位性病变。

(5)死亡者,病理组织学检查可见神经轴索节段性肿胀、断裂、轴索收缩球形成等改变。

6. 外伤性脑疝。颅脑外伤后,形成颅内血肿和脑水肿,挤压邻近或远隔部位的脑组织,使之向某些生理间隙或孔道移位所导致脑功能障碍,甚至坏死出血,称为外伤性脑疝。脑疝是颅脑损伤最常见的一种病变,按发生部位不同可分为海马沟回疝、小脑扁桃体疝、扣带回疝等。

(1)海马沟回疝。又称小脑幕裂孔疝,此疝在脑损伤中最为常见,由于小脑幕是位于颅脑后部的一个横隔,在枕叶与小脑之间,中央高两侧低,如小脑幕上有血肿或压力增高,会使海马沟回受幕上压力挤入小脑幕游离缘内,并向下占据部分脚间池,压迫同侧中脑,阻断上行性网状结构。同时动眼神经受压或牵拉,病人出现昏迷和瞳孔散大,锥体束征或频繁的"大脑强直发作",血压骤降,呼吸变浅不规则,最终呼吸心跳相继停止而死亡。

(2)小脑扁桃体疝。又称枕骨大孔疝,是危害最严重的一种病变。枕骨大孔前后径3.5厘米,下缘位于延脑与脊髓的衔接处,前上方为延脑,后上方为小脑幕下。当压力增高时,枕骨大孔上方的脑组织被挤向枕骨大孔形成脑疝,解剖时可从第1~2颈椎后弓锯开,可见双侧小脑扁桃体向下突出,并形成锥状,才能定为小脑扁桃体疝。有时在颈髓切片中见有延脑或小脑成分也可确定。如死后较久才解剖者,由于尸体仰卧时,脑本身重量使小脑扁桃体压在枕骨大孔边际,也可能形成轻度小脑扁桃体压迹,这就不是扁桃体疝。小脑扁桃体疝由于压迫延髓的生命中枢,引起呼吸突然停止而死亡。

(3)扣带回疝。又称大脑镰下疝,往往是额项部一侧发生颅内血肿,局部颅内压增高,使大脑半球内侧面的扣带回经大脑镰下缘向对侧移位,造成大脑前动脉及其分支受压,引起大脑内侧后部脑组织软化或坏死,对侧下肢轻度瘫痪及排便功能障碍等症状。单纯扣带回疝很少死亡。

第四节　机械性损伤的法医学鉴定

为了侦查和审判,对损伤进行法医学鉴定是很重要的。要客观地反映出每一个损伤发生的部位、程度、大小形态及其细微特征,就必须要详细检查和全面记录。机械性损伤法医学鉴定的任务主要有:真假伤鉴别、生前伤与死后伤的鉴别、致命伤及致命伤后行为能力、机械性损伤的死因分析、致伤物的鉴定、损伤经过时间的推断、损伤案件性质判定。

一、真假伤鉴别

《棠阴比事》一书中记载了李南公判别真、假伤痕的故事：北宋神宗时，尚书李南公做长沙县令。一天，二人斗殴。甲身体强壮，气力大，乙身体弱小，力气小。但二人身上都有青红的伤痕。南公用手指捏捏两人伤痕之后：乙是真伤，甲是假伤。一审问，果然如此。原来，南方有一种榉树，叶子捣汁后涂在皮肤上，会出现青红色，看上去就像被打的伤痕。如把榉树皮剥下放在皮肤上，用火烤，就留下像被棒打的痕迹，用水也冲洗不掉。但是被打伤，则伤处血液凝聚，是硬的。假伤则没有血液凝聚的硬块。本章中的真伤是指机械性暴力造成的损伤，假伤是指行为人为了达到某种目的采用非机械性损伤的方法伪造机械性损伤或将非机械性损伤当作机械性损伤。前者有机械性损伤的特征，后者则无。

二、生前伤与死后伤的鉴别

人体生前受暴力作用形成的损伤称为生前伤。死后在尸体上形成的损伤称为死后伤。生前伤与死后伤的鉴别主要取决于有无生活反应。形态学上的表现主要有以下几个方面。

（一）出血和凝血

出血和凝血是重要的生活反应之一。人活着时，心搏存在，血液在血管中有压力，血管受损，尤其是动脉破裂，有大量血液流出，甚至呈喷溅状，静脉出血则呈流注状。生前伤可在皮肤形成皮下出血，在形成创的损伤中，创口内有凝血块形成。如果骨折，骨折周围软组织有出血，在骨折处有时留有骨廨。出血处可见凝血块，出血量大小不一，在凝血块中由于有纤维蛋白黏附于组织，此时若用水冲洗，不易冲掉。大量出血可造成机体贫血貌，全身皮肤、嘴唇及眼睑结膜苍白，肺、肝、肾等内脏色淡，脾脏缩小，左心室收缩。扫描电镜和免疫组化方面可以显示创口中有纤维蛋白的形成。伤后 3～5 分钟，创口或创面形成的纤维蛋白网致密、量多。刚死后形成的创口，有时亦可有纤维蛋白形成，但量少、疏松、范围小。纤维蛋白较为稳定，在腐败的条件下，创面形成的纤维蛋白网可保存 3～5 天。死后伤有时也可能出现出血，但出血量很少，且不凝集，呈流动性。

（二）肌肉收缩和创口哆开

生前切断肌肉，则肌肉有明显收缩，创缘皮肤内卷，因此创口呈显著哆开状。死后不久损伤，创口皮肤也可表现有哆开状的，但由于收缩不明显，创口哆开也不明显。死后较久形成之损伤,尤其是尸僵形成以后损伤,创口哆开已很小,创缘没有收缩现象。

(三)炎症反应

生前受伤,局部组织因受刺激,数分钟后就开始出现炎症反应,可见到局部发红、肿胀,出现炎症分泌物现象。损伤后受到感染,可出现化脓现象。从受伤到死亡经过的时间越长,炎症反应就越明显。炎症反应在形态学上包括变性、渗出、增生3种基本病理过程。如局部渗出的液体可逐渐凝固形成痂皮。明显的炎症改变需在生前伤后4小时才出现,如果损伤后即时死亡,则形态学炎症反应就不易见到。此时一些炎症介质、生物因子的出现可有助于判断生前损伤,这一类的炎症介质有组织胺、5－羟色胺、激肽类物质、前列腺素、白三烯 B_4、白介素等。受伤组织中5－羟色胺的含量高于正常组织的2倍或组胺的含量高于正常的1.5倍均可证明生前损伤。损伤组织中5－羟色胺的含量显著升高、组胺的含量轻度升高,是诊断濒死期的特征之一。死后伤一般缺乏炎症反应,机体内不会释放上述这些物质。

(四)其他形态学改变

生前受伤,因为呼吸、消化、泌尿功能仍然存在,创口流出的血液可以吸入肺泡或咽入消化道内,还可以出现空气栓塞等现象,这些都是生前伤的佐证。

1. 栓塞。损伤时常见的栓子有气体、脂肪、血栓、组织碎块及其他异物。如出现栓塞现象,说明有血液循环存在,是生前损伤的重要依据之一。

2. 吸入。生前头颈部外伤,血液被吸入肺内,解剖时可见吸入的血液深入各级支气管和肺泡内,并广泛分布于肺各叶。死后头颈部受外力作用出血后,由于人工呼吸也可使少量血液进入气管或肺的背侧,务必加以区别。胎儿因各种原因造成窒息时,大量羊水吸入肺内造成死亡,说明胎儿在分娩过程中仍是活的。若胎儿在宫内早已死亡(死产),则看不到被吸入的羊水成分。

3. 咽下。活体有吞咽反射及胃肠蠕动,如果受伤当时口鼻腔存在血液或异物,则可被吞下,并可随着胃肠蠕动进入肠内,溺死时溺液也可从咽至胃内并到达小肠。死后则没有咽下运动,口鼻出血或溺液一般不进入胃肠。

三、致命伤及致命伤后行为能力

凡引起死亡的损伤均被称为致命伤(fatal trauma)。因此,只有在受伤后死亡者,才能确认其损伤是致命伤,致命伤又可分两种:

1. 绝对致命伤。不论在何种情况下对所有人都足以致命的损伤称为绝对致命伤(absolutely fatal trauma),如砍头,头部爆裂,躯干离断,脑、心、大血管严重而广泛的损伤等。受致命伤的人，有的立即死亡，有的从受伤到死亡有一段时间，往往大脑组织尚保留一定功能，可做出有意识活动。

[案例]某男用手枪自杀，枪弹从下颌射出，损伤左侧颞叶、额叶后，从颅顶穿出，有一小块碎骨片及脑髓粘在屋顶天花板上。但此人伤后还步行150米，与人说过话，4小时后才死亡。另一例刺伤心脏，造成右心室穿透，冠状动脉刺破，心包积血、胸腔内积血2000毫升，受伤后还步行了十几米远，6小时后死亡。

故当利器刺穿心脏时，切勿拔除，应及时送医院。如能及时进行心脏外科手术，获救希望很大。

2. 条件致命伤。只有在某种条件下才能致命的损伤称为条件致命伤（conditional fatal trauma）。根据条件的不同又可分为个体致命伤和偶然致命伤。（1）个体致命伤：由于个体内在条件，使损伤成为致命伤，如年龄（小儿或高龄老人）、疾病（严重冠心病、高血压、肝脾肿大、血液疾病）、畸形、酒精中毒、高度疲劳或全身虚弱等。（2）偶然致命伤：由于某些感染或引起某些发症等，促使损伤为致命伤。

未引起死亡的损伤称非致命伤（nonfatal trauma）。

四、机械性损伤的死因分析

损伤能够对人体产生程度不同的损害，一般可分为原发性损伤和继发性损伤两种。原发性损伤是直接由损伤造成的组织结构破坏、功能障碍或死亡。如暴力打击造成的骨折，损伤大脑、心脏、大血管等造成的功能障碍或死亡。原发性损伤在刑事案件中最为常见，民事案件也常涉及这种损伤。原发性机械性损伤死因鉴定较为容易。继发性损伤是受伤后引起并发症造成的健康障碍或死亡。继发性损伤是在原发性损伤的基础上进一步恶化形成的。机械性损伤严重程度不足以当时引起死亡，迁延一段时间后死亡的案例，由于外伤和外伤以外的诸多因素可能介入死亡发生过程，法医学鉴定必须科学评估外伤和外伤以外因素，如受伤机体本身因素、医疗因素等在机械性损伤形成及死亡中的作用。确定这些并发症在死因中的作用，对判断法律责任大小有重要意义。

（一）外伤原发性死因

1. 外伤性大出血。心脏及大血管破裂引起大出血可很快发生死亡，一般成人急性出血达2000～3000毫升，即可发生死亡。心包急性出血200～250毫升时即可压迫心脏致死，缓慢出血则需450毫升可致死。颅内出血一般100～150毫升可致命，脑干出血5～10毫升即可致死。胃肠道、胸腹腔内急性出血的量如一次达全身血量的30%以上即可致死。

2. 原发性外伤性休克,其原因主要是体表或内脏传入神经受到强烈刺激,如心前区受到打击,上腹部、外阴、精索等敏感区域受到打击,颈动脉窦压力急速的改变,引起迷走神经反射性心搏变慢或停止,或者引起反射性血管扩张,血压下降,导致心脏骤停而死。

3. 重要生命器官结构严重破坏和功能丧失,是机械性损伤致死的主要死因。

[**案例**]1865 年 4 月 14 日晚上,美国总统林肯在“福特剧院”被害,子弹从总统的左耳上方射入脑颅内,差一点从右眼射出。枪弹伤及林肯的大脑,子弹无法取出,最后导致了林肯的死亡。

4. 震荡。机械性损伤导致的严重的脑震荡、心脏震荡、延髓震荡均可造成死亡。

(二)外伤后继发性死因

外伤后继发性死因导致的死亡一般在伤后几天或几周内发生。

1. 继发性外伤性休克。系外伤后逐步发生的,其原因可以是:(1)失血性休克,由于大量外出血和内出血引起血容量急速下降;(2)广泛的软组织损伤,损伤组织可释放组胺等物质引起广泛的血管扩张、血压下降而发生休克,同时损伤组织也可释放大量组织因子,激活了凝血系统,发生弥散性血管内凝血,促进休克发展;(3)脊髓严重外伤,因传导功能障碍,使血管运动神经的紧张性丧失,血管舒张、血压骤降,称为脊髓休克。

2. 感染。可发生于损伤直接伴细菌感染,如胃肠道破裂继发腹膜炎、头部受伤引起脑膜炎和脑脓肿、胸部受伤引起胸膜炎、肺脓肿、皮肤损伤引起破伤风或气性坏疽等。有时在外伤之后局部防御能力降低或全身免疫能力下降,可引起继发性细菌或霉菌感染而发生败血症、肺炎致死。有时受伤者自己或医师处理不当,伤口未彻底清创就缝合或用带菌的布片包扎创口,发生感染引起死亡,这时法医学鉴定不仅要分析死因与损伤的关系,而且要分析感染后治疗是否正确、及时以及机体状况等,按照不同情况作出分析结论。

3. 栓塞。主要是脂肪栓塞和空气栓塞。脂肪栓塞发生于长骨骨折或脂肪组织广泛损伤时,脂肪进入静脉回流右心及肺,发生肺部脂肪栓塞。如有 60% 以上肺毛细血管发生脂肪栓塞,可立即发生急性右心衰竭死亡,但大多数脂肪栓塞经过一定时间,大约 8 ~ 20 小时发生肺症状,30 小时后死亡。如脂肪滴通过肺的毛细血管进入大循环,可发生脑、心肌、肾等处脂肪栓塞。空气栓塞发生于颈静脉或锁骨下静脉损伤,空气由于负压作用进入血管系统,当空气量超过 100 毫升时,数分钟内便可致死。

4. 窒息。损伤后流出的血液吸入气道可致窒息,也可因颈部软组织广泛损伤,引起喉头水肿，气管内出血，通气受阻发生窒息。肋骨骨折、胸部受伤发生气胸，特别是高压气胸，亦可阻碍呼吸活动引起窒息。

5. 急性呼吸窘迫综合征。急性呼吸窘迫综合征（acute respiratory distress syndrome，ARDS）是指严重感染、创伤、休克等肺内外袭击后出现的以肺泡毛细血管损伤为主要表现的临床综合征，属于急性肺损伤（acute lung injury，ALI）的严重阶段或类型，其临床特征为呼吸频速和窘迫，进行性低氧血症，X线呈现弥漫性肺泡浸润。

6. 创伤后心功能不全。创伤后心功能不全（posttraumatic cardiac insufficiency）是指严重创伤导致心输出量明显降低，不能适应机体代谢需要的病理过程。

7. 多器官功能障碍综合征。多器官功能障碍综合征（multiple organ dysfunction syndrome，MODS）又称多系统器官功能衰竭（multiple system organ failure，MSOF），或称多器官衰竭（multiple organ failure，MOF），是指在严重感染、创伤或大手术等急性疾病过程中，同时或相继并发一个以上系统或（和）器官的急性功能障碍或衰竭，一般肺先受累，次为肾、肝、心血管、中枢系统、胃肠、免疫系统和凝血系统功能障碍。多器官功能障碍综合征发病的特点是继发性、顺序性和进行性。

8. 愈合康复过程的后遗症。有时致命性的并发症是由外伤后的后遗症逐渐发展而来。例如，脑外伤后因脑内疤痕形成而致癫痫，最后因癫痫发作而窒息死亡。心血管外伤后疤痕组织修复继发外伤性心壁瘤或动脉瘤，一旦心壁瘤或动脉瘤破裂即可致死。胰岛损伤发生外伤性糖尿病也可致死。这些死亡主要死因是器官损伤，而直接死因是这些并发症。

［**案例**］某人因交通事故致左前胸壁多发性肋骨骨折，右胫腓骨骨折，创伤性休克。住院治疗5个月后，医生误诊为冠心病心肌梗死，抢救1周后，死亡。尸检证实为，左胸腔化脓性胸膜炎，积脓1800毫升，支气管肺炎，感染性休克，死亡。死因分析结果，交通事故及其左前胸壁多发性肋骨骨折，右胫腓骨骨折，创伤性休克等原发性损伤应为根本死因，左胸腔化脓性胸膜炎，积脓1800毫升，支气管肺炎，以及救治中的医疗过失应为中介死因，感染性休克应为直接死因。

五、致伤物的鉴定

致伤物的鉴定主要包括致伤物推断和认定、着力点的鉴定、打击方向的判定、打击次数及顺序的判定等。

（一）致伤物推断和认定

1. 根据损伤的细节特征推断。根据损伤的特征推断致伤物是损伤鉴定中的一项重要任务，在凶杀案件中，它将为查对凶手和审判案件提供线索和根据。损伤的形态有些能反映出致伤物的特性,有些则难以推测致伤物。因打击力的大小、作用力方向以及体表组织结构特点不同,同一物体打击身体不同部位、用不同的力量,可形成不同的损伤。相反,不同的致伤物有时可造成形态非常相似的损伤,故对致伤物推断必须结合其他检验作综合分析判定。

在详细检查的基础上,找出每个损伤的特征,并加以归纳,列出它们的共同点,研究损伤组织的特性,再分析引起这些组织变化所需的致伤物应具备的条件,如轻重、软硬、钝锐、接触面的特征等。一般经过上述分析研究后,可以初步推断出致伤物是钝器、锐器还是火器等。推断致伤物是一个反复的认识过程,在初步推断致伤物的基础上,要进一步仔细地研究损伤,尤其要特别注意研究损伤的差异点,有些损伤的形态特征可能只出现一次,但只要具有明显的特征性,就要非常认真地研究,它可能成为我们推断致伤物的重要根据。经过对差异点的研究,可以加深我们对致伤物的认识。这样由一般到特殊,再由特殊到一般,几次反复就可能进一步发现致伤物应具备的更多特征,从而最大限度地提供致伤物应具备的具体特征条件,为推断致伤物找出细微的形态特征,也为认定致伤物打下基础。

(1)钝器的推断。在头面部形成钝器伤中以斧锤、棍棒、砖石类致伤物为多见。如在头面部发现圆形、类圆形、弧形的挫伤、挫裂创、骨折压痕、凹陷性骨折或孔状骨折时,可推断为圆形锤类或其他类似形态的致伤物所形成。如有 U、L、Y 形的挫伤裂创,以及凹陷性骨折时,可推断斧背、砖块等规则方形、长方形带棱边和棱角的致伤物形成。发现有条状挫裂创、舟状凹陷性骨折时,应考虑系由棍棒形成。腰背部有明显"竹打中空"皮下出血,可推断木质或竹制棍棒伤,比较明显的车轮压痕、咬痕则比较容易判断。

(2)锐器的推断。根据锐器伤的性状,先确定其为切创、砍创、刺创和剪创。就切创来说,各种锐器都能造成,欲推断是哪一种锐器有一定难度,如有浅表划痕,要考虑玻璃片、胡须刀所致。一般切创多为自杀,凶器一般在尸体近旁,易于寻找进行核对。就砍创来说,如其长度超过 10 厘米以上,边缘又无明显挫伤带时,应考虑菜刀或其他刃长锋利的刀类所致。创口短而宽或一端创角钝、创缘有挫伤带时,一般系斧类所致。刺创呈短棱形,如一端创角锐利,一端创角钝时为单刃刺器所致。两个创角都锐时为双刃刺器。可从创口形态考虑何种刺器所致。

火器的推断:根据枪弹创射入口的大小、形状推断系手枪、步枪、猎枪所致。骨质上射入口的大小,可以较准确地反映弹头横断面的大小,从而推断系何种枪支类型。

2. 根据创内残留物推断。创内发现树皮、木屑时应系木质致伤物所形成;创内有砖渣、石片时应系砖石类致伤物所形成;创内有泥沙、油垢应考虑交通事故所致;

创内留有致伤物的断刃片、残尖时，可提供推断致伤物种类及供同一认定之用；创内及创口附近皮肤上发现油漆、铁锈及其他的粉末附着，经中子活化分析确定其成分后，亦可作为推断致伤物种类与认定具体致伤物的依据。

3. 从衣服上的痕迹推断致伤物。衣服上的车轮印、黏附的油垢、碎石、泥沙有助于推断交通事故；刺切创在衣服上亦常形成各种特征性的刺切痕；在衣服上遗留火药粉末可帮助判断枪弹创。

4. 从致伤物上附着物推断致伤物。致伤物上除可能留有指纹外，还可有受伤者的血痕、毛发甚至组织细胞，或者受伤者衣服的纤维，均可用作比对检查，进行同一认定。

5. 致伤物的同一认定。主要通过损伤形态与嫌疑凶器比对，对创内异物的认真检验，对嫌疑致伤物上附着物的检验，对嫌疑致伤物上的指纹、血手印等的比对检验等作出综合判定。

（二）着力点的鉴定

1. 软组织损伤的着力点。(1)表皮剥脱、皮下出血处；(2)中空性皮下出血的中空区；(3)皮下血肿、皮下组织挫伤处；(4)毛发生长缺损处，病理因素除外；(5)条形挫裂创中表皮剥脱、皮下出血及组织挫伤最严重处；(6)星芒状挫裂伤的中心处以及其他各种形态挫裂创的挫伤处。

2. 骨骼损伤的着力点。(1)骨折表面的压痕与缺损处；(2)颅骨外板完整，且内板存有骨裂或骨折的相应部位处；(3)骨质损伤的挤压缘处；(4)多条线状骨折的分支密集处；(5)星芒状线状骨折的骨折线交错处；(6)环形或套环形线形骨折的圆心处；(7)塌陷骨折的塌陷中央处；(8)粉碎性骨折的碎片小且数量最多处；(9)夹有头发、杂物的骨折线处；(10)若颅底横形骨折，其颅的左侧或右侧为着力点；若颅底纵形骨折，则其颅的前方或后方处为着力点。

线状骨折裂隙最宽部就是着力部位，伸延最长线就是暴力作用方向，第二次打击形成的骨折线的延伸，往往被第一次打击形成的骨折线截断，由此可以推断打击的次数和顺序。凹陷最深部为着力部位，其外形可呈舟状、阶梯形、角状及环套状等，可以据此推断致伤物。

（三）打击方向的判定

1. 软组织损伤的打击方向判定。(1)表皮剥脱，其表皮反转的方向示其打击方向；(2)条形皮下出血与钝器纵轴方向一致，其方向由出血重端移向轻端；(3)中空性皮下出血，若两侧出血等宽系垂直打击，若两边不等宽，则力由宽侧移向窄处；(4)条形挫裂创缘如钝、锐不等，则力由钝侧移向锐侧；(5)创角若有撕裂，其撕裂的方向与打击方向一致；(6)皮瓣创，具皮瓣翻卷的方向示打击方向；(7)其他形态的挫裂创,其夹角或弧内伴有挫伤区者为倾斜打击。

2. 骨骼损伤的打击方向判定。(1)骨质表面如有挫压痕或擦划痕,则力的方向由重向轻;(2)线状骨折一般与钝器长轴一致,力的方向则由重向轻;(3)星芒状或多条线状骨折,其力的方向与主骨折线长轴一致;(4)阶梯样塌陷骨折,多为倾斜打击;(5)舟状塌陷骨折线的两侧骨片宽度不等时,都为倾斜打击,其方向结合挤压缘综合考虑;(6)环状或套环状骨折,多系垂直打击。

(四)打击次数及顺序的判定

(1)距离相隔较远的软组织损伤,反映其遭受不同的打击;(2)挫裂创、皮下组织严重挫裂等损伤,常反映其打击次数;(3)着力点个数并非等于打击次数,因有时被不规则物体打击一次,可造成多处着力点;(4)高坠尸体上往往可见一处着力点而存有多处损伤;(5)在一种损伤的对侧部位如有另一种损伤,则应考虑区别衬垫伤而非二次形成;(6)两处以上骨折存在时,后形成的骨折线一般不超越前骨折线,少数超越的骨折线易改变行走方向或错位;(7)多次打击造成的粉碎性骨折,一般是骨内板碎骨片脱落较多的损伤在前;(8)塌陷、粉碎性骨折,在骨折区周边出现弧度较大的波浪状轮廓,常示两次以上打击;(9)颅底骨折,尤其是孤立的线状骨折常反映由整体变形所致,而非局部受力。

六、损伤经过时间的推断

根据损伤局部的炎症反应的形态学改变可推断损伤经过时间。

1. 表皮剥脱。小于2小时:擦伤面低于周围皮肤且较湿润。3~5小时:真皮血管扩张,损伤表面渗出的草黄色液体开始干燥。12~24小时:形成痂皮,创面与周围皮肤一样高。大于24小时:形成痂皮高于周边皮肤。3~7日:痂皮的边缘开始脱开。7~12日:结痂完全脱落,并由新生的上皮细胞覆盖。

2. 皮下出血。开始出血时,新鲜的皮下出血呈暗红色或青紫色。1~3天后,出血灶内氧合血红蛋白逐渐变为还原血红蛋白和正铁血红素,呈紫褐色。4~7天后,胆红素逐渐氧化成胆绿素而呈绿色。8~15天后,转变成含铁血黄素或橙色血晶而逐渐呈黄色。2~3周后,黄色逐渐变浅,因吞噬细胞将含铁血黄素移走,颜色可完全消失。

3. 创。在创周边出现炎性介质、酶、血浆白蛋白、球蛋白等,损伤后经过时间有不同变化。伤后1小时出现ATP酶及非特异性脂酶活性升高;2小时,氨基肽酶活性增高;4小时后,可见酸性磷酸酶升高;8小时,碱性磷酸酶活性依次升高。通过用高压液相色谱(HPLC)快速检验创口皮肤切创缘组织中的白三烯B_4(LTB_4)含量,发现生前损伤1小时内，LTB_4含量逐濒升高，与损伤时间有一定的线性关系，而死后损伤未见LTB_4含量升高。通过用免疫组化方法，测得人体皮肤切创缘中的纤维连接蛋白，5分钟就显弱阳性改变，45分钟呈现明显的阳性带。

4.慢性硬脑膜下血肿。硬脑膜下出血后24小时内，血肿周围有纤维蛋白形成；36小时后，可见硬脑膜与血凝块之间有成纤维细胞出现；第4日，可见2～3层细胞形成的新生膜；第5～8日，新生膜越来越明显，可达到12～14层成纤维细胞，眼观也能辨认出包膜来；第11日，新生膜成纤维细胞伸入血块，呈条索状分隔成小岛；第14日，新生膜已达硬脑膜厚度的1/2；第26日，新生膜可与硬脑膜一样厚；1个月至3个月，红细胞全部溶化，新生膜胶原纤维透明样变或钙化。

5.骨折。损伤后开始在骨折周围形成血肿；4小时后，有中性白细胞浸润；24～48小时，骨折断端骨外膜增生，出现成纤维细胞；成人约3～4月，小儿2～3月即可形成骨痂。

七、损伤案件性质判定

损伤案件性质包括自杀、他杀或意外灾害，往往需要法医学检验予以鉴别，包括损伤性状、案情调查和现场勘验，最终通过全面分析，得出鉴定意见。

（一）自杀伤（死）

1.案情。有自杀思想动机（包括政治、经济、家庭关系、恋爱婚姻问题等）或有精神异常状态，有遗书等。

2.现场。一般比较僻静，门窗紧闭，并从里面闩住，无搏斗痕迹，门窗无被撬动痕迹，凶器遗留现场或由于尸体痉挛现象凶器紧握手中，衣着整齐，创伤处衣服无损坏。

3.损伤部位。多是自己顺手的部位，单纯切割股动脉、桡动脉或颈部，刺创多在心脏部，枪创多在右颞部或心脏部，少数从口腔、下颌射入。

4.损伤方式。以切创、刺创、枪弹创多见，也可见高坠或卧轨。

5.损伤程度和数目。单个致命伤，轻伤多于重伤，往往有试刀痕，损伤分布较集中，排列整齐，相互平行。

（二）他杀伤（死）

1.案情。他杀的社会关系或社会条件（政治谋杀、仇杀、流氓集团斗殴、谋财害命、恋爱矛盾激化或奸情问题等）。

2.现场。现场凌乱，有搏斗痕迹，失窃，遗留有外人足迹、指纹、烟头以及性犯罪痕迹等，凶器不留在现场，死者身上有向不同方向喷溅的血迹。

3. 损伤部位。常发生在死者本人不易形成的部位,如体背部、头枕部。

4. 损伤方式。以钝器打击头部、锐器砍头面部、刺器刺胸腹部、枪弹创为远距离射击等。

5. 损伤程度与数目。损伤程度很重,很残暴,可有两处或两处以上致命伤,损伤分布广,排列紊乱,方向不一,有抵抗伤。

(三)意外伤(死)

意外伤(死)是指由非预料所及的暴力因素损害人体所引起的死亡,可发生在不同的条件下:(1)日常生活、工作、生产中发生的意外事故和各种交通事故;(2)一切自然灾害,如地震、火灾、龙卷风、海啸雪崩、雷击、火山爆发等。意外伤(死)具有地区性的特点,损伤一般范围广泛、损害严重,常常是整个躯体损伤,内脏广泛破裂,损伤多为一次性、一侧性、不易人为形成,不具备一般凶器损伤的特点。法医鉴定时要注意以上损伤的特征和个人识别。

研究与思考

1. 机械性损伤如何分类?
2. 钝器伤的基本类型有哪些?
3. 如何鉴别生前高坠致死与死后抛尸伪装高坠?
4. 何谓创? 创的组成有哪些?
5. 切创、砍创与刺创有哪些不同点?
6. 如何鉴别一个贯通性枪弹伤的射入口与射出口?
7. 有哪些方法能将尸斑与皮下出血区别开?
8. 何谓绝对致命伤和非致命伤?
9. 如何区分交通事故所致的撞击伤、摔跌伤、拖擦伤和碾压伤? 它们是如何形成的?
10. 法医学推断致伤物的依据有哪些?
11. 如何判断机械性损伤的案件性质?

拓展阅读

1. 闵建雄编著:《法医损伤学》,中国人民公安大学出版社2010年版。
2. 丛斌主编:《法医病理学》(第5版),人民卫生出版社2016年版。
3. 陈忆九、王慧君主编:《法医病理司法鉴定实务》,法律出版社2009年版。
4. 王保捷、侯一平主编:《法医学》(第6版),人民卫生出版社2013年版。

第五章　物理性损伤

重点提示

1. 物理性损伤包括机械性损伤、高(低)温损伤、电流损伤以及放射、超声波等损伤。机械性损伤已在第四章讲解,本章重点讲解高(低)温损伤和电流损伤。

2. 高温损伤包括烧伤(死)、烫伤(死)等。高温皮肤损伤可分为四度,烧死的尸体具有明显的特征,其中体表的生活反应、呼吸道吸入的烟灰炭末和热作用呼吸道综合征是死后焚尸所不能形成的,可用于尸体检验中。

3. 低温可造成冻死者体表有四度损伤,胃黏膜可见出血。因冻死者尸体缺乏特异性变化,对冻死进行鉴定时要结合现场环境的温度、湿度、风速,死者衣着、健康状况等综合分析认定。

4. 电流损伤可分为电击伤(死)和雷击伤(死)。其特点是在触电部位可形成电流斑。电击多死于窒息和心室纤颤。雷击系自然灾害死亡,要结合现场有无发生过雷击来鉴定。

第一节　烧(烫)伤(死)

通常所说的烧伤、烧死是指由火焰与活体直接接触后导致的损伤(burn)或死亡。高温固体物质与躯体直接接触时导致的损伤为接触烧伤。如果活体跟火焰或热固体表面没有发生接触,但热作用时间很长,也会导致活体皮肤出现红斑、水疱甚至炭化,这种损伤称为辐射热损伤。本节烧伤(死)概念包括上述三种。本节重点讲解烧死。

由高温流体(如水、油、汤等)和蒸汽与活体直接接触所引起的损伤称为烫伤(scalding),因烫伤而死亡者称烫死。

因电流、化学物质、放射线等所致的组织损伤在临床上也被认为是烧伤,但在病理学改变、全身影响、病程、转归和预后等方面各有其特殊性,分别称为电烧伤、化学性烧伤和放射性烧伤。

广义的烧伤又称热损伤(thermal injury),泛指高温对人体造成的损伤。烧伤(死)和烫伤(死)多数见于意外灾害事故,少数见于自焚或他杀。

一、烧(烫)伤的皮肤损伤改变

烧(烫)伤的深度与面积是进行皮肤烧伤严重程度评定的两个方面。

(一)烧(烫)伤深度分级及病理学改变

烧伤深度主要与烧伤的温度、时间成正比,临床中目前普遍采用三度四分法进行评定,而法医学中还常出现尸体炭化的情况,故在法医学中采用四度法评定。

1. 红斑期(Ⅰ度烧伤)。高温(40℃~50℃)作用于皮肤表层,使局部皮肤组织血管内血液含量比正常含量高而使皮肤充血、发红、胀痛的现象。这个时期伴随有剧痛感,为最轻度的高温损伤。及时治疗可使红斑消退,皮肤表层脱屑,损伤痊愈。皮肤红斑也可见于高温作用于刚死不久的尸体。死后1~4小时,尸体接触50℃~60℃热源,可以产生表皮下血管扩张,说明红斑并非生前热作用的可靠证据。

2. 水疱期(Ⅱ度烧伤)。高温(50℃~70℃)作用于皮肤,达到一定的时间就会使皮下组织血管壁通透性增高,血浆渗出在表皮与真皮层之间形成水疱。水疱内充满透明或半透明液体,富含蛋白、纤维蛋白、白细胞等。疱底呈炎症反应。由于水疱内液体和水疱底某些炎症介质直接作用于皮肤神经末梢可引起剧痛。Ⅱ度烧伤分为浅Ⅱ度烧伤和深Ⅱ度烧伤。浅Ⅱ度烧伤一般可以痊愈,也可继发感染,愈合后形成瘢痕。深Ⅱ度烧伤伤及皮肤真皮网状层,易发生感染和遗留瘢痕,且瘢痕组织增生的机会也较多。死后不久的尸体受热作用也可导致水疱形成,但通常渗出液体较少,且无炎症反应。此期的水疱还应注意与尸体腐败气水泡相区别。

3. 坏死期(Ⅲ度损伤)。高温(65℃~70℃以上)长时间作用于机体,引起局部组织高温坏死。烧伤表面组织凝固、干燥、变硬形成坚实的褐色痂皮。痂皮周围组织充血,底部血管扩张,血管内有白细胞聚集形成血栓可深达皮下组织。烫伤形成液化性坏死,系组织坏死分解呈液化状态而形成化脓性炎症似的脓肿。液化性坏死组织很难愈合。

4. 炭化期(Ⅳ度损伤)。机体在火焰中长时间灼烧,组织收缩脱水,有机成分被燃烧,其他剩余成分变硬、变黑,形成炭化。炭化组织干燥收缩使皮肤裂开,形如生前创裂伤,应注意加以区分。烫伤不形成炭化。烫死的尸体皮肤可见第Ⅰ、Ⅱ、Ⅲ度的高温损伤,但无第Ⅳ度的炭化现象。

(二)烧(烫)伤面积估算

烧伤面积估算的方法很多,有九分法、手掌法、实测法、五分法等。

烧伤等皮肤病变的面积估算多采用新九分法。儿童因头部面积相对较大,两下肢相对较小,应根据年龄估算面积,见表5-1。

表5-1　计算体表面积的新九分法

部位			成人面积	儿童面积
头颈	头颈发部	3%	1×9% =9%	9% +(12 - 年龄)%
	面部	3%		
	颈部	3%		
双上肢	两上肢双上臂	8%	2×9% =18%	18%
	双前臂	6%		
	双手	4%		
躯干	躯干前面	13%	3×9% =27%	27%
	躯干后面	13%		
	会阴	1%		
双下肢	两下肢双臀	5%	5×9% +1% =46%	46% -(12 - 年龄)%
	双大腿	21%		
	双小腿	13%		
	双足	7%		

其他的估算方法还有纸裱实测法、电子计算机图像自动扫描等方法。

二、烧死的机制

烧伤对生命的危害性主要取决于烧伤的深度和烧伤面积,通常认为Ⅱ度烧伤达全身面积的1/2或Ⅲ度烧伤达全身面积的1/3时即可迅速致死。烧死机理如下:

(一)休克致死

休克包括体液大量丧失所引起的继发性休克和烧伤引起的中枢神经障碍而发生的休克两种。其中烧伤引起的中枢神经障碍而发生的休克是指当高温持续作用于人体,使人体的感觉神经受到强烈刺激,引起反射性疼痛,导致中枢神经系统障碍而迅速发生休克的情况。

(二)一氧化碳等有毒气体中毒和自体致死

在火场中,燃烧物不完全燃烧会产生大量的一氧化碳,人体吸入后会导致中毒而死亡。在检验中,如心血中一氧化碳的浓度达8% ~10%时,可确定为一氧化碳中毒死亡。此外,火场中的可燃物质燃烧产生的有毒气体也可导致人体中毒死亡。

烧伤后存活时间稍长者,可因局部烧伤组织凝固性坏死,坏死组织的分解产物被机体吸收后引发毒血症死亡。

(三)并发症致死

烧伤者常因烧伤后引发其他严重疾病而死亡。如因烧伤创面感染化脓所致内心膜炎、支气管肺炎、毒血症、败血症等继发病而死亡;也可因继发性的声门水肿、尿毒症、肺梗死、肾上腺出血、胃及十二指肠出血而死亡。

三、烧死的尸体征象

(一)烧死后尸体外部征象

1. 体表局部皮肤上可见四度高温损伤的表现。

2. "拳斗姿势"。全身烧伤炭化时,肌肉遇高热而凝固收缩,由于屈肌强于伸肌,所以四肢常呈屈曲状,似"拳斗姿势"(pugilistic attitude)。

3. "鹅掌纹"。被火烧时,遇害人可反射性的闭合眼睑,使眼角皱处免于烧伤,从而在皮肤皱褶凹陷部位保存纹状正常皮肤的情形。这种纹状皮肤被命名为"鹅掌纹"。

4. 一氧化碳等气体中毒征象。火场中燃烧物燃烧不完全产生大量一氧化碳,可引起人体中毒而死亡,尸斑呈鲜红色。如有其他有毒气体,也可以产生相应的尸体征象。

此外,还有假裂创、尸体重量减轻、身长缩短、骨破裂等改变。

(二)烧死的尸体内部征象

图 5-1 烧死者气管内有黑色烟灰炭末

1. 热作用呼吸道综合征。由于活体在火烧时尚有呼吸能力,吸入高温气体、火焰、烟雾和刺激性气体,使喉头、会厌及气管黏膜充血水肿,甚至会有出血或者水疱现象,引发急性坏死性咽炎、急性喉头—气管—支气管炎、支气管周边炎等病变,同时在死者的口、鼻、咽喉、气管和支气管的黏膜上可发现烟灰和炭末附着,称为热作用呼吸道综合征(见图 5-1)。

2. 血液成分改变。对烧死者的心血进行检验可发现血液中碳氧血红蛋白(HbCO)含量异常升高。

3. 消化道改变。烧死者胃和十二指肠内可发现烟灰炭末。

4. 硬膜外"热血肿"。由于火焰的高热作用,使颅骨板障内血管破裂,同时由于脑和硬脑膜蛋白凝固、收缩,硬脑膜从颅骨内板分离,以致硬脑膜上的小静脉或硬脑膜从颅内板剥离,并被撕裂出血。血液流入硬脑膜剥离后留下的空隙中,形成硬脑膜外血肿,称为硬脑膜外“热血肿”。该血肿常位于颅顶部,可在生前、濒死期或死后形成。

5. 内脏器官的改变。内脏器官的改变随烧伤后死亡时间的不同而不同。烧伤后急速死亡者,仅有各器官充血而无其他明显改变,有的可见心内膜下出血及广泛肺出血现象;若烧伤后存活数小时才死,则可见心、肝、肾等实质器官的脂肪变性、混浊、肿胀和局部性坏死,肺充血水肿或者脑水肿,神经节内出血等改变。

四、烧(烫)伤的现场处理

1. 迅速去除致伤原因并降温:尽快扑灭火焰,脱去着火或沸液浸渍的衣服;阻止伤员衣服着火时站立或奔跑呼叫;及时冷疗防止热力继续作用于创面。对于没有破溃的烫伤,可以立即用冷水冲洗,达到降温的目的。

2. 妥善保护创面:现场救护时,创面要避免二次污染、损伤。可用干净布类保护或简单覆盖后送医。

3. 保持呼吸道通畅:火焰烧伤常伴有烟雾、热力等吸入性损伤,应注意保持呼吸道通畅。

4. 其他措施:对呼吸心跳停止伤员应及时进行心肺复苏;严重大面积烧伤者,尽量避免长时间运送;严重口渴、烦躁不安者提示休克严重,应及时口服含盐饮料;安慰并鼓励伤员。

五、烧(烫)死的法医学鉴定

(一)烧死与死后焚尸的鉴别

在司法实践中,常常遇到以其他方式谋杀而后焚烧尸体来伪装烧死,借以逃避法律责任的情况。这就要求法医工作者对尸体做全面系统的尸体检查、化验,并结合案情综合分析得出正确的结论。如我国最早的法医学案例选编——《疑狱集》就记载了句章(今浙江省慈溪界)县令张举烧猪的经典案例。烧死与死后焚尸的主要区别见表5-2:

表5-2 烧死与死后焚尸的鉴别

鉴别项目	烧死	死后焚尸
皮肤	烧伤处皮肤有明显生活反应	被烧处皮肤无生活反应
呼吸道	气管、支气管内见烟灰、炭末 有热作用呼吸道综合征	如有烟灰、炭末仅限于口鼻 无热作用呼吸道综合征
消化道	胃和十二指肠内可发现烟灰炭末	胃和十二指肠内无烟灰炭末
血一氧化碳	心血及深部大血管内碳氧血红蛋白明显升高	一般无或含量极低
内脏	内脏器官可发生淤血、水肿、变性	一般无
死因	烧死	有其他死因,如致命伤

(二)烧伤时间的判断

根据烧伤部位炎症反应的程度及痂皮的形成可推断烧伤的时间。一般烧伤后1小时,烧伤部位开始有少量的中性白细胞浸润;24~72小时,炎症细胞浸润加重,组织发生坏死;若继发感染,36小时可出现化脓。一般创口会有血浆渗出,渗出物及坏死组织会在12~24小时干燥凝结,48~72小时形成痂皮;浅层烧伤1~2周痂皮脱落,深部烧伤则需要更长的时间。

(三)他杀、自杀、意外事故的鉴别

烧死多数属于意外或灾害,自杀或他杀较少见。除了通过死者烧伤特征来判定外,还应结合案情、现场情况以及尸体上有无其他损伤,如捆绑、中毒、醉酒损伤等进行综合分析判断。自然灾害烧死一般情节清楚简单,可按灾情性质予以认定。意外事故烧死,多为意外失火所致。如家用电器漏电引起火灾,家用炉灶引燃周围易燃物着火,在床头吸烟、点蜡烛、油灯把蚊帐和被褥点燃引起火灾等。被害人多为睡熟、醉酒、瘫痪或年老体弱、婴幼儿等无抵抗能力或抵抗能力弱的人。可根据起火点、起火方式等分析判断。他杀烧死,首先要查清受害人尸体上有无捆绑、中毒或其他机械性损伤,这些是推断他杀的重要依据。单纯他杀烧死指罪犯趁被害人昏迷、睡熟、醉酒放火或对被害人系瘫痪、年老体弱、婴幼儿等无抵抗能力或抵抗能力弱的人放火的行为。自焚偶有出现,自杀者往往在自己身上洒上汽油、酒精等易燃物,点燃后把自己烧死。

(四)个体识别

对尸体炭化、面容毁损和肢体离断难以辨认的受害者需进行个体识别。可根据残存的牙齿、骨骼、脏器、毛发、痣疣、文身、瘢痕、结石以及其他证物(如手表、戒指、项链、皮带等)作出个体认定。牙齿、骨骼耐焚烧,常能较好保留,是个体识别的重要生物性检材,对其进行DNA检测具有决定性意义。

第二节 低温损伤与冻死

人体处于低温环境下引起局部组织的损害,称为低温损伤。低温作用于人体,使体温调节机能发生障碍,不能维持正常的新陈代谢而导致死亡的,称为冻死。

一、影响冻死的因素与冻死的死亡机制

影响冻死的因素主要有环境的温度、风速、湿度和冻死者的自身因素等。低温是造成冻死的主要因素。温度越低,体温下降越快,死亡也就越迅速。一般人体体温下降到35℃以下时血液中血红蛋白载氧能力和人体各组织器官摄氧能力降低,导致机体内氧不能被充分利用,发生新陈代谢紊乱;体温继续下降至30℃以下时,发生中枢神经系统抑制而进入睡眠状态;体温降至26℃以下时,机体新陈代谢趋于停止,此时,会导致中枢神经麻痹而死亡。风速能促进身体气温的下降。风速越大,身体的热量散失越快,死亡也就越快。因水的导热度较大,故身着潮湿的衣服,或处于潮湿的环境中,机体的热量散失就较快,易发生冻死。不同人的身体耐寒能力不同,一般年老体弱、衣着单薄、处于饥饿、营养不良、大病初愈或过度疲劳状态的人较容易被冻死。

二、冻死的尸体征象

(一)皮肤可见四度低温损伤

1. Ⅰ度冻伤(红斑性冻伤)。局部受寒冷刺激后,皮下血管收缩,皮肤呈苍白色,继而血管麻痹、扩张,皮肤呈青紫红肿,为轻度冻伤。

2. Ⅱ度冻伤(水疱性冻伤)。低温使毛细血管通透性增高,血浆渗出,水疱形成。

3. Ⅲ度冻伤(坏死性冻伤)。皮下和皮下组织均发生坏死,组织分离、脱落,形成溃疡。

4. Ⅳ度冻伤(坏疽)。发生于手足等人体的末端部位的组织坏死、脱落合并感染,腐败细菌侵入,引起组织腐败,产生臭气,呈干湿性坏疽的特征,为重度冻伤。在冻死的尸体上,除可能伴有局部轻度冻伤外,一般由于冻死过程发展较快,极少发生重度冻伤。

(二)其他外部尸体征象

1. 尸体呈卷曲状,皮肤苍白,尸斑呈鲜红色。因低温作用于机体,体内各种酶的

催化作用减弱使组织的代谢能力降低,组织从血液摄取氧气的过程变慢,氧气不能从氧合血红蛋白中分离出来,所以血液中氧合血红蛋白蓄积而使血液呈鲜红色,形成的尸斑也呈鲜红色。

2. 尸僵显著且迟缓。冻死尸体尸僵发生迟、消退缓慢。多数尸体在低温中形成极为坚硬的冻僵,融冻后仍然可以发生尸僵。

3. 尸体可能呈现苦笑面容,反常脱衣行为。冻死死亡过程较长的冻死者当体表温度下降到一定程度时,周围血管麻痹扩张,体内温暖血液迅速流到周围血管,给冻死者一种发热的假象,而使其脱去自身衣物并带着苦笑面容而死去。

(三)内部尸体特征

1. 血液呈鲜红色,左右心血氧含量无明显差异。

2. 胃黏膜出血。绝大多数冻死者的胃黏膜弥漫性出血。出血点沿血管排列,呈暗红、红褐或深褐色。又称维什涅夫斯基斑(wischnevsky gastric lesions)。

3. 其他表现。如食管、胃、十二指肠、回肠及结肠都可能发生应激性溃痛或出血;肺切面呈鲜红色,有时可见肺水肿、充血、出血;气管、支气管有时可发现黄白色黏液或血性泡沫液体;脑膜充血、水肿;骨骼肌出血,尤其是髂腰肌内小血管充血,渗出性出血,血管中层细胞水泡变性等。

三、冻死的法医学鉴定

冻死多发生在意外事故或自然灾害中,如路人野外迷路、醉倒或落入水中,因环境温度极低而冻死;他杀冻死较少,偶有弃婴、虐待老人和病人而致冻死的。对疑为冻死的尸体进行检验鉴定时要在进行完尸体检验并排除其他致死因素的前提下,综合考虑当时的环境温度、湿度、风速,死者的衣着情况,有无冻死的诱因等,才能确定为冻死。

第三节 电流损伤

电流通过人体引起组织器官的损伤称为电流损伤。按电流的来源不同,可将电流损伤分为两类:由人工电流引起的损伤和死亡,称为电击伤或电击死;由自然雷电引起的损伤和死亡,称为雷击伤或雷击死。

一、电击伤(死)

电流通过人体引起组织、器官的损伤,称为电击损伤(electrical injury),因电流损伤而致死者称为电击死(electrocution)。多属出现在生产生活中的意外事故,如意外触电、违章用电、电气设备老化导致的触电等;但也有少数用电进行自杀或谋杀行为的情况存在。

(一)影响电击伤和电击死的因素

1. 电流强度。电流强度是电击损伤的最重要因素,电流强度越大损伤越严重。1～2 毫安的交流电可产生触电感;20～30 毫安可引起疼痛性肌肉收缩,若电流通过胸部可使呼吸肌痉挛导致窒息;40 毫安可致意识丧失;50～80 毫安可引起心室颤动。通常交流电电流强度达到 70～80 毫安时,直流电电流强度达到 100 毫安时,可致命。

2. 电流种类。电流可分为交流电和直流电。当电压在 500 伏以下时,人体对交流电的敏感度要比对直流电大 4～6 倍。其中以频率为 50～60 赫兹/秒的交流电危险性最大。当电压升高至 500 伏以上时,两者对人体的危险性差别不大。

3. 电压。在同一电流强度下,电压越高,对人体的危险性越大,交流电压在 300 伏以上,直流电压在 500 伏以上,就可对人的生命造成极大的危险。25～200 伏,甚至更低的电压,如果与人体特定部位长时间接触也可造成死亡。

4. 电阻。根据欧姆定律,在电压不变的情况下,电阻越小,电流量就越大,对机体的危害也就越大。对人体来说皮肤的电阻一般要高于其他组织器官。皮肤电阻的大小又与角质层的厚度、水分含量有密切的关系。角质层厚,水分含量低的皮肤电阻要大。这种皮肤的抗电性能也就要强一些。如一般皮肤的电阻约为 500～400,000 欧;面部、前臂、股内侧等皮肤角质层较薄,电阻较小;手掌皮肤角质层厚,电阻可达 400,000 欧;干燥皮肤电阻为 8000～400,000 欧,而潮湿皮肤电阻仅有 50～5000 欧。

5. 通电时间。电流作用于人体的时间越长,由电能转化成损害人体的能量就越多,对人体的危害就越大。如电压为 1000 伏的电流通过人体 2.5 秒,无生命危险,但 200 伏甚至更低的电流长时间作用却可致死。

6. 接触方式。电源与人体的接触方式常见的有单极(相)性接触和双极(相)性接触两种。单极性接触是指电流从人体的一个部位直接流入地的方式,人体只是电流入地的一个导体,其后果严重程度取决于接地情况,如赤脚、鞋钉和潮湿均加大危险性。双极性接触是指电流从人的一部分流入后又从另一部分流回到电源的接触方式。因为双极性接触的方式电流很有可能通过人体的心脏和脑中枢,所以对人体的危害比单极性接触要大。此外,还有跨步电压触电、接触电压触电、高压弧光放电触电等。

7. 机体状态。人体电刺激的反应是有个体差异的。如患有神经衰弱、心血管疾病、内分泌疾病、贫血等疾病的人,对电流的抵抗能力要比正常人差。神经系统的机能状态对人体耐受电流的能力也有一定的影响。比如,同一电流对神经系统机能处于兴奋状态的人的损害要比处于抑制状态的人大。儿童、老年人对电流的感应较中年人强。

(二)电击死机理

当一定强度的电流通过心脏,可使心肌兴奋性增高而导致心室纤颤;2 安以上的电流通过心脏时,可直接导致心跳骤停。电流通过颈髓或脑干,可引起呼吸中枢麻痹,导致呼吸停止;电流可直接作用于呼吸肌使之发生强直性痉挛,导致呼吸停止。呼吸麻痹后可呈现假死状态,即所谓的电流性昏睡,此时心脏仍保持微弱不易觉察的跳动,及时进行人工呼吸,可望复苏。

(三)电击死的尸体征象

1. 尸体外部征象

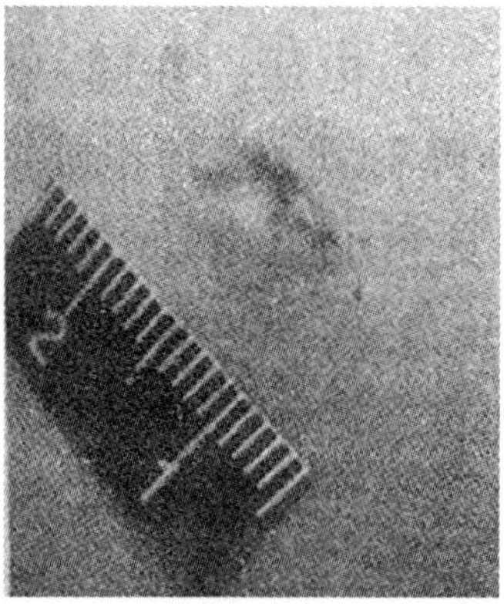

图 5-2　皮肤电流斑

(1)电流斑。电流通过皮肤时产生热能,能在皮肤上造成特殊性损伤,称电流斑(current mark)。电流斑为白色、灰白色或灰黄色,边缘隆起中央凹陷呈圆形或椭圆形、直径数毫米至数厘米不等的坚硬小斑(见图5-2)。电流斑的凹陷部分的形状与导体截面的形状相似,因此,可以用来推断导体的形状。当电源导体在人体皮肤上发生移动时,则形成不规则的点状或线状电流斑。电流斑引发的皮肤组织的改变有:角质层增厚且呈角化不全。电流斑周围皮肤有时可见表皮松解或水疱形成,有时可发生电气性水肿。电流斑中央部角质层多缺损,透明层和颗粒层呈空泡变性,基底细胞沿电流方向伸长并呈极性排列。

电流斑多出现在电流的入口或者出口皮肤上,出入口均出现电流斑的情况占大多数。区别电流的入口与出口有时比较困难,一般入口处组织致密,弹性纤维收缩;出口系因电流的轻度爆炸作用使组织破裂形成,因此,出口处组织比较疏松,弹力纤维展平。

(2)电烧伤。电烧伤是因电流经过机体产生局部高温,对机体组织造成不同程度的烧伤。通常家庭用电只能引起第Ⅰ、Ⅱ度烧伤,通电时间过长时可引起第Ⅲ度烧伤。高压和超高压电流造成的烧伤不仅会出现局部炭化现象,还可波及皮下组织、肌肉、关节甚至骨髓，使肌肉发生凝固性坏死、骨组织熔化，出现由无机成分构成的白色颗粒状小球——“骨珍珠”的烧伤特殊征象。

(3)皮肤金属化。金属电极与皮肤接触瞬间所产生的高温可引起金属导体的气化作用或者潮湿环境下金属电极的电解作用，产生的金属微粒可沉积在接触部位皮肤的表面或深部组织内，称为皮肤金属化。其颜色与电极导体金属离子或金属氧化物的颜色一致。如金属电极导体为铁者，形成的皮肤金属化颜色为灰褐色；为铜者呈淡绿色或者褐色；为银者呈银灰色等。

(4)其他损伤。由于电流的热作用，可使被电击者身上衣服、毛发烧焦，甚至使金属纽扣、鞋钉、项链、首饰等金属物品熔化。电击发生的时候，如果受害者站在高处，在其身上可能会出现因跌倒或从高处坠落而形成的机械性损伤。

2. 尸体内部征象。电流作用对内脏器官也能造成一定程度的损害。如心脏的破坏，表现为心腔扩张、心外膜下出血、心肌纤维断裂、浮肿或者坏死；其他内脏器官的损伤有肌肉断裂出血、骨折、脱臼、脂肪变性等。

(四)电击死的法医学鉴定

1. 触电现场勘查。要会同有电学知识的人员一起参加。首先切断电源，如触电者处在电流性昏睡阶段，进行人工呼吸可望复苏；如人已死亡，则应详细了解电流种类、电压及电源，并注意环境的干湿等情况。

2. 尸体检验。在确定尸表有无电流所致损伤的同时要仔细检查尸体的隐蔽部位，如外耳道、口腔、头皮、腋窝、阴部、贴有膏药或涂药等处是否有电流斑。此外，应注意判别使用其他方法杀害后伪装意外触电致死或电击他杀后破坏现场，伪装成其他死亡方式。

3. 无电流斑的电击死鉴定。电击死有时可能没有电流斑或其他电击迹象。例如，在局部皮肤潮湿(大汗或油污)或水中触电，皮肤与导体广泛接触时，常不形成电流斑。因此，未见电流斑并不能排除电击伤(死)，应根据接触史和周围环境，并排除其他死因后，综合分析判定。

4. 电击死方式的确定。意外电击死多发生在家庭及工农业用电中，电线与电器装置年久失修或安装错误导致事故发生。高压电所致意外多因直接接触高压线或在高压电下工作感应电击死亡。此外，意外电击死还包括如沐浴中不慎触电及用电热褥触电，医源性触电常因诊疗过程中使用电器不慎所致。自杀触电一般是直接接触电源，如灯头、开关、电机、变压器等，也有爬上高压线的铁塔去抓高压输电线，因电击而坠落死亡。他杀电击多为趁被害人不备或睡眠中突然袭击。虽然他杀电击方式较多，但总需要导体，因此，在电击死的现场应注意寻找这些导体，发现电源。

(五)电警棍所致电击损伤

电警棍所致电击损伤原理为高压电冲击力及电弧放电所产生的热效应的双重作用。由于电流较小(小于10毫安),故不易造成人体死亡,但也偶见诱发机体潜在疾病发作而致死。根据动物实验结果,提示电警棍不能直接造成动物死亡;若短期内多次反复电击,可导致动物高度兴奋后衰竭而死亡。电警棍所致电击损伤形态常成对出现,两点间距离与电警棍触头间距离一致;接触时间越长,损伤越严重,最终皮肤可呈焦黑状。电警棍使用的电压越高,皮肤损伤越严重;电警棍紧贴皮肤,损伤较轻;若与皮肤保持一定的距离,皮肤损伤较严重。电警棍电击皮肤损伤的显微镜下改变多与电流斑一致,可见表皮细胞极性化等改变。

二、雷击伤和雷击死

雷电属于直流电,是自然界的一种放电现象。暴风雨时,云层放出的阳电与地面的阴电相遇,闪电雷鸣并释放出巨大的能量,使与之接触的地面高大树木、建筑,甚至在地面行走的人、畜遭遇雷击,造成严重的毁坏或者损伤。雷电导致人体死亡的称为雷击死。

雷击发生的瞬间可释放出数万安培的电流和高达10万伏特的电压,使受害人因心脏发生强烈收缩或中枢神经麻痹而死亡。雷电产生的极度高温能够导致人体组织大面积的坏死和炭化。

雷电释放的巨大能量可在空气中产生强大的气流冲击波,引起人体组织器官撕裂、头颅粉碎等机械性损伤。

雷击受害人的衣服、毛发有被撕裂、烧焦的迹象,身上的金属饰物熔化变形,并在相应部位皮肤形成灼伤,体表可见雷电的出入口,并在出入口处形成电流斑与灼伤。出口处常在受雷击者的手足部,尤以足部最为常见,出口处组织甚至鞋袜会被击穿。因为雷电的打击,使人体皮下组织血管麻痹充血,在皮肤上形成由上而下的分支行走方向,呈红褐色、树枝状的斑纹,称为“雷击花纹”。雷电发生时释放大量能量使空气膨胀,形成强烈的冲击波作用于人体,可造成人体组织裂创、体腔开放、内脏破裂、骨折,以及头顶、足跟血肿等机械性损伤。

在雷击致死尸体解剖时可见体内重要器官如脑、心、肾、肺充血出血,心血不凝,呈流动性。若雷击中头部时,脑组织发生弥漫性点状出血,脑肿胀、脑软化,锥体细胞与神经细胞核偏位、浓缩、溶解、内膜与内弹力膜破坏等。

鉴定雷击死的案件时应首先了解是否发生过闪电雷击的情况。现场勘验时应注意有无地面、树枝、建筑物及其他物体被雷击中毁坏的痕迹。尸体检验注意体表有无“雷击花纹”、电流的出入口、电流伤和其他损伤。“雷击花纹”是雷击伤的特殊表现，但不能长时间存在，多在受雷击后一小时左右消失，应及时检验。

第四节　其他物理性损伤

一、气压损伤

外界气压急剧变化，使人体内的气压与外界气压不能取得平衡，引起人体组织器官发生功能性障碍甚至死亡，称为气压损伤或气压损伤致死，通常在飞机飞行、潜水登山时发生。

（一）气压损伤表现

1. 航空病。飞机急速上升或下降时，因外界气压与人体内气压失去平衡，气流压迫耳道、耳膜、鼻腔、咽喉、气管等组织器官，导致耳、鼻、咽喉、气管等组织黏膜充血肿胀，黏膜或黏膜下出血、水肿等一系列变化。若呼吸道内受某些病变影响，如急、慢性炎症，鼻中隔偏曲等，通气即受到障碍，发生空气栓塞以及因机身晃动、加速等原因引起航空神经病。严重时可因肺部急性膨胀而反射性地呼吸停止、心搏减慢、血压下降、意识丧失而死亡。

2. 高山病。人在短时间内登上高山时，因山上气压过低，缺氧不能适应而引发头痛、疲劳、心悸、呼吸加快、胸闷、紫绀、脸浮肿、恶心、呕吐、失眠等症状。当海拔达到4500米以上时，可引起神志不清、酩酊状态、气喘、胸痛、麻痹、口鼻流出大量泡沫等不良反应，严重者可造成半身不遂。海拔更高时则有生命危险。超高空时，可导致急速死亡。

3. 潜水病。潜水时，从水下上升过快可致潜水病。潜水员在短时间内由深水区浮出水面，人体由高压环境急速进入正常气压环境，使溶解在组织液和血液内的气体逃逸出来，化成气泡，压迫周围组织或在血管内形成空气栓塞而引起一系列病变。如口腔黏膜出血、皮下气肿、肺栓塞、脑血管空气栓塞、脊髓栓塞等。表现为运动失调、偏瘫、肺梗死、截瘫等症状，严重者可导致死亡。

（二）气压损伤的法医学鉴定

对疑为气压损伤致死的尸体进行检验鉴定时首先要了解尸体死亡过程。如生前是否经历过气压改变的过程，是升压还是降压，并聘请有相关专业知识的人员到现场测量气压差，结合死者身上的各种损伤情况判定是否为气压损伤致死，是意外事故还是其他性质的死亡。对因航空病死亡的尸体检查时可发现胸膜腔内液体汽化、肺萎缩、口鼻腔黏膜小血管扩张充血等症状。因高山病死亡的口鼻腔、呼吸道黏膜血管强度扩张充血、出血。对因潜水病死亡的尸体解剖时可发现在其右心室、大静脉、冠状动脉等血管内有气泡和皮下气肿,眼结膜口腔黏膜和脑内等有小灶状出血,气管内有血液,鼓膜有可能撕裂等状态。

二、放射性损伤

放射性损伤是指高能辐射、镭及各种放射性同位素引起人体组织的损伤。放射性是自然界本来就存在的一种现象,由于日益发展的原子能利用以及在工农业、医疗卫生和各种科研活动中 X 射线及放射性同位素的广泛应用,放射性物质使用不当可对人体造成不同程度的损害。但也有利用放射性物质进行自杀或谋杀的情况存在。放射源是指含有放射性物质,能产生辐射照射的物质和实体。

(一)放射性损伤的表现

1. 微观损伤表现。不同组织器官细胞对射线的敏感程度不同,其中以处于增生分裂的细胞最为敏感。主要表现为:

(1)使细胞分裂延缓或停止。

(2)使 DNA 酶结构发生改变,导致细胞发生突变。

(3)损害非分裂期细胞,引起细胞变性坏死。在电镜下可见核膜内外层扩张,形成空泡;或只有外层扩张形成大泡、破裂;核仁肿大,破碎;细胞膜变厚或变薄、断裂或消失。

2. 宏观损伤表现。主要表现为辐射使各个组织器官发生破坏变性、功能障碍。如皮肤红斑、水肿、水泡,毛发脱落,炎症反应,皮肤萎缩甚至引起皮肤癌变;骨髓变质、干枯,脾脏缩小、出血,血小板数目减少;口腔、咽峡糜烂、坏死;肠胃出血、坏死与溃疡;肾上腺、睾丸、卵巢细胞变性、坏死,发生生殖器官功能障碍;神经系统、心脏、血管、肾、骨等组织坏死。

当放射性物质大剂量作用于人体时可因急性血液循环障碍而引发休克死亡,也可因实质器官的急性变性和功能障碍而死亡。如心肌的急性变性、心肌炎、纤维素性心包炎,内分泌腺的急性衰竭,心脑肺肾等组织器官的广泛性出血以及因白细胞急剧减少引起的严重感染而死亡。

(二)放射性损伤的法医学鉴定

要判断损伤和死亡是否由放射所引起,是由外照射还是内放射所致,放射物的种类、性能,放射的剂量,照射的时间及死亡原因,都要了解案情和损伤、死亡的经过，并进行相关的检验来确定。如因口服或注射大剂量放射性药物而损伤或死亡时，体内可遗留有放射物质，可以通过采集受害者的血、尿、胃内容物或骨髓、肺、肝、脾等，应用检测仪器，聘请相关专业技术人员进行检验鉴定。尸体解剖时要采取必要的防护手段。尸体内检验到有放射物质并可致死的要结合案情调查才能判断是否为放射性引起损伤或死亡，以及判定案件性质是自杀、他杀、意外事故还是职业性损伤死亡。

三、超声波损伤

超声波是指频率超过20,000赫兹的声波，现已广泛应用于生物学、医学、工学、地质、海洋研究及其他领域。实验证明，超声波达到一定强度时会对人体造成损害，因此，在管理不善、使用不当时可造成人体损伤或发生意外事故。用超声波从事谋杀行为的比较少。

超声波对人体组织的作用有机械效应、热效应和化学效应。

（一）超声波损伤的表现

在一些小动物实验中，声强为1.5～2.0瓦/平方厘米的接触超声波剂量、方法、照射时间长短不同可引发不同程度的损伤，主要症状有烦躁不安、精神萎靡、呼吸加快、进食少、二便失禁、死亡等。大剂量超声波可以致人脑和脊髓的损伤，脑和脊髓充血水肿，神经细胞变性坏死，最后因神经胶质增生而愈合。临床表现主要有头痛、头晕、步伐不稳、睡眠失常、光感和嗅觉过敏、手足触觉障碍。

但在日常生活中，人体所能接触到的超声波（主要在临床诊断时接触）都是平均声强小于100毫瓦/平方厘米的低功率超声波，并且照射时间有限，不会产生明显的生物效应。因此，孕妇使用超声波，尤其是非彩色超声波检查胎儿是安全的。高强度超声（声强大于5瓦/平方厘米）被用来粉碎体内结石、破坏肿瘤组织，具有强大的机械功率作用。

（二）超声波损伤的法医鉴定

尽管超声检查是十分安全的影像学检查方法，在日常超声诊断工作中仍宜采取谨慎态度，即采用最小输出功率，减少检查时间，避免在同一部位（尤其是眼部和早期胚胎）长时间照射，防止超声波对人体损害。对疑为超声造成的损伤进行检验鉴定时，要从患者是否有超声波的接触史，所接触超声波的强度，接触时间及照射部位，并结合损伤症状等多方面因素作出综合分析判断。

四、激光损伤

激光是20世纪60年代发展起来的一门技术，现已广泛应用于材料加工、精密测量、通信、医疗、育种、同位素分离、化学催化、信息处理等方面。由于激光具有强大且集中的能量,可对机体造成职业性伤害或者意外事故。激光照射可引起人体刺痛感,血管扩张,体液蒸发,组织细胞凝固性坏死、炭化、燃烧甚至气化等损害。其作用机理主要有高温效应、压强效应、光化效应和电磁场效应。

(一)激光损伤的表现

1. 全身反应

激光辐射可引起全身性功能改变。受激光照射者常发生无力综合征。如全身和视觉疲劳、头痛、易激动、兴奋、失眠多汗、肌肉和骨膜反射亢进、血管反应性和血压不稳定,多数病人血压降低,少数病人血压升高。

2. 局部损伤

(1)眼损伤。激光对眼的危害最大,主要由热效应引起。激光容易透过眼的折光装置而聚焦于眼底引起烧伤。有时还能引起眼睑、眼结膜、虹膜损害。若是远红外区辐射照射眼球,能造成眼睑、眼结膜、角膜烧伤。一般 0.28～0.32 微米的辐射被角膜、结膜吸收就可引起激光性眼炎;0.32～0.4 微米的辐射能导致晶体损伤,发生白内障。

(2)皮肤损伤。皮肤的损伤程度一般因激光的能量密度、作用时间及皮肤的耐热性能不同而不同,依次可形成红斑、水疱、烧焦、汽化等现象。能量密度越大所造成的损伤面积越大,形成的损伤灶也就越深。另外,皮肤颜色的深浅对造成的损伤也有影响,同一能量密度激光对颜色深的皮肤造成的损伤要比颜色浅的皮肤小。

(二)激光损伤的法医学鉴定

激光损伤大多是职业损伤或意外事故造成。法医鉴定时应充分调查案情,包括了解受害人的情况,受害人与激光的接触情况,并结合损害表现综合分析才能作出正确的判断。

五、微波、高频辐射损伤

微波是指波长小于 1 米的电磁波。电磁波的波长随频率的改变而改变,频率越高波长越短,所以微波同时又具有高频的特性。微波的频率一般为 300～300,000 兆赫,现在主要运用于无线定位、导航、雷达、勘探、育种、摄影、消毒等领域。

微波是看不见、摸不着、闻不到,但却无处不在的。通常微波辐射的输出功率越大,辐射强度越强,波长越短,频率越高,接触时间越长对人体造成的伤害越严重。

微波辐射可产生两种效应即致热效应和非致热效应。引起致热效应所需的辐射功率水平一般较非致热效应的高。致热效应指微波的电场作用使人体组织内电解分子发生电荷移动，使无极分子极化为偶极分子，偶极分子从原来的无规律排列变成沿电场方向排列，由于高频电场变化很快，偶极分子迅速地变动方向时与周围离子发生摩擦，产生大量的热能的生物反应。非致热效应因低强度微波作用所致，其具体作用机理目前还没有定论。有的学者认为系微波的长期累积作用使细胞渗透压改变，抑制组织细胞核糖核酸合成而引起。

（一）微波损伤的表现

1. 热作用（如微波炉泄露）引起的一般症状是：（1）疲倦无力、头痛、易激动、失眠、记忆力减退、昏厥等。（2）心跳过缓、血管张力减退、心界向左扩大、心音低沉、有收缩期杂音等心血管系统症状。心电图表现齿形波幅度降低。（3）心神不定、烦躁不安、瘟病样发作等神经精神症状。（4）大功率微波辐射后，可引起睾丸曲细精管、输精管发生灶性坏死、萎缩、间质水肿，精子生存数量减少，导致阳痿等性功能障碍，严重者可造成不育；接受微波辐射者为妇女时能引起月经周期紊乱，乳汁分泌功能下降等；孕妇则易造成流产早产，导致胎儿畸形等。（5）人体最容易受微波伤害的是眼睛的晶体，如果眼睛较长时间受到超过安全规定的微波辐射，会导致视力下降，结膜、虹膜充血，视网膜病变，甚至引起白内障等。

2. 非致热效应主要引起中枢神经系统疾病。如头痛、眼痛、乏力、体虚、失眠、白昼嗜眠、急躁、多疑、记忆力减退等。长期辐射后能引起性生活困难等症状。如经常使用手机对人体造成头痛、眼痛、流泪等不良反应都是非致热效应造成的。

（二）微波损伤的法医学鉴定

是否为微波损伤主要根据患者有无与微波接触史，以及微波作用于机体后所产生的症状与病变来判定。如患者有无热作用引起的乏力、头痛、易激动、失眠、记忆力减退、昏厥等症状。若为职业损伤，可能导致受害人身体伤残的，则要进行劳动能力鉴定以及致残程度鉴定，如白内障、不育等的评定，并且制作伤残鉴定意见书。

研究与思考

1. 什么是高温损伤？如何区分生前烧死与死后焚尸？

2. 什么是冻死？冻死的尸体征象有哪些？

3. 影响电击伤形成的因素有哪些？电流致伤的机制如何？

4. 什么是电击死？电击死有哪些尸体征象？怎样鉴别电击死？

5. 雷击死的尸体征象有哪些？什么是“雷击花纹”？

6. 激光的损伤机理有哪些？有何损伤表现？

拓展阅读

1. 刘耀、丛斌、侯一平主编:《实用法医学》(下册),科学出版社2014年版。
2. 赵子琴主编:《法医病理学》,人民卫生出版社2009年版。
3. 张强主编,山西大同供电分公司编:《电击防护实用问答》,中国电力出版社2006年版。

第六章　窒　　息

重点提示

1. 窒息是指由于缺氧及二氧化碳潴留，机体新陈代谢障碍和生理功能紊乱，甚至危及生命的现象。机械性窒息是机械性外力作用于机体导致的外呼吸障碍。

2. 机械性窒息的征象：通常血液呈暗紫红色流动状态、右心和内脏器官淤血、浆膜及黏膜下有出血点，是判断是否死于窒息的重要依据。不同的机械性窒息有自己特有的暴力征象。

3. 在司法实践中常见的机械性窒息主要有缢死、勒死、扼死、捂死、堵死及溺死，是机械性窒息的讲解重点。

4. 机械性窒息法医学鉴定主要是结合具体案情、现场情况、尸体征象及实验室检验等进行综合分析，判断窒息的种类、性质。

第一节　窒息概述

一、窒息的概念

生命的基本特征是新陈代谢。新陈代谢过程需要不断地消耗氧气并产生二氧化碳。人体为了维持正常的新陈代谢，就必须不断地从外界摄取氧气、利用氧气并排出体内的二氧化碳，这个过程称为呼吸。

呼吸过程分为三个环节：(1)外呼吸：肺与外界空气之间的气体交换过程和肺泡与肺毛细血管之间的气体交换过程。(2)内呼吸：血液与组织、细胞之间的气体交换，以及细胞内的氧化过程。(3)血液的运输：将肺内的氧气运输到组织、细胞，并将组织、细胞中的二氧化碳运输到肺排出。我们平常所说的呼吸通常是指外呼吸。呼吸的三个环节是互相密切联系着的，任何一个环节发生障碍，都会影响气体交换的正常进行。

由于某种外因或内因使氧的吸入减少或完全停止,不能维持机体的需要,以及二氧化碳排出受阻而在体内潴留,引起组织细胞代谢障碍和生理功能的紊乱,称为窒息(asphyxia)。

二、窒息的原因和种类

根据呼吸过程不同环节的功能障碍,可以将窒息分为外窒息和内窒息两大类。因外呼吸障碍引起的窒息称为外窒息;因血液中气体的运输或内呼吸障碍引起的窒息称为内窒息。前者多见于呼吸道受压迫或阻塞所引起的呼吸功能障碍,而后者主要见于某些毒物中毒、严重贫血、组织内血液淤滞等情况。因窒息而导致的死亡称为窒息死。

根据窒息发生的原因、机制和病理过程,可大致将窒息分为以下几类。

1. 机械性窒息。该类窒息是指因机械性暴力引起的呼吸障碍所导致的窒息,如压迫颈部或胸腹部、异物阻塞呼吸道等引起的窒息。

机械性窒息死在法医学中占有重要的地位。根据机械性外力作用的方式和部位的不同,可将机械性窒息主要分为以下几种:

(1)压迫颈项部引起的窒息,如缢死、勒死、扼死。

(2)闭塞呼吸孔所致的窒息,如用手或柔软物体压闭口鼻部引起的闷死。

(3)异物阻塞呼吸道引起的窒息,即吸入异物,导致异物阻塞咽喉或上呼吸道引起的堵死。

(4)压迫胸腹部引起的窒息,如房屋倒塌、人群拥挤等。

(5)液体进入呼吸道和肺泡所致的窒息,如水、酒、羊水、血液或呕吐物等吸入呼吸道和肺泡引起的溺死。

(6)异常体位性窒息,即因长时间被限制于某种异常体位,使呼吸受阻及静脉回流受阻而发生的窒息。

2. 空气中缺氧性窒息。该类窒息是指因空气中氧气不足引起的窒息,如关在密闭的空间内或陷入塌方的坑道内所发生的窒息。

3. 外伤性窒息。外伤可以引起呼吸道堵塞,或引起气胸、血胸和大量的出血,从而导致窒息。

4. 中毒性窒息。毒物可以麻痹呼吸中枢,也可以引起呼吸肌痉挛或麻痹,或引起喉头黏膜水肿、喉头痉挛以及使血液失去携带氧和二氧化碳的能力,造成组织细胞与血管内的血液之间气体交换过程障碍,组织细胞失去利用氧的能力等,从而导致窒息。

5. 病理性窒息。该类窒息指疾病引起的窒息，如过敏引起的喉头水肿及其他呼吸道疾病、血液病等导致的窒息。分娩过程中脐带受压、胎盘早剥等导致的新生儿窒息，新生儿颅内出血、羊水吸入性肺炎等导致的窒息，也属病理性窒息范畴。

6. 电性窒息。此类窒息指电流作用于人体，使呼吸中枢受抑制和呼吸肌痉挛导致的窒息。

三、机械性窒息的过程和表现

所有的外窒息都表现为缺氧和二氧化碳潴留而引起的症状。临床主要表现在呼吸、循环和神经肌肉方面功能障碍，大致可以分为以下 6 期。

（一）窒息前期

呼吸障碍后氧气吸入受阻，但因体内尚有余氧可以利用，存留的二氧化碳也在可容纳的程度，所以人体不出现任何症状。此期约持续半分钟。体质好，受过训练的人，如擅长游泳者可持续 1 ~ 1.5 分钟。

（二）吸气性呼吸困难期

呼吸加快加深，吸气强于呼气，呈喘息样呼吸。此期出现苦闷面容，心跳加快，血压上升。因胸腔内的负压剧增，回心血增多，右心扩张淤血，进而整个静脉系统淤血，出现紫绀。此期约可持续 1 ~ 1.5 分钟。

（三）呼气性呼吸困难期

由于体内二氧化碳增多，引起反射性呼气动作加剧，呼气强于吸气。此期表现为意识逐渐丧失，全身出现阵发性痉挛，甚至角弓反张，有排精、排尿、排便等现象，又称惊厥期。此期持续数秒乃至数十秒钟，不超过 1 分钟。

（四）呼吸暂停期

呼吸中枢由过度兴奋转为抑制，呼吸暂时停止。该期出现肌肉痉挛消失，心跳极其微弱，血压下降，处于假死状态，也称假死期。此期约持续 1 分钟。

（五）终末呼吸期

出现间歇性张口深吸气动作，通常有数次间歇性深呼吸，瞳孔散大，血压下降，肌肉松弛。此期持续时间长短不定，约 1 分钟至数分钟。

（六）呼吸停止期

呼吸完全停止，心跳微弱存在，其持续时间因人而异，可自数分钟至数十分钟。最后心跳停止而死亡。

窒息全过程经历的时间在 5 ~ 6 分钟内死亡者称为急性窒息。有时机械性外力的作用并未使气道完全闭塞而仍可呼吸少量空气，或气道闭塞短时间后又缓解，恢复呼吸后再闭塞,从而使窒息至死亡经过的时间延长者,称为亚急性窒息死亡。若有再延长者,称为迁延性窒息,有时可长达10小时以上。上述各期的时间长短和表现明显与否,因个体的年龄、健康状态而异。一般认为,在窒息期的3分钟以内进行人工呼吸急救,可完全复苏。经4~5分钟,仍有救活的可能。

四、机械性窒息的一般尸体征象

各种机械性窒息死者有共同的一般窒息征象。机械性窒息的一般征象是法医判定是否死于机械性窒息的重要依据,而不同类型的机械性窒息除了有窒息的一般征象外,还有其特有的机械性暴力征象。特有的暴力征象是法医确定属于何种机械性窒息死的依据。

(一)尸体外表征象

1. 尸斑出现早、显著、分布广泛,呈暗紫红色。机械性窒息死者由于尸体血液不凝固,呈流动状态,故尸斑出现早;由于体内缺氧,血液中鲜红色的氧合血红蛋白转化为暗红色的还原血红蛋白,故尸斑颜色呈暗紫红色。

2. 颜面青紫、肿胀。由于缺氧和二氧化碳增多,窒息者颜面、口唇、指(趾)甲床等处呈青紫色,称发绀、紫绀。因头面部血液回流受阻,颜面高度淤血,呈青紫肿胀状态。

3. 皮肤和眼结合膜下出现出血点。眼结合膜出血点多在近穹隆部和球结合膜的内外眦部,呈红色或红褐色,针尖或粟粒大,数目不定,严重时可融合成斑块状;特别严重的窒息,面部、上胸部也出现散在出血点。眼结合膜下的出血点出现率高,且容易发现,常被作为判断死因的重要征象之一。该征象常在窒息发生当时或15~30秒内发生。

4. 尸温下降缓慢。窒息过程中机体因缺氧而常发生惊厥,机体产热增加使体温升高,因此,死后尸温下降过程也相应缓慢。

5. 牙齿浸染。窒息死者的牙齿在牙颈部表面可出现玫瑰色或淡棕红色,经过酒精浸泡后色泽更加鲜艳,又称之为玫瑰齿。玫瑰齿对于推断腐败尸体有无窒息可能有一定的参考价值,但并非特异性指证,尸体腐败的血性物也可产生此类现象。

窒息死者有时还会出现大小便失禁、精液和唾液流出等征象,有时流液中可染有血色。

(二)尸体内部征象

1. 血液呈暗紫红色、流动性。窒息尸体血液因还原血红蛋白多而呈暗紫红色。又由于缺氧使血液中纤维蛋白溶解酶增多,纤维蛋白溶解,故血液不凝固而呈流动性。

2. 右心及内脏淤血。吸气性呼吸困难期，胸腔负压剧增，导致肺、右心及体静脉系统高度淤血。机体缺氧时左心代偿性强烈收缩，故左心血常较为空虚，脾常呈贫血状，体积缩小，包膜皱缩。

3. 浆膜和黏膜下有出血点。肺及心脏浆膜下的出血点尤为明显，出血点常呈红色或红褐色，针尖到粟粒大，称为塔雕氏斑（tardieu spots），是确定窒息的重要证据。出血点有时也发生于胸腺、甲状腺包膜下及喉黏膜、小肠黏膜处（见图 6－1）。

4. 肺气肿、水肿。吸气性呼吸困难期，肺急剧扩张，出现肺气肿，肺高度淤血易发生肺水肿。窒息过程持续越长，其水肿也越明显。

5. 脾缺血。窒息者左心血较空虚，脾脏常因收缩而缺血，体积缩小，包膜皱缩。

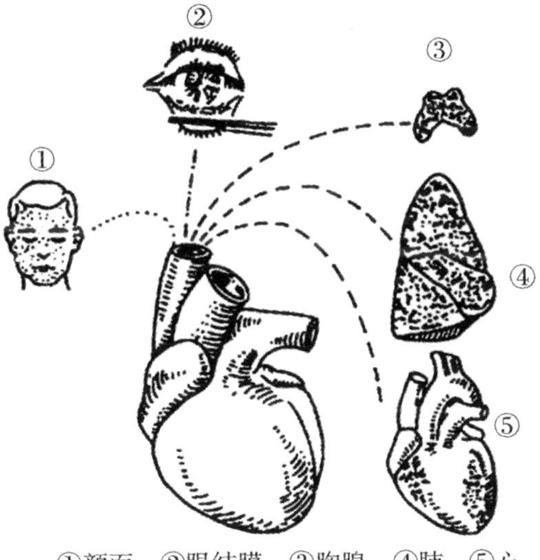

①颜面；②眼结膜；③胸腺；④肺；⑤心

图 6－1 窒息的点状出血

上述征象是机械性窒息死的一般性改变，并非机械性窒息所特有，某些急死、中毒死、电击死、冻死，也会出现类似的征象。因此，机械性窒息死的一般征象要结合机械性窒息特有的暴力损伤征象，才具有诊断机械性窒息死的价值。

五、机械性窒息的法医学鉴定

（一）机械性窒息的鉴定标准

2019 年 12 月 1 日实施的《法医学机械性窒息尸体检验规范》（GA/T 150—2019）。

(二)机械性窒息的鉴定原则

1. 机械性窒息尸体检验必须与现场勘查情况相结合,进行综合分析。

2. 机械性窒息尸体窒息征象必须与各类窒息死特有的暴力损伤痕迹相结合,方能明确诊断。

3. 机械性窒息尸体窒息征象必须与全身系统剖验相结合,注意排除其他死亡原因。

(三)机械性窒息法医学鉴定中的注意事项

1. 注意检查口鼻处及其周围皮肤、口腔、牙龈黏膜及舌体组织、下颌缘处皮肤及皮下组织是否有损伤,牙齿是否新鲜松动或脱落等,有助于判断是否存在捂压口鼻所致的损伤。

2. 注意检查颈部皮肤表面、皮下各层肌肉组织是否有挫伤出血,咽喉部黏膜是否有出血,舌骨、甲状软骨是否有骨折,颈总动脉内膜是否有破裂,颈椎和脊髓是否有损伤等。

(四)法医检验机械性窒息死的目的

1. 确定是否机械性窒息死。

2. 确定属于何种机械性窒息死。

3. 判明其死亡的性质系他杀、自杀或意外事故。

第二节 压迫颈项部引起的机械性窒息

压迫颈部导致的机械性窒息死包括:缢死、勒死、扼死。

一、缢死

缢死(death from hanging)俗称吊死,是以绳索或其他类似物套在颈部,利用自身全部或部分体重的下垂作用,使绳索压迫颈部而引起的窒息死亡。缢死的姿势有悬空位、直立位、坐位、跪位、蹲位、卧位等(见图6-2)。缢死简便易行,是自杀的常见形式;但也有他杀缢死或用其他方式杀死后伪装缢死者;意外事故引起的缢死也偶有发生。缢死的现场以室内居多。

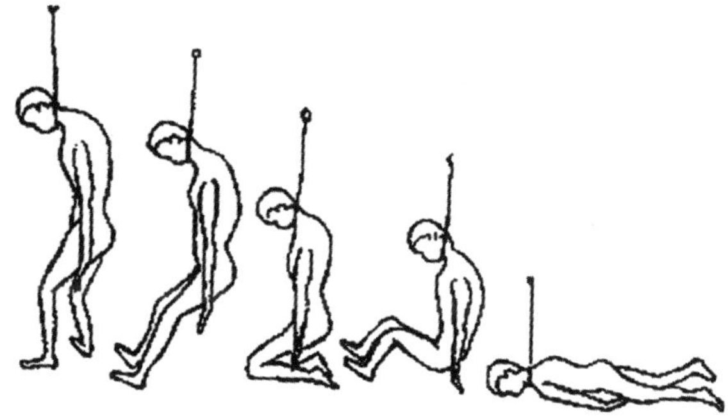

图6－2 缢死的姿势

（一）缢死概述

1. 缢死工具

（1）缢索。用于缢颈的绳索或类似物称为缢索。缢绳有硬质、半硬质及软质之分。硬质常见为铁丝、电线等；半硬质常见为麻绳、棕绳、草绳、尼龙绳、皮带等；软质常见为围巾、毛巾、衣服、各种布带子等。此外，还可用野藤条、植物茎枝、树杈、桌椅横档、沙发扶手或木板边缘等缢颈。因缢死多为自杀，所以缢绳以半硬质和软质为多见。

（2）绳套。缢绳通过打结做成绳套，根据绳套周径大小是否可变动，将绳套分为固定型和滑动型（见图6－3）。固定型绳套又称死套。其特点是绳套的结扣固定，缢吊时，绳套的周径不缩小；可分为开放式绳套和闭索式绳套。滑动型绳套又称为活套。此型结扣不固定，缢吊时缢绳滑动使绳套周径缩小，并收紧压迫颈部；滑动绳套呈闭锁式。

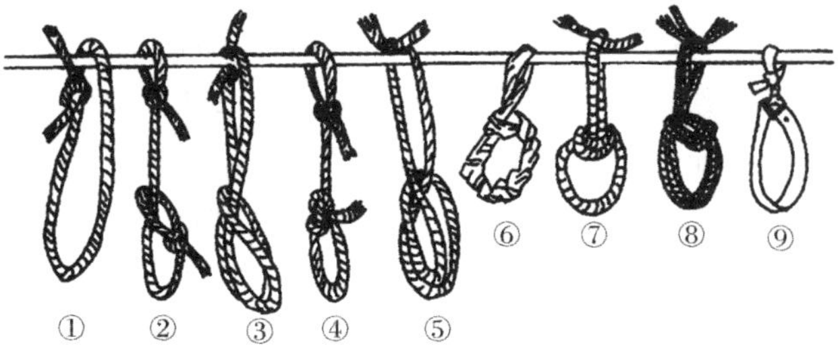

①单绳套；②活套；③双活套；④死套；⑤牛桩套；
⑥软缢索活套；⑦固定型绳套；⑧多匝绳套；⑨皮带套

图6－3 各种缢索

(3)绳结。绳结种类繁多,常见的有活结、死结、双套结、牛桩结、外科结等。打结的方式因个人的职业、习惯而异。特殊的打结方法对于判断死亡性质有重要意义。法医检验时要对绳套、绳结进行拍照,解下绳套时不要破坏绳结,应从不打结的地方剪断。

2. 缢型

根据缢绳压迫颈项部的主要着力部位的不同,可将其分为以下三种类型(见图6-4)。

(1)前位型:主要着力点在颈前,缢绳从颈前部对称地绕向左右两侧,斜向后上方走行达枕部向上提起,头向前下方低垂。此型最常见。

(2)侧位型:主要着力部位在颈左侧或右侧,绳套绕颈项而斜行向上,在其对侧颈部向上提起,头偏垂于着力部位的一侧。

(3)后位型:主要着力部位在项部,缢绳从项部绕过两侧下颌角,在颈前部向上提起,头向后仰。此型最少见。

悬空式前位缢死称为典型缢死,其他姿势与位置的缢死均称为非典型缢死。

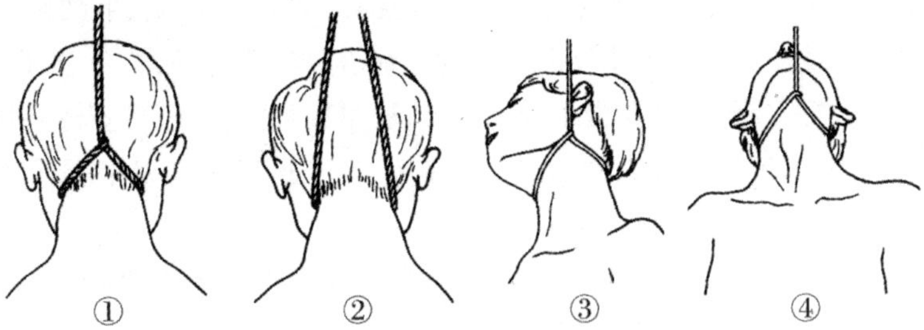

①②前位型; ③侧位型; ④后位型

图6-4 各种缢型

3. 缢死的机制

缢死的原因是绳索压迫颈部器官,其死亡机制有以下几个方面:

(1)呼吸道闭塞。缢死者一般绳索位置多在舌骨与甲状软骨之间,着力后迫使舌根向后上方挤压,从而使呼吸通道完全闭塞。

(2)脑部血液循环障碍。头部是通过颈总动脉和椎动脉供血的,经颈静脉血液回流入心脏。实验结果证实,1.5公斤的压力就可使颈静脉闭塞,而压闭颈动脉和椎动脉分别需要3.5公斤和16.6公斤的压力。当缢绳压迫颈部的力量较重,动、静脉同时压闭时,会造成头部的血液供应中断,导致脑缺氧死亡。死者的颜面呈苍白色,称白缢死,多发生于典型缢死者。当绳索压迫颈部的力量较小,只压闭颈静脉,动脉未完全压闭,这时虽有部分血液仍可进入头部,但因静脉血回流受阻致脑组织淤血，也可因脑缺氧死亡。死者颜面则由于淤血而青紫肿胀，故又称为青缢死，以非典型缢死者较为常见。

(3)反射性心跳停止。缢绳压迫颈部可刺激颈动脉窦或迷走神经及其分支，引起反射性心跳停止而死亡。此外，绳索也可压迫颈部的感觉神经而引起大脑皮层的抑制，从而导致呼吸、循环功能障碍。

(4)脊椎和脊髓损伤见于缢刑(绞刑)者，受刑者颈部套上绳索，站在离地 2 米的高架踏脚板上，突然抽去踏脚板，受刑者迅速身坠而悬空，其颈项部因猛烈牵拉而使 2～3 或 3～4 颈椎互相脱离，甚至颈椎骨折碎裂，脊髓撕伤，意识立即丧失。

(二)缢死的尸体征象

1. 缢死的尸体外表征象

(1)颈部缢死索沟。指缢绳压迫颈部皮肤形成的印痕，简称缢沟。

缢沟是缢死的特有暴力征象，部位在甲状软骨上方，舌骨下方。缢沟从下颌部位左右对称经下颌角向后向上走行，基本形态为马蹄形，在枕后有绳索提空现象。缢绳负重最重的部位形成的缢沟最深，逐渐向上向后因压力逐渐减小而变浅，于缢绳提空处消失。典型的缢沟特点为：呈倾斜的马蹄形，下深上浅，上口为“八字不交”状(见图 6－5)。如果所用绳索质地粗糙、坚硬，形成表皮损伤严重，死后皮肤干燥发硬变褐色，称硬索沟，如所用绳索质地柔软，皮肤受损不明显，死后皮肤无明显改变，称为软索沟。缢沟的深度除与缢绳的软硬粗细有关，还取决于缢型、姿势、体重和缢吊时间的长短。缢沟的宽度一般与缢绳相仿或稍窄。生前缢吊时形成的索沟，其边缘或内部有充血和皮下点状或条状出血，有时可见有水泡形成。

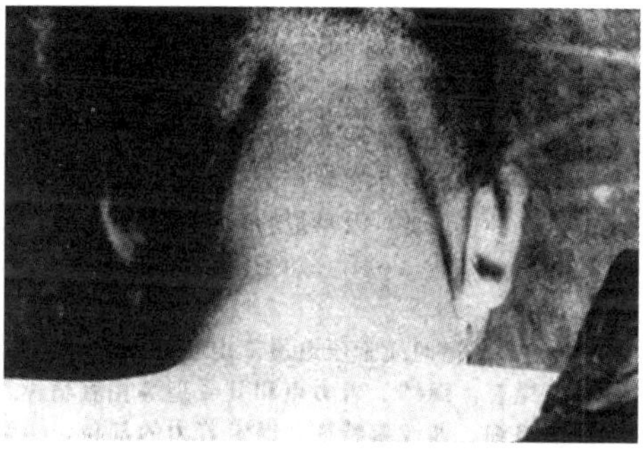

图 6－5 “八字不交”状的缢沟

(2)颜面苍白或青紫。非典型缢死者颈静脉回流受阻，而动脉尚未完全压闭，因此，颜面明显淤血，肿胀，发绀，眼结合膜、颜面及颈部皮肤可见散在性出血点。典型缢死者由于颈部动脉、静脉均完全压闭，头部为缺血状态，所以颜面部为苍白色。因反射性心跳停止者，颜面亦呈苍白色。

(3)舌尖有时挺出。缢死者舌尖多顶于齿列后方，其次位于齿列之间。舌尖挺出齿列之外 1～2 厘米者也较为常见。

(4)鼻腔出血及流涎流涕。缢死者有时在口角、下颌、胸前或地面上遗留点滴状血液、鼻涕、唾液的痕迹。其垂落的方向可判断缢吊时的姿势。

(5)尸斑及尸僵。与缢吊的姿势有关,悬空或直立位缢死者,尸斑分布于四肢远端及下腹部。悬空姿势缢死者,尸僵使足尖保持在下垂状态。

(6)碰撞伤痕。缢吊过程中由于肌肉痉挛,手足乱动,碰撞周围物体形成表皮剥脱、皮下出血,甚至挫裂创。损伤多发生在两腿及两上肢前侧。应结合现场的位置判断是否为缢吊过程中形成,对判断是否生前缢死有重要价值。

2. 缢死尸体内部征象

缢死者除有窒息死的一般征象外,还有缢吊过程中所致的下列局部征象:

(1)皮下及肌肉出血。缢死者在索沟上下缘或两索沟之间的皮肤隆起部位常发生皮内或皮下出血。若颈部肌肉受压断裂,可见点片状出血。

(2)颈总动脉内膜破裂。由于缢绳压迫和强烈向上牵引,有时在颈总动脉分支的下方发生1~2条内膜横破裂,且伴出血。

(3)舌骨及喉软骨骨折。绳索压迫喉结上方,可将舌骨大角和甲状软骨上角压到颈椎椎体的前方,使舌骨大角或甲状软骨上角发生骨折。

(4)咽后壁血斑。绳索向后上方牵引,舌根压迫咽后壁,可出现黏膜下出血。

(三)缢死的法医学鉴定

首先了解事件发生和发现的经过及死者生前表现,有无自杀、他杀因素。现场勘查室内现场注意门窗是否紧闭、陈设物品是否整齐、缢死的姿势、有无系绳点、系绳点高度、垫脚物、缢绳种类及来源、绳结的位置、打结的方法等。室外现场注意周围环境,道路情况,悬吊位置、高度,有无搏斗痕迹等。

1. 缢索的物证意义

缢索是缢颈者所用的主要工具,具有重要的法医学物证意义,实际检案时必须注意保存缢索。

(1)搜集、保留现场的缢索,并拍照记录。

(2)检查缢索。检查缢索的形状,索套的圈数要与缢沟的性状、条数、印痕等相互印证,若不相符应另行追查。用放大镜检查缢索上的附着物,如粉尘、油污、金属屑等,是否与缢沟上的相符。

(3)保留绳结。一般绳结能反映出作案人员的职业性质和其日常生活中最熟悉、最习惯的打结方法。因此,勘验现场时,不可解开绳结,应在绳结之外的部位剪断缢索,取下后用色线连接断端,并固定索套交叉重叠处,使绳结索套保持原状。

2. 缢死与死后悬尸的鉴别

鉴别缢死与死后悬尸可以从现场情况、缢死体位、窒息征象、尸斑部位、索沟特征等多方面来进行判断，但主要依据是缢沟有无生活反应。缢死者的缢沟皮下有出血点，深部肌肉有出血，颈动脉裂纹有出血，骨折处也有出血等改变（见表6－1）。

表6－1　缢死与死后悬尸的鉴别要点

内　容	缢　死	死后悬尸
现场	整齐，悬挂绳索处无滑动迹象，绳索无磨损	杂乱，悬挂绳索处有滑动迹象，绳索有磨损
体位	可为不同缢型和体位	多为前位缢型、悬空体位
窒息征象	多明显，亦有颜面苍白；多流涎	可有或可无，无流涎
尸斑	尸斑与体位相符	尸斑与体位可不相符
索沟	符合缢沟特征，皮肤和深部组织有损伤和生活反应	勒死或扼死后伪装缢死者，有勒沟或扼痕，相应部位有生活反应，其他原因致死者无生活反应
其他损伤	多无，仅有肢体轻微碰撞伤	常有抵抗伤，或其他致命伤或死因

3. 缢死性质的判断

（1）自杀缢死。自杀缢死占缢死的绝大多数。判断的主要依据为：尸体检验证实系生前缢吊致死，没有其他致死的原因和可疑现象；有自杀原因和动机，可留有遗书；装束整齐；现场平静，无搏斗痕迹；缢绳一般为自己家中的物品，其长短、悬挂高度及结扣特征均与自杀缢死相吻合；垫脚物上留有死者的足迹，在系绳点处可发现死者的指纹；没有他杀动机，一般无伪装迹象。自缢与伪装自缢鉴别见表6－2。

（2）他杀缢死。一般多见于儿童或老弱病残者。单纯用缢吊方式杀害一个健康、清醒的成年人十分困难，所以，他缢一般发生于被害人醉酒、昏迷或其他不能抵抗的情况下。也有趁被害人不备时，突然将绳套套住被害人颈部，然后迅速拉紧缢绳将其背起而缢死，俗称“套白狼”或“背死狗”。

（3）意外缢死。极为少见。主要见于小孩玩耍或模仿自缢失误导致死亡。这往往在现场具备造成意外缢死的条件，尸体表现为单纯生前缢死的征象，没有自杀、他杀因果关系。

表6－2　自缢与伪装自缢鉴别要点

内　容	自　缢	伪装自缢
现场	平静，可有遗书	可有搏斗迹象
绳索	来源、长短、悬挂高度、绳结等特征均符合自缢行为	来源、长短、悬挂高度、绳结等特征均不符合自缢行为
缢沟	有生活反应	无生活反应

续表

内 容	自 缢	伪装自缢
体表损伤	可有碰撞伤	可有严重损伤和防卫、抵抗伤
体位	符合自缢体位	不符合自缢体位
死因	缢死	其他暴力致死

4. 缢死尸体上损伤性质的判断

缢颈尸体上的损伤,可能是缢颈之前、缢颈过程中或缢死之后形成的。缢颈之前形成的损伤既可能是他伤,也可能是自伤形成。自杀者在缢颈之前可能切颈、摸电门、切腹……没达到自杀目的最后采取缢死的方法。此时,应分析损伤的种类、轻重程度、分布状况等,判断死者本人能否形成该损伤,以及受伤之后有无能力完成缢颈动作。如果损伤严重,可以立即导致昏迷或死亡,死者自己无能力完成损伤和自缢的动作,或者发现抵抗伤痕,就应考虑他杀的可能性。缢颈过程中形成的损伤,一般比较轻,常常表现为表皮剥脱和皮下出血,多为碰撞伤等。缢死之后形成的损伤,多系动物咬伤,符合动物啮咬的痕迹,为死后伤。

[**案例**]韩某,男,48岁,某局局长。因涉嫌贪污被某市检察院传唤,当晚被扣押在拘留所,第二天凌晨发现缢死。检验尸体发现死者罩裤的裤腰内里缺失,所缺失部分与套在韩某颈部的缢绳一致。死者颜面、指甲青紫,眼结合膜有出血点。颈部喉结上方有斜行向后上方的索沟,伴有表皮剥脱、皮下出血,索沟在枕后提空。尸体外表其他部位未见损伤。甲状软骨有骨折及出血斑。血液呈不凝固流动状态,肺淤血有散在出血斑点。病理检验未见致死性疾病,毒物化验未检出毒物。鉴定结论为自杀缢死。

5. 缢颈后迟发性死亡

缢颈后大多数人即可出现意识丧失而不能自救,但并不立即死亡,常于缢颈后5~20分钟发生死亡。因此,如能及早发现并予以积极的抢救,尚有复苏甚至生存的可能。但有半数以上被抢救复苏者,生存一段时间后,因感染和缺血缺氧引起的脑损害而发生迟发性死亡。生存时间多为1~2周,最短者18小时,最长者39天。

二、勒死

用自身体重以外的力量,将环绕人体颈部的绳索勒紧而引起的窒息死亡,称为勒死(strangulation by ligature)。勒死多属于他杀,自杀者也并非少见,偶见于意外事故。

(一)勒死概述

1. 勒死的工具

(1)勒索。绞勒颈部时所用的绳索类物称为勒索,一般较短且结实,多系麻绳、布带、皮带、围巾、衣服、胶皮管、渔网绳等半硬质或软质绳索，亦有用铁丝勒死者。

（2）绳结。多为死结、活结，也有不打结。绳结多为死结或活结，也有特殊的绳结。绳结的位置可分前位、侧位、后位，以绳结所在的方向而定。

2. 勒死的机制

勒死的机制与缢死基本相同，但由于力量来源和作用方式的不同，勒死时压迫颈部的力量一般不如典型缢死的力量强大，且绳索压迫的部位比缢死部位低。由于甲状软骨、环状软骨等的支撑减轻了部分压力，同时被勒者挣扎反抗，呼吸和血液循环往往难以持续、彻底地中断，因而死亡的过程较缢死要长，头面部淤血及窒息现象较为显著。如果勒绳压迫刺激了颈动脉窦或迷走神经及其分支，则可引起反射性心跳停止而迅速死亡，此时窒息征象不明显。

3. 勒死的方式

最常见为勒绳绕颈后，用双手拉紧，然后打结固定，保持绳套的紧张力。此外，还有借助其他机械力的各种各样奇怪的方式。

（二）勒死的尸体征象

1. 尸体外表征象

（1）颈部勒死索沟指勒绳压迫颈部形成的皮肤印痕，简称勒沟。位置多在甲状软骨或其以下部位，常水平环绕颈部，有时可稍微向上、下倾斜，但无绳索提空现象。因受压力较均匀，故勒沟的深度基本一致。典型勒沟特点：呈圆环形，无倾斜或略有倾斜，深浅较一致，无绳索提空引起的索沟中断现象。勒沟的数目一般与绳索绕颈圈数一致，多为1～2道。若勒绳绕颈圈数多，勒沟可相互重叠交叉，在勒绳交叉处可留有结扣的印痕。勒沟的宽度和深度取决于勒绳的宽窄、性状和绞压力量。绳索粗糙，勒颈力量大时，可形成硬索沟；绳索柔软，勒颈力量小时，多形成软索沟，有时只是黄白色压痕。硬索沟多伴有表皮擦伤与皮下出血，有时边缘亦出现小水泡。

（2）颜面征象。勒死过程中气管和颈总动脉往往不能彻底闭塞，因而窒息过程较长，颜面窒息征象一般比较明显。颜面青紫肿胀，面部及颈上部有散在性淤血点，眼结合膜和牙龈黏膜可有出血点，口、鼻及外耳道也可发生出血。年老体弱死亡迅速或因反射性心跳停止死亡者，这些征象可能不明显或不出现。

（3）体表及手足。在他杀勒死的案件中，由于受害者挣扎和抵抗，其头面部、手足及其他突出部位常有机械性损伤形成，以擦伤和挫伤为常见。

2. 尸体内部征象

（1）皮下及肌肉出血。勒沟相应部位的皮下组织、肌肉有不同程度的出血，出血呈点片状，甚至大片出血。他勒遇到抵抗强烈挣扎，勒绳时松时紧，牵拉滑动，使肌纤维断裂时,更是如此。

(2)其他软组织出血。甲状腺及周围组织出血,喉头黏膜肿胀出血,声门水肿。

(3)舌骨及喉软骨骨折。甲状软骨和环状软骨骨折较多见。有时可见舌骨大角和甲状软骨上角骨折,以老年人为常见。

(三)勒死的法医学鉴定

首先了解事件发生、发现的情况,了解有无自杀、他杀的因素,现场有无动乱,尸体有无变动。勘查现场时注意提取物证。

1. 勒死的确定

确定勒死一般没有太大的困难,主要根据是颈部的索沟有生活反应,与索沟相应的皮下软组织及喉头软骨有损伤和出血,全身有较明显的窒息现象,并除外其他致死原因。法医学鉴定要注意勒死后伪装自缢。勒死与缢死的鉴别见表6-3。

表6-3 勒死与缢死的鉴别要点

内容	勒死	缢死
索沟形成	为勒绳压迫颈部形成的皮肤印痕	为缢绳压迫颈部形成的皮肤印痕
索沟位置	多在甲状软骨或其下方	多在舌骨与甲状软骨之间
索沟方向	呈水平状,或略有倾斜	着力处水平,两侧对称向上倾斜
索沟形状	呈环形,一般无中断现象	多呈“U”形,有提空中断现象
索沟深度	深浅基本一致,结扣处有压痕	着力部位最深,两侧逐渐变浅消失
皮下出血	勒沟多有出血,颜色较深	缢沟处出血少见,上、下缘和缢沟间隆起处有出血点
肌肉断裂出血	肌肉常有断裂、出血,颈动脉内膜多无裂伤	肌肉多无断裂、出血,颈动脉内膜可有横向裂伤
骨折	甲状软骨、环状软骨骨折	舌骨大角、甲状软骨上角可有骨折
其他损伤	常有明显抵抗伤	多无损伤,如有亦符合自伤特点;肢体突出部位可有轻微碰撞伤
现场情况	多为妇女、老人或儿童,衣着不整,有搏斗痕迹、有他人脚印和指纹。现场无勒绳,提示他勒	多为成人,僻静整齐,有垫脚物、遗书,穿着新衣

2. 自勒与他勒的鉴别

(1)勒绳的性质和来源。自勒常用软质勒绳;他勒可用任何性质的勒绳,以半硬质、软质为多见。自勒者勒绳多为其本人之物;他勒可就地取材,也可能是带来的。如勒绳不是死者之物或现场无勒绳，可认定为他勒的依据之一。

(2)勒绳的道数。自勒常绕颈多道；开始时用力大，以后逐渐减轻。他勒与凶手当时的心理、现场环境有关，可一道或多道。

(3)绳结的位置、打结的方式。自勒可不打结或打结较松；绳结多在颈前或颈侧，为死者双手易达到部位。他勒绳结可在任何位置。如绳结位于颈后，多为他勒。打结的方式可帮助判断人的职业习惯，从而有助于判断自、他勒。

(4)勒颈的方式。某些勒颈的方式是他勒难以办到的，如勒绳的两端系上重物，利用重物下坠的力量将绕在颈部的绳子拉紧；或勒绳的一端缠绕在颈部，另一端套在脚上，再伸腿将绳子拉紧。凶手在勒被害人时可能留下相应的损伤，这些损伤是自勒不能形成的，如压迫胸腹或背腰部，出现肋骨骨折、肌肉出血等。

(5)勒绳的分布和物品被勒入。勒绳排列很乱，手指、杂草、枝条等被勒进绳套，系他勒，反映凶手急于勒死被害人的心理。自勒为了减轻痛苦，可在勒绳与皮肤之间衬垫衣服、毛巾等柔软物品。

(6)抵抗、挣扎痕迹。他勒可在尸体上留下不同程度的损伤和抵抗痕迹。自勒一般没有。

(7)现场情况。自勒无搏斗迹象，物品陈设整齐，门窗紧闭，尸体无移动。他勒现场凌乱，有搏斗痕迹，可移尸到隐蔽处等。

3. 意外勒死

偶有受害者头颈部披着围巾、头巾、上衣或缠绕长辫子等，被转动的机器或齿轮绞转，或被机动车拖转，导致被勒而死亡。新生儿颈部因脐带绕颈窒息死亡也属意外勒死。

三、扼死

(一)扼死概述

扼死(manual strangulation)是指用单手、双手、上肢等扼压颈部引起的窒息死亡，又称掐死。少数也有用肘弯或前臂钩压，脚掌踩压或借助棍棒类硬质物扼压颈部引起窒息死亡者，亦归入扼死一类。扼死几乎都是他杀。扼死的机制与勒死基本相似。由于扼颈很难使脑的供血完全阻断，脑血循环障碍不是最主要的致死原因，最主要的原因是呼吸障碍引起的窒息。由于手的力量不是特别大，而且被害人反抗挣扎，呼吸道难以被完全持续地阻断，窒息进程较慢，因而窒息现象非常明显。单纯由于反射性心跳停止而死亡者，没有窒息征象，但这种情况较为少见。

（二）扼死的尸体征象

1. 尸体外表征象

(1)颈部扼痕。指颈部皮肤被扼压后形成的损伤。在扼压颈部时由指甲形成的新月形表皮剥脱痕迹和由手指压迫形成的压痕统称为扼痕。典型的扼痕为:用右手扼压颈部时,左颈部有4个扼痕,右颈部有1个扼痕;用双手扼颈时,左右两侧颈部各有4个扼痕。但如果被害人是成年人,典型的新月形表皮剥脱不常见,多数扼痕呈条形或不规则形表皮剥脱,分布零乱,有的呈断续状态。这是由于被害人猛力挣扎,凶手的指甲在被害人的颈部皮肤上滑动形成的。

(2)颜面征象。扼死者颜面窒息征象多较显著,特别是被害人身强力壮,在扼颈过程中有强烈抵抗挣扎时更是如此。颜面青紫肿胀,眼结合膜高度充血、水肿、出血,面部和颈部皮肤可出现散在性淤血点,有时伴有鼻腔、口腔、鼓膜等处出血。年老体弱、凶手力大、窒息过程短和反射性休克死亡者,颜面窒息征象不明显。

(3)其他部位的损伤。扼颈时,由于被害人强烈抵抗挣扎,常在死者两手、两臂遗留抵抗伤痕。一般为表皮剥脱和皮下出血。

2. 尸体内部征象

(1)颈部软组织出血。受压部位皮下组织、肌肉组织、甲状腺及其周围组织常有局部或广泛的出血。

(2)舌骨及喉软骨骨折。好发部位为舌骨大角、舌骨大角与舌骨体连接部、甲状软骨上角和环状软骨。

(3)其他征象。心肺浆膜下出血点,肺淤血,声门水肿或气肿,脑及脑膜淤血。

（三）扼死的法医学鉴定

由于扼死几乎为他杀,扼死的鉴定关键在于准确地判断是否为扼死。扼死的判断,除了根据前述扼死征象,还要结合现场勘验的情况并完全排除其他原因致死的可能。

颈部扼痕是判定扼死的重要依据。尸检时注意扼痕的分布部位、方向、数目和形状等。此外,扼死的尸体衣着散乱,可呈挣扎抵抗姿态,并有防卫抵抗伤。现场常有搏斗动乱迹象,并有罪犯的指纹、足印等。如果被害人是老人、小孩、体弱者,或被害人在醉酒、昏迷、睡眠中被扼死时,则尸体常无抵抗伤。注意现场有无伪装和移尸。仔细检查扼痕,若扼痕不明显者要进行颈部解剖,观察肌肉组织,舌骨和喉软骨的损伤出血情况,确定是否扼死。此外,还应从现场和尸体勘查中判断扼颈方式、作案过程,为侦查提供线索。

[**案例**]死者王某,男,36岁,其妻报案王某自缢身亡。尸检所见:王某颜面青

紫，颈前喉结上方有一道斜行向上的索沟，在枕部有提空；颈部左右两侧可见多处散在条状、弧形表皮剥脱及皮下出血；左肩背侧面及臀部亦有散在轻重不一的表皮剥脱和皮下出血，阴囊肿胀并有皮下出血。解剖颈部后见皮下及软组织内有大片状出血，左侧最重，右侧及颈部他处均有散在片块状皮下出血。出血最重处正是舌骨的左侧，该处舌骨骨折。但"缢死索沟"处未见皮下出血。根据尸体检验所见分析，王某不是死于自缢，而是扼死后伪装自缢。王某之妻在证据面前交代了伙同奸夫扼死王某，然后立即悬尸伪装自缢的经过。

第三节　溺　　死

液体吸入并堵塞呼吸道引起的窒息死亡称溺死（drowning），俗称"淹死"。引起溺死的液体（简称溺液），除水之外，也可以是酒、油、尿等。溺死多发生在深水中，亦可发生在浅水中，只要口鼻浸没于液体内就可以引起溺死。溺死多见于灾害事故，自杀也很常见，他杀溺死也时有发生，也有将人杀死后伪装溺死或抛尸入水以掩盖罪行者，故溺死是法医检验工作的重点内容之一。

一、溺死概述

（一）溺死过程

溺死过程一般分为窒息前期（本能地暂停呼吸）、吸气性呼吸困难期（反射性地恢复呼吸，溺液吸入呼吸道而引起剧烈呛咳）、呼气性呼吸困难期（可从口腔内呼出大量泡沫，全身肌肉发生痉挛）、呼吸暂停期（意识完全丧失，呼吸暂时停止）、终末呼吸期（呼吸运动暂时恢复，继续吸入溺液）和呼吸停止期（呼吸停止，随之心跳停止）。

溺死过程的长短与人的年龄、体质及精神状态有关，平均约为 5 ~ 7 分钟。

（二）溺死机制

由于吸入的液体堵塞呼吸道，引起机体缺氧和二氧化碳潴留，最终窒息而死亡。少数溺水者由于受冷水刺激，导致声门痉挛窒息死亡，或因迷走神经受刺激导致心跳骤停死亡。

二、溺死的尸体征象

（一）溺死尸体外表征象

1. 口鼻部蕈形泡沫。由于溺液刺激气管黏膜，黏液细胞分泌大量黏液，气管内的溺液、黏液和气体在呼吸作用的搅拌下,形成了大量的白色泡沫。捞出水面后,这些泡沫从口鼻溢出,呈蕈形堆积于口鼻周围,称为"蕈形泡沫"。泡沫被风干后会在口鼻周围留下痕迹。蕈形泡沫是确认溺死的重要依据之一。其在夏季可存留2~3日,冬季则存留3~5日。因有机磷中毒、癫痫或其他原因而致死者,亦可出现类似泡沫,但均不如溺死者的泡沫黏稠。

2. 手中抓有异物。溺水过程中,人出于求生的本能,两手在水中乱抓。若抓住一些水草、树枝或泥沙等,就牢牢抓住不松手,死后因尸体痉挛,仍紧握异物不放。这在死后是无法伪装的,是确定生前入水溺死的一项重要依据。

3. 尸斑颜色淡、出现慢。尸体由于随水流漂浮翻滚,体位多变,加之皮肤血管受冷水刺激收缩,因此,尸斑出现缓慢且不明显。由于水温较低,血液中的氧合血红蛋白不易解离,而水中氧气亦能透过皮肤进入表层血管形成氧合血红蛋白,故尸斑呈淡红色。

4. 鸡皮状皮肤。皮肤受冷水刺激后,立毛肌收缩、毛囊隆起,起鸡皮疙瘩,称"鸡皮现象"。但死亡不久的尸体,突然受冷水刺激也可出现这种现象。

5. 手足皮肤浸软、脱落现象。尸体长时间浸泡在水中,使表皮层浸软、发白、膨胀、起皱,以手足部皮肤最为显著,称为"洗衣妇手"。这种现象通常在水中浸泡数小时至半天左右可见到。浸泡时间再长,则表皮层连同指、趾甲可与真皮脱离,形如手套或袜子,有"溺死手套"之称。

6. 尸体腐败浮出水面。溺死的尸体因吸入大量的溺液,比重增大沉入水底。腐败后,体内产生大量腐败气体,比重减小,尸体浮出水面。夏季尸体浮出水面需2~3天,冬季需1~2个月。男性浮尸多呈俯位,女性多呈仰位。

7. 在水中形成损伤。溺死者入水时或落水后,可撞及水中岩石、桥墩等硬物而形成生前伤。溺死后尸体在漂流的过程中,可与堤岸、桥墩、船舶或螺旋桨碰撞造成损伤,也可被水中动物咬伤或在打捞中致伤。这些均为死后伤,无生活反应。

(二)溺死尸体内部征象

1. 呼吸道内有溺液及所含成分。溺死过程中,大量溺液吸入呼吸道,故常在喉头、气管、支气管和细支气管内有溺液、泡沫液以及随着溺液进入的各种异物。这些异物因溺液种类不同而有差异。

呼吸道溺液成分可分生前吸入的和死后进入的,生前吸入的溺液可达支气管、细支气管、肺泡内。死后入水者,由于压力,溺液从口鼻渗入,可停留在口腔、咽喉和气管内,有时可进入支气管,但不会进入细支气管,且异物很少。

2. 肺水肿、气肿、浆膜下出血点。溺液进入肺泡，空气被挤压到肺的边缘，使溺死者兼有肺水肿和肺气肿，称为水性肺气肿。肺的体积增大，表面有肋骨压痕；切开肺，其切面有大量泡沫样液体流出。

肺的浆膜下有淡红色出血点，大小不等，边界不清，称为溺死斑。

3. 左右心血浓度不同。通过肺循环溺液进入左心，左心血被稀释，左心血血红蛋白的含量较右心血可低 25% ~40%。

4. 消化道内有溺液及所含成分。生前入水者，随吞咽运动将溺液咽入胃内，并可进入十二指肠。死后入水的尸体溺液可停留在胃中，但不进入十二指肠。

5. 肝、肾等脏器内有硅藻。硅藻是水中生长的单细胞藻类，形态多样，体积很小，可以进入血液循环中。因折光性很强，可在显微镜下观察到。若从肝、肾、骨髓中检出硅藻，对判断生前入水有重要意义。

在空气、尘土、饮水中也有少量的硅藻，应注意排除污染的因素。

此外，颞骨椎体内出血、颈部及胸背部肌肉出血、胸腹腔内有大量溺液也可作为溺死诊断的参考。

（三）溺死的法医学鉴定

溺死的法医学鉴定的首要问题是区别其为生前溺死还是死后抛尸入水。在肯定溺死的基础上，再进一步分析判断是自杀、他杀还是意外溺死。在法医实践中，只凭尸体检验往往很难解决以上问题，特别是对死亡性质的判定，必须结合调查和现场勘查才能作出正确的结论。应全面勘查发现尸体的地点和入水点。认真寻找死者的足迹、遗留物（如鞋帽、衣物、证件等）、细小物证（如钥匙、扣子、粘挂在现场的衣服纤维等）和入水痕迹（如滑蹭痕等）。同时，要注意有无凶器、血迹、搏斗痕迹、移尸痕迹、可疑交通工具以及犯罪嫌疑人的足迹、遗留物等。由于溺死现场多在野外江河之滨，地域宽，地形条件和地面情况复杂，有时入水点很难确定，只能作可能性分析而无法作出具体的、准确的认定。

1. 溺死的确定

根据溺死的征象，新鲜尸体确定是否溺死一般不难。有少数因喉头痉挛或反射性心跳停止死亡者，溺死征象可能不明显；但在全面的尸体检验，否定了损伤、中毒、疾病等死因的基础上，结合有落水的情况和原因，溺死的确定也能够成立。对于腐败尸体确定溺死就有一定难度，主要的依据是检查肺小支气管及胃、十二指肠内的泥沙和心、肝、肾等内脏中有无硅藻。溺死与死后抛尸入水的鉴别见表 6 -4。

表 6－4 溺死与死后抛尸入水的鉴别要点

部 位	溺 死	死后抛尸入水
口鼻部	可见蕈形泡沫	无此征象
手中	可抓有水草、泥沙等	无此征象
眼部	结合膜常有出血点	除窒息外,无此征象
呼吸道	全部呼吸道内有泡沫液,溺液及溺液中的异物	上呼吸道内可有少量溺液和异物,但无泡沫
肺脏	水性肺气肿,体积膨大,表面有肋骨压痕、溺死斑。切面有泡沫液流出	无此征象
胃肠	有溺液及水草、泥沙等异物	胃内有少量溺液,但一般不进入小肠
左右心腔	血液成分有差异	血液成分无差异
硅藻	肝、肾、脾、骨髓等内脏可检出硅藻	不能检出或仅能检出极少量(因平时吸入或污染)

2. 溺死案件性质的判断

(1)他杀溺死。多系婴儿或儿童。对于健康的成年人,单纯溺死的他杀多采取突然袭击,将不会游泳的人推入水中;将死者的头面部强按于水中;捆绑后将人沉入水中等。另外的形式是将人打昏或用窒息、电击、中毒的方法,使被害人失去抵抗力后投入水中溺死。他杀溺死,通过仔细的尸表检验、解剖检验和实验室的检验,除发现溺死征象外,可发现各种各样的损伤、中毒等加害手段。只有窒息征象而无其他特殊所见,易被误认为溺死,在检验中需加倍注意。

(2)自杀溺死。有自杀的原因。常为一人,偶有两人或多人捆绑在一起投水自杀。在现场勘查、情况调查和各种物证检验中可找到认定自杀的依据。有的自溺者将石块、金属块等重物装在衣袋内,或者捆住自己的手足。检验时应注意捆绑的方式、打结式样和松紧程度等。有的溺死者在投水前曾进行切颈、割腕、自勒或服毒等自杀行为,由于这些损伤符合自杀的特点,溺死的现场又无搏斗痕迹,在入水处留有死者的足迹、血痕或遗书等,故可判定为自杀溺死。

(3)意外溺死。多见于游泳事故、失足落水、运输工具沉没、山洪暴发等。尸体检验应是生前溺死征象,多有特殊的事故现场,且经调查了解并无任何自杀或他杀的因素。

溺死案件性质鉴别见表 6－5。

表 6－5 溺死案件性质鉴别要点

内容	自杀溺死	他杀溺死	意外溺死
原因	有自杀原因,多因家庭矛盾、精神失常、失恋或畏罪	有他杀原因,仇杀、情杀或图财害命	常发生于游泳、失足落水或癫痫、心脏病发作、酒后失足落水
证据	没有他杀、中毒或其他谋害证据	有他杀、中毒或其他谋害证据	没有他杀、中毒或其他谋害证据
损伤	尸体上虽然有些损伤,但均非致命伤,且为自己造成,或投水时形成	尸体上可有致命伤,如勒颈、扼颈或中毒等改变	没有致命伤或其他谋杀迹象
尸体姿态	有时自溺者用绳索捆绑自己,捆绑方式简单,多捆住两手腕、足踝或膝部。局部无损伤及出血	尸体被捆绑或身系重物,且捆绑结实,难以解开。有时手足及胸腹部同时被捆	有生前溺死特征
现场	有自溺现场的环境	常伪造现场,如将死者的衣物摆放在岸边,有的在死者的口袋内塞入伪造的遗书	有发生意外灾害的环境

[**案例**]一身系重物的男尸被从河里捞出。法医检验所见:死者为中年男性,腰间系有两块空心砖,所有衣袋都装满碎石块,身上有一把折叠小刀,伤口方向一致,深度均未达到胸腹腔内,其他部位未见暴力伤痕,呼吸道内有大量泡沫样溺液,肺肿胀,有肋骨压痕。

法医检验结论为自杀溺死。理由是:(1)颈前部及两侧有一次形成的生前索沟,索沟的走向符合自缢规律;(2)死者胸前及上腹有多处浅刺伤,方向一致而且较集中,符合自伤规律;(3)死者衣袋内装满碎石块、绳系捆绑的空心砖绳结较松,除死者自己可以完成外,也反映了自杀者必死的决心。其过程为死者自缢未死,又用折叠小刀自己刺伤躯体多处,因出血少,难以在短时间死亡。为达到死亡的目的,便负重投河溺死。

3. 个人识别

溺死者常为无名尸体,新鲜尸体从体表特征即可查明。若尸体已腐败,检查时除注意搜集死者的衣裤、鞋袜、衣袋中的物品、随身携带物品外,尚需注意发现有无特别的瘢痕、畸形、头发颜色等,并取下死者的下颌骨,以备作牙齿特征及其年龄的判断。腐败的尸体还应该提取肌肉、软骨等检材进行 DNA 比对,以便确定死者的身份。

4. 落水地点

经现场勘验并参考从尸体检出的硅藻种类及其他物资,同时与不同区段水中的成分对比,可大致判断落水点。

第四节 其他窒息死

一、捂死

(一)概述

捂死又称闭塞口鼻呼吸孔窒息死,是指以柔软物体(如衣服、毛巾、被褥、纸团、手掌等)压闭口鼻孔导致的机械性窒息死亡。多见他杀和意外事故。死因是由于口鼻孔被堵塞,体内外气体交换受阻,呼吸障碍导致死亡。捂死也称闷死,但狭义的闷死特指由于局部环境缺氧所发生的窒息性死亡。

(二)捂死的尸体征象

捂死系单纯因体内外气体交换阻断所致,故窒息时间长,窒息征象也较为明显。

尸体征象主要有:颜面青紫肿胀显著;眼结膜充血、水肿及出血点明显,有时颜面部皮肤也有散在的皮下出血点;尸斑色暗并常有出血点形成;手指甲发绀。用棉被等捂死的尸体,口鼻部一般无明显压迫迹象,有时仅呈苍白色或轻度压平现象,若他杀捂死的用力较大,会使死者口鼻周围有表皮擦伤和大小不等的皮下出血斑,牙龈出血,鼻歪斜或压扁等迹象;同时,有不同程度的挣扎、搏斗造成的损伤,或伴有掐、勒和其他损伤。用泥土和沙土捂压口、鼻时,在口腔、鼻孔内及其周围常粘有较多的泥土或沙粒。

(三)捂死的法医学鉴定

1. 捂死多见于他杀,故应详细了解案情、勘查现场、检验尸体。除注意全身和颜面部的缺氧窒息性改变外,还应仔细查看口、鼻部的细微改变,尤其对口、鼻部无明显压痕的死者,必须慎重,必要时用组织学的方法进一步检验,并结合防卫伤、尸体解剖以及案情调查,作出鉴定。

他杀致死的方式有以下几种:(1)凶手用手捂压被害人的口鼻孔,使被害人不能呼吸,逐渐缺氧导致窒息死亡。被害人多为幼儿、儿童或丧失抵抗力的成年人。(2)凶手用毛巾、衣服、被褥、泥土、塑料薄膜等捂压被害人的口鼻孔,或凶手将被害人面部用力按压在松软的物体上，使其不能呼吸，导致被害人窒息死亡。(3)凶手用塑料袋套在被害人的头部，收紧袋口，使被害人不能呼吸，窒息死亡。但单纯采用闷死的方式杀害一个体格健壮、神志清醒的成年人极为困难。

2. 意外捂死可见于不满3个月的婴儿睡觉时被衣被压住，或母亲乳头堵住口鼻，造成意外死亡；偶见儿童用塑料袋套在头上玩耍，吸气时薄膜贴在口、鼻孔而致空气不能吸入，引起意外窒息死亡；也有性窒息者头部套塑料袋导致意外性窒息死亡。

3. 偶见自杀性捂死。可见先服用催眠药后用塑料袋套在头部自杀；或精神病患者利用睡衣、睡袋或胶带粘住口鼻造成窒息死亡。

二、堵死

(一)概述

堵死又称哽死(choking)，是指异物堵塞呼吸道引起的窒息死，来自体外或体内的异物(如食物团块、纽扣、花生米、呕吐物、毛巾、碎布、奶块、血液、凝血块等)堵塞呼吸道，使肺脏通气量降低或断绝，发生窒息死亡。

(二)堵死的尸体征象

尸体外表除有一定程度的机械性窒息征象外，头面部皮肤、眼结膜、球结膜及口腔黏膜均可查见散在的出血点。迅速死亡者，窒息征象可不明显。他杀案件中，由于异物被强行塞入口腔，常可见口周围有表皮剥脱，牙龈、口腔或咽喉部等处黏膜剥脱及黏膜下出血，并在被害人躯体的四肢、头面部位可见有防卫伤。

在咽喉、气管、支气管，甚至细支气管中可查见异物。

(三)堵死的法医学鉴定

堵死以意外事故多见，他杀次之，自杀者罕见。堵死主要依据尸检时在咽喉、气管、支气管等部位发现异物，有时异物可被吸入至细支气管内。如果窒息时间较长，组织学检查有生活反应。堵死多系意外事故，如小孩将弹球、纽扣等物放在嘴里玩耍，不慎吸入呼吸道，或在饮食过程中，说笑、大哭时产生深吸气动作，而将食物吸入呼吸道，引起死亡。

堵死杀人多见于杀婴或其他杀人的辅助手段。常用的堵塞物有毛巾、衣服、碎布、棉花、纸团等。有时罪犯进行强奸、盗窃等活动，怕被害人呼救，将异物强行塞入被害人口腔。若塞入过深，堵塞咽喉部，也可引起窒息死亡。此类死亡常有局部损伤，如口唇、牙龈出血、牙齿松动等。

堵死的尸体，必须全面检查口腔、咽喉、气管、支气管和细支气管，寻找堵塞的异物。

三、胸腹部受压窒息死

(一)概述

呼吸运动是靠胸腹部呼吸肌的收缩和舒张实现的,当胸腹部遭受强大压力时,呼吸肌运动受阻,胸部不能扩张与收缩,肺的通气量降低或断绝,就会发生窒息死亡。

房屋倒塌、人群挤压、活埋或其他严重压迫胸腹部的情况下,都有可能发生此种死亡。

(二)胸腹部受压窒息死的尸体征象

胸腹部受压迫窒息死,一般窒息征象较为明显,颜面青紫肿胀,眼结合膜充血、水肿甚至有斑点状出血;颈、肩部、胸上部有时出现散在性淤血斑点,尤其颜面淤血点显著。房屋倒塌、窑洞坍塌等引起的死亡,往往有皮下及肌肉出血,严重时并发肋骨骨折。

解剖可见肺显著淤血、水肿;心、肺浆膜下出血点;肝、肾淤血等。

(三)胸腹部受压窒息死的法医学鉴定

压迫胸腹部窒息死亡者大多数属于意外性或灾害性事故所致,他杀多见于杀婴。鉴定首先确定是意外或灾害事故中死亡还是他杀;确定是受害者胸腹部受到挤压后死于窒息,还是因暴力性挤压后内部器官破裂、大失血等而导致死亡;鉴定时还应辨明身体所受损伤是生前伤还是死后伤。鉴定挤压性窒息死亡时,需注意死者身体各部位所受到的损伤是否符合挤压伤的病理形态特征;现场如建筑物的倒塌、车辆的翻覆等与死者身体上的损伤形成的特点是否一致,有无他杀后伪装灾害事故现场情况。

四、体位性窒息

(一)概述

体位性窒息是因受害者身体长时间限制在某种异常体位,使呼吸运动发生障碍或使上呼吸道阻塞及静脉回流受阻而导致的窒息死亡。常见的固定体位有:将四肢固定捆绑在背部、将头部过度屈曲或伸张;捆绑双上肢的悬挂、捆绑双下肢的倒立悬挂等。现场多为审讯场所、居室,也可见于车内、医院的病室。受害人多数为被拘禁服刑人员、儿童、意识不清者、老弱病患者、过度饮酒或吸食毒品者。

死者长时间被固定在某一特殊体位,呼吸运动不能正常进行,使二氧化碳不断蓄积,机体内缺氧,机体代谢功能紊乱,最终死亡。

由于体位性窒息的死亡过程较长,死前可有头晕、烦躁、口渴、肢体不能上举疼痛等,还可见流涎、晕厥和尿失禁等征象。

(二)体位性窒息的尸体征象

体位性窒息死者常见肢体被捆绑的痕迹以及身体其他部位被殴打所致的损伤。因为体位性窒息死亡过程较慢,持续时间长,窒息的征象常较明显,全身淤血、发绀、黏膜、浆膜以及皮肤出血点、内脏器官的淤血水肿。

(三)体位性窒息的法医学鉴定

体位性窒息死亡是一种罕见的特殊类型的窒息死亡。其致死的机制和过程较为复杂,鉴定时应持慎重态度。尸体上有明显的体表及内部器官的窒息征象,受害者有长时间被固定在某一特定体位的现场事实。

在作出体位性窒息死亡鉴定前,注意排除以下问题:(1)呼吸、循环、中枢神经等系统疾病发作后,短时间内死亡的疾病。(2)严重精神病患者在服药后,由于体位改变而突然引起的死亡。(3)中毒或服用毒品、酒精后引起的突然死亡。此外,对存在损伤的尸体,要弄清伤情,综合分析,排除致命伤所致的死亡。体位性窒息多为意外致死,他杀或自杀者罕见。

五、性窒息

(一)概述

性窒息是指性心理和性行为变态者,独自一人在偏僻隐蔽的地方,采用缢、勒颈等方式,造成一定的缺氧状态,刺激增强性欲,以达到性满足,在实施过程中发生意外而导致的窒息性死亡。

性窒息多见于男性青壮年。性窒息者生前性格一般比较内向,工作、学习、品德均表现良好,日常生活中并无特殊异常行为表现。

性窒息现场几乎均隐蔽,居室内现场房门紧闭加锁,遮蔽窗帘,室外现场多是人迹罕至之处。性窒息现场均安静,无打斗、破坏的痕迹,可见与性窒息有关的物品,如异性的服饰,能照见自己行为的镜子,以及各类淫秽物品等。

男性在实施性窒息的过程中,大多数穿女性内衣、服装,周围有色情物品或精致的道具等,以至于报案者误认为是女性被奸杀;女性性窒息者,少有异常的装置,主要为全身赤裸,偶尔有穿戴整齐的。

性窒息最常见的是采取缢颈的方式;缢吊工具多为布带、女性丝袜、软质绳索等。缢绳下常置有衬垫物,以减少疼痛或避免遗留痕迹。

性窒息的死亡机制,目前多认为是由于“保护装置失灵”发生意外窒息死亡。

在诱发缺氧、增强性欲的过程中,因压迫颈部过度、过久,导致死者大脑缺氧,意识障碍,失去控制能力,不能自救。有的死者可能由于颈部受压迫和牵拉而刺激颈动脉窦、迷走神经及其分支,引起反射性心跳停止而死亡。

(二)性窒息的尸体征象

尸检所见:主要为颜面青紫肿胀、眼结合膜有出血点、内脏点状出血(塔雕氏斑)等机械性窒息的一般征象。尸体外表与缢绳等器具接触的相应部位可见点片状擦伤、轻微皮下出血,阴茎呈摆弄状,尿道口有精液流出。

(三)性窒息的法医学鉴定

性窒息死亡者没有自杀、他杀因素,属意外死亡。由于性窒息死者现场隐蔽,较难发现,且身上多有复杂绳索捆绑,一旦被发现多被疑为他杀。因此,要对性窒息作出正确的鉴定结论需注意以下几点:(1)仔细勘查现场,注意现场位置、物品,死者年龄、性别、服饰、窒息的方式。(2)系统检验尸体,通过尸表及解剖检验,查看有无损伤及损伤特点,确定死亡原因。(3)详尽的案情调查,死者生前性格特点、习惯和爱好,有无性变态史等。(4)注意有无他杀的证据,排除他杀缢、勒颈致机械性窒息及中毒死亡的可能。

六、其他窒息的法医学鉴定

(一)中毒性窒息

毒物进入人体,使人体中毒而发生窒息,称为中毒性窒息,常见的有一氧化碳、亚硝酸盐、氰化物和硫化氢中毒等。窒息机理因毒物而异,如一氧化碳和亚硝酸盐均可使血红蛋白发生质变失去携氧功能,造成内窒息;氰化物使组织细胞不能充分利用氧进行新陈代谢,引起内窒息;硫化氢则主要导致肺水肿或肺炎而影响肺内气体交换,造成外窒息。

氰化物中毒以自杀、他杀较为多见,一氧化碳、亚硝酸盐和硫化氢中毒则多见意外灾害事故。尸体检验除一般窒息征象外,一氧化碳和氰化物中毒者还可见其血液、内脏、尸斑呈鲜红色,而亚硝酸盐中毒者尸斑呈暗褐色。

法医学鉴定主要依据毒物化验所呈现的阳性结果以及尸体的窒息征象。

(二)空气中缺氧性窒息

环境空气中氧含量少,进入肺泡的氧气减少,导致外窒息。由于空气中缺氧引起的窒息死亡,又称闷死,多见于意外灾害事故。如误入缺氧的菜窖、粮仓、枯井内引起窒息;儿童进入箱柜内玩耍,因箱盖扣住发生窒息;工人被困在塌方的矿井、坑道内,缺氧导致窒息。人长期停留在高原等空气稀薄处或低洼地区二氧化碳集聚处也可引起窒息，出现肺水肿和脑水肿等疾病。

死亡者尸体上主要表现为窒息现象，有的可能窒息过程中与周围物体磕碰在人体突出和暴露部位形成了一些表皮剥脱和皮下出血。

由于空气中缺氧引起的窒息死亡的诊断要点包括：(1)尸体上有窒息现象；(2)排除了其他致死的原因；(3)现场具备缺氧并导致窒息死亡的条件。

[案例]8岁女童，被发现死于木箱内。法医尸检所见：女童衣着整齐。尸斑在背部、臀部和两下肢的后侧，呈暗紫褐色。眼结合膜有出血点，口唇黏膜发绀。颈部皮肤无损伤，阴道黏膜紫红色无损伤。手指甲及手掌青紫(发绀)。舌骨、甲状软骨无出血和骨折。喉、气管黏膜充血，两肺体积膨胀、淤血。心腔扩张，心外膜有少量出血点，心血不凝固呈流动性，较暗红。阴道内分泌物未检出精液斑，胃内容物未检出毒物。现场可见长方形木箱一个，箱内壁口处有不规则的条状抓痕，箱内底面上有鞋蹬擦痕，未发现其他异常现象。

根据尸体检验所见和箱子的现状，结合案情，法医鉴定确认：该儿童生前进入木箱内，因木箱的顶盖落下被扣吊扣住，不能打开，箱内缺氧引起窒息死亡。

(三)病理性窒息

由疾病引起的窒息称为病理性窒息，主要见于呼吸系统的疾病(如急性声门水肿、气管白喉肺炎、肺水肿、肺气肿或肺空洞破裂引起的气胸等)、某些紫绀型先天性心脏病、重度贫血、破伤风、狂犬病以及脊髓灰质炎等。这些疾病可通过影响呼吸过程的某个环节而引起窒息。

急性声门水肿、气管白喉和狂犬病均可导致呼吸道阻塞妨碍外呼吸过程；肺炎、肺水肿可使肺脏气体交换过程发生障碍；重度贫血时，血红蛋白含量减少，使血液运输氧的能力降低；破伤风、脊髓灰质炎所出现的呼吸肌痉挛或麻痹也可造成肺呼吸的障碍。发生窒息的病人可出现呼吸困难、紫绀等缺氧表现，严重时可窒息死亡，有的甚至可以猝死。

法医学鉴定可见有一般窒息征象，并可查见导致窒息的疾病。猝死者因死得突然而意外，可被怀疑自杀、他杀或医疗事故，但通过尸体检验和调查一般不难作出正确鉴定。

(四)新生儿窒息

新生儿出生时有心跳，但经过半分钟至1分钟后仍无自主呼吸者，称为新生儿窒息。

引起窒息的原因有：(1)在分娩过程中，由于脐带受压、绕颈、打结，子宫收缩过强或胎盘早期剥离等，导致胎儿缺氧，发生宫内窒息。(2)分娩中胎头在产道遭受强力压迫,引起颅内出血而压迫呼吸中枢并导致窒息。(3)胎儿经过产道发生自然呼吸时,吸入羊水、血液或胎粪而堵塞呼吸道并引起窒息。

此外,由于早产儿的中枢神经系统功能适应能力差,往往比成熟儿更容易发生窒息。

由于缺氧程度不同,新生儿窒息可有两种表现:(1)青紫窒息。由于血液中二氧化碳饱和,新生儿全身皮肤呈青紫色,结膜充血,肌肉紧张性良好,心跳缓慢有力,偶有喘气现象。(2)苍白窒息。严重缺氧的表现,新生儿全身皮肤苍白,但口唇呈青紫色,肌肉缺乏紧张性,心跳无力。

新生儿窒息的转归与发生窒息的原因、窒息的程度以及抢救措施有关。由呼吸道堵塞引起的窒息一般程度较轻,经清除异物后即可发生自主呼吸。因颅内出血所致的窒息往往程度较重,愈后不良。

新生儿窒息是新生儿自然死亡的重要原因,在法医学鉴定中,应注意与故意杀婴相区别。

研究与思考

1. 什么是窒息?窒息的原因是什么?分为哪几类?
2. 窒息的一般征象有哪些?
3. 压迫颈部引起的窒息死亡的机制是什么?
4. 缢死、勒死、扼死的尸体征象有哪些?
5. 如何鉴别自缢与伪装自缢?
6. 如何鉴别自勒与他勒?
7. 溺死的尸体征象有哪些?
8. 如何鉴别溺死与死后抛尸入水?

拓展阅读

1. 丛斌主编:《法医病理学》(第5版),人民卫生出版社2016年版。
2. 赵子琴主编:《法医病理学》(第4版),人民卫生出版社2013年版。
3. 公安部《法医学机械性窒息尸体检验规范》(GA/T 150—2019)。

第七章　中毒及其法医学鉴定

重点提示

1. 毒物(poison, toxicant)是指以较小剂量进入机体,在一定条件下,能引起机体功能障碍和器质性损害的化学物质。

2. 凡某种化学物质以较小剂量进入机体,在一定条件下,引起机体功能障碍和器质性损害的称为中毒。

3. 影响毒物作用的因素主要包括:毒物的量和毒性、毒物的物理性状、毒物进入机体的途径、毒物的协同作用与拮抗作用、机体状态等。

4. 中毒的法医学鉴定任务主要解决是否中毒、何种毒物中毒、毒物的量是否足以致死以及毒物进入体内的时间和案件性质等问题。

5. 毒品是指鸦片、海洛因、甲基苯丙胺、吗啡、大麻、可卡因以及国家规定管制的其他能够使人形成瘾癖的麻醉药品和精神药品。

6. 毒品分为传统毒品、合成毒品、新精神活性物质(NPS)。

7. 第一代毒品主要是指海洛因以及阿片类物质;第二代毒品则以甲基苯丙胺等为代表;第三代毒品即新精神活性物质(new psychoactive substance,NPS)。

8. 最常见的传统毒品是麻醉药品类中的大麻类、鸦片类和可卡因类。

9. 最常见的合成毒品有冰毒、摇头丸、K粉、咖啡因、三唑仑、γ-羟基丁酸等。

10. 新精神活性物质具有与第一代、第二代毒品类似的神经作用机制,可产生兴奋、欣快、致幻等精神活性,极易过量使用造成死亡。

第一节　中毒概述

一、毒物和中毒的概念

毒物(poison,toxicant)是指以较小剂量进入机体,在一定条件下,能引起机体功能障碍和器质性损害的化学物质。由毒物作用所引起的生物体功能性或器质性改变后出现的疾病状态,称为中毒。中毒致死者称为中毒死。

毒物的概念只是相对的,它与药物之间并无截然分界,很多医用药物同时又是剧烈的毒物,即称为剧毒物品,如镇静安眠药;反之,一些视为无毒的医学药品如氯化钠,一次性大量摄入,也可引起水中毒。所以一种化学物质有毒无毒是相对而言的。

二、毒物的分类

毒物的种类繁多,存在形式多样,广泛分布于人们周围的环境中。有的是天然化学品,如某些矿物质、动植物毒素,还有些是人工合成的化学品。据美国《化学文摘》登载,全世界的化学品已作为商品上市的有10万余种,经常使用的有7万多种,每年全世界新出现化学品有1000多种。大量化学品进入了人类的生活和生产环境中,使人们接触的毒物品种和数量不断增加。因此,对毒物的分类从不同角度出发就有许多种。这里仅介绍与毒物中毒案件检验有关的几种毒物分类。

(一)按毒物的用途及来源分类

这种分类法主要是为了追溯毒物的来源。它将毒物分为:

1. 工业毒物。它包括生产中的原料、中间体、辅助剂、杂质、成品、副产品、废弃物等。

2. 农药。如杀虫剂、杀鼠剂等。

3. 医用药物(包括兽用药物)。我国《药典》中规定的“毒物”系毒性大而容易引起严重中毒甚至死亡的法定药品,如吗啡、士的宁、升汞等。

4. 生物毒素。包括动物毒素(如蛇毒)、植物毒素(如蕈毒)、细菌毒素、机体有毒代谢和分解物等。

5. 放射性元素。

6. 军事毒剂。主要指用于化学武器的化学毒。

7. 食品中有毒成分。包括天然的或食品变质后产生的毒素以及各种不合格的添加剂等。

(二)按毒物的化学性质及分离方法分类

不同毒物有不同的化学结构及性质,据此可用不同的方法将其从大量杂质中分离、提纯出来,进一步作化学分析。这种分类方法在作毒物分析时采用。

1. 挥发性毒物,即指那些分子量较小,化学结构较简单、沸点较低,可采用蒸馏法或微量扩散法分离的毒物。如有机磷农药亦可采用蒸馏分离法。

2. 非挥发性毒物，即指分子量较大，化学结构较复杂，不易被蒸发出来，但可采用有机溶剂（如乙醇）提取法分离的毒物，非挥发性有机毒物又可分为酸性、碱性和两性毒物3类。如巴比妥类催眠药、生物碱、吗啡等。

3. 金属毒物，即引起中毒的金属和类金属及其化合物。这类毒物可采用破坏有机物的方法（如干灰化法、湿消化法）分离出来，如砷、汞、钡、铅、铬、铊和镍等。

4. 阴离子毒物，主要指那些易溶于水，溶水后易电离，可采用透析法或离子交换法分离的毒物，如强酸、强碱、亚硝酸盐等。

5. 其他毒物。包括须根据其化学性采用特殊方法分离的毒物。如一氧化碳、硫化氢等。

（三）按毒物的毒理作用分类

这种分类方法在分析中毒症状及病理变化时常被采用。

1. 腐蚀毒。对所接触机体局部有强烈腐蚀作用的毒物，如强酸、强碱、酚类等。

2. 实质毒。吸收后引起脏器组织病理损害的毒物，又称毁坏性毒物，如砷、汞、铅、铊等。

3. 酶系毒。抑制特异酶系的毒物，如有机磷、氰化物等。

4. 血液毒。引起血液变化的毒物，如一氧化碳、亚硝酸盐及某些蛇毒。

5. 神经毒。引起中枢神经功能障碍的毒物，如醇类、麻醉药及催眠药等抑制或兴奋中枢神经的毒物。

三、影响毒物作用的因素

（一）毒物的量和毒性

毒物需达到一定量方能引起中毒，故毒物的剂量是引起中毒的重要条件之一。一般来说，量越大，作用越快。引起中毒的最小剂量称中毒量。引起中毒死亡的最小剂量称致死量。判断是否中毒，重要的不是口服量的多少，而是实际吸收的量的多少。因为口服毒物后中毒者可能因呕吐而排出部分毒物，从而减轻中毒表现，延缓了死亡时间，有的经抢救脱险。出现中毒时，血中毒物的浓度称为中毒血浓度。引起死亡的血中毒物浓度称为致死血浓度。它们的值都不是绝对的，而是波动在一定的范围内。

毒性（toxicity）是指外源化学物在一定条件下损伤生物体的能力。毒物一般是根据动物实验的结果确定其毒性的。被实验动物半数死亡的剂量即为半数致死量（LD50）。化学品方面以“剧毒”“高毒”“中等毒”“低毒”分级的标准对急性毒性予以分级，分级依据为 LD50 与 LC50，即半数致死剂量与半数致死浓度。一般情况下,毒性越大,毒物对机体的损害能力越大。

(二)毒物的物理性状

毒物进入血液后方能发生中毒的全身作用。毒物的物理性状有固态、液态和气态三种,气态毒物经肺脏迅速吸收入血,发生作用快,液态毒物次之,固态毒物再次之。固态毒物的作用又视能否溶解于水或胃肠液而不同。如碳酸钡在胃液中能溶解生成氯化钡而发挥毒性作用;硫酸钡不溶解故无毒。酸性、碱性或脂性溶液的环境,也可以影响固体毒物的溶解性。

(三)毒物进入机体的途径

进入的途径不同,吸收速度亦不同,其顺序大致为:心脏或血管内注射 > 呼吸道吸入 > 腹腔注射 > 肌肉注射 > 皮下注射 > 口服 > 直肠灌注。有些毒物被直接注入脑脊液,毒性作用发生极快。某些毒物,如苦杏仁甙,静脉注射无毒,而口服后在胃酸作用下分解产生氢氰酸便有毒;如箭毒或蛇毒,经口服无毒,血管内注射则有剧毒。

(四)毒物的协同作用与拮抗作用

两种或两种以上的化学物同时或先后作用于机体,由于联合作用使毒性增强,称协同作用。它又分为相加作用与增毒作用,前者指毒作用为各单项化学物毒性的总和,如氯仿与乙醚等。后者指毒作用超过各化学物毒性之和,如酒精与巴比妥类毒物,故有对不足中毒量的两种毒物混合投入时,可发生重度中毒甚至死亡。与协同作用相反,一化学物质使另一化学物质的毒性减弱,称为拮抗作用,如强酸与强碱。

(五)机体状态

1. 体重。中毒量一般与体重成正比。

2. 年龄。小儿的血脑屏障发育不完善,故对吗啡极为敏感。老人的代谢、分泌及排泄功能降低,特别对心血管系统的药物、催吐剂及泻剂等敏感。

3. 性别。妇女在妊娠、哺乳或月经期对毒物的反应较为强烈。

4. 健康状态。有潜在性疾病的人的抵抗力下降,尤其是心、肝、肾有疾病时,更容易发生中毒且后果严重。因此,临床上对于有肝、肾疾病患者的用药十分注意。

5. 营养状况。营养差者对毒物耐受性弱。营养良好、体质健壮者对毒物毒作用的耐受性相对较强。机体患病时,特别是患心、肝、肾等器官疾病者易发生中毒。

6. 习惯性或成瘾性。反复长期使用同样药物,机体可产生对药物的耐受性,能达到耐受中毒甚至超过致死量的程度。瘾癖无疑地属于慢性中毒。如有鸦片瘾者,可对吗啡产生很大耐受性。

7. 过敏性。与耐受性相反，有人对某种药物特别敏感，使用少量，也会出现中毒。

8. 体内蓄积。反复使用某种分解慢的化合物，如洋地黄类，或使用某些排泄慢的药物，如溴化物，可在体内蓄积，发生像一次大量服用一样的急性中毒。

（六）其他

影响中毒的条件还有很多，如毒物的储存条件，本来剧毒的氰化钾，储存过久，部分可变成无毒的碳酸钾；反之，本来毒性较低的甘汞，储存后部分可氧化成毒性高的升汞。植物毒和动物毒可因采集季节不同或使用部位不同而毒性有明显差异。同一植物因产地不同，毒性也有差异。

由于毒物作用的条件如此之多，它们相互联系，相互制约，所以有时在同一条件中，有的中毒重，有的中毒轻，有的甚至不发生中毒，就是由于各种条件存在差异性。

四、急性、亚急性和慢性中毒

人们根据毒物进入机体后毒物作用的快慢，将中毒分为急性、慢性和亚急性中毒。

1. 急性中毒（acute poisoning）一般指 24 小时内，生物机体一次或多次摄入或接触毒物导致的中毒。在法医鉴定实践中所遇到的绝大多数中毒是急性中毒。其中毒死亡快，死亡原因多为生命器官的急性机能障碍。

2. 慢性中毒（chronic poisoning）通常指少量多次接触或摄入毒物在 3 个月以上而导致的中毒。多为职业中毒，慢性中毒者可因器官组织长期受累而发生不同程度的病变和机能障碍，进而导致残废，或因继发性疾病而死亡。

3. 亚急性中毒（sub – acute poisoning）指介于急性与慢性中毒之间的中毒。多为蓄积中毒，以意外多见。中毒症状一般较轻，但迁延时间较长，死亡也较慢。

一般来说，急性接触时容易被吸收的毒物，不仅会产生即时毒性效应，而且可引起迟发性毒性效应。同样，慢性接触的每一次接触之后，都可能产生某些即时毒性效应，出现急性发作。

五、毒物在体内的代谢及其法医学意义

毒物的吸收、分布或排泄，不论哪个环节均需通过细胞膜，其机制为被动扩散和主动运输两种，大部分毒物主要是被动扩散。细胞膜是由双层脂质镶嵌着蛋白质构成的。毒物通过细胞膜的速度取决于它们脂溶性的大小，脂溶性又受毒物的极性大小及离子化程度的影响，脂溶性与极性及离子化程度均成反比。极性越大，

脂溶性越小;毒物经离子化后,脂溶性往往减弱,较难通过细胞膜脂质进行扩散。

(一)吸收

毒物经过各种途径吸收后均经血循环而起作用。吸收的速度因进入体内的途径不同而异。

1. 消化道吸收。毒物由口腔、食管迅速通过,吸收少,但氰化物、有机磷可被吸收。胃液呈酸性,肠液偏碱性,毒物的脂溶性在这两个部位有明显差异。弱有机酸在胃内易吸收,而弱有机碱在肠内呈脂溶形式,所以主要通过肠道吸收。此外,胃肠蠕动能力、毒物的溶解度、胃充盈状况和食物性质等,也都是影响消化道吸收的因素。

2. 呼吸道吸收。经呼吸道吸收的毒物主要有气态毒物、挥发性毒物蒸汽、气溶胶、粉尘等。如一氧化碳、乙醚等经肺吸入,因肺泡面积大,毒物直接进入血液而不经肝代谢,故比消化道吸收快。

3. 皮肤吸收。健康皮肤对大多数毒物不吸收,但对脂溶性毒物可吸收,如接触有机磷农药而中毒。

4. 注射吸收。注射吸收最为迅速,以心血管内注射吸收为最快,其次为肌肉及皮下、胸腹腔等。经椎管内注射的毒物直接作用于脑脊液。

法医学意义:了解毒物吸收途径的特点及影响毒物吸收的因素,对解释中毒发生与否、发作时间快慢、致死量多少,推断毒物进入机体的时间及判断中毒性质等都有密切关系。

(二)分布

毒物吸收入血后,在血中停留一定时间,便透过毛细血管壁分布到全身各组织器官。由于毒物的化学特性、细胞膜渗透性的差异以及对各组织、器官亲和力不同,毒物在体内的分布并非均匀。其分布规律如下:

1. 能溶解于体液的可均匀分布,如钠、钾、氟等。

2. 主要储留于肝或其他单核吞噬细胞系统,如砷、锑等。吗啡则以结合形式在胆汁中含量最高。

3. 对某一器官有亲和性,如汞对肾脏有亲和性,砷对毛发、指甲的角质蛋白有亲和性,铅、钡对骨有亲和性等。

4. 脂溶性毒物与脂肪亲和力强,已发现双对氯苯基三氯乙烷(DDT)、六氯环已烷(六六六)在身体脂肪中蓄积的浓度最高。

新生儿血脑屏障发育不全,吗啡透入性高,故毒性比成人高 3 ~ 10 倍。

法医学意义:了解各种毒物在体内的分布情况,对选择收集检材及化验时处理检材均有重要意义。还可根据各组织中的浓度推断毒物进入机体的途径、量和时间。

(三)代谢

毒物进入机体后,通过与细胞和组织内某种酶作用,部分发生代谢转化。完全不变化或完全变化的毒物均较少,多数毒物通过代谢变为低毒或无毒的产物。通过代谢还增强极性及水溶性,从而影响其分布,其代谢方式分为氧化、还原、水解和结合四种。

法医学意义有以下几项:

1. 评定分析结果,有助于阐明未能检测出原毒物的原因。

2. 代谢变化产物的检出,可作为某毒物进入机体的证据。

3. 了解毒物的代谢动态规律,有助于推断毒物进入机体的时间。

4. 对结合型毒物化验时必须先行水解。

(四)排泄

毒物主要经肾及胆道排泄,其他途径也排泄少许。

1. 肾。肾是最重要的排泄途径,毒物通过肾小球、肾小管随尿液排出,因此,尿液是最常采取的检材。毒物经肾排泄时,肾脏会遭到不同程度的损害,如金属毒、强酸等。

2. 胆道。主要通过主动分泌,毒物随胆汁排出。

3. 其他。随上皮、皮质腺、唾液腺、乳腺、消化液等分泌物而排出。

法医学意义:了解毒物排泄途径以便解释毒物引起的病理损害,从而作为诊断的形态依据。收取适合的检材,评价分析化验结果,如不同时间采集的尿液,其毒物含量可不同。

第二节　中毒的法医学鉴定

中毒的法医学鉴定任务主要解决是否中毒、何种毒物中毒、毒物的量是否足以致死、毒物进入体内的时间及案件性质(自杀、他杀、灾害)等问题。为此应了解案情和临床经过、勘验现场,进行全面的尸体检查,收集合适的检材,作出系统的法医毒物分析,正确评定毒物检验结果,进行综合分析,最后作出鉴定意见。

一、案情调查与现场勘验

(一)案情调查

1. 一般情况。包括姓名、年龄、性别、职业、可能接触何毒、嗜好及生活习惯等。

2. 中毒发生经过。包括发作时间、死亡时间、过去健康情况。如曾经医院救治,应索取病历,特别注意曾用过何种药物。

3. 食物来源及烹调情况。了解使用的原料是原存或新购进。烹调法、所有调料、水、器皿和储存情况。

4. 中毒者思想情绪。有无异常情绪,言语行动有无反常,有无外出或外人来过。

5. 集体中毒。了解哪种食物是共食,各人进食量,症状,各人健康情况。应注意有人虽未吃但因精神刺激也可诉述症状,如头晕、恶心、呕吐等。

6. 毒物来源的可能性。了解家中和工作单位有何种有毒物品,常取何药物。农村还应该注意农药的保管使用情况。

(二)现场勘验

主要是收集可供化验用的检材。收集检材的方法除遵循现场勘验的一般原则外,还应注意以下事项。

1. 中毒者急需抢救时,在抢救前要记清变动前的情况,并及时记录中毒者及目睹者提供的情况。

2. 保留剩余食品、呕吐物、排泄物,注意这些物质与尸体之间的方位、距离、有无隐藏或销毁、破坏的情况。

3. 收集化验用检材时,要注意杯盘、碗盏上的指纹,有无纸包、药瓶、注射用具等,以及医药书籍、遗书或信件等。

4. 在气体中毒的现场应检查通风情况,毒气来源。可能时,采集空气进行分析。

二、中毒临床表现分析

不同的毒物有不同的毒理作用,反映出不同的症状、体征。因此,必须注意分析中毒表现及其与疾病的鉴别(见表7-1)。

表7-1 中毒症状及其与疾病的鉴别

症状	可提示的主要毒物	疾病
迅速死亡	氰化物、有机磷	冠心病、脑出血
恶心、呕吐、腹痛、腹泻	重金属毒、腐蚀性毒	胃肠炎,阑尾炎,肝、肾疾病,许多传染病
抽搐	有机磷、局部麻醉剂	破伤风、脑膜炎
昏迷	乙醇、一氧化碳、农药	脑血管意外、肝昏迷
瞳孔散大	乙醇、氰化物	青光眼、神经系统疾病
瞳孔缩小	有机磷、吗啡等	出血,脑肿瘤

续表

症　状	可提示的主要毒物	疾　病
全身或局部麻醉	一氧化碳、钡、肉毒中毒	脑和脊髓疾病
呼吸减慢	阿片、吗啡、一氧化碳、乙醇	颅内血压升高，深度缺氧
呼吸加快	咖啡因	急性呼吸器官疾病、酸中毒
呼吸困难	氰化物、一氧化碳、亚硝酸盐	过敏、心脏或呼吸系统疾病
发绀	亚硝酸盐、有机磷、阿片	过敏、心脏或呼吸系统疾病

通过上述症状分析，能帮助毒物的推测和分析。如出现瞳孔缩小、肌纤维震颤、口吐白色泡沫、多汗及呕吐物中有大蒜样臭味等表现，应考虑有机磷农药中毒；出现极度口渴、呕吐物及呼气中有电石气臭味等表现考虑磷化锌中毒；出现口舌、四肢发麻，心律不齐、室性心动过速或期前收缩等考虑乌头中毒；进食后出现低钾症候群（软瘫）应考虑可溶性钡盐中毒；出现出血倾向的应考虑敌鼠钠盐中毒等。

三、尸体检验

（一）中毒尸体检验的法医学意义

1. 有助于及时查清中毒原因、组织抢救措施。在群体性中毒事件则有助于防止中毒病例的进一步发生和扩散。

2. 由于犯罪手段日趋智能化和多样化，在实际工作中常有投毒作案伪报自然疾病引起死亡的案例，通过尸检可查明中毒原因，揭露可能存在的犯罪行为。

3. 澄清死亡，解除怀疑。在工作实践中也有将自然疾病致死疑为中毒致死，特别当案情经过或症状表现有偶合或相似的情况，更易引起怀疑，只有通过尸检才能解除怀疑。

4. 通过尸检说明中毒死亡，明确法律责任，可为医源性或非法行医所致药物中毒、职业中毒诊断、劳动保护、保险、赔偿等问题的依法合理解决提供科学依据。此外，总结中毒的尸检病例资料也可反馈补充相关学科的内容，提高化学中毒的诊疗水平。

（二）尸体外表检查

1. 尸体衣着情况。有无流注痕，呕吐、排便污染，口袋内有无药物残留。

2. 尸体外表征象。有无腐蚀痕迹、特殊气味、皮肤新注射痕迹，尸斑颜色。女性尸体特别注意阴道内有无毒物。一般所见皮肤发绀，口、鼻流血不一定都是中毒。

（三）中毒尸体的解剖

1. 解剖前的准备。解剖用的器械、手套等预先洗净、晾干，不得沾染消毒药液。

收集检材的容器以玻璃制品最好,塑料袋也可使用,都要预先洗净、晾干。收集的检材和脏器切勿用水冲洗。

2. 尸体解剖。按常规进行。尽管多种毒物中毒在形态学上常无特异性,但是全面的尸体解剖仍是鉴定中毒的必要步骤。若在解剖时发现中毒病变,则不仅是中毒鉴定的根据,也能为毒物分析提供线索,排除其他原因,同时通过解剖能更完善地收集合适、足量的检材,以备法医做毒物分析用。

3. 解剖检查时应注意尸斑及血液颜色、局部腐蚀现象,特别是胃内容物性状、异物及特殊气味。胃黏膜的刺激征象对判断经口进入的某些急性中毒具有较大意义。另外,应注意肝脂肪变性及坏死,肾变性、坏死及尿液颜色特征,其他呼吸道损害及肺水肿,心内膜下出血,脑及脑膜充血水肿等。虽非特异性病理变化,但也常见于急性中毒。

四、毒物分析

(一)毒物检材的提取

主要提取现场可疑的毒物,染有毒物的物品,如食物、饮料、装药器皿、人体呕吐物、排泄分泌物,以及中毒尸体上的各种检材。

通常中毒尸体的组织器官及体液是最重要的检材,要全面采取。采取检材的量要足够,固体检材采取 250 ~ 500 克;液体检材应取 250 ~ 500 毫升;胃、胃内容物及尿取全部。有时还要取人体的特殊部位物质做检材,如通过注射中毒者应取注射处局部组织做检验;安眠药中毒引起体表出现水泡者,抽取泡内液体做检验。开棺检验,检材除取尸体部分组织或腐败后相应处泥土(主要为胃、肝、脑区腐土)外,还应该收集棺木周围的泥土、死者衣服、棺内泥土、积水等做对比检验。

(二)检材的包装、保存和送检

检材采取后,应装在适宜的容器内,最好是玻璃或瓷制容器,盖要严密,注意容器必须清洁,无异物污染。各种检材要分别盛装,切忌混装在一起。检材内不得加入防腐剂、消毒剂。因为这些物质既可能是毒物,又可能与检材中毒物发生化学反应,使化验产生困难。但乌头碱中毒者,检材应放入酒精中,以免乌头碱因腐败而分解。但送检时应送同种酒精以作对照检材。

检材装毕应严密封签,可用胶布、石蜡、火棉胶或火漆封口,然后加贴封签。封签上注明编号、死者姓名、内容名称、数量、采取日期、经手人签名和盖章。这样做一方面为防止逸漏,另一方面为防止中途调换或有意添加毒物。

检材应尽可能迅速送检。送检时应另附函或化验申请单,说明案情内容、中毒症状、解剖所见、化验目的等。如有原始病历应一并送出。检材应保存在阴冷处，最好冰冻，以延缓腐败或者发生化学变化。

（三）毒物分析的常用方法

1. 形态学方法：本方法通过对检材的外观形态或显微形态进行辨认，对动植物类药物、毒物进行初筛和鉴别。形态学方法主要对形状、大小、色泽、质地、包装等外观形态方面的特征进行检验，中草药材、剩余药渣等还可通过显微镜观察其组织构造、细胞以及包含物的种类等显微形态特征，并与已知对照品的形态特征进行核对鉴定。

2. 动物试验方法：该方法通过观察给药后动物产生的毒效或药效反应，检验鉴别具有较强生理作用的毒物。将体外简单检材适当制样以灌服、注射等方式用于合适的动物，可快速判断检材是否含有毒性剧烈的毒物，该方法尤其用于在不具备完善仪器条件下的筛选判断。但不能作为辨别毒物的唯一依据，需结合化学实验或仪器分析进行确证。

3. 免疫分析法：该方法为以毒物和标记毒物与特异抗体竞争结合反应为基础的分析方法，具有灵敏度高、选择性强、操作简便、省时及耗材少等优点。但每一类毒物需专用试剂，如酶联免疫吸附法用于吗啡、苯二氮卓类、巴比妥类、苯丙胺类、可卡因类、三环类、大麻类等多种药物（毒物）的筛选。

4. 理化分析法：该类方法利用物质的物理或化学性质分析，在不借助仪器设备的条件下通过简单操作迅速筛选判断微量毒物。如利用溶、沸点等物理常数测定可定性纯物质，而微量显色反应、微量沉淀反应等微量化学反应也有较广的适用范围。

5. 仪器分析：本类方法是利用能反映药物（毒物）某些固有理化性质的仪器来达到分析目的的方法。主要有：

（1）色谱法。包括薄层色谱、纸色谱、气相色谱和高压液相色谱法。

（2）光谱法。分为发射光谱法和吸收光谱法，其中吸收光谱法包括紫外吸收光谱法、红外吸收光谱法等。

（3）质谱法。最近的新方法是联合使用气相色谱/质谱法/电子计算机系统，可快速提供未知物质的鉴定结果。

仪器分析法还有原子吸收法、核磁共振法、各种分光光度计、X线衍射、活化分析、免疫化学和放射免疫测定等方法。联合使用这些仪器和方法，并使之计算机化，将促进更迅速、更准确地鉴定毒物。

（四）毒物分析结果的评价

毒物分析的结果对确定中毒与毒物的性质固然起决定作用，但不是唯一的证据,还有许多因素影响化验结果,必须具体情况具体分析。

1. 阳性结果。结果为阳性或强阳性,一般可以肯定为中毒死。若结果为弱阳性或仅痕迹反应时,应考虑以下问题:

(1)毒物是否因为药用进入机体或因职业关系与该毒物有接触?

(2)毒物是否死后进入尸体?

(3)技术操作是否正确?仪器、试剂是否纯净,检验过程是否有毒物污染?

(4)是否与体内含有的某些金属元素有关?

2. 阴性结果。应考虑以下问题:

(1)收集检材是否及时妥当?一般服用后超过24小时,许多常见毒物从体液中就不能被检出,因可能在体内被解毒、结合或排泄,特别是服量不大时。

(2)是否在尸体中随腐败分解或消失?如挥发性毒物经过短期后即不能被检出。

(3)技术操作是否准备熟练?试剂和配制是否合乎规格?

中毒的法医学鉴定不能单纯依靠毒物化验结果,对每一个具体案例必须根据案情调查、现场勘验、临床资料、尸体解剖及病理切片检查所见,再结合毒物分析及其他检验结果,进行综合评定。

(五)法医毒物分析相关数据库

法医毒物分析相关数据库主要有理化数据库、分析谱图数据库、毒理数据库、体内过程数据库和网络文献数据库等。

1. 理化数据库。理化数据库可提供毒物的分子量、结构式、溶解度、挥发性、酸碱度和稳定性等理化性质,有助于选择合适的检材保存、标准溶液配制和鉴定分析方法。常用的数据库有:Chem Finder Web Server(http://chembiofinder. cambridgesoft. com/),NIST Chemistry Web Book (http:// WebBook. nist. gov/ Chemistry/)和化学物质毒性数据库(http://www. drugfuture. com/toxic/)。

2. 分析谱图数据库。谱图是仪器分析结果的反映,如色谱图和质谱图等,常见的数据库如:NIST Chemistry Web Book (http:// WebBook. nist. gov/ Chemistry/),Chrom database(http:// Chrom. tutms. tut. ac. jp/)等。

3. 毒理数据库。TOXNET(Toxicology Data Network)是当前应用最广泛、数据资料最全面,而且最具权威性的毒理学数据库。

五、中毒案件案件性质的判定

中毒案件的案件性质有以下几种类型:

1. 自杀中毒死亡。中毒是一种常见的自杀手段。常以口服方式服毒,哪怕是原液和有强烈腐蚀或刺激性的毒物,因此,常在死者的口腔或胃肠内检见毒物,并观察到腐蚀痕或嗅到毒物的特殊气味。另外,自杀中毒者所用的毒物量常很大,有时同时使用几种毒物。自杀者选用的毒物多为易于获得的毒物,有的与其职业有密切的关系。如农村以农药、杀鼠剂多见,城市则多为药品、家用杀虫剂和清洁剂、煤气等。慢性疾病患者常一次大量服用治病用的药物。

2. 他杀中毒死亡。在法医实践中虽然较少见,却是智能化谋杀犯罪的常用手段。为避免被害者觉察,罪犯多选择无色、无味、无臭而毒性高的毒物。一般将毒物混在饮料、酒、食物或中药煎剂中,亦有同时投放几种毒物的。给毒途径除常见的胃肠道外,胃肠外途径投毒者也不少见,如注射于各种部位,塞入阴道、肛门,滴入外耳道,给予吸入有毒气体,以及采用毒蛇咬伤等所致中毒。他杀投毒多为一次给以较大剂量毒物致急性中毒,也有罪犯为了掩人耳目或伪装成疾病,采用小剂量多次投毒致亚急性或慢性中毒。

3. 意外中毒死亡。这是各类中毒中最常见的一类中毒,有时因为情况不清楚而怀疑是被人投毒,或者酿成多人中毒或群体性灾害中毒事故。意外中毒可见于生产性、生活性、医源性等活动中。

第三节 常见毒物中毒及鉴定

一、强酸、强碱、酚类中毒

(一)强酸中毒

硫酸、盐酸、硝酸总称为强酸。强酸都具有局部腐蚀作用。接触部位局部组织发生凝固性坏死。硫酸造成黑褐色坏死,浓盐酸造成灰白色坏死,硝酸则由于黄蛋白反应而呈黄色。口服都能损害胃黏膜,发生吐血、便血、穿孔或梗阻,或因腹痛而致虚脱状态,或衰弱状态而死。还可由于溃疡的瘢痕引起消化道狭窄及肾功能障碍。其中以硫酸而致伤害的刑事案件最为常见。致死量为浓硫酸4毫升,浓盐酸10~15毫升,浓硝酸8~10毫升。

(二)强碱中毒

强碱又称苛性碱,一般指氢氧化钾和氢氧化钠(烧碱)。强碱能使接触部位组织软化溶解,发生液化性坏死,并可深达肌层造成穿孔而损害邻近器官组织。口服者可出现剧烈腹痛、恶心、呕吐,吐出物为红褐色黏液状,并夹有坏死的黏液碎片,可有腹泻和血便,食管或胃可发生坏死穿孔等。

氨类有类似强碱的腐蚀作用,对皮肤、黏膜造成腐蚀与剧痛。口服时可引起上消化道疼痛、呕吐,一般无穿孔。有时发生结膜水肿和角膜混浊。吸入氨蒸汽时,可引起呼吸困难,声门水肿、支气管炎和肺水肿,吸入含氨气 0.5% 的空气时,仅几分钟就可致死。浓强碱(含 95%)的致死量为 5 ~ 10 克,浓氨液致死量为 10 ~ 15 毫升。

(三)酚类中毒

常用酚类有石碳酸(苯酚)、来苏尔(煤酚皂液)、雷锁辛(间苯二酚)、臭药水(煤焦油皂液)等,其中石碳酸的毒性和腐蚀性最大。酚类对皮肤、黏膜有刺激、麻痹和引起坏死的作用,吸收后对中枢神经系统的作用是先兴奋后抑制,并能直接损伤心肌和小血管等。酚经呼吸道、胃肠道、完整和擦伤的皮肤吸收。口服者可出现口腔和咽喉烧灼感、腹痛、呼出气中带酚味、脸色苍白等症状;吸入者可表现为头痛、头晕、无力、视物模糊等。常死于呼吸衰竭。成人口服酚类的致死量多在 10 ~ 30 克,但也有报道口服 4.8 克致死的情况。

[**案例**]唐某,女,41 岁,某年 9 月 15 日,与他人发生争执,被人用盛有甲酚皂原液的玻璃瓶砸中头部,液体溢出致身体多处烧伤,被急送医院救治,后出现神志不清、口鼻白色泡沫样分泌物、尿液呈黑褐色等症状,于同年 11 月 28 日死亡。次日尸检。尸检所见:多处接触皮肤呈灰褐色质硬、支气管黏膜溃疡形成等皮肤黏膜腐蚀改变。病理检验见肺透明膜形成纤维化等呼吸窘迫综合征改变和肾小管、心肌坏死等脏器功能衰竭表现。具有全身散发浓烈来苏水味、口鼻涌出白色泡沫样分泌物、尿液呈黑褐色等中毒的临床表现,继而出现多器官功能衰竭、重症肺炎感染性休克等情况,分析认为唐某系甲酚皂中毒致多脏器功能衰竭而死亡。

二、砷化物中毒

砷又称砒。元素砷毒性低,而其化合物如三氧化二砷(arsenic trioxide)为剧毒,三氧化二砷通称砒霜或白砒,中医称信石。此外,砷化合物还有雄黄(As_2S_2)、雌黄(As_2S_3)、有机砷等,毒性较低甚至无毒。

砒霜为白色粉末,无臭、无味,散落在民间的三氧化二砷因含有杂质,常呈橘红色结晶体状,俗称鹤顶红。高温升华(613 摄氏度)。砒霜是古老而令人闻之色变的剧毒物质。自古以来在国内外,用砒霜他杀的案例很多,自杀的也有。农业上可用作杀虫剂、除草剂或杀鼠剂。因此,也发生误服中毒事件,且多为集体中毒。

砷化物广泛使用于工业、农业和医药中。如用于半导体加工、合金生产、除草、杀虫,中药枯痔散及龙虎丸中含砷,使用不慎,有时可发生医疗中毒的事故。近年来,砒霜被用于急性粒细胞性白血病,具有很好的疗效。工业上吸入砷化物粉尘可发生急、慢性中毒。吸入砷化氢气体可引起急性中毒,主要表现为溶血。

砒霜的口服中毒量为0.005～0.05克,致死量为0.1～0.2克。1升空气中含砷化氢1毫克,呼吸5～10分钟即可发生致命性中毒。

(一)毒理作用

砷易于从黏膜吸收(阴道黏膜),也能从皮肤吸收。吸收后主要沉着于毛发、指甲、骨及甲状腺等,也沉着于肝和肾中。砷与毛发、指甲和皮肤的角化组织有亲和力,砷沉积于毛发的近端,随着毛发的生长而固定于原节段中,所以从毛发生长速度和分节段测定砷含量(活化分析可以将毛发从毛囊到毛尖按1.0毫米间隔分段测定砷量),可以估计砷进入体内的时间。毛发平均生长速度为0.1～0.4毫米/日。无论是慢性砷中毒还是急性砷中毒后存活1周以上者,从毛发均可发现较多的砷。

砷对黏膜有刺激作用,直接损害毛细血管,使其麻痹扩张,增加渗透性,并可引起肝、肾变性和坏死。

砒霜在体内大部分变为砷酸,经尿及粪便排出,汗液及其他分泌液亦排泄少量。服后2～8小时内出现于尿中,但排泄很慢,可持续8～9日。

(二)中毒临床表现

急性砷中毒表现为腹痛、腹泻、水样大便,有时带血,严重者酷似霍乱。当极大量的砷进入体内时,出现中枢神经系统麻痹症状,发生四肢疼痛性痉挛、意识模糊、谵妄、昏迷。慢性中毒症状除有一般神经衰弱症候群外,多见皮肤黏膜病变和多发性神经炎,胃肠道症状较轻。

(三)尸检所见

急性中毒死者呈脱水外貌,尸僵明显、腐败较慢,病变视中毒严重程度及死亡时间快慢而有所不同。如数小时内死亡的,胃肠道黏膜呈轻度刺激现象,胃黏膜皱襞内有时可嵌有白色或红黄色(不纯时)毒物残粒。迁延24～48小时以上死亡者,胃肠炎症显著,黏膜出血、糜烂,甚至有溃疡形成,内容物为血性黏液。肠黏膜有的部位由于砷与硫化氢结合生成黄色硫化砷,出现黄色斑块。迁延至数日后死亡者,心、肝、肾等实质脏器脂肪变性,左心室内膜下常出现点状或条纹状出血,特别是室中隔部位明显。

慢性中毒者有毛发脱落、皮肤色素沉着、过度角化的现象,特别在手掌和足底部明显。此外,还会有全身营养不良、贫血及恶病质。肝、心和肾发生明显脂肪变性及周围神经炎。

砷对组织有防腐作用,所以埋葬相当长时间的尸体中,尚可发现保存下来的器官组织。在干燥地区,砷中毒尸体易形成木乃伊。

(四)法医学鉴定

急性中毒者的呕吐物,胃肠内容物及肝、肾、尿等均为有用的化验检材。亚急性与慢性中毒时,要特别注意收集毛发、指甲及骨骼进行砷测定。埋葬已久的尸体亦能检出。由于砷分布范围较广,泥土中、某些衣服色素中均含有砷,故同时应收集棺木四周泥土、棺木及棺内衣服作为对照化验。检材应保存于玻璃或塑料容器,避免使用陶土、瓷制、彩绘容器。

砷的检测不仅要检测砷总量,还要分析砷的形态。检测方法包括观察性状,进行必要的化学试验和仪器检测,如银盐法。砷存在的形态与其毒性密切相关,因此,在砷的测定中应注意分析砷的不同形态,目前高效液相色谱-电感耦合等离子体质谱联用技术(HPLC-ICP-MS)在砷的形态分析方面得到了广泛的应用。

[**案例**]某县有一村医的妻子梁某(36岁),因患慢性胃炎由其丈夫给予中草药煎服治疗,数周后她的胃肠道"消化不良"症状日渐加重,出现食欲不振,时而腹痛、腹泻以及神经衰弱等症状。某医院会诊认为系用药反应引起"胃肠道功能紊乱"。停药后给予营养支持治疗,但终因贫血及恶病质和全身衰竭而死亡。

三、氰化物中毒

氰化物(cyanide)系一类剧毒化合物,常用的有氰化钾、氰化钠和氰化钙,均为白色易潮解的固体,易溶于水。氰化物广泛用于冶炼、电镀、有机玻璃制造、照相及化学工业(如染料、制药)等。在生产过程中,氰化物均有可能产生氰化氢气体。法医工作中最常见用氰化钾(钠)自杀或他杀。

氢氰酸的纯品为低沸点(26.1摄氏度)的液体,在室温中易挥发为气体,极毒,具苦杏仁气味。氢氰酸气体用作熏蒸剂,杀灭害虫和鼠类。几乎所有植物均含痕迹氰化物,主要以生氰苷形式存在。有些植物,特别是核仁中含量较高,如食较多苦杏仁或处理不当的木薯可引起意外中毒事故,也有用苦杏仁水自杀者。氢氰酸致死量为0.05~0.1克,氰化物致死量为0.15~0.25克,氰化氢气体在$1:1\times10^4$时,30分钟内死亡;$1:2\times10^3$时,立即死亡。

(一)毒理作用

氰离子能抑制细胞内多种酶的活性,如细胞色素氧化酶、过氧化物酶、脱羧酶等大约40种酶,但最主要的是氰离子与机体组织的细胞色素氧化酶结合,使整个呼吸链的电子传递无法继续进行,导致细胞呼吸急速停止。这是引起死亡的直接原因。氰化物除引起组织中毒内窒息外，其碱根还具有轻度腐蚀作用。

（二）中毒表现

中毒剂量大时，意识迅速消失，可于数分钟内，甚至“闪电式”死亡。较小剂量时，初有咽喉紧缩感，头疼、眩晕、恶心、胸闷、视野发黑、心跳和呼吸加快，而后意识丧失，肌肉痉挛，最后转入麻痹，呼吸、心跳停止而死亡。

（三）尸检所见

由于血液内有氰化血红蛋白形成和静脉血内存留氧合血红蛋白，尸斑、肌肉及血液可呈鲜红色或紫红色。各器官特别是脑膜及脑充血，血液呈流动性。口服氰化物中毒者，食管、胃黏膜有不同程度的腐蚀，由肿胀、斑点状出血到大片糜烂、出血。小肠空肠以上黏膜皆有不同程度肿胀、充血及出血。如系吸入氰化物中毒可见气管黏膜充血和水肿，气管内有血性泡沫液体。自体腔发出苦杏仁气味，颅腔及脑中气味最浓，嗅时要特别注意。

（四）法医学鉴定

除收集胃内容物外，还应注意收集血液和富含血管的器官（如脾、肝、肺或脑）作为毒物化验的检材，并做毒物含量检测。氰化物中毒尸检见胃黏膜有显著碱性腐蚀现象，有助于尸检诊断。

［**案例**］1988 年 10 月 12 日晚 11 点，某地火车站站前旅馆一名女客的上半身仰卧在床上，两腿下垂，脚着地，口吐白沫，两眼上翻，四肢抽动，叫其不应，就立即送她去附近医院。进院后医生发现心跳、呼吸已停止，便立刻进行人工呼吸等复苏抢救，抢救 20 分钟仍不见心脏复跳等生命体征的复苏，即宣告人已死亡。因她死亡突然，医生难以判定死因，故报案于公安机关。

四、乙醇中毒

乙醇（ethyl alcohol），通称为酒精，纯乙醇为无色易燃易挥发的液体，沸点 78.4℃，有特殊的芳香气味。乙醇中毒大多由于饮多量酒精类饮料或饮酒，多属意外事故。用乙醇自杀或他杀者不多，但有用酒或医用酒精加服其他的药物（如催眠药、安定剂、阿片、乌头和中枢兴奋剂等）进行自杀或他杀的。有将乙醇误作生理盐水输液引起小儿中毒死亡的报道。乙醇中毒者判断能力减退，动作失灵，技术操作的精确度减退，可在操纵机器时肇祸，特别是开机动车时易引起交通事故。许多国家和地区都有专门的法定条款，规定了适合驾车的最高血液乙醇浓度：日本 0.5 克/升，德国 0.3 毫克/升，英国 0.8 克/升，美国 0.05 克/升。如果超过这个浓度，将作为带有醉意驾车论罚。《道路交通安全法》规定禁止酒后驾车。2011 年 5 月 1 日起,《刑法修正案(八)》正式将醉酒驾驶作为危险驾驶罪的情形之一,醉酒驾驶机动车的驾驶人将被依法追究刑事责任。全国统一的驾驶员血液酒精含量(BAC)标准规定,车辆驾驶人员血液中的酒精含量大于或者等于0.2克/升,小于0.8克/升属于饮酒后驾车;醉酒驾车是指车辆驾驶人员血液中的酒精含量大于或者等于0.8克/升(80毫克/100毫升)的驾驶行为。科学数据显示,酒后驾车发生事故的概率是没有饮酒的16倍。饮酒者每100毫升血液中酒精含量达到50毫克时,反应能力有所下降;达到150毫克时,反应能力下降50%,动作失调,手脚失控,极易造成车祸。血液中酒精含量鉴定意见由此成为醉驾案最重要的定罪证据。

乙醇致死量约为200~300毫升,酒类饮料的致死量视所含乙醇浓度而定。一般认为血中乙醇浓度达$(4\sim5)\times10^3$毫克/升即能致死。但如与其他中枢抑制剂联合应用,即使小量乙醇亦可因协同作用而中毒致死。如血中乙醇浓度为10^3毫克/升,同时有5毫克/升的长效巴比妥,就足以确证死亡是乙醇和巴比妥所致。

(一)毒理作用

乙醇能抑制中枢神经系统,抑制大脑功能。呼吸中枢抑制是重症中毒者致死的主要原因。中毒者直接死因可以是酒醉时跌倒引起的脑外伤或吸入呕吐物所致的窒息。

因乙醇能使血管扩张,体热发散很快,加之乙醇抑制体温调节中枢,所以在寒冷环境中酒醉后易冻死。乙醇与催眠药、安定药、抗组胺药、吗啡及其衍生物或其他中枢神经系统抑制药有协同作用,可促进中毒死亡。

(二)中毒表现

急性酒精中毒者面色大多发红,呼吸有酒味,多言、有失常态,有时举止粗野,易感情用事,或怒或愠、或悲或喜,有的有夸大狂妄和盲目冒险的反常行为,有的发生性欲冲动,容易犯罪。兴奋状态消逝后,随之出现动作不协调、舌重口吃、呕吐、步履蹒跚、精神错乱。严重者进入昏睡、昏迷、呼吸浅慢、面色发绀的状态,10小时内可因呼吸衰竭而死亡。

慢性酒精中毒者,由于脑部损害可引起神经精神的改变,某些病人可出现震颤性谵妄。部分病人可有肝硬化、慢性胃炎、内分泌和代谢紊乱及周围神经炎等。

消化道刺激征象,所有器官特别是脑及脑膜充血、水肿明显,肺水肿,肝、肾浊肿,膀胱尿潴留。具有特殊意义的是体腔散发出酒味。慢性酒精中毒者,全身营养不良。主要病变为明显脂肪肝或肝硬化,心肌脂肪浸润及萎缩,有的有慢性软脑膜炎、慢性胃炎、肾上腺萎缩。乙醇中毒者容易摔倒,身上可有多数擦伤或挫伤,甚至有脑外伤。有的可见气管被呕吐物堵塞。

对急性乙醇中毒者，一定要采血测定乙醇浓度，应自周围静脉（如股静脉采血）。呕吐物、胃内容物、尿液均可作为检材，内脏器官中以脑为最好，其次是肺和肝。

注意死后组织腐败过程中亦可产生一定量的乙醇，所以尸体内酒精含量测定必须及时进行。如果尿内检出乙醇，为生前进入的证据，死后形成的尿内不会检出。

（三）法医学鉴定

酒精中毒的检验方法有 Lieben 碘仿反应，气相色谱和色—质或气—质联用技术等。确定是否酒精中毒死亡，最重要的是酒精的定性、定量检验。还应考虑年龄、外伤、机体状态及饮酒习惯等因素，不能单纯地只考虑一方面，有可能酒精中毒只是死亡的诱因或辅助因素，真正的死亡原因还需进一步检查。

酒精中毒要与甲醇中毒鉴别。甲醇又称木醇，为无色易燃液体，有高度挥发性，具有微弱乙醇香味，能与水、乙醇、醚、酮、酯、苯等有机溶剂混溶。甲醇是重要的有机合成原料和溶剂，可用于制造甲醛、甲胺、纤维素、防冻液等，也可用作染料、塑料、胶片、油漆等生产时的溶剂，还可广泛用于农业、医药、化妆品工业，有“工业酒精”之称。甲醇中毒常见的症状，先是产生喝醉的感觉，数小时后头痛、恶心、呕吐，以及视线模糊。严重者会失明，甚至死亡。甲醇中毒量为 5 ~ 10 毫升，10 ~ 20 毫升以上可致失明，致死量为 30 ~ 601 毫升，致死血浓度为 0.71 毫克/毫升。

［**案例**］2000 年 5 月某晚，两个民工被发现昏迷在简易房中，呼叫不醒，房内满是酒气，地上摆放着两只空酒瓶，怀疑是饮酒过量，送至医院救治。医生根据病情初步判断两人为乙醇中毒，给予治疗。入院后约 3 小时，其中民工黄某醒转，据其自述，当天傍晚买了 2 瓶无商标的“白干”及卤菜，与同乡赵某在房间喝酒，两人越喝越兴奋，将两瓶酒都喝完，后来就不省人事了。入院后 6 小时左右，民工赵某临床表现为视力障碍，突然失明，并伴随呼吸困难。再过 1 小时后，黄某也感到视力减退，耳鸣。医生遂怀疑为甲醇中毒。

五、一氧化碳中毒

一氧化碳是无色、无臭、无刺激性的气体。凡是含碳物质燃烧不完全时，都产生一氧化碳。如冬季用煤炉或木炭取暖，排烟不良，火灾，煤气管破裂或阀门漏气，农村烟熏地窖，在空气不流通场所开内燃机引擎修理机件，汽车排出废气，在废矿坑、各种冶金铸造厂、窑炉等劳动卫生不良的工作场所，均有可能发生一氧化碳中毒。一氧化碳中毒大多数是由于灾害事故，也有自杀和他杀案例。

（一）毒理作用

一氧化碳经呼吸道进入人体后，约有 90% 与血红蛋白中的二价铁迅速结合，生成碳氧血红蛋白(HbCO),即使血红蛋白失去与氧结合的能力,造成组织缺氧。中枢神经系统对缺氧最敏感,故病变主要累及中枢神经系统,吸入浓度较高的一氧化碳还可与细胞色素氧化酶结合,使组织呼吸受到抑制。空气中一氧化碳浓度为0.8% ~1.5%时,吸入30分钟~1小时可致死亡。血中一氧化碳致死浓度为55% ~60%。

一氧化碳在体内不蓄积,停止吸入后,HbCO逐渐解离,约98.5%以一氧化碳原型经呼吸道呼出,1%在体内转化成二氧化碳。增加吸入气体中的氧分压可加速HbCO的解离。

(二)中毒表现

一氧化碳中毒的严重程度与空气中的一氧化碳浓度、接触时间、接触者自身状况等因素有关。通常根据HbCO含量划分中毒程度。轻度中毒,HbCO为10% ~20%;中度中毒,HbCO>30%;重度中毒,HbCO>50%。轻度一氧化碳中毒者开始有头沉重感,前额发紧,进而有剧烈的头痛、视力下降、恶心、呕吐、颞部跳动、四肢无力、共济失调等,此时可见皮肤、黏膜呈樱桃红色。虽然意识尚存,但中毒者不能自动离开危险环境。故现场勘查时,经常发现中毒者向门口爬行的姿势。此时如及时抢救吸入新鲜空气后,症状迅速消失。重度一氧化碳中毒者除出现上述症状外,意识逐渐丧失,大小便失禁,脉搏、呼吸增快,有时出现间歇性抽搐,最后进入昏迷,呼吸衰竭而死。HbCO浓度超过75%时,可立即发生昏迷而死亡。

(三)尸检所见

尸斑、血液和内脏均呈樱红色,尤以肌肉樱红色更明显。如中毒迁延12小时,曾经过急救处理,一氧化碳经肺排出,血液就不具备这些特点。此时病理改变主要为脑充血、水肿、细小出血点及灶性软化。如果缺氧血症迁延时间更长,大脑深部白质也出现小坏死灶或点状出血,并有脱髓鞘变性,心内膜下可发生小灶性坏死。血液是最重要的检材,其次是肌肉,尤以胸部肌肉为宜。

(四)法医学鉴定

尸斑、肌肉、内脏及血液呈樱桃红色,是一氧化碳中毒的重要征象,血液中的HbCO含量测定是一氧化碳中毒鉴定的最有力证据。尸体一般就取心血,中毒抢救者则抽取外周静脉血。盛放血液样品的容器应装满,密闭冷藏,及时送检。特殊情况下若无法抽取血液,可取胸部肌肉组织作为检材。遇失火现场中炭化尸体,则可取骨髓作为检材。腐败尸体受细菌作用,体腔液可含较高浓度的一氧化碳,因而不能取体腔液作为检材。

[**案例**]一个盛夏的早晨,杨某像往常一样进入地下车库准备开车去上班,发现

旁边车内躺着一个男人，便拍打车窗试图叫醒这个人，但车内没有任何反应，随即报警。经排查，得知死者在死亡的前一天晚上，和一群朋友聚在一起打牌至晚上12时，与女友一同开车离去。其女友称，当时两人感觉天热，就开着空调在车内休息，凌晨4时，该女友醒来感觉头晕，因叫不醒男友便自行离去。家属认为死者生前身体健康，要求对死者进行法医学鉴定查明死因。经检验，死者血液中HbCO饱和度为35%，且同时检出乙醇，二者协同作用导致意外死亡。

六、硫化氢中毒

硫化氢（H_2S）为无色有似腐蛋恶臭的气体，比重为1.192，能溶于水，空气中浓度达43%～45.5%时遇火能发生爆炸。工业上用硫化氢作原料，工业生产过程中会产生硫化氢废气。各种有机物尤其蛋白质腐烂也能产生大量硫化氢。污水池、粪池内有机物腐烂亦能产生硫化氢。尤其气温较高时，有机物腐烂快，产生硫化氢更多。有些工业在生产过程中会产生硫化氢废气，还有些工业以硫化氢作原料，因此意外中毒颇多。尤其阴沟清洁工、污水池管理人员、掏粪工等环卫人员中毒较多。

吸入高浓度硫化氢，迅即中毒昏倒，有的昏倒时尖叫一声，有的无声无息倒下，丧失知觉，呼吸麻痹而死，有的死时有抽搐。如果中毒较浅，则先有黏膜刺激症状，流泪、咳嗽、呼吸急促、心跳快、心悸、口唇青紫、头痛、头晕，恶心、呕吐，如迅速离开现场、呼吸新鲜空气，或给高压氧，则症状逐渐消失。否则，继续吸入硫化氢，即出现肺水肿、呼吸困难、全身缺氧、皮肤青紫、昏迷、呼吸衰竭而死。尸体皮肤呈青紫或紫褐，尸斑呈紫褐，打开体腔有硫化氢臭，脏器呈暗褐色，血液有流动性并呈酱色。

［**案例**］一艘载满甜玉米的大型货轮因强台风遭受重创而断裂搁浅，货轮被大量从油轮漏出的重油覆盖。事故发生1个月后，10名工人进入一水压载箱回收剩余的重油。10:45所有工人突然感觉不舒服，其中8名自行脱离险境。半小时后急救人员赶到救出两名昏迷的工人送医院抢救，但二人几乎同时被宣布抢救无效死亡。通过对两名死者进行尸体解剖，并取心血做毒物分析，发现两人心血中的硫代硫酸盐浓度非常高，推断两人死于硫化物中毒死亡。

七、催眠、镇静、安定药中毒

（一）催眠药中毒

巴比妥类药为普遍采用的催眠药物，大都属于国家管制的精神药品，长期使用会产生依赖性。常用的有巴比妥、苯巴比妥、异戊巴比妥、司可巴比妥等。

1. 毒理作用

巴比妥类口服易从胃肠道吸收。巴比妥类催眠药对中枢神经系统有广泛的抑制作用,较大剂量能抑制延脑的呼吸中枢及血管运动中枢。脑干网状结构上行激活系统对巴比妥的抑制作用特别敏感,使大脑皮质不能处于清醒状态。长期使用可以成瘾。

因药物种类不同,毒性大小有较大差别,一般最小致死量为其本身治疗量的10倍,由于中毒者对巴比妥类的耐受性及健康情况不同,致死量的变动范围很大。如巴比妥为5~10克,苯巴比妥为4~9克。

巴比妥类在体内主要有两种消除方式,即经肝脏破坏分解或以原形由肾脏排出。

2. 中毒表现

急性中毒可出现嗜睡,神志不清,逐渐进入昏迷,体温下降,呼吸变慢;以后呈潮式呼吸,发绀,肢体软弱,尿潴留,瞳孔缩小,后期散大,进而反射消失,深昏迷。皮肤上可出现疱疹,多在手臂及足跟部。严重者可于15小时内呼吸停止而死亡。迁延时间稍长者,死于循环衰竭或肺炎合并症。

慢性中毒有皮疹、言语不清、失眠、健忘、情绪不稳定、共济失调、食欲减退、便秘等。

3. 尸检所见

尸斑较显著,口唇、指甲青紫,内脏淤血,肺水肿,脑水肿,膀胱内尿潴留。胃黏膜可发生糜烂或出血。迁延数天后死亡病例经常并发坠积性肺炎,大脑半球壳核部可有对称性坏死灶,在视丘和屏状核中亦可有软化灶,有的病例有脑血管周围水肿,细小环状出血及炎细胞浸润。

4. 法医学鉴定

以胃内容物、血液及尿液为最适宜。肝、肾及脑亦为重要的化验材料。若出现皮肤疱疹,可抽取疱疹内液体作为检材。此类毒物不宜在碱性溶液中放置过久。

[**案例**]兄弟两个早上被其父母发现均死亡,现场征象可能是被夜晚烧着的软玩具所冒的蒸汽所窒息,但警察调查表明卧室的门被父母从外面反锁。尸体解剖后取血液、尿液和头发做毒物分析。血液检出氰化物和一氧化碳;血液、尿液和头发中检出少量苯巴比妥成分。此案件的死亡原因是氰化物和一氧化碳中毒,但是为了更清楚解释血液和尿液中检出少量苯巴比妥成分,鉴定人采用头发分析来提供长程信息,结果从两名男孩的头发中检出苯巴比妥浓度分别为1.2纳克/毫克和1.5纳克/毫克。随着进一步调查结果显示,因为男孩们比较喧闹,父母经常给他们服用这

种药物。

(二)镇静类药中毒

镇静类药主要是吩噻嗪类药物,其中氯丙嗪是它的典型药物,别名冬眠灵。其他常用的还有奋乃静、异丙嗪及甲硫哒嗪等。现以氯丙嗪为例,氯丙嗪盐酸盐为白色或微红色结晶粉末,味苦而麻,易溶于水、乙醇与氯仿。

1. 毒理作用

氯丙嗪的作用广泛而复杂,主要作用是抑制中枢神经系统,是一种强安定剂,作用部位可能在脑干网状结构上行激活系统和大脑边缘系统。对自主神经的抑制作用也较显著。致死量范围很大,一般为5~7克。血中最小致死量浓度约为5毫克/升。

氯丙嗪主要从胃肠吸收,由尿排泄出体外。

2. 中毒表现

急性中毒者开始有暂时性兴奋,共济失调,心跳加快,有时还可以发生肌肉震颤及痉挛,以后神志模糊、嗜睡,进而昏迷,肌肉松弛,痛觉消失,反射消失,体温降低,呼吸减慢,血压下降,瞳孔明显缩小,发绀。中毒后,如能及时抢救,很少死亡。长期用药可发生体位性低血压,阻塞性黄疸,锥体外系症状,白细胞减少等不良反应。

3. 尸检所见

大剂量急性中毒死者没有特征性病变。各内脏器官淤血或伴渗出性出血、肺水肿、脑水肿及尿潴留。镜下可见肝细胞肿胀,胞质稀疏,核大,内有空泡。肾小管上皮细胞颗粒变性。脑神经细胞皱缩,尼氏小体消失。脾、胰间质,肺中隔及小肠黏膜层内可见较多嗜酸性粒细胞浸润。

慢性中毒死者可见皮疹,肝细胞坏死,肝内毛细血管炎及胆汁淤滞。

4. 法医学鉴定

检材以尿为最好,脑、肝、肾、血亦可。必须强调做定量分析,以确定是否达到致死血浓度。

[**案例**]某女性死者,被人发现倒在桌子下死亡。死者包内有3只氯丙嗪空瓶,身边还有一瓶酒。抽取死者血液并采集现场空瓶、酒瓶送检,进行毒物分析,结果显示,死者血液中未检出乙醇成分,表明死者死前并未饮用酒。血液中氯丙嗪含量达到致死浓度,尸体解剖检验未发现其他致死原因,所以可认为死者系氯丙嗪中毒死亡。

(三)安定类药物中毒

安定类药物具有减轻焦虑、紧张及激动和抗惊厥的作用。其特点是对中枢神经系统的抑制作用较缓和,耐药性和成瘾性较弱。医疗上运用很广,常用的有甲丙氨酯(眠尔通)、安眠酮及苯二氮卓类的地西泮(安定)等。目前中毒及中毒死亡案例日渐增多,以自杀者居多。

1. 甲丙氨酯

又名眠尔通,安宁,氨甲丙二酯,为弱安定剂,毒性较低,但若一次服用大剂量(10 克以上)能使中枢神经深度抑制,引起血压下降,呼吸抑制,肌无力,昏迷甚至休克,如不及时抢救,可导致死亡。主要经尿排出。

2. 苯二氮卓类

该类药物均为弱安定剂,目前在抗焦虑药中已占优势。其同类药物品种很多,主要有地西泮、氯氮卓。其毒理作用主要是抑制中枢神经,起到镇静、松弛肌肉、抗惊厥的作用。应用剂量小时,无副作用。大剂量时,可使中枢神经系统及心血管系统受到抑制。中毒症状一般是倦睡,易唤醒,言语如常,肌肉软弱,共济失调。大剂量时发生昏迷,血压下降,呼吸循环受抑制。可无先兆而突然发生昏迷,其中老年人易发生。对人的致死量:地西泮为 100 ~ 500 毫克/千克,最小致死血浓度为 20 毫克/升(2 毫克/分升);氯氮卓致死量为 2 克,最小致死血浓度为 30 毫克/升(3 毫克/分升)。

以上几种安定剂中毒,可取胃内容物、血、尿、肝、肾及脑留作化验检材。

[**案例**]某人在某旅馆吃了他人的食物、饮料后昏睡,醒后发现财物被抢,涉案金额达 105 万元。公安部门接到报案后,提取被害人血液 10 毫升、尿液 100 毫升送检。结果显示有高浓度的劳拉西泮。

(四)临床麻醉药物中毒

常见的有丙泊酚、利多卡因、尼克刹米、氯化琥珀胆碱等。

八、亚硝酸盐中毒

亚硝酸盐中毒,以亚硝酸钠为最常见。纯品亚硝酸钠为白色或淡黄色结晶或粉末,味微咸,易潮解,极易溶于水。另外,亚硝酸盐还有亚硝酸钾、亚硝酸戊酯。亚硝酸盐中毒多为误食或误用医疗药品而发生,少数可见于自杀,用此杀人者更少见。口服次硝酸铋,或食入过量含有大量硝酸盐而又处理不当或腐烂变质的蔬菜,在肠道细菌的作用下,将硝酸盐还原为亚硝酸盐可引起中毒。固体亚硝酸盐由胃肠道黏膜吸收,亚硝酸戊酯与挥发性有机亚硝酸盐可被呼吸道很快吸收。

(一)毒理作用

亚硝酸离子使人体血红蛋白氧化成正铁血红蛋白,失去输氧能力,造成组织缺氧。亚硝酸盐又能抑制心脏和平滑肌收缩，使小血管平滑肌松弛，血管扩张，血压下降，导致循环衰竭。亚硝酸盐遇胃酸形成亚硝酸，进而分解成二氧化氮，对胃肠道有刺激作用。

亚硝酸钠中毒量为0.5克（口服量），致死量为1～5克。

（二）中毒表现

亚硝酸盐中毒者早期表现为胃肠道刺激症状，如恶心、呕吐、腹痛、腹泻等，随即出现典型正铁血红蛋白症，发生紫绀，皮肤呈灰色或褐色，并迅速伴发缺氧症状，头晕、头痛、乏力、嗜睡、脉弱、血压下降，重者昏迷、抽搐、呼吸浅表、虚脱，1～2小时即可死亡。

（三）尸检所见

尸体检验可见尸斑呈褐色，血液呈褐色或酱油色，不凝固，内脏亦呈暗褐色。但这些现象仅见于死后早期。因亚硝酸盐具有还原性，死后正铁血红蛋白被还原或变成氧化氮血红蛋白，使血色呈淡红而稳定。当血中亚硝酸盐浓度高时，还可有亚硝酸正铁血红蛋白出现，它和氧化氮血红蛋白共同出现于血中，均使血液呈鲜红色，很像一氧化碳中毒。尸体出现窒息的一般变化，肝、肾亦可有变性。

（四）法医学鉴定

检材应取剩余食物、呕吐物及胃内容物。因为痕量的亚硝酸盐到处存在，故要做定量分析。采取血液做定量分析或检查正铁血红蛋白。

[案例]李某午饭后服用中药，2个小时后在办公室摔倒，面部和指甲青紫，呼吸困难，急送医院，经抢救无效死亡。经现场勘查，办公室里发现的两剂中药材料中有两小包白色结晶性粉末。尸检发现死者皮肤青紫，胃底部有斑点状出血，胃黏膜呈棕红色，血液为暗褐色。提取白色结晶性粉末和死者呕吐物、血液、胃内容物送检。结果显示，白色结晶性粉末和呕吐物均呈亚硝酸盐阳性。

九、农药中毒

农药包括许多种，主要有有机磷农药、氟化物农药、氨基甲酸酯类农药、百草枯农药、矮壮素等。现以有机磷农药为例。

有机磷农药是常见的一类毒物，主要用作杀虫剂或杀菌剂，也有用作杀鼠剂等。有机磷杀虫剂具有毒力大、杀虫谱广的特点。其纯品多数为油状，少数为结晶固体。工业品呈淡黄至棕色。大多数品种带有大蒜样特殊臭气。难溶于水，易溶于各种有机溶剂，在碱性条件下易分解失效。常用的剂型有乳剂、油剂、粉剂等。

国内生产的有机磷农药，根据对人体的毒性，大致分为下列几类：（1）剧毒类，如甲拌磷、内吸磷等。(2)高毒类,如甲胺磷、敌敌畏等。(3)中毒类,如敌百虫等。(4)低毒类,如马拉硫酸等。

近年来,有机磷农药中毒已成为最常见的中毒原因。最多见的是甲胺磷中毒,由于该种农药具有高毒性,我国已全面禁用。在过去由于广泛采用敌敌畏防治害虫,在城乡以急性敌敌畏中毒为多见,现如今敌敌畏中毒较为少见。除服毒自杀者外,还有从不同途径投毒他杀的案例。引起意外中毒的多因误用装药容器,误食拌过农药的种粮、被污染过的食品中毒死亡的禽兽等。也有误用有机磷农药灭虱、治癣,经皮肤吸收而引起中毒。在生产和使用过程中,因不注意操作规程和使用范围而发生中毒的事例也屡见不鲜。

(一)毒理作用

有机磷农药可经消化道、呼吸道、皮肤、阴道和直肠等黏膜吸收。中毒的机制主要是抑制体内胆碱酯酶,使组织中乙酰胆碱大量蓄积,以乙酰胆碱为传导介质的神经处于高度兴奋状态,最后转入抑制和衰竭。这是引起病理变化的基础,也是诊断和治疗的重要依据。

对硫磷对人的致死量为0.1~0.3克(相当于1~3滴原液),甲基对硫磷为0.8~1.0克,敌敌畏(25%乳剂)为10~14克。

(二)中毒症状

急性有机磷农药中毒的症状可归纳为毒蕈碱样作用、烟碱样作用和中枢神经作用三类。经消化道吸收者,15~30分钟发病,主要表现为腹痛、恶心、呕吐、流涎、口吐白沫、多汗、瞳孔缩小等毒蕈碱样作用,以及肌肉震颤、全身肌肉纤维性挛缩和松弛性瘫痪等烟碱样作用。中枢神经系统早期为兴奋期,有躁动、谵语、呼吸加速、血压及体温升高等症状。晚期则转入抑制,表现为昏迷、呼吸麻痹、血压下降、大小便失禁等。其死亡原因主要是中枢神经性呼吸衰竭所致的窒息。肺水肿、呼吸肌麻痹、支气管痉挛等是促进死亡的因素。死亡时间一般在1~5小时以内。

(三)尸检所见

尸斑明显,瞳孔缩小,口鼻出现白色泡沫,部分常见腓肠肌和肱二头肌显著挛缩。胃肠内容物可有蒜臭气味。胃黏膜充血及散在点状出血。敌敌畏对胃黏膜刺激性强,常见呈大片灰白色腐蚀性损害,镜下见胃黏膜表层坏死,斑点状出血及中性粒细胞浸润。气管腔内有白色泡沫,两肺淤血、水肿并有灶性出血,细小支气管痉挛性收缩,管腔变薄,横切面呈花边状,少数可有支气管肺炎。其他脏器淤血水肿。

(四)法医学鉴定

如中毒者瞳孔缩小、大汗、肌束颤动、口吐白沫,而且死亡较快,应首先想到有机磷农药中毒的可能性。取现场呕吐物、剩余食物、可疑容器、胃及其内容物和血液作为检材。可采取肋间肌做胆碱酯酶化学染色。经皮肤或注射途径中毒者应取局部皮肤组织,病程迁延者可取肝。有机磷虽然容易降解,但有时埋葬数月甚至更久,开棺采样仍有检出的可能性。

[**案例**]李老太太,87岁,左半身瘫痪,在其儿子和儿媳的照料下已有3年有余。某日晚,老太太的病情突然恶化,在她奄奄一息时被送进某医院急诊室,未等医生抢救就停止了呼吸和心跳,虽经即刻复苏抢救,但终因复苏无效而死亡。医生根据她的病史,在死亡证明书上写了"脑梗塞、脑出血?"的诊断病死证明。但是,老太太女儿觉得有蹊跷,要求做尸检查找死因。尸检主要所见是:尸斑暗红,体表潮湿,口腔及鼻腔有白色泡沫溢出,两眼瞳孔较小,小腿后面肌肉僵硬显著,左拇指呈钩状弯曲,尸表无暴力伤,左侧上下肢肌肉萎缩变细(生前左侧瘫痪所致)。胃内有蒜臭气味,胃内容物为未消化鸡蛋和面条等,胃黏膜充血及散在点状出血。右心扩张,心血不凝固,心肌有出血点,两肺膨胀淤血水肿,肝、肾、脾、胰实质内充血。右大脑中动脉分支处陈旧不全性血栓形成,右大脑半球有不同程度的陈旧性脑萎缩和脑软化现象(脑梗塞所致)。除上述外,未见其他致命性损伤。胃内容物、心血、肝肾等毒物检验定量分析均检出超过致死量的1605有机磷农药,以未消化的碎鸡蛋块内含毒量最高。根据尸检及毒物检验鉴定结论为:死者生前系吞服1605农药中毒死亡。

十、杀鼠药中毒

(一)磷化锌中毒

磷化锌是目前广泛应用的一种杀鼠剂,为灰黑色粉末,带有电石气臭味,不溶于水及乙醇,易溶于酸。溶解时放出无色的磷化氢气体。干燥磷化锌与湿空气作用,即能缓缓放出磷化氢,故保存要求严密。磷化锌除作用于毒鼠外,亦可作粮食熏蒸杀虫剂。

中毒原因多因杀鼠诱饵被儿童误食,或污染粮食及其他食品引起中毒,也见于自杀,偶见于他杀。

1. 毒理作用

磷化锌的毒性主要是由于它与胃酸作用释出磷化氢。磷化氢被吸收后主要作用于中枢神经系统及心、肝、肾等实质脏器。较大剂量可很快引起中枢神经系统麻痹。

2. 中毒症状

磷化锌中毒发作时间多在15分钟~2小时,表现为口干舌燥、上腹不适、烧灼感、恶心、头晕、头疼、昏睡,呕吐物混有灰黑色泡沫或粉末,并有电石气味。严重者昏迷、血压下降、心跳缓慢、呼吸困难,进而心跳、呼吸停止。死亡多在 5 ~ 12 小时内,亦有短至 1 小时者。病程迁延者出现心、肝、肾等脏器损害的症状,如肝肿大、黄疸等,易误诊为病毒性肝炎。

3. 致死量

磷化锌的致死量为 2 ~ 2.5 克。

4. 尸检所见

在急性死亡例,可见心肌间质淤血,肺淤血水肿及灶性出血,脑淤血、水肿及小血管周围渗出性出血,肝、肾淤血及浊肿,胃及十二指肠黏膜充血肿胀及散在点状出血。胃内容中常可发现灰黑色粉末。2 ~ 3 天以后死亡者,心、肝、肾等脏器均见程度不同的变性坏死。

5. 法医学鉴定

采取呕吐物、胃及胃内容物、血及肝肾等作为毒物化验用的检材。

(二)敌鼠钠盐中毒

敌鼠是一种抗凝血性高效杀鼠剂,常用其钠盐,称为敌鼠钠盐。敌鼠钠盐杀鼠作用强,具有用量少、效果好的优点。对人和家畜毒性较低,即使发生中毒,有较理想的解毒药维生素 K 进行解救。但对狗和猫毒性较大,并能发生二次中毒。

与敌鼠类似的抗凝血杀鼠剂,还有杀鼠酮、杀鼠灵等。人、畜误食为较常见中毒原因,自杀不多见,投毒杀人案例时有发生,敌鼠钠盐中毒由于易被误诊为血小板减少性紫癜或急性肾炎,因而往往被犯罪用作他杀手段。

1. 毒理作用

敌鼠的结构与维生素 K 相似,有竞争性抑制维生素 K 的作用,干扰了凝血酶原及凝血因子的合成,导致凝血机能减退,使出血时间延长。

2. 中毒症状

敌鼠钠盐中毒的潜伏期较长,发病缓慢,一般于口服后 3 ~ 4 天,长者 19 天才出现中毒症状。突出的中毒症状是出血倾向,如呕血、便血、齿龈出血、鼻出血、血尿、妇女阴部流血、全身皮肤及黏膜出现紫癜。

3. 尸检所见

可见全身皮下、肌肉广泛性青紫色片状出血,颅腔、胸腔、心包腔及腹腔积血(不凝固),各部位浆膜及黏膜可见片块状出血,各脏器小灶性出血。

4. 法医学鉴定

对全身性紫癜样出血的中毒者应高度怀疑是否敌鼠钠盐中毒,对临床上诊断为出血性疾病、肺结核咯血、弥散性血管内凝血或肾盂肾炎、肾肿瘤者，需注意加以鉴别。

（三）"毒鼠强"中毒

"毒鼠强"又名"鼠没命""三步倒"，化学名称为四亚甲基二砜四胺。纯品为白色粉末，无臭、无味，不溶于水，难溶于乙醇，化学性质很稳定，代谢很缓慢，不易降解。"毒鼠强"曾作为鼠药使用，但因其剧毒，能引起环境的污染及二次中毒，且无解毒剂，故一直未大规模使用。"毒鼠强"因易得，毒性强，使用时不易被察觉，常被用来经口服投毒他杀及服毒自杀，亦有不慎或被污染而中毒的案例，偶有吸入"毒鼠强"粉尘致中毒的。还有食用被"毒鼠强"毒死的动物而导致食用者中毒即"二次中毒"的。20 世纪 90 年代中后期我国"毒鼠强"中毒案件开始多发，并逐渐引发诸多重大的中毒事故或案件，促使 2002 年农业部（已撤销）发布第 199 号公告，明令不再受理"毒鼠强"等高毒、剧毒农药的登记和申请。2003 年最高人民检察院和最高人民法院发布《关于办理非法制造、买卖、运输、储存毒鼠强等禁用剧毒化学品刑事案件具体应用法律若干问题的解释》。

1. 毒理作用

"毒鼠强"可以使中枢运动神经元过度兴奋，导致强直性痉挛和惊厥；同时可抑制分解兴奋性神经递质的酶的活性，"毒鼠强"本身还可以导致兴奋性神经递质作用剧增，引起中枢神经活动功能紊乱，全身兴奋性增强。

2. 中毒症状

口服中毒者部分可即刻出现中毒症状，典型的中毒症状为突发强直性、阵发性抽搐，口吐白沫，神志不清，类似"癫痫大发作"。中毒重者抽搐发作时伴有昏迷，瞳孔散大，呼吸困难，最后因呼吸衰竭而死亡。

3. 尸检所见

死亡急速者尸斑、尸僵显著，窒息征象明显，各脏器淤血、水肿，尤以脑淤血、水肿明显，部分死者可见胃黏膜斑点状出血，因抽搐舌部可有咬伤及出血。中毒病程稍长者可并发支气管肺炎。

4. 法医学鉴定

检材可以取剩余食物、饮料、呕吐物、胃内容物，其他可取血液、尿、肝、肾、心、肺等。

［**案例**］有一少妇突然在家中死亡，其夫在其死后半小时也相继死亡，有人见证两人死前均有呕吐、口吐白沫、抽搐症状。为查明原因，法医提取死者胃内容物、血液、肝做毒物分析，结果显示，为"毒鼠强"中毒。因为"毒鼠强"在农村中广泛使用，

由于存放不当、使用不规范以及其可获得性,常发生中毒死亡的情况。“毒鼠强”毒性剧烈,中毒剂量很低,在体内不容易代谢,因而一般在怀疑中毒案件中都会对“毒鼠强”进行筛查。

(四)氟乙酰胺中毒

氟乙酰胺是一种高效、剧毒、长效性的杀虫及灭鼠剂。其为无臭、无味、不易挥发的白色针状结晶,受热可升华,易溶于水而生成无色透明的水溶液。该毒主要经口服进入人体引起中毒。误服含该毒的食物、水、鼠饵或毒死的禽兽引起中毒的较多,用该毒投毒杀人的近年亦不少,用于自杀的也有。因氟乙酰胺有剧毒,被禁用于灭鼠,但现实中仍禁而不止。

1. 毒理作用

氟乙酰胺被口服后经胃酸作用生成氟乙胺,氟乙胺阻断人体的能量代谢过程。同时氟乙酰胺及其代谢物如氟乙酸、氟柠檬酸能直接刺激神经系统并对心肌产生明显损害,氟乙酸还直接刺激中枢神经系统。

氟乙酰胺是一种剧毒鼠药,口服致死量很小,为0.3~0.5克。

2. 中毒症状

口服氟乙酰胺后2~15小时出现症状,轻者表现为头痛、头晕、恶心、呕吐、口渴、视力模糊、上腹痛及烧灼感明显。重者出现疼痛加剧、烦躁不安、视力丧失、阵发性抽搐,以后呼吸抑制、青紫、血压下降、昏迷、大小便失禁、死亡。也可见心律不齐、心肌损害。以神经系统症状突出的称为神经型,国内多见;以心血管系统症状突出的称为心脏型,国外报道多见。

3. 尸检所见

尸僵出现早,发绀明显。胃肠黏膜广泛出血,各脏器淤血、水肿,浆膜面点状出血。迁延中毒死亡者脑神经细胞变性,肝细胞脂肪变性及小叶中央区轻度坏死,肾小管上皮浊肿、轻度坏死,心脏有轻度间质性心肌炎。昏迷者可并发支气管肺炎。

4. 法医学鉴定

检材取胃内容物、呕吐物、吃剩的食物和饮料,其次取血、肝、肾和尿。

十一、有毒动植物中毒

有毒动植物中毒是指一些动植物本身含有天然的有毒成分,或由于储存条件不当形成有毒物质被人食用后引起的中毒。有毒动物常见的有蛇毒、斑蝥、河豚等,有毒植物有乌头、毒蕈、夹竹桃等。

(一)蛇毒中毒

蛇毒是有毒动物中危害较大的一类,蛇类引起的中毒占有毒动物中毒的首位。

1. 毒理作用

蛇毒有毒成分主要是蛋白质和多肽，毒性作用主要分为血液毒和神经毒两种。不同种类的毒蛇毒性作用各不相同，如眼镜蛇主要为神经毒，蝰蛇主要为血液毒，眼镜王蛇和蝮蛇既含神经毒又含血液毒。毒蛇每次放毒量不同，对人和小鼠的致死量也各不相同。

2. 中毒症状

被含神经毒类毒蛇咬伤的，局部症状较轻；被血液循环毒及混合毒类毒蛇（如眼镜蛇）咬伤的，局部症状较重，咬伤部位 3～5 分钟后出现明显红肿疼痛，随后红肿明显加剧变紫黑色，组织坏死并迅速向四周蔓延并有皮下局部淋巴结肿大及触痛等。

毒蛇中毒的全身表现主要为神经毒损害、心脏毒损害、凝血障碍毒损害和肌毒损害。

3. 尸检所见

毒蛇咬伤的病理变化因毒蛇类别而不同。一般在咬伤局部皮肤有一对较深而粗的毒蛇牙痕。神经毒的病理变化主要表现在脑脊髓各部位及周围神经节细胞广泛变性和坏死以及小脑扁桃体疝的形成。此外，心、肝、肾、横纹肌、肾上腺等脏器可见出血、坏死等改变。

4. 法医学鉴定

蛇毒中毒以意外咬伤中毒最多见。蛇毒作为药用也有中毒致死的报道。法医工作者应警惕用毒蛇或蛇毒他杀的案例。案犯常选用含神经毒的毒蛇（如银环蛇），因其局部咬伤牙痕小，不易被发现。表现为神经系统症状的中毒者，局部症状轻微，短时间内可死亡，需仔细检查体表毒蛇牙痕。直接用毒蛇进行他杀的罪犯，一般具有捕蛇技术，了解蛇的特性，物证检验在毒蛇杀人案中有重要意义。

（二）斑蝥中毒

斑蝥又称斑猫、斑蚝鸡公虫。斑蝥体内的主要毒性物质为斑蝥素，斑蝥及其制剂可用于治疗肝炎、癌症及多科皮肤病，滥用、误用或超大剂量食用可引起中毒，甚至死亡。

1. 毒理作用

斑蝥素对皮肤、黏膜及胃肠道均有较强的刺激作用。经皮肤及黏膜吸收后，主要作用于泌尿系统，导致肝、肾变性坏死和引起尿路炎症。口服后可引起急性胃肠炎而腹痛、呕吐甚至发生休克。重症病例可死于周围循环衰竭。斑蝥中毒量为0.6～1 克，斑蝥素致死量为 32～64 毫克，斑蝥虫粉剂致死量为 1～3 克（成人正常药用口服0.03～0.06克,小儿减量)。

2. 中毒症状

斑蝥口服后首先出现剧烈胃肠症状,中毒者口腔、咽喉有烧灼感,口腔黏膜出现水疱及溃疡,牙龈出血,吞咽困难,并伴有恶心、呕吐、流涎、腹痛、腹泻等临床表现,重症患者可发生高热、心律失常、血压下降、休克等,死于周围循环衰竭。

3. 尸检所见

口服中毒者尸检所见主要病变是胃肠道损害及中毒性肾病。食管黏膜充血、肿胀,见斑块状溃疡。可见斑蝥残体。肾小管上皮细胞水样变性及坏死等。

4. 法医学鉴定

鉴定主要依据死者胃内容物、呕吐物和现场吃剩的残渣中发现斑蝥的残躯碎翼。

(三)乌头碱中毒

乌头属种类繁多,全株都有毒,以根为最,主根称乌头,侧根称附子。作为药用,较重要的有川乌、附子和草乌,有毒成分主要为乌头碱。乌头属植物在我国民间与医界均有广泛应用,使用中出现中毒的报道屡见不鲜,是我国最常见引起中毒的有毒植物之一。中毒可见于用药过量或使用不规范,用法不当或滥用以及服毒自杀和投毒他杀等。

1. 毒理作用

乌头碱主要作用于神经系统和心。乌头碱使中枢神经系统及周围神经先兴奋后抑制,阻断神经肌肉接头传导。重度中毒者因延髓的呼吸和血管运动中枢麻痹,导致呼吸抑制、血压下降,最后死于呼吸循环衰竭。中毒致死量因品种、采收期、炮制与否及炮制方法的不同而差异较大,如生川乌3～5克,生草乌3～4克,雪上一支蒿0.5～2克,附子30～60克能致中毒死亡。纯乌头碱是极毒的生物碱,中毒量为0.2毫克,致死量为3～5毫克。

2. 中毒症状

乌头碱口服后最先出现口唇、舌、咽喉及口腔刺麻,继而出现麻木等,手足有特异的刺痛及蚁走感,而后出现呼吸困难、心慌、气促,脉搏最初加速,继而变慢,血压下降。严重者可有阵发性抽搐、呼吸浅慢、昏迷,有的出现急性心源性脑缺血综合征而突然死亡。

3. 尸检所见

尸体检验窒息征象多较明显。胃及十二指肠壁充血、水肿,脑膜淤血、水肿,有时血管周围有细小出血。

4. 法医学鉴定

乌头属植物中毒具有较明显的地区性，典型的口舌、四肢持续发麻症状，对法医学鉴定有一定意义。详尽的案情调查对确定中毒性质十分重要。乌头碱易因腐败或在碱性溶液中提取时遭到分解破坏，故检材应迅速冷冻保存，或用纯乙醇保存。

（四）毒蕈中毒

毒蕈（toxic mushroom）是指食后可引起中毒的蕈类，在我国目前已鉴定的蕈类中，可食用蕈近300多种，有毒蕈类约80多种，其中剧毒可致死的约10种：毒伞、白毒伞、鳞柄白毒伞、褐鳞小伞、残托斑毒伞、肉褐鳞小伞、毒粉褶菌、秋生盔孢伞、包脚黑褶伞及鹿花菌。其中前4种毒蕈均含毒伞肽和毒肽。毒蕈中毒多为误采误食所致，也曾有用毒蕈他杀投毒的报道。

1. 毒理作用

毒蕈有毒成分十分复杂，目前对其毒素及中毒机理尚未完全研究清楚。根据化学性质大致可将毒蕈毒素分为五大类：蛋白类、生物碱类、萜类、联苯类及酯类等化合物。常见的主要为蛋白类和生物碱类。

（1）蛋白类毒蘑菇毒素，包括蛋白类、环肽类和氨基酸类。其中环肽类毒素是造成致死事件的高发毒素，包括鹅膏毒肽、鬼笔毒肽和毒伞素等。鹅膏毒肽和鬼笔毒肽具有耐高温、耐干燥、化学性质稳定等特性。在误食含有此类毒素的毒菌后，2～8天可致人死亡。鬼笔毒肽作用于内质网，主要机制为干扰丝状肌动蛋白与球状肌动蛋白转化平衡，阻止细胞骨架形成，毒性较低。鬼笔毒肽和毒伞素都是快作用毒素，静脉或腹腔注射实验动物，一般2～5小时就会死亡，但口服不中毒，说明鬼笔毒肽不被肠道吸收。氨基酸类毒素主要有鬼伞素和异噁唑衍生物两种。鬼伞素是一种特殊的氨基酸，被人和其他动物摄入后，被水解为1－氨基－环丙醇，进一步水解为有毒的环丙酮，抑制肝脏中乙醛脱氢酶的活性。异噁唑衍生物的主要作用机制是在体内的水解产物鹅膏氨酸类似于N－甲基－D－天冬氨酸（NMDA），鹅膏氨酸经脱羧反应生成异鹅膏胺，鹅膏氨酸通过刺激谷氨酸受体，而异鹅膏胺主要是通过抑制γ－氨基丁酸受体，干扰内源性神经递质导致大脑功能紊乱，引起神经症状。

（2）生物碱类，包括毒蝇碱、奥来毒素、色胺类化合物、鹿花菌素等其他生物碱类，毒蝇碱作用机理类似于乙酰胆碱，为一种神经毒素；奥来毒素为慢性致死毒素，能抑制DNA、RNA、蛋白质大分子合成，造成细胞氧化应激损伤；色胺类毒素属于神经毒素，长期或是过量服用此类物质会引起神经中毒，目前这些蘑菇在美国都被列为控制物品。

2. 中毒症状

由于毒蕈类繁多,科属不同,毒素及毒性差异很大,中毒反应也不相同。因此,一般常先有胃肠刺激症状,但根据所含有毒成分不同,其他中毒症状有明显差异,据此大体可将毒蕈中毒分为肝肾损害型、神经精神型、胃肠炎型和溶血型四种类型。肝、肾损害型中毒占毒蕈中毒致死的95%以上,主要病理变化是中毒性肝坏死,多数尸检病例肝体积显著缩小,呈急性黄色或红色肝萎缩。

3. 法医学鉴定

应重视对发病情况的了解,系统地进行尸体检查。中毒属肝肾损害型者,应注意与暴发性重症病毒性肝炎相鉴别,死亡较快的病例尸检时有可能在胃肠内容物中检见毒蕈的碎片。在现场采集毒蕈样本应请有专门经验的人识别,或请专家进行生物学鉴定。

第四节　毒品中毒和艾滋病

一、毒品的概念及分类

毒品的种类很多,联合国《1961年麻醉品单一公约》、《修正1961年麻醉品单一公约的议定书》、《1971年精神药物公约》和《禁止非法贩运麻醉药品和精神药物公约》都分别附列经联合国经社理事会麻醉品委员会认定的毒品和制毒物质的种类表,根据联合国的有关规定,受管理的天然毒品和人工合成毒品达150多种。

联合国经社理事会麻醉品委员会将毒品分为六大类:(1)吗啡型药物,包括鸦片、吗啡、可待因、海洛因和罂粟植物等最危险的毒品;(2)可卡因和可卡叶;(3)大麻;(4)安非他明等人工合成兴奋剂;(5)安眠镇静剂,包括巴比妥药物和安眠酮;(6)精神药物,即安定类药物。

世界卫生组织(WHO)则将毒品分为八大类:阿片类、可卡因类、大麻类、中枢神经兴奋剂类、酒精以及镇静催眠类、致幻剂类、挥发有机溶剂类、烟草类。

国际上对毒品的排列分十个号,主要是鸦片、海洛因、大麻、可卡因、安非他明、致幻剂等十类,其中海洛因占据第三、四号,即三号毒品和四号毒品,也即通常在世界上被人们普遍习惯称的“三号海洛因”“四号海洛因”。由于这样的习惯叫法使人们误以为还有一号、二号海洛因,而一号、二号海洛因实际是吗啡(盐基物)或吗啡类。

按照我国法律规定，毒品是指鸦片、海洛因、甲基苯丙胺（冰毒）、吗啡、大麻、可卡因以及国家规定管制的其他能够使人形成瘾癖的麻醉药品和精神药品。毒品根据来源分为天然毒品、半合成毒品和合成毒品。通常认为，第一代毒品主要是指海洛因以及阿片类物质，第二代毒品则以甲基苯丙胺等为代表，而第三代毒品即新精神活性物质。

最常见的传统毒品是麻醉药品类中的大麻类、鸦片类和可卡因类。

二、毒品的危害

毒品对人体的危害很大。通过毒素侵蚀、损害人的精神、躯体和神经系统，造成情绪障碍、智力下降、人格改变，发生精神病态，使躯体摄取营养困难，心血管运动发生障碍，损害消化系统、神经系统、内分泌系统，严重时呼吸循环系统衰竭死亡或者感染乙型肝炎、艾滋病等死亡。吸毒不仅使吸毒者受到肉体上和精神上的伤害，严重威胁人类的健康发展，更为严重的是，由于毒品的高额费用和强烈诱惑，犯罪行为猛增，危害社会秩序和人类安全，使人类陷入灾难之中。

三、药物滥用与吸毒

药物滥用（成瘾）是一种大脑的疾病，是由于长期滥用成瘾性物质所引起的一种大脑神经细胞形态结构、生物化学和功能改变的大脑慢性疾病。其特点表现为病程呈慢性、复发性经过，并伴有明显的心理、行为障碍和/或法律等诸多方面的问题。

吸毒是指非医疗用途，强迫性地要连续或定期使用毒品、麻醉药品与精神药品的行为，是一种慢性中毒的成瘾状态。吸毒在医学上叫作“药物滥用”。但是吸毒是药物滥用的一部分，这两个概念不是等同的，药物滥用的范围更广泛，涉及的药物也更多。由于医疗上用药不当造成麻醉药品和精神药品成瘾，叫作“医疗性药物滥用”。

四、吸毒方式和中毒原因

（一）吸毒的方式

吸毒的方式有吞服、咀嚼、吮吸、吸入、皮下或肌肉注射及静脉注射。其中吸入包括吸点燃的原材料（大麻）；或直接吸入如挥发性溶剂；或将固体药物加热使之升华为气体，然后吸入。第三个方式的典型例子是将海洛因放在一片锡箔上，在锡箔下烧烤，然后用纸筒迅速吸入毒品升华的烟雾。目前在吸毒群中，采用静脉注射的倾向越来越大。

(二)中毒原因

药物依赖性是指人对依赖性物质(成瘾物质)产生强烈的渴求欲望,并反复地使用依赖性物质,以取得快感,或避免出现痛苦,使依赖者处在一种特殊的精神和身体病态状况。药物依赖性可分精神依赖性和身体依赖性两种。

身体依赖性又称生理依赖性,这是中枢神经系统对长期使用成瘾性毒品所产生的一种适应性状态。这时候身体必须在足量毒品维持下,才能保持正常状态,一旦停止使用毒品,生理功能就会发生紊乱,出现一系列严重反应,称戒断症状。

精神依赖性亦称心理依赖性,俗称"心瘾"。这是毒品对中枢神经系统作用所产生的一种特殊的精神效应,吸毒者处于一种追求使用毒品的强烈欲念下,有一种"渴求",这种欲念强迫吸毒者不顾一切地去寻求毒品,以满足自己的欲望。这样做一方面是为了享受毒品所带来的"欣快",另一方面是为了避免一旦戒断毒品所带来难以忍受的痛苦,即戒断症状。这两方面因素使吸毒者身不由己,陷入不能自拔的毒品滥用深渊。

毒品的生理依赖和心理依赖是毒品药物依赖的两个方面,毒品的心理依赖比毒品的生理依赖更令戒毒者难以承受。通常情况下,稍有意志的戒毒者都能够承受毒品的戒断反应,但是对于大多数人来说,却无法使他们摆脱对毒品的心理渴求。这令很多戒毒者消除了毒品戒断反应后,仍无法忘怀毒品带给他们的美妙感觉和异常欣快感,他们对毒品心理上的欲望,往往超过生理上所承受的痛苦。为此,很多人戒断毒品后又重新摄入毒品,以满足他们对毒品的心理需求和对毒品的饥饿感。

五、常见毒品中毒及法医学鉴定

(一)阿片类毒品

1. 罂粟(poppy)

图 7-1

罂粟(见图 7-1)性状:一年生或两年生草本,花单一顶生,大型而美丽,花瓣为四瓣,呈白色、淡红或紫红,果实呈卵状球或长椭圆形,种子不含吗啡。

来源：鸦片罂粟（Papaver Somniferum L.）基源植物，印度与土耳其为其两大主要产地；亚洲方面，以中国、泰国、柬埔寨、缅甸边境的金三角为主要非法种植地区。

滥用方式：茎干及叶含少量生物碱，成熟枯干后切碎末以便吸食；未成熟的果割裂取其乳汁，干燥凝固成鸦片后附烟袋锅的长管抽吸；未被割裂的果成熟后，乳汁自行凝固于果壳成为鸦片的原体。

2. 鸦片

鸦片（opium）（见图7－2），俗称“阿片”“大烟”“烟土”“阿片烟”“阿芙蓉”等，主要含有鸦片生物碱，已知的有25种以上，其中最主要的是吗啡、可待因等，含量可达10%～20%。

图7－2

性状：形状不一，呈圆球形、扁饼形、砖形或不规则形，呈棕色或黑色，为天然罂粟类植物蒴果的浆汁干燥后形成的棕褐色胶状固体。

来源：罂粟（Papaver Somniferum）未成熟蒴果经割伤果皮后，渗出白色乳汁干燥凝固而得。

毒性：具有致成瘾性，长期滥用可产生药物依赖性及其他身心疾病，过量使用可发生呼吸抑制。

滥用方式：吞服、香烟吸、烟枪吸、烫吸和注射等方式。

毒害：使用初有欣快感，无法集中精神，会产生梦幻感现象。过量使用造成急性中毒，症状包括昏迷、呼吸抑制、低血压、瞳孔变小。具有高度心理及生理依赖性，长期使用后停药会发生渴求药物、不安、流泪、流汗、流鼻水、易怒、发抖、寒战、打冷战、厌食、腹泻、身体蜷曲、抽筋等戒断症状。一旦成瘾极难戒治。

3. 吗啡

商品名或常用名：吗啡，Roxanol。

吗啡（见图7－3）俗称：“M”“White Stuff”“Miss Emma”“Monkey”。

医疗用途：镇痛，止咳。

作用时间：3～6小时。

可能作用：欣快、昏睡、呼吸抑制、瞳孔缩小、恶心、皮肤刺痒、便秘。

图7－3

用法：口服、注射、吸烟。

过量效应：呼吸浅慢、冷黏皮肤、痉挛、昏迷、可能致死。

戒断症状：水样眼、鼻涕横流、无食欲、哈欠、易怒、颤抖、惊慌、忽冷忽热、腹部绞痛和恶心。

图7-4

4. 海洛因

海洛因(见图7-4)来源:鸦片,由吗啡经乙酰化改变构造而成。

商品名或常用名：二乙酰吗啡。

俗称：“Horse”“Smack”“H”“Stuff”“Junk”。

性状:白色结晶粉末,因品种纯度不一,有浅棕色或白色;亦有混杂奶粉、糖或葡萄糖等物质。以纯度不同而以一号、二号、三号、四号海洛因区分。通常装入小纸如包药般包装或以封口塑胶带方式流通市面。

滥用方式:口服、抽吸、鼻吸或注射。

作用时间：3~6小时。

可能作用：欣快、昏睡、呼吸抑制、瞳孔缩小、恶心、皮肤刺痒、便秘。

过量效应：呼吸浅慢、冷黏皮肤、痉挛、昏迷、可能致死。

戒断症状：水样眼、鼻涕横流、无食欲、哈欠、易怒、颤抖、惊慌、忽冷忽热、腹部绞痛和恶心。

阿片类药物滥用中毒的法医学鉴定主要依赖案情调查、现场勘查、尸体解剖和毒物分析结果的综合分析。

毒物分析是认定是否吸毒死亡的重要手段,但不能单纯依靠毒物分析的结果,中毒致死量中提供的数据及其范围只能参考使用,因为吗啡的耐受性及成瘾性以及毒品的死后再分布因取材时间不同,变化很大,如血液呈阴性,而胆汁和尿中可能为阳性。因此,提倡在尸检时提取不同体液和不同器官供毒化检测。

值得特别注意的是,由于相当一部分海洛因滥用者是艾滋病病毒携带者,甚至是艾滋病患者,或是乙肝病毒携带者或肝炎患者,对他们进行尸体检验时应注意加强自身防护,特别是当怀疑有艾滋病时,可在尸体解剖前采取血液检测HIV抗体,确定是否HIV抗体阳性,再进行尸体解剖。

图7-5

(二)大麻

大麻(见图7-5)来源:基源植物为印度大麻(Cannabis Sativa L. ver Indica Lamarck),生长

于温带或热带气候性地区。

性状:一年生植株为单一茎草本,主根明显;多年生植株形如灌木。大麻植物的主要成分四氢大麻酚(Tetra hydro cancabinoid,THC)富含于叶及雌花。大麻植物顶端的树脂分泌物干燥为大麻制剂,在中东及北非地区称为 Hashish,远东地区称 Charas,为含大麻酚浓度最高者。

滥用方式:吸烟或烟斗抽吸。

作用时间: 2 ~4 小时。

可能作用: 欣快、放松、性抑制、食欲增加、辨不清方向、反射协调能力改变、对时空的感知混乱。

用法: 吸烟、口服。

过量效应:疲乏、偏执,可能产生精神错乱。

戒断症状:失眠, 偶有活动增加和食欲减退的报告。

无特殊病理变化,体表可见眼结膜充血,口唇、口腔黏膜干燥,手指及牙齿有烟釉痕。

鉴定时强调调查毒品的来源、中毒症状、吸毒史及毒物分析。

(三)可卡因

可卡因(见图 7 -6)俗称:“Bump”“Coke”“Flake”“Snow”“Candy”。

医疗用途:局部麻醉药, 血管收缩剂。

作用时间:1 ~2 小时。

可能作用:提高警觉、激动、欣快、心率加快、失眠、食欲减退。

用法: 口服、注射、吸烟、鼻吸。

过量效应:冲动、体温升高、产生幻觉、痉挛、可能致死、可能突发心脏病。

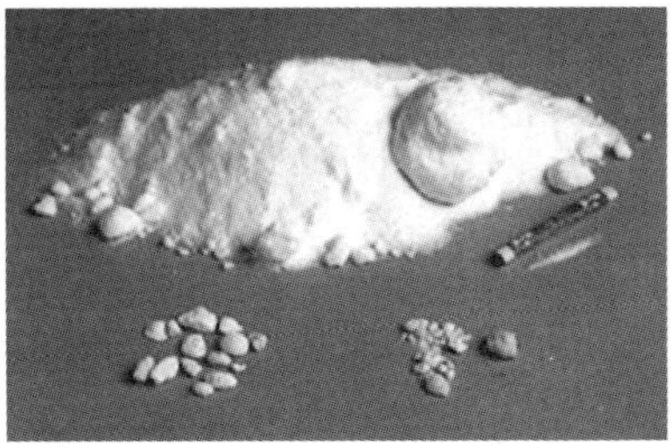

图 7 -6

戒断症状:淡漠、长时间的睡眠、易怒、抑郁、对方向的知觉丧失、产生自杀的念头、鼻中隔受损、鼻涕横流。

急性中毒死亡者呈窒息死征象,各脏器淤血明显。因血管收缩可能出现心肌梗死。用鼻吸食者,有时在鼻腔内发现毒品粉末。

长期滥用者营养不良。用鼻吸食者可检见鼻中隔黏膜萎缩,甚至穿孔。注射者见新鲜注射针眼及陈旧不等的注射疤痕。心脏损害明显,右心室扩张,心肌灶性、带状坏死甚至梗死。有时合并肺炎、心内膜炎、肝炎等感染性疾病。有时可见脑出血、动脉瘤破裂、血管栓塞、异物肉芽肿形成及折射晶体物质沉积。

注意毒品接触史,毒品对中枢神经系统的强兴奋剂作用及对心脏的损害症状。

急性中毒者突然昏迷、室颤、脉搏消失,因心脏麻痹和心功能衰竭而迅速死亡,尤其是对心血管疾病患者可致突然死亡。

慢性中毒者可产生精神病危险,出现持续幻觉,往往伴发暴力行为。身体消瘦、合并感染及鼻中隔穿孔。

毒物检测应进行可卡因及其代谢产物的定性、定量分析。

(四)苯丙胺类

1. 摇头丸(MDMA)

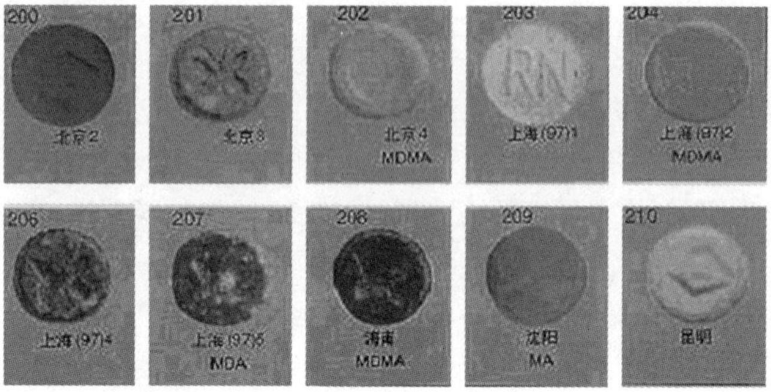

图 7-7

摇头丸(见图 7-7)化学名称为 3,4-亚甲二氧甲基苯丙胺,简称 MDMA,俗称"迷魂药""忘我""亚当""狂喜""快乐丸"。

性状:白色药片、胶囊,亦有呈粉红色或其他颜色。

滥用方式:口服。

毒害:兴奋中枢神经并具有迷幻作用。出现食欲不振、牙关紧闭、恶心、肌肉痛、运动失调、流汗、心悸、疲倦及失眠。引起之毒性包括体温过高、血管疾病、心律不齐。致命的毒性包括横纹肌溶解、散布性血管内凝集及急性肾衰竭。体温过高为 MDMA 中毒主要特有症状,可高达 43 摄氏度,由于药物作用加上脱水及身体奋力而造成的高体温可致死。与安非他明及古柯碱类同,会产生心理依赖造成强迫性使用,引致抑郁及精神错乱,亦时有惶恐不安感,甚至自杀之倾向。由于中枢神经抑制能力减弱,加之易产生不会受伤害的幻想,滥用者往往对行为能力的安全性掉以轻心,造成意外。

2. "冰毒"

冰毒(见图 7-8)化学名称为甲基苯丙胺(又名去氧麻黄碱或安非他明),俗称"冰毒",属联合国规定的苯丙胺类毒品。

来源：由盐酸麻黄素合成。国内滥用之安非他明主要为甲基安非他明。源于日本。

性状：纯品为无色至淡黄色油状物，其盐酸盐或硫酸盐为微带苦味之白色结晶体粉末，易溶于水，一般作为注射用。

滥用方式：口服、注射、鼻吸或与烟草混合后抽吸。

图 7－8

毒害：兴奋中枢神经，具有欣快、警觉及抑制食欲之作用，重复使用会成瘾，中毒症状包括多话、头痛、错乱、高烧、血压上升、盗汗、瞳孔放大、食欲丧失。大剂量使用可引起精神错乱，思想障碍，类似妄想性精神分裂症，如多疑、幻听、被害妄想等，长期使用导致器官性脑症候群，有高血压及脑中风之危险。停用之脱瘾症状包括精神呆滞、昏睡、易怒、烦躁不安、忧虑，有自杀的倾向。

急性中毒死亡者无特殊病变。尸僵出现早且较强，脑水肿、肺淤血、水肿，其他脏器也呈淤血、水肿改变。

有苯丙胺类药物接触史，中毒症状反映出中枢兴奋和交感神经兴奋的症状，长期滥用者体形消瘦，有幻觉、妄想等精神症状。有些中毒症状不明显或死亡迅速者的鉴定还有赖于案情调查，查明毒品来源、吸毒史等，结合毒物化验结果进行综合分析。对毒物化验结果分析时，须考虑尿液的 pH 值、药物进入体内的时间及进入途径。

服用苯丙胺类药物中毒死亡者多为青年人，可见于歌舞厅、大街上或家里，常有多人服药史，通过调查可获悉。中毒症状有明显口渴、高热、兴奋、不安、抽搐、高血压及肝、肾功能衰竭等，解剖可见脑、心肌、肝细胞坏死等，结合毒物分析可确定中毒死亡。

有的案例毒物化验只检出微量药物，甚至检不出，死亡可能由药物作用引起并发症所致，须结合案情综合判断。

（五）氯胺酮

氯胺酮（Ketamine）又称“K 粉”。

医疗用途：属于静脉局麻药，临床上用作手术麻醉剂或麻醉诱导剂，具有一定的精神依赖性潜力。

性状：通常呈白色粉末状，也可以是药丸或透明无色的液体。

滥用方式：口服、注射或鼻吸。

毒害:焦虑、心跳过速、血压上升、胸痛、呼吸受压抑、眼球震颤、瞳孔散大、有幻觉和失去知觉。使人产生一些类似精神病的症状,包括谵妄、精神变态、反闪等,甚至会不省人事、昏迷、解离等。

(六)其他毒品

1. 强力胶

强力胶(见图7-9)的来源是工业用黏着剂。

图7-9

性状:储存于罐装或管装等各种容器。含有机溶剂甲苯。其他如天那水、打火机油、机油、喷雾式油漆、油漆稀释剂、“立可白”等其他日用品均含有机溶剂。

滥用方式:置于空塑胶袋搓揉,释出有机溶剂。

毒害:开始吸食有茫茫然、欣快感、注意力无法集中、视觉模糊、步履失调如太空漫步、口齿不清等现象。常因气管吸入呕吐物或未将塑胶带移开而造成呼吸窒息死亡,亦造成心脏衰竭突然致死。长期使用会导致表情淡漠,产生漂浮空中或游泳的各种幻觉,无方向感,易失去自我控制能力而造成一些反社会的暴力行为。慢性中毒可引起贫血、智力减退、暴躁、肌肉萎缩、呼吸困难。

2. 咖啡因

咖啡因是化学合成或从茶叶、咖啡果中提炼出来的一种生物碱。大剂量长期使用会对人体造成损害,引起惊厥、心律失常,并可加重或诱发消化性肠道溃疡,甚至导致吸食者下一代智能低下、肢体畸形,同时具有成瘾性,停用会出现戒断症状。

3. 三唑仑

三唑仑又名“海乐神”“酣乐欣”“淡蓝色片”,是一种强烈的麻醉药品,口服后可以迅速使人昏迷晕倒,故俗称“迷药”“蒙汗药”“迷魂药”。可以伴随酒精类共同服用,也可溶于水及各种饮料中。见效迅速,药效比普通安定强45~100倍。

4. γ-羟基丁酸

2005年中国就将其列入第二类精神药物予以管制,并于2007年变更为第一类。滥用γ-羟基丁酸会造成暂时性记忆丧失、恶心、呕吐、头痛、反射作用丧失,甚至很快失去意识、昏迷及死亡,与酒精并用更会加剧其危险性。

此外,新型毒品还有安纳咖、氟硝安定、麦角乙二胺(LSD)、安眠酮、丁丙诺啡、地西泮及有机溶剂和鼻吸剂等。

5. 四氢大麻酚

四氢大麻酚是被我国列入管制的第一类精神药品，属于新型毒品，长期使用会使人体的中枢神经产生兴奋，最终导致人精神堕落，严重时甚至丧失工作能力。

六、新型毒品及其危害

新型毒品的定义与毒品的定义有明确的法律规定不同，新型毒品并没有专门的法律定义，不属于一个法律概念。有的学者将新型毒品表述为“相对于罂粟阿片原植物加工的鸦片、海洛因等传统毒品而言的，主要是指通过人工方式化学合成的兴奋剂、致幻剂类毒品，是由国际禁毒公约和我国法律法规所规定管制的，直接作用于人体中枢神经系统，使之兴奋或抑制，连续使用能使人产生依赖毒理反应的精神药品”。早期指冰毒、摇头丸等人工化学合成的毒品，被称为第二代毒品；近年来，又出现了被联合国禁毒机构称为“新精神活性物质”的第三代毒品，具有与管制毒品相似或更强的兴奋、致幻、麻醉等效果。2013 年联合国毒品和犯罪问题办公室(United Nations Office on Drugs and Crime，UNODC)将新精神活性物质界定为：“未被联合国《麻醉品单一公约》和《精神药物公约》所管制，但有被滥用的可能，并会对公众健康造成危害的单一物质或混合物质。”(来源于外文资料)2015 年国家禁毒办对新精神活性物质的界定是：“不法分子为逃避打击而对列管毒品进行化学结构修饰所得到的毒品类似物，具有与管制毒品相似或更强的兴奋、致幻、麻醉等效果。”新精神活性物质的“新”，并不一定是该物质直到“最近”“新近”才出现的，而是指其“最近”或“新近”才流入毒品市场成为滥用的物质，也称“策划毒品”、“合法兴奋剂”或“实验室毒品”。合成大麻素类和卡西酮类新精神活性物质在欧美等发达国家的滥用形势日趋严峻。新精神活性物质具有种类繁多、迷惑性强、隐蔽性强等特点，市面上可见到的如“蓝精灵”“恰特草”“电子烟”“零号胶囊”“小树枝”“神仙水”等。

新精神活性物质危害性极大，英国研究发现，滥用卡西酮类物质人群的自杀及自残率远高于正常人群。还有研究发现滥用新精神活性物质导致暴力犯罪案件数量大大增加。此外，滥用新精神活性物质还会造成急慢性中毒及慢性脑损伤等严重的健康损害。以合成大麻素类新精神活性物质为例，近年来的新型毒品案件中发现，一些有海外求学、工作生活经历，或从事模特、主播行业，喜好酒吧文化的年轻人中，悄然流行一种“抽了可以嗨”的电子烟。这种电子烟外观、吸食方式与普通电子烟油高度相似，使用普通的电子烟就可以吸食，门槛低且隐蔽性高，其有效成分为四氢大麻酚，比传统大麻具有更强的成瘾性和危害性。合成大麻素类物质在欧美国家被广泛滥用,呈现出替代传统毒品的趋势。四氢大麻酚是常见的大麻素类化合物,2021 年 7 月我国禁毒部门对合成大麻素类新精神活性物质正式实行整类列管。直到对合成大麻素类新精神活性物质进行列管后,执法部门才有法律武器对其进行打击。

七、吸毒与艾滋病

以静脉注射方式滥用毒品后,不仅损害本人健康,还会造成乙型肝炎、丙型肝炎、性病的传播等公共卫生问题,其中最严重的是被称为“头号癌症”“世纪之症”的艾滋病的感染和传播。这是毒品对社会的一种新的危害。

艾滋病(AIDS)是当前危害人类健康最凶恶的疾病之一。其病原体是人类免疫缺陷病毒(HIV)。感染了 HIV 的人经过一段时间的潜伏期,便会发展为艾滋病。艾滋病患者通常死于免疫功能严重受损所导致的严重感染或恶性肿瘤,且死亡率极高。

HIV 感染方式主要是通过滥用毒品(静脉注射)来传播流行。目前,在国外的吸毒者中,艾滋病静脉注射吸毒者的感染率为 23%,而我国边境一带的毒品流行重灾区,吸毒群体艾滋病感染率竟高达 68%。

我国发现的艾滋病病例与西方相比是非常少的。但是,随着边境走私毒品、贩毒问题越来越严重,“吸毒瘟疫”的迅速蔓延,全国吸毒人员的增多,艾滋病流行危险性进一步扩大。

目前对于控制艾滋病泛滥唯一有效的方法是预防。我国政府在防治艾滋病方面付出了极大的努力。在打击吸毒、贩毒、取缔卖淫嫖娼方面加大了力度,制定了一系列严格的法律。但艾滋病的防治工作仍是长期和艰巨的。

艾滋病病毒的传染途径有四种:

1. 静脉吸毒者共用被感染的注射器;
2. 与感染者性接触;
3. 接受被感染者的血或血制品;
4. 妊娠围产期母婴之间垂直传播。

吸毒者中感染艾滋病主要是吸毒者中的中青年,文化程度低、卫生观念淡薄者,乡村和边疆地区的吸毒者也不少。一个原因是毒品具有成瘾性,吸毒者通常走向静脉注射毒品方式吸毒的道路,吸毒者毒瘾发作时总是急不可耐地由静脉推入海洛因溶液。由于卫生观念差和吸毒者成群接触,一个注射器常常反复使用或多人共用,只要一个是艾滋病病毒的感染者,病毒便可通过此途径进入其他人体内。

另一个原因是不少女性吸毒者为了购买毒品而“以淫养吸”,这些人对待性交的态度随意。这两个原因无疑使吸毒者的艾滋病病毒感染率增高。

因此,在吸毒人群及高危人群中宣传有关艾滋病的知识已经成为预防艾滋病的最根本措施之一。

研究与思考

1. 何谓毒物?根据毒理作用分为几类?
2. 举例说明毒物进入体内的途径。
3. 影响毒物作用的因素有哪些?
4. 在采集、储存、送检供作毒物分析的检材时,应注意哪些问题?
5. 说明氰化物、催眠药、砷化物、一氧化碳、有机磷农药等中毒的主要表现及尸检所见。
6. 试述吸毒的方式和中毒的原因。

拓展阅读

1. 刘良主编:《法医毒理学》,人民卫生出版社 2016 年版。
2. 沈敏主编:《法医毒物司法鉴定实务》,法律出版社 2011 年版。
3. 廖林川主编:《法医毒物分析》,人民卫生出版社 2016 年版。

第八章 猝　　死

重点提示

1. 猝死是指看似健康的人由于潜在的疾病或功能障碍所引起的突然而意外的死亡。

2. 猝死的法医学鉴定对于查明死因、明确伤病关系、揭露犯罪行为、平息纠纷具有重要的意义。

3. 猝死的原因依发生率前三位由高至低依次为心血管系统疾病、中枢神经系统疾病、呼吸系统疾病,其他如消化系统疾病、泌尿生殖系统疾病、内分泌系统疾病,以及一些功能障碍也可引起猝死。大部分猝死的发生有一定诱因。

4. 猝死的法医学鉴定必须全面考虑各种可能疾病及其他暴力性死因情况,逐一排除或认定,需要综合分析案情、病史、临床以及毒物检验结果,获得死因结论。

第一节 猝 死 概 述

一、猝死的概念

猝死(sudden death)指一个外表似乎健康的人因机体潜在性的疾病或重要器官急性功能障碍,突然意外地非暴力性死亡。猝死的完整名词应是急速、意外的自然死亡(sudden unexpected natural death)。

猝死是21世纪人类社会及医学面临的挑战之一,在所有自然死亡的人数中,猝死约占10%或更多。我国猝死的发生率大约为40/100,000。流行病学研究显示任何年龄均可发生猝死,多见于35~70岁及小于6个月的婴儿,男性发生猝死为女性4倍多。

二、猝死的特点

1. 时间上的急速性。通常在出现症状后数分钟至数小时内死亡。但有一部分几乎是闪电式的，自出现症状到死亡仅几十秒钟，称为即时死（instantaneous death）。关于猝死病程的时间限度，国内外各家文献报道不一，有规定 1 小时者、几小时者和 24 小时者为急速时限。世界卫生组织（WHO）建议将出现症状后 24 小时内死亡均列入猝死的范畴。

2. 思维上的意外性。这一点极为重要。有的病例死亡过程虽然很短，但并非意外，仍属于猝死，相反地，有的人病程虽稍长，但由于所患疾病或功能障碍是潜在的，平素似乎健康，家属对其死亡毫无思想准备，这种情况仍列为猝死。例如，能够正常工作、生活的心肌病患者或心脏传导系统病变患者突发心脏功能紊乱引发急性心功能不全而突然死亡。因此，在某种意义上，猝死的意外性比急速性更具有法医学上的意义。

3. 死因上的自然性。暴力死不属于猝死的范畴。尽管有时究竟死于何种疾病尚不能查明，但至少应完全排除机械性损伤、机械性窒息及中毒等暴力原因。

三、引起猝死的疾病原因

人体潜在的器质性疾病是造成猝死的内在因素，也是主要死因。各系统的许多疾病在某种条件下，均可引起猝死。成人以心血管疾病占首位。我国每年心脏病猝死人数超过 55 万，相当于约每分钟有 1 人发生心源性猝死。其次为神经系统疾病和呼吸系统疾病，而消化系统、泌尿系统及生殖系统疾病相对较少。新生儿和婴幼儿以呼吸系统疾病为主。兹将引起猝死常见的疾病，按系统列举如下：

1. 心血管系统疾病：冠心病、高血压病、急慢性心肌炎、各型心肌病、心传导系统疾病、瓣膜病、心包炎、肺动脉栓塞、主动脉瘤破裂、脂肪心及先天性心脏病等。

2. 呼吸系统疾病：各型肺炎、急性喉头水肿、急性扁桃体炎、支气管哮喘、自发性气胸及慢性纤维空洞性肺结核等。

3. 中枢神经系统疾病：自发性脑出血、自发性蛛网膜下腔出血、脑栓塞、脑肿瘤、流行性脑脊髓膜炎、暴发型流行性乙型脑炎、脑疝、脑脓肿、寄生虫性囊肿及癫痫等。

4. 消化系统疾病：食道静脉曲张破裂出血、胃或十二指肠溃疡出血（穿孔）、急性胃扩张、胃破裂、急性肠梗阻、急性出血性坏死性胰腺炎、急性出血性肠炎、急性大块肝坏死、中毒性细菌性痢疾、肠伤寒等。在婴幼儿中，急性胃肠炎也是常发生猝死的原因。

5. 泌尿生殖系统疾病：宫外孕、羊水栓塞症、子痫、卵巢肿瘤扭转、尿毒症等。

6. 内分泌系统疾病：席汉氏综合征、嗜铬细胞瘤、阿狄森氏综合征、胰岛细胞瘤、甲状腺功能亢进症、甲状旁腺功能减退等。

7. 免疫系统异常所致猝死,多见的是过敏性猝死。

四、原因不明的猝死

除上述系统疾病为主要猝死原因之外,法医鉴定实践中,偶尔也会遇见现有医学和法医学知识难以解释的猝死情况,尸检未见明显致死性病变,推测属于生命重要器官急性功能障碍所致,其死因目前仍在研究之中,称为猝死综合征(sudden death syndrome),如睡眠中猝死或青壮年猝死综合征、抑制性死亡、婴幼儿猝死综合征、胸腺淋巴体质等。

五、猝死的诱因

猝死的原因除机体潜在疾病外,某些外在的诱发因素在猝死中也不可忽视。常见的诱因包括:

1. 精神因素,如狂喜、悲伤、愤怒、恐惧等情绪紧张、激动时或感到疼痛时。有人认为,精神因素及疼痛等引起的猝死,可能是通过神经反射引起心室纤颤或心室停搏而造成的。

2. 剧烈的体力活动或过度疲劳,如爬山、洗澡、赛跑、游泳、斗殴、性交、重体力劳动或工作时间过长等。

3. 较轻外力作用,如轻击上腹部、心前区等,可能引起某些人反射性的心跳骤停而死亡。患肝脾肿大、脑血管瘤患者,可因相应部位受较轻打击而致破裂大出血死亡。

4. 其他,如暴饮暴食、过冷过热、便秘等。当然猝死也可发生在安静状态,如休息、睡眠、谈话时等。

尽管引起猝死的器质性病变多种多样,但导致患者最后死亡的机理不外乎以下几类,即心跳骤停、急性心力衰竭、急性呼吸衰竭、急性肝功能衰竭或肾功能衰竭以及脑功能不可逆停止等。

第二节　猝死的法医学鉴定

一、猝死鉴定的对象

猝死是因自然疾病所引起的死亡,属非暴力死,一般不涉及法律问题,但由于以下情况,常成为法医学鉴定的对象:

1. 发病突然，由于事先没有任何预兆而突然死亡，或死亡时无人知晓，常被家属或周围群众误认为中毒、窒息、外伤或医疗事故而死亡。特别是当死者家庭不和睦时更容易被认为是谋害。

2. 如果死前有争吵、斗殴或遭到轻微外伤，即容易被认为是被打致死。

3. 若死者是因病就医过程中突然死亡，特别是在刚注射或服药后死亡。医生没有足够的时间诊查确诊，家属没有心理准备，医患双方不能及时交流沟通，引起各种误解，而被怀疑为医疗过失（医源性问题、误诊误治）、他杀或自杀（暴力），需法医学鉴定，确定死因。

二、猝死鉴定的意义

通过对猝死案例的法医学鉴定，可起到以下作用：

1. 揭露犯罪行为，打击犯罪活动；
2. 澄清案件性质，平息民事纠纷；
3. 促进医学发展，提高预防猝死的能力；
4. 发现职业病及烈性传染病等。

三、猝死的鉴定程序步骤

（一）案情调查

向死者家属、亲友、单位负责人或目击者了解死者既往病史；如果死前曾在医院、诊所就医，应了解调查病历、化验报告等临床情况。此外，还需调查家族史、死亡诱因、死亡经过及死亡时间，同时了解死者死前情绪表现、举止有无异常、有无与他人争吵等情况。

（二）现场勘查

猝死可发生于各种场所，如运动场、车间、交通工具、医院等公共场所，但发生在家里更为常见，尤其是猝死发生在睡眠中，特别是发生在独居一室，无见证人的情况下。因此，必须仔细勘验现场，注意有无打斗现象和他人遗留的痕迹；有无血迹、残余食物、药物或呕吐物等物证检材。及时、细致、全面、客观的现场勘查，对排除暴力致死或对猝死的真正死因鉴定是非常重要的。

（三）尸体剖验及辅助检查

这是判明死因的关键性步骤，由于快速死亡的尸体自溶和自体消化进展迅速，死后腐败现象也发展得极快，所以应尽快在死后24小时内进行全面系统的尸体剖验。否则应将尸体冷藏或冷冻保存。大多数尸体通过全面系统的尸体解剖、组织病理检查及毒物化学分析可明确死因,但仍有少数猝死尸体死因仍不明确,此时应在无菌条件下采取血做病原体培养或做其他检查。

(四)死因分析和鉴定意见

根据死亡案例的法医学检查结果,进行分析论证,大致有以下几种情况。

1. 猝死死因明确,尸体剖验时所发现的内部脏器的器质性病变显著,其性质、部位和程度足以说明猝死的死因,并可排除暴力致死因素,包括外伤、机械性窒息、毒物中毒等。

2. 患有自然性疾病,同时体内有药(毒)物如检出致死量的毒物或药物,判定为中毒死自无疑义。但如药物量少,应注意有无中毒症状,并核实是否与治疗、嗜好或职业接触有关,以及自然性疾病是否严重并足以致死。药量微而病变重者应诊断为疾病引起猝死。

3. 自然性疾病结合症状确定死因,暴力死已被排除,但自然性疾病的器质性病变轻,如心脏冠状动脉粥样硬化呈Ⅲ级狭窄,生前又无明显症状,此时只能推断死因;生前如有心绞痛发作史及相应的症状,心脏传导系统未见病变,则可判断冠心病为其死因。

4. 病变轻不足以确定死因(阴性解剖),此时就应采取排除法,首先必须排除暴力性死亡包括外伤、窒息、中毒等,然后结合案情、现场情况及全面系统检验资料进行分析判定或推测,如青壮年猝死综合征(SMDS)。这一类型数量虽不多,但因缺乏客观改变的依据,既是法医学鉴定工作的难点,又常成为引发争议的焦点。

5. 自然性疾病与损伤并存。对这种案例的死因分析鉴定比较困难,常常引起争议。根据损伤与疾病的相互关系分清主要死因、辅助或次要死因:

(1)损伤是主要死因。这类死亡是指损伤一般是所谓的条件致命伤,即在一般情况下不至于直接致命的损伤,疾病使损伤易于发生或加重了损伤的后果而致死。但这类损伤必须具有相当重的程度,而且确实能被尸检所证实或被人见证。有关的疾病没有达到随时可能致死的程度,常呈一种慢性的病程。与上述冠心病、脑血管意外等疾病不同的是,它们一般不易自发性急性恶化而死亡。这类疾病包括慢性发展程度不同的肺结核病、肝硬化,各种原因的脾大,出血性疾病等。年迈、体质衰弱、营养不良等病理状况,都可以降低机体抵抗力,增加对损伤的"易感性",使条件致命伤引起了伤者的死亡,该种状况也符合这类死亡的特点。

损伤对死亡的诱发或促进作用分为局部性和全身性两种。①局部的诱发或促进作用与致命性疾病的部位紧密相关,或者说是损伤的直接作用。如打击左胸诱发冠心病急性发作,打击腹上区致使显著肿大和重度病变的肝或脾破裂,伤及头部促进显著硬化的脑底动脉、动脉瘤或畸形的血管破裂出血等。②损伤的全身作用，即机体对损伤的全身反应，可以影响远离受伤部位的多个器官系统的功能，而出现病理生理学变化，最后促进死亡的发生。

(2)疾病是主要死因。这类死亡是指损伤是死亡的诱因或促发因素。在这类死亡中，损伤与疾病在死亡发生中的相互关系正好与上一类相反，在实践工作中较为常见。鉴定时应记住这类死亡中损伤与疾病关系的特点是：相关疾病程度较重，且都是具有潜在致死可能的疾病；相关损伤程度较轻，单独不能直接引起死亡。更重要的是，死亡必须发生在受伤后不太长的时间内。因为这类损伤的程度较轻，对伤者的有害影响一般是短暂而不持久的。

[**案例**]某犯人在监狱突然死亡，解剖后发现冠状动脉粥样硬化心脏病，冠状动脉阻塞Ⅳ级及心肌纤维化，此足可解释死因。但当解剖喉头时又发现领带填塞在呼吸道内，原来该案例并非猝死，而是自己用领带堵塞呼吸道造成机械性窒息而死亡。

四、猝死一般尸体征象

猝死尸体除大失血或严重贫血外，尸斑一般出现较早且色深。尸僵出现较迟而强，且持续时间较久。心脏(特别是右心)及大血管内充满血液，而且往往呈暗红色流动状。心室扩张，静脉及各内脏器官常明显淤血，浆膜或黏膜下常见有点状出血。

总之，猝死的法医学鉴定涉及疾病、暴力和医疗多方面因素，在鉴定时应全面结合综合调查、现场勘查、尸体解剖和毒化分析等作出正确的判断。

第三节 引起猝死的常见疾病

一、心血管系统疾病

心血管疾病猝死(sudden death of cardiovascular disease)占成年人猝死的第一位。在我国，心血管疾病引起的猝死占50% ~60%，居猝死发生率之首。其中约80%的死因为冠心病。

(一)冠心病

冠心病是冠状动脉性心脏病(CHD)的简称，是狭窄性冠状动脉疾病引起的心肌缺氧所造成的缺血性心脏病。冠心病绝大多数是冠状动脉粥样硬化致管腔狭窄

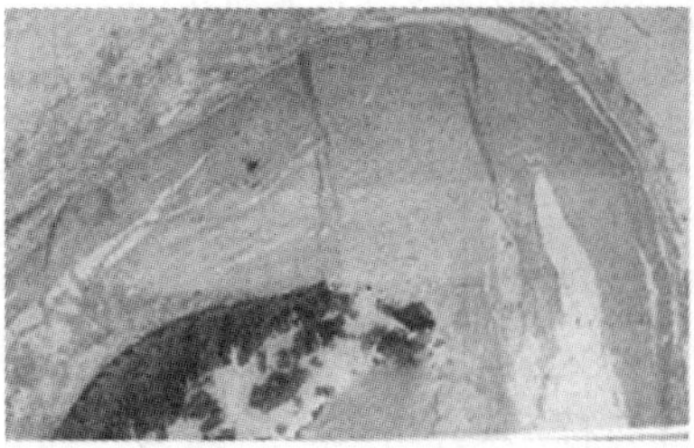

图 8-1　冠状动脉粥样硬化伴钙化

所引起(见图 8-1),因此,以前也曾将冠状动脉粥样硬化心脏病简称为冠心病。此外,引起冠心病的原因还有:冠状动脉痉挛、冠状动脉炎、冠状动脉栓塞、先天性冠状动脉畸形、冠状动脉肌桥、冠状动脉瘤等。冠心病猝死是指冠状动脉疾病引起的出乎意外的突然死亡。冠状动脉病变以前降支最多。造成冠心病猝死的直接死亡机制,多数是由于严重的心律紊乱,尤其是心室颤动和心室停搏,部分是由于急性循环障碍或心肌梗死导致室壁瘤形成或破裂等。

冠心病是引起猝死的最常见的原因。其猝死的特点主要有:

1. 多在症状发作后短期内死亡。据统计,有 40% ~75% 是急性症状发作 1 小时内死亡的,有的甚至为即时死。

2. 冠心病的发病年龄以中老年人居多,但冠心病猝死以 30 ~49 岁青壮年居多,近年来呈年轻化趋势,并以猝死为首发表现。笔者在鉴定中曾遇到一例 25 岁男子饱餐后快速骑车约半小时死亡的案例。

3. 多数猝死发生前没有明显的前兆症状。有的猝死发生前有胸痛、胸闷、心慌、头晕、恶心、出汗或全身不适的症状;有的在睡眠中表现有鼾声、呼吸变快或变慢、口吐泡沫、呻吟或惊叫、肢体抽搐等;有的出现咽喉不适等症状。

4. 多数猝死发生在医院外,如家中、宿舍、工作场所或路途中。

5. 尸体检验直接死于心肌梗死的仅占 20% 左右。绝大多数看不到心肌梗死形态学改变,可采用免疫组化显示心肌细胞内纤维连接蛋白(FN)阳性、肌红蛋白(Mb)缺失等技术方法证实心肌缺血。

6. 有猝死诱发因素者居多。冠心病猝死可发生于休息或睡眠时,也常发生在精神紧张、情绪激动、剧烈活动、劳累、饱食或醉酒及损伤之后。

7. 冠心病猝死的鉴定多数情况下提倡排除法,即首先要排除各种暴力因素和其他的可能致死的疾病,然后根据冠状动脉狭窄Ⅱ级以上,死前情况符合冠心病猝死的特点可明确鉴定为冠心病猝死。否则只能作出非肯定性、推断性结论。

[**案例**]黎某,男,36 岁,某建筑公司职工。平时健康状况良好。某年 6 月 8 日下午 3 时左右,黎某和一 12 岁男孩在马路边下陆军棋,在下棋过程中小孩提出要和,而黎某坚持不肯和,正在争吵过程中,黎某突然昏倒在地,当时四肢肌肉紧张,小便失禁,经旁人扶起来送本单位医务所诊治,至 3 时 30 分,黎某一度清醒,自诉心口

不适,四肢麻木,约一刻钟后死亡(自发病到死亡约50分钟)。法医尸体剖验发现冠状动脉粥样硬化症(左旋支孤立性斑块阻塞Ⅳ级)。未发现致命性损伤。毒物化验:胃及胃内容物经检验氰化物,结果普鲁士蓝反应阴性。由此推断黎某生前患有潜在冠心病,在争吵、情绪激动中诱发冠心病急性发作而死亡。

(二)原发性心肌病

原发性心肌病是指以心肌病变为主的,原因不明的心肌病。原发性心肌病包括扩张性心肌病、肥厚性心肌病、限制性心肌病等。扩张性心肌病指心室扩大心室壁变薄,心肌收缩力减弱为主要病变的心肌病,此型最为常见,占70%~80%。该型以充血性心力衰竭为主,其中以气急和浮肿最为常见。最初在劳动或劳累后气急,以后在轻度活动或休息时也有气急,或有夜间阵发性气急,并常见头晕,心前区疼痛等症状,少数患者有晕厥,各种心律失常均可见到,还可发生栓塞及猝死。肥厚性心肌病是指一侧或双侧的心肌肥厚为主要表现,会影响静脉血液回流心脏,引起体循环淤血。该型通常为常染色体显性遗传,也较为常见,占10%~20%。肥厚型梗阻性心肌病会引起严重心律失常或猝死。限制型心肌病的特征为原发性心肌的浸润性或非浸润性病变,或心肌心内膜纤维化,引起心脏充盈受阻的舒张期功能障碍,较为少见。该型多发生在南方,呈散发分布,起病比较缓慢。早期可有发热,逐渐出现乏力、头晕、气急,气急程度较扩张型心肌病为轻,以下肢水肿、腹水为突出表现。

上述心肌病均可引起猝死,以家族性心肌病中的梗阻型为最常见。婴幼儿则以心内膜弹力纤维增生症为最常见。导致猝死的机制为心律紊乱、心力衰竭和偶尔因附壁血栓脱落引起重要脏器如心、脑、肺等栓塞,发生猝死。

(三)主动脉瘤

有动脉粥样硬化性动脉瘤、夹层动脉瘤、梅毒性主动脉瘤三种。动脉粥样硬化性动脉瘤较多见,主要发生于腹主动脉,呈局部膨出,大者直径可达10厘米,破裂后导致猝死。夹层动脉瘤原因不明,有人认为是动脉中层囊性变性或坏死所致,本病患者约有3%发生猝死,死亡机制多因夹层动脉瘤向外膜破裂,引起心包填塞,左血胸、纵隔血肿或出血性休克。梅毒性主动脉瘤多发生在主动脉弓,呈囊状扩张、破裂后致死。

(四)心肌炎

各种原因引起的心脏肌层的炎症性疾病称为心肌炎。心肌炎是导致猝死,特别是小儿猝死的重要原因。许多病原体都可引起心肌炎,如细菌、病毒、立克次体、螺旋体、霉菌及寄生虫等,其病变或以心肌为主,或以间质为主。结缔组织性疾病如风湿病、类风湿病、红斑狼疮、结节性多动脉和皮肤炎症等均可侵犯心肌,病变主要在间质。心脏的非贯穿性外伤,化学毒物如磷、汞、砷、镉、一氧化碳等,药物如磺胺类亦可引起心肌炎。还有一类心肌炎,病变局限于心肌,称为斐特拉(Fiedler)心肌炎,有人推测与病毒感染有关,患者可在工作时或在街道上行走时突然死亡。白喉性心肌炎病死亡率在50%以上,可在疾病后期或恢复期发生猝死。

以柯萨奇(Coxsackie)B组病毒为主要病原体的病毒性心肌炎近年有增多趋势。在法医学鉴定中,常遇见心肌变性较轻、间质炎细胞较少的不典型心肌炎猝死案例,心肌炎的此类不典型病变在光镜下与伴少量炎细胞浸润的非心肌炎改变(5%~20%的正常健康人心肌间质存在炎细胞浸润)有时难以区分,故轻度心肌炎猝死的病理学鉴定须慎重。

心肌炎引起猝死的机制常为心力衰竭或重度传导阻滞所致的致死性心律失常。未累及心传导系统的轻度心肌炎猝死的机制尚不明确,近年有人提出,可能与心室肌电不稳定和一过性危险因素的交互作用有关。

(五)心脏瓣膜病

二尖瓣和主动脉瓣由于炎症,最终导致狭窄或关闭不全。处于代偿期可以像正常人一样工作与生活,当过度疲劳或精神激动,可以失代偿而猝死。

二尖瓣脱垂(prolapse of mitral valve)发病原因不明,许多有家族性。瓣膜肿胀、增厚、变软、发亮、并向左房呈圆顶状或帽状脱垂。黏液变性的瓣膜发生破裂,或黏液变性的腱索发生破裂,均可导致猝死。有时可合并感染性心内膜炎、瓣膜动脉瘤形成而发生猝死。

(六)高血压病

因血管运动调节障碍而引起的以血压升高为主要症状的慢性疾病称为高血压病,但可以因心力衰竭,脑血管意外而猝死。

根据临床过程和病理变化的差别,高血压病分缓进型和急进型两类。

缓进型较多见,病情经过缓慢,病程较长。早期无明显器质性改变,如果小动脉长期痉挛,可致血管壁发生硬化性改变,如肾小球入球小动脉等可发生玻璃样变性;肾脏弓形动脉、小叶间动脉等内膜嗜银纤维和弹力纤维增生,内弹力膜分裂成多层;大、中等动脉则发生粥样硬化。在小动脉痉挛、硬化、外周阻力增加和血压持续升高的情况下,心脏发挥代偿机制以维持正常血液循环,因而心肌发生肥大,最后心腔扩张,称为高血压性心脏病。高血压病晚期,肾脏因入球动脉硬化而导致肾小球纤维化,呈原发性固缩性肾改变,这些病人偶尔因肾功能衰竭而猝死。此型高血压引起的脑血管意外死亡率占39%。

急进型较少见,多发生于青年人,病情发展迅速,预后较差。急进型高血压病舒张压升高十分突出,如血压为230/150毫米汞柱,导致血管损害、坏死性细动脉炎、视乳头水肿发生。患者常因高血压脑病,心力衰竭和急进型肾功能衰竭而猝死。

(七)心脏传导系统疾病

心脏传导系统是一种形成正常冲动并传导冲动的特殊心肌组织,由窦房结、结间束、房室结、希氏束、左右室支及浦肯野氏纤维构成,当心脏传导系统发生病变时(如炎症、纤维化、脂肪浸润、供血障碍、发育异常、代谢障碍、传导组织肿瘤或出血等),均可引起猝死。

(八)肺动脉栓塞

来自下肢静脉、盆腔静脉、右心的血栓,可随血流到达肺脏;按其大小而栓塞于肺动脉主干或其分支。较小的栓子阻塞个别小的肺动脉分支,一般对人体无影响。若肺有严重瘀血,支气管动脉的侧支循环不能充分发挥作用,则所支配的肺组织发生出血性梗死。如果栓子大,阻塞发生于主干,或有较多小栓子,阻塞了多数肺动脉分支,可引起一系列严重心肺反应,则起病急骤,常突发呼吸困难、发绀、胸痛等症状,甚至造成猝死。过程十分短暂。肺动脉栓塞猝死易发生于产后妇女,手术后卧床、创伤及患有慢性充血性心力衰竭等疾病的人。

[**案例**]黎某,男,23岁,车祸致左下肢粉碎性骨折入院治疗,一个月后的清晨起床时,突然感到胸痛、脸色发绀,抢救无效死亡。尸体解剖见肺动脉内12厘米长血栓栓塞。其栓塞来源于下肢的静脉。

(九)心包疾病

心包炎时由于渗出液不断增多,或慢性纤维组织缩窄,均可压迫心脏及大血管。舒张期回心血量减少,心搏出量相应下降,依赖增加心率来代偿。当过度精神紧张、剧烈运动或过度疲劳时,则失代偿而猝死。

血液聚集在心包腔内称心包积血。造成心包积血的原因很多,最常见的是心肌梗死后的心脏破裂;升主动脉及冠状动脉的病变,如梅毒性主动脉瘤、细菌性动脉瘤、夹层动脉瘤;主动脉缩窄等引起的升主动脉与冠状动脉破裂;心脏和心包的创伤以及出血性疾病等。其严重程度取决于出血的量及心包积血的速度。若出血迅速,积血量达250毫升,即可导致猝死。

二、中枢神经系统疾病

中枢系统疾病猝死(sudden death of central nervous system disease)占猝死总数的12%~18%,其中最常见的是脑血管意外。

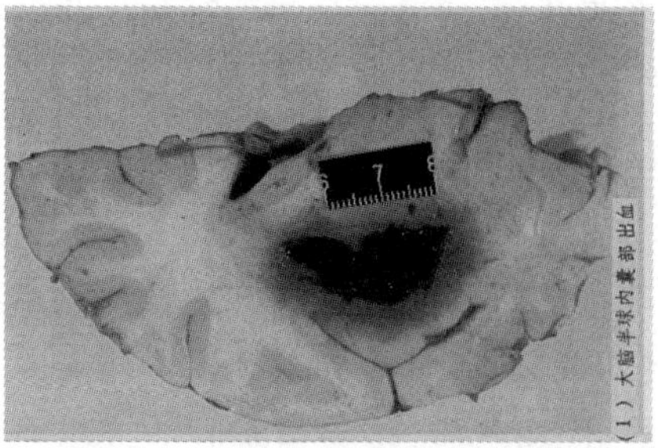

图 8－2　大脑基底节自发性出血

(一)自发性脑出血

自发性脑出血又称“脑中风”,多由高血压和动脉粥样硬化、脑动脉瘤破裂、脑血管畸形破裂所致。根据脑出血的部位,可分为:(1)大脑出血;(2)脑桥出血;(3)小脑出血。大脑出血常见于基底节和内囊(见图 8－2)。大脑出血不一定立即导致死亡,常经历昏迷阶段(数小时)。但脑出血累及脑室系统者,可迅速致死。脑桥出血常起因于脑桥中线动脉破裂。病变进展迅速,患者很快陷入昏迷而死亡,隐匿性脑血管畸形破裂也可引起致死性脑桥出血。隐匿性血管畸形是自发性小脑出血的重要原因之一,这种血管畸形体积小,平时多无症状,一旦破裂出血,可迅速致死。小脑出血之所以易引起急死,是因为该脑部组织位于幕下,出血导致该区压力突然增高,作用于脑干,压迫生命中枢而致急死。

(二)自发性蛛网膜下腔出血

自发性蛛网膜下腔出血是中枢神经系统疾病常见而又重要的原因。自发性蛛网膜下腔出血最常见的病因为颅内动脉瘤破裂,部分系由血管畸形破裂所致。先天性动脉瘤破裂,女性较男性为常见。少数可查到诱因,多数则发生在正常活动情况下或安静状况如休息时或睡眠中。动脉瘤破裂引起蛛网膜下腔出血,部分病例可有头痛、眩晕等前驱症状,但多数毫无前驱症状而迅速陷入昏迷以致死亡。其急死机制据认为系动脉瘤突然破裂,造成脑底部蛛网膜下腔大量出血,颅内压迅速增高,脑干重要结构受压或移位,致生命中枢(如呼吸中枢)麻痹而死。

尸体剖验见颅内动脉瘤破裂所致之蛛网膜下腔出血,出血量大,范围广泛,血液多积聚在脑底部,特别是各脑脊液池。血液沿着大脑外侧裂向大脑半球的凸面延伸。有时血液可穿入脑实质或通过小脑延髓池、第四脑室正中孔及外侧孔逆行进入脑室。当出血量大时,血液可穿透蛛网膜进入硬膜下腔隙,并发硬膜下出血。由于大量出血,颅内压急剧增高,可发生脑疝。

组织学观察可见血管源性脑膜炎改变。

在蛛网膜下腔出血的案例,特别是当死者生前与人有过争吵或遭受轻微外伤的情况中,尸检要求尽快确定出血的性质(损伤性或自发性)和来源,此时,需要仔细寻找有无破裂的动脉瘤、血管畸形等病变。此项检查最好在新鲜且尚未固定的脑标本上进行。

（三）脑血栓形成、脑栓塞和脑梗死

脑动脉血栓形成，常在脑动脉粥样硬化的基础上发生，可累及大脑中动脉、基底动脉。栓子的来源有亚急性细菌性心内膜炎或二尖瓣狭窄合并心房纤维颤动时左心室附壁血栓脱落、主动脉粥样硬化合并血栓或主动脉瘤内血栓脱落等。脑血栓形成起病较缓，有一个形成过程，而脑栓塞则突然发生。无论是脑血栓形成还是脑栓塞，均可导致动脉闭塞，特别是后者。由于血管突然堵塞，侧支循环来不及建立，引起相应部位的脑组织缺血、坏死，即脑梗死，或称脑软化。脑软化不常引起猝死，仅引起意识障碍或偏瘫。但有时病变累及较大的脑血管，如大脑中动脉主干栓塞，则引起大脑半球广泛软化，合并脑水肿，可因颅内压增高，脑疝形成而致猝死。此外，脑栓塞可继发于颈动脉、主动脉升部和心脏外伤所致之附壁血栓。刺创和枪弹创可导致这样的附壁血栓形成。尸体剖验时，对导致脑栓塞之血栓来源应予确定，同时也要判断血栓形成的原因是自发性还是外伤性的。

（四）颅内肿瘤

肿瘤引起猝死者不多见，但颅内肿瘤由于其生长部位的特点，引起猝死者在各种肿瘤中相对较多见。颅内肿瘤包括原发性颅内肿瘤和继发性颅内肿瘤两大类。常见的原发性脑肿瘤为胶质瘤和脑膜瘤。颅内肿瘤逐渐生长体积增大时，常引起颅内压增高而出现定位症状，临床上可作出诊断。但有时肿瘤组织内突然出血，伴有周围组织水肿，使颅内压突然增高，可致猝死。如多形性胶质母细胞瘤最易并发出血，位于脑室内的脑肿瘤，平时可不显任何症状，当体积增大，阻塞脑室系统时，则引起脑脊液循环障碍，突然出现脑症状，可在数小时内死亡。又如某些脑肿瘤患者，特别是儿童，平时无症状，偶尔与人争吵，头部遭受轻微外伤，随后出现脑症状，或于短期内死亡，此时需鉴定外伤在死亡的发生中占有多大比重。再如第三脑室胶样囊肿，当囊肿体积逐渐增大，堵塞室间孔和大脑导水管，阻碍脑脊液循环，引起急性阻塞性脑积水而致猝死。

（五）暴发型脑膜炎

系脑膜炎球菌感染所致，呈散发性和流行性的特点，以小儿与青年常见。暴发型脑膜炎起病凶险，进展急剧，很快发生休克样虚脱症状，表现为周围循环衰竭，血压下降、四肢厥冷、面色苍白，皮肤黏膜有广泛出血点，可在 24 小时内死亡。尸体剖验除见皮肤黏膜出血外，多数内脏，特别是双侧肾上腺广泛出血坏死。本病的猝死机制为败血症（又称华－佛氏综合征）和全身中毒性休克。

（六）流行性乙型脑炎

是由嗜神经乙型脑炎病毒所引起的急性传染病，简称“乙脑”。该病毒的传播媒介是蚊类,故本病的流行季节是7月、8月、9月三个月。10岁以下儿童发病较多。少数暴发型流行性乙型脑炎,起病急剧,体温可迅速高达41摄氏度以上,并抽搐不止而很快进入深度昏迷,患者可在24小时内因严重脑水肿而死于呼吸循环衰竭。

(七)脑脓肿

引起脑脓肿的细菌常见者为葡萄球菌、链球菌、肺炎球菌。近年来变形杆菌也逐渐增多。其感染途径可由局部病灶扩散而来,或从血液而来,局部病灶中最常见者为急性中耳炎、乳突炎、上颌窦炎等。血源性感染可继发肺脓肿、脓胸、支气管扩张症或脓毒败血症。耳源性脓肿多位于颞叶,有时也见于小脑。由额窦或筛窦来的脓肿多位于额叶。引起猝死的机制,可以由于脑脓肿的增大,颅内压力不断增加,脓肿破裂,脓液进入蛛网膜下腔,引起严重化脓性脑膜炎而猝死;或者脓液进入脑室,压迫生命中枢而死亡。

(八)癫痫

癫痫可分原发性与继发性两类。原发性癫痫原因不明,多见于小儿和青年人,通常未见病理变化。但反复大发作,反复缺氧,可引起海马硬化、小脑萎缩等。继发性癫痫发生于脑部器质性病变或代谢性障碍基础之上。

癫痫患者可能在某次大发作时或发作后猝死。其猝死机制目前多数认为主要由于癫痫持续过久,心肌损害和心力衰竭而死。

三、呼吸系统疾病

(一)肺炎

肺炎在小儿猝死中占首位,主要发生于1岁以下小儿。死前可毫无症状,或仅有轻微症状如喷嚏、咳嗽、流涕、轻泻等,死亡比较突然。主要为支气管性肺炎和间质性肺炎。当猝死原因是支气管性肺炎时可见肺呈斑块状实变。有时许多斑块融合一起而成融合性肺炎。在实变病灶周围可见肺不张和肺气肿,镜下可见细支气管壁炎症显著,其腔内充满炎症渗出物和脱落的上皮,周围肺泡充满炎症渗出物。支气管肺炎导致猝死的机制,主要由于炎症使肺内呼吸面积缩小,换气功能障碍,发生缺氧和二氧化碳蓄积,引起血管运动中枢和呼吸中枢的反射性兴奋,继之发生代偿性呼吸增快和心率加速,患者可因呼吸代偿不全而死于呼吸衰竭,也可并发中毒性心肌炎引起心力衰竭而迅速死亡。

间质性肺炎多数由病毒所致,也可由肺炎支原体和链球菌等引起。病变主要位于肺泡间质,肺泡壁因大量单核细胞及淋巴细胞或中性粒细胞浸润而极度增厚,肺泡与血液间的气体交换发生障碍,导致呼吸困难而猝死。当病毒性肺炎合并细菌感染时,更易发生猝死。暴发型单纯型流感肺炎在继发性细菌感染时,即可很快死亡。其病变除有肺出血、坏死、透明膜形成以及肺泡上皮细胞变性外，尚有出血性脑炎、心肌炎、肾上腺出血等改变。

大叶性肺炎通常有明显症状，而且病程较长，一般不引起猝死，偶尔可见少数案例，因症状不明显，无及时治疗，可在灰色肝样变期死亡。然而，暴发型大叶性肺炎起病急骤，进展迅速，因严重毒血症，可在红色肝样变期发生中毒性休克死亡，也称休克型大叶性肺炎。

[**案例**]某女，32 岁，因发热、双膝关节酸痛一天，于某天上午前往医院就诊，医生给予“痛宁痹”等，嘱其回家口服。当天下午 6 时患者出现恶心、呕吐，病情加重再次就诊，测血压为 80/50 毫米汞柱，心率 105 次/分，经抢救无效于次日 10 时死亡。法医分析意见：死者为女性，急性起病，有发热、全身中毒症状，并很快出现休克循环衰竭，尸检病理诊断为大叶性肺炎（红色肝样变期），故分析认为该患者系因大叶性肺炎导致循环、呼吸功能障碍而死亡。

（二）支气管哮喘

支气管哮喘系一种变态反应性疾病。肺体积膨胀、色淡。切面可见大小支气管壁增厚，中小支气管腔内则有黏液堵塞。镜下见支气管腔内充以黏液、脱落上皮细胞及嗜酸性粒细胞；基底膜增厚，杯状细胞增多；管壁充血水肿，也见嗜酸性粒细胞浸润；肺泡壁充血水肿，肺泡腔扩大，其中充以浆液。猝死多由支气管堵塞所致的窒息或由肺过度扩张引起的急性右心衰竭。

（三）肺结核性疾病

肺结核是慢性疾病，一般不引起猝死，与猝死有关者为慢性纤维空洞型肺结核，偶见血行播散型肺结核（又称粟粒型肺结核）。

猝死与慢性纤维空洞型肺结核的以下并发症有关：

1. 心力衰竭。慢性纤维空洞型肺结核由于坏死及纤维增生，可导致两肺广泛纤维化，肺动脉压力增高，右心负担日益加重，最终可发生右心衰竭。

2. 咯血。空洞壁的结核性肉芽组织中含有血管，当破裂时可咯血；若较大血管破裂时可引起大咯血，若血液进入支气管可造成窒息。

3. 窒息。空洞内大量干酪样坏死物质咳出时阻塞气管或吸入支气管内均可造成窒息。

4. 气胸。空洞靠近肺膜并穿破，或代偿性大泡性肺气肿破裂均可造成气胸。

四、消化系统疾病

（一）急性消化道出血

急性消化道出血不是一种独立的疾病，是一种以呕血、血便或黑便（柏油便）并伴有因血容量减少而发生失血性休克的临床病症。常见的疾病有食管静脉曲张、胃和十二指肠溃疡病等。

1. 食管静脉曲张是门脉高压的后果,多见于肝硬化,偶尔也见于门静脉、肝静脉或脾静脉血栓形成、肿瘤压迫或侵犯门静脉根部所致。曲张的静脉壁明显薄,一旦破裂出血,很难自行停止,故很易导致猝死。

2. 胃和十二指肠溃疡病的病变以胃或十二指肠黏膜形成慢性溃疡为特征,主要症状为周期性上腹部疼痛、返酸、嗳气等。有时溃疡底部较大的血管被腐蚀可引起大出血,故很容易导致猝死。

此外,应激相关胃黏膜损伤(又称糜烂性胃炎)和食管贲门黏膜撕裂综合征有时也可以引起急性消化道出血。

(二)急性出血性坏死性胰腺炎

急性出血性坏死性胰腺炎是由某些原因发生的胰酶消化胰腺本身引起的,以胰腺水肿、出血、坏死为主要病变的一种急性炎症。常见的原因是胆石、蛔虫、壶腹部括约肌痉挛及十二指肠乳头水肿。猝死主要由休克、心跳骤停所致。

本病死亡率为15%～25%,为猝死的常见疾病。其特点主要有:(1)常见于40～70岁成人,女性略多。(2)起病急骤,临床表现为上腹部剧烈腹痛、恶心、呕吐,并可发展为休克。早期血清淀粉酶和酯酶增高。饮酒、饱餐常为发病的诱因。(3)尸检时可见腹膜腔有油腻状不凝固血性液体。胰腺肿大、质软,呈暗红色,表面及切面分叶结构模糊。胰腺周围、大网膜及肠系膜脂肪坏死,呈散在灰白色斑点状,有的发生钙化。镜下见胰腺结构模糊,红细胞浸润。在坏死边缘可见中性粒细胞和单核细胞浸润。间质血管坏死、出血,血管腔内可见血栓形成。

本病猝死的鉴定要点主要有:(1)从发病到死亡应有一个发生、发展、症状逐渐加重到最后死亡的临床过程。(2)死者在发病过程中一般应有剧烈的腹痛,其疼痛常达到自己难以忍受的程度,多有明显的休克症状和体征。(3)医院的诊治和尸体检材的化验符合本病的特征性变化,只要尸体未明显腐败,就应提取其血液、尿液、腹腔积液等作淀粉酶测定等。(4)彻底排除其他可能的死因,尤其是隐蔽的暴力犯罪手段。因为胰腺出血、坏死既可见于多种暴力所致的机械性窒息,也见于烧死、冻死、电击死、外伤性休克以及乙醇、甲醇、安眠药、氯化物、一氧化碳、有机磷农药和砷等引起的急性中毒死亡者。综上所述,对急性出血性坏死性胰腺炎的死因鉴定必须持慎重态度。

(三)急性肠梗阻

发生急性肠梗阻的原因包括肠腔机械性堵塞、绞窄性疝、肠套叠、肠扭转等。肠腔可因蛔虫、胎粪块、结石及其他异物堵塞，导致近心段肠腔高度扩张，液体或气体积聚，远心段肠萎陷，而阻塞部肠壁因充血、水肿而增厚。阻塞较久尚可发生坏死和穿孔。绞窄性疝是造成肠梗阻最常见的原因，以腹股沟斜疝和股疝发生机会较多。肠套叠多发生于两岁以下的婴幼儿，常常为回肠套入大肠，套叠肠浆膜面有纤维蛋白渗出。肠扭转或因先天性肠系膜或肠袢过长所致，或饱食之后，充满食物的空肠下降，含气的回肠上升所致。

急性肠梗阻引起猝死的机制主要有三：(1)肠壁穿孔，肠内容物进入腹膜腔，引起反射性心跳骤停或急性弥漫性腹膜炎而死；(2)液体和电解质的丧失，引起水和电解质的紊乱；(3)如果呕吐物吸入呼吸道可致急性气道阻塞。

(四)急性出血性坏死性肠炎

急性出血性坏死性肠炎起病急骤，主要症状为腹痛、呕吐、腹泻、便血等，易被疑为中毒。猝死多见于小儿及老年人。急性出血性坏死性肠炎病因及发病机制尚不清楚，可能与细菌感染和变态反应有关。

病变主要见于空肠和回肠，常呈节段性分布。病变黏膜出血、坏死和溃疡形成。镜下除见黏膜坏死外，尚见中性粒细胞、单核细胞、嗜酸性粒细胞浸润，黏膜下充血、水肿、炎症细胞浸润，肌层可见玻璃样变性，浆膜有纤维蛋白渗出。

急性出血性坏死性肠炎猝死原因为细菌及毒素透过坏死的肠壁，进入腹膜腔引起急性腹膜炎，或穿孔后直接引起急性腹膜炎，最后死于感染性休克。

(五)急性大块肝坏死

患者起病急骤，临床表现为恶心、呕吐、黄疸急剧加深，肝功能高度障碍，在24小时或稍长时间死于肝昏迷、肠胃为主的大出血或急性肾衰竭。急性大块肝坏死的最常见原因为急性重型病毒性肝炎，其他如化学毒物中毒、毒菌中毒、妊娠中毒等也可引起。猝死机制主要有：(1)肝功能衰竭，肝大块坏死后，各种代谢产物的解毒功能发生障碍。(2)失血性休克，凝血因子合成障碍，发生弥散性血管内凝血，消耗大量凝血因子，常导致消化道大出血；也可见于产后大出血而死亡。(3)肾衰竭胆红素和组织崩解产物大量入血，除出现严重黄疸外，常致肾功能损害。

尸体检验见肝体积明显缩小，重量可减至正常之半，包膜皱缩，边缘锐利，质地异常柔软而可折叠。切面呈黄色或红褐色，小叶中央区呈暗红色而微凹陷，类似肝瘀血。镜下，肝细胞大块坏死，严重者荡然无存，仅残留肝小叶周围和汇管区的胆管。

(六)急性胃扩张、胃破裂

急性胃扩张虽然较少见，但临床起病急骤，病情发展迅速，后果严重，常可因胃极度扩张或自发性胃破裂而猝死。

急性胃扩张的原因主要有暴饮、外科手术、腹部创伤、麻醉及洗胃不当等,也可因幽门梗阻引起,还有报道因海洛因戒断而发生急性胃扩张。

急性胃扩张尸检时可见口鼻有棕色液体溢出,腹部膨隆。打开腹腔可有大量酸臭气体溢出,胃高度扩张,占据腹腔大部。胃内有大量气体、液体或食物,胃壁甚薄,呈苍白色,胃黏膜皱襞消失,有坏死时呈黑褐色。胃破裂者则腹腔内有胃内容物。

此外,急性腹膜炎、急性胆囊炎、胆石症也可导致猝死。

五、泌尿、生殖和内分泌系统

(一)羊水栓塞症

羊水栓塞症是指羊水进入母体血液循环,随血流运行阻塞血管腔(主要是肺血管)而引起的病症,是产科的一个严重并发症。通常发生在分娩过程中或产后最初数小时内,患者突然出现胸闷、呼吸困难、口唇与指甲发绀、阴道出血、血压下降等,于数分钟至数小时内死于休克。多见于胎盘早期剥离、子宫破裂、剖宫产、宫颈裂伤、弛缓性子宫出血等情况。尸体检验时主要见肺细动脉和毛细血管内存在大量羊水成分(见图 8-3),有时子宫韧带血管及其他脏器等小血管内也可以见羊水栓塞。

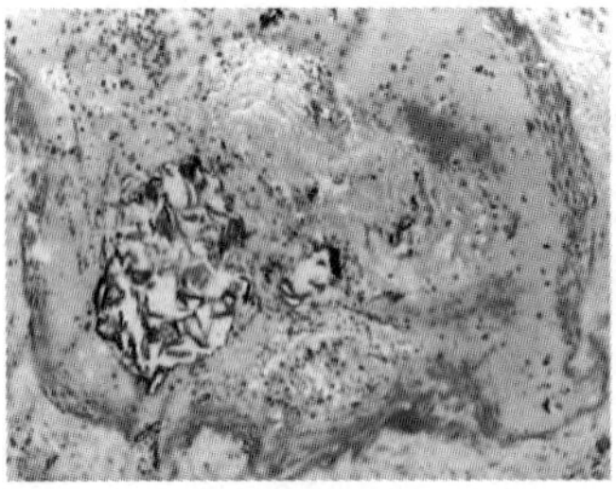

图 8-3　肺血管内见羊水成分

[**案例**]某女,29 岁,因过期妊娠到医院就诊,在先用催产素静脉滴注且子宫口开 4 指后,即行人工破膜。约 20 分钟后,病人烦躁不安,口唇青紫、胸闷、阴道大量出血,出血呈鲜红色并无凝血块。抢救约 1 小时无效死亡。经过法医学尸检及病理学检查,见肺部广泛性羊水栓塞;子宫壁静脉羊水栓塞。系羊水栓塞导致死亡。由于该症为产科中难以避免的并发症,鉴定为非医疗事故。

(二)宫外孕

宫外孕是指受精卵在子宫腔以外着床发育,又称异位妊娠。最常见的部位是输卵管,约占 95% 以上。一般是在妊娠后 2~3 个月内自发破裂,患者突然出现剧烈腹痛、全身湿冷、脉搏细弱、血压下降等。如未及时救治,往往因失血性休克而急速死亡。

（三）子宫破裂

子宫破裂多见于30～40岁的经产妇，一般发生在分娩期，与阻塞性分娩、不适当助产、滥用缩宫素、子宫手术瘢痕愈合不良有关，是产科最严重的并发症之一。其典型的临床表现是腹部阵痛突然停止，继而发生失血性休克。

（四）产后出血

产后出血是指胎儿娩出后24小时内阴道出血量超过500毫升的情况，多发生在产后2小时以内，出血量超过1000毫升，可引起产妇猝死。其常见原因有：(1)子宫收缩乏力，该原因占全部产后出血的70%～75%；(2)胎盘因素，胎盘滞留或胎膜残留引起产后出血；(3)软产道裂伤；(4)凝血功能障碍，该原因较少见。

（五）尿毒症

尿毒症是指急性或慢性肾功能不全发展到严重阶段时，代谢废物和内源性毒性物质不能排泄而在体内蓄积所导致的一系列中毒现象。引起尿毒症的原因很多，主要有急性或慢性肾小球肾炎、肾盂肾炎等。尿毒症猝死虽不多见，但有的患者发病经过不明，症状不明显，死前又多处于昏睡和高度意识不清状态，因此，常被怀疑为毒物中毒而死。

（六）低血糖症

低血糖症是指由多种原因引起的血糖浓度过低所致的综合征。一般以血浆血糖浓度<2.8毫摩尔/升，或全血葡萄糖<2.5毫摩尔/升为低血糖。儿童低血糖诊断标准比成人值低1.11毫摩尔/升。严重低血糖可引起低血糖昏迷，如果认识不足、处理不当则可导致猝死。低血糖症的法医学鉴定除要有相应的病理改变外，还应采取检材测定血、尿或玻璃体的糖值，并注意排除其他死因。

（七）嗜铬细胞瘤

嗜铬细胞瘤起源于肾上腺髓质、交感神经节或其他部位（如腹主动脉、膀胱壁或纵膈等），瘤细胞能持续或间断释放大量儿茶酚胺（肾上腺素和去甲肾上腺素），造成血压恶性升高和多器官功能紊乱，收缩压可达200～225毫米汞柱，舒张压可达128～180毫米汞柱，并伴有头部跳痛、多汗、面色苍白、四肢发冷、气急、胸闷、口吐白沫等症状。如不及时抢救，往往因心率紊乱、心力衰竭而死亡。

[案例] 牛某，女，23岁。某年10月14日早晨出工，10时左右感到乏力、咳嗽、胸闷、出汗。到村卫生所打卡那霉素一支，下午1时躺在椅子上，3时发现口吐白沫，死在椅子上。尸体剖验发现左肾上腺嗜铬细胞瘤。

六、免疫系统

免疫反应异常的疾病有多种，但在法医学实践中多见是严重过敏反应导致的死亡。过敏反应性猝死是指具有过敏体质的人在接触过敏原之后发生的过敏性休克或窒息死亡。过敏原主要有药物(如青霉素、链霉素及磺胺类等)、食物及生物制品(如抗血清和各种疫苗等)。当过敏原进入机体后,通常不到半小时出现面色苍白、出冷汗、紫绀、烦躁不安、脉搏细弱、血压下降、抽搐及昏迷等症状。有时,因喉头水肿和气管水肿、痉挛而发生呼吸道梗阻症状。最后多因休克而死,少数死于窒息。尸检可见急性肺水肿的表现。电镜下可见细支气管周围肥大,细胞胞浆内线粒体肿胀、基质透亮、嵴断裂、脱颗粒现象等。

第四节　原因不明的猝死

少数猝死案例经尸体解剖等检验未能找出现代医学可以解释的致死原因,其死亡机制也都没有统一的认识。现列举如下。

一、睡眠中猝死

睡眠中猝死是一种原因不明的猝死,近年来,国外对睡眠中猝死虽有很多报道,但对本猝死真正病因仍然未明确,死亡机制也不清楚,主要有机械刺激学说、急性心脏性死学说、噩梦学说、中枢性呼吸麻痹学说等。据徐英含对这类死亡病例归纳,该类猝死具有如下特点:(1)都死于睡眠中,以凌晨2~4时较多,个别有发生在午睡中;(2)多为男性青壮年,男女之比约为11∶1;(3)死者生前身体健康,发育、营养良好,死前多无明显诱因;(4)突然迅速死亡,多为即时死,从发现到死亡不过几分钟,死前有呻吟、惊叫、呼吸困难、口吐白沫、四肢抽搐等症状,此时体检脉搏已不触及,数分钟后呼吸也即停止;(5)尸体解剖不能发现致死性病理变化,共同性改变为急性心力衰竭;(6)无暴力死及中毒等证据,又无其他死因。日本学者渡边富雄建议称为青壮年猝死综合征(sudden manhood death syndrome,SMDS)。

睡眠中猝死由于死者正值青壮年,平素身体健康,而突然发生意外死亡,人们往往对死因提出怀疑,而尸检所见除猝死的一般病理变化外,又无其他明显病变可见(部分病例可见Ⅰ~Ⅱ级冠状动脉轻微粥样硬化)。法医学鉴定时必须十分慎重,不宜轻易下睡眠中猝死的结论,只有通过详细而周密地案情调查、现场勘验,全面的尸体检验、细菌学检验及毒物分析等排除其他各种死因后,又符合上述睡眠中猝死的几个特点,才能作出这一诊断。

二、婴幼儿猝死综合征

婴幼儿猝死综合征(sudden infant death syndrome,SIDS)是指婴幼儿急速地、出乎意料地突然死亡,病史上未有说明死因的疾病,虽进行了全面的尸检仍不能证明确切的死亡原因。死亡机制也不清楚,主要有感染、呼吸系统异常、心血管系统异常、胃食管反流、免疫缺陷等学说。大多数是死于睡眠中,故又称为吊床死,或摇篮死。一般有以下几个特点:(1)年龄从出生后7天至2岁,多见于2~4个月的婴儿;(2)90%~95%发生于睡眠中,一般在凌晨3时至10时;(3)大多数死前身体健康,发育良好,无前驱症状,有时可有轻微的上呼吸道感染症状或胃肠道功能障碍的症状;(4)死亡过程急速,可死于摇篮里、小床上,甚至死在母亲或保姆的怀里;(5)尸体检验无特殊致死性病变,仅见内脏淤血、肺膜及心外膜点状出血、肺水肿、散在性肺泡出血,有时也可见轻度支气管炎症等一般性病理变化;(6)无中毒等汇报。

婴幼儿猝死综合征的法医学鉴定首先应当排除杀婴行为,排除不慎所致灾害性机械性窒息(闷死),注意有无中毒、外伤、内出血等,在排除上述因素外,尸体解剖无致死性病变发现,又符合前述本综合征特点时,方可作出婴儿猝死综合征的鉴定结论。

三、抑制死

由于身体某些部位受到轻微的对正常人不足以构成死亡的刺激或外伤,通过抑制反射使受害者在数秒钟或1~2分钟内心跳停止而死亡,尸体解剖未发现明确死因者,称为抑制死(death from inhibition)。曾经有神经源性休克死、心脏抑制性猝死、即时性生理性死亡(instantaneous physiological death)之称。

抑制死的诱发因素常为打击胸部、压迫颈动脉窦、颈部过度伸张及压迫腹部或眼部等。另外,肛门扩张、子宫颈扩张、胸腹腔穿刺手术以及对咽喉、声门、尿道、睾丸、会阴等处的刺激,有时也可诱发抑制死。病理变化仅见猝死的一般性病变,而无各脏器特异的器质性病变。

抑制死鉴定的主要根据:(1)通过全面尸体解剖检验,绝对排除重要的致死性病变、机械性损伤和机械性窒息或中毒等暴力性因素致死及自然疾病致死;(2)死亡突然、迅速,常迅速继发于某种刺激或诱因后,一般不超过数分钟;(3)其死亡与刺激之间有明显因果关系。在确认上述三点的情况下可以确定抑制死。但必须指出,由于抑制死本身并无特殊的病理变化,主要通过排除其他因素来确定,若检验不细心,可将器质性疾病引起的猝死误诊为抑制死,应予以特别注意。

几种常见的抑制反射常可引起昏厥,它好发于儿童和老年人,自5岁起开始增多,至成人又逐渐减少,第2个高峰开始于45~50岁。抑制死与昏厥两词常无明确界限,昏厥有可能引发抑制死的后果。

(一)颈动脉窦综合征

颈动脉窦是一种压力感受器,当受到刺激(如压迫、牵拉颈动脉窦,甚至颈部突然转动、衣领过紧等),多数人出现显著的窦性心动过速,或房室传导阻滞,或两者同时存在。此时尚可出现室性停搏。临床表现常出现前驱症状,表现为不安、软弱、视力模糊、闪光性中心盲点、耳鸣、恶心、上腹部不适、眩晕及四肢感觉异常等。随即突然发生短时间的昏厥,伴有面色苍白、出汗、瞳孔散大及呼吸浅慢,若出现抽搐,则多为阵挛性,且常为单侧。偶可发生大小便失禁、咬舌和近事遗忘等。

[**案例**]胡某,女,25岁,农民。某日晚7时,被其夫用手掌猛击左下颌下方颈部,胡某当即倒在床上,发出鼾音并抽搐,大小便失禁死亡。尸体剖验未见致死性病变和暴力的依据。因此,胡某系颈动脉窦受压导致反射性的窦性心动过缓或传导阻滞,最后心脏停搏而死亡。

(二)体位性低血压(直立性低血压)

体位性低血压常为其他疾病的并发症或继发症,也可自发性。此类昏厥常可发生在从卧位或蹲位突然起立或长时间站立时。其临床特点是血压急速下降,心率加快。较短时间的昏厥,一般无前驱症状,较为常见的有:(1)生理性障碍所致的体位性低血压,常发生在站立过久,尤其是在张力减低的情况下,如长期卧床骤然起立时可发生昏厥。这是由于压力感受器反射弧中断,起立时缺乏促进静脉回流的调节作用,致使血液蓄积于下肢,回心血量减少,心输出量降低,而引起一时性脑贫血。(2)特发性体位性低血压,发病年龄常在中年以上,病程呈进行性、波动性,有缓解和复发。主要临床特点为站立时眩晕、黑蒙、一时性失明和昏厥。

(三)血管减压性昏厥

血管减压性昏厥常见于青春期女性,有家族史及明显的发病诱因,如抽血、注射、拔牙、外伤、疼痛、恐惧等。常有短暂的前驱症状,如头晕、眼花、恶心、面色苍白、乏力等,继之发生意识丧失、跌倒、血压下降、脉弱而缓。

(四)舌咽神经痛所致昏厥及吞咽性昏厥

舌咽神经痛的特点是发作性咽喉痛伴有心动过缓、低血压、昏厥和抽搐,持续约10~15秒钟。发作可为自发性。吞咽性昏厥多由吞咽动作诱发,多数发生在食道有某种病变(憩室、狭窄、痉挛或癌),大多数发生房室传导阻滞。其发生机理可能是:食道局部病变→感受器敏感→血管迷走反射→心脏停搏。

（五）排尿性昏厥

本病多见于青年和中青年男性病人，也偶见于老年人。发病多在醒来后起床排尿时或排尿后，多无前驱症状，或仅有短暂头晕、眼花、下肢发软等感觉。继之病人突然意识丧失、昏倒。大多持续1～2分钟自醒，个别人发生猝死。有人认为膀胱与心血管之间有丰富的反射联系。其发生径路是通过迷走神经反射导致心脏抑制，心律失常。

研究与思考

1. 猝死的概念及猝死易引起各种争议的原因是什么？
2. 猝死常见的原因和诱因是什么？
3. 猝死的一般尸体征象是什么？
4. 猝死的法医学鉴定应注意的事项有哪些？
5. 试述猝死的法医学鉴定步骤。
6. 消化系统引起猝死的常见疾病有哪些？
7. 冠心病猝死的特征有哪些？
8. 试述睡眠中猝死的特征。

拓展阅读

1. 丛斌主编：《法医病理学》，人民卫生出版社2016年版。
2. 陈忆九、王慧君主编：《法医病理司法鉴定实务》，法律出版社2009年版。
3. 石恩林主编：《法医学》，中国民主法制出版社2005年版。

第九章　法医临床鉴定

重点提示

1. 法医临床鉴定是运用临床医学的理论和技术，通过现场勘验、活体检查和书证审查等方式，对涉及法律有关的人身伤害损伤程度、伤残、劳动能力等医学问题进行鉴定或评定，为司法审判提供科学证据或依据。

2. 法医临床鉴定的主要内容包括：人体损伤程度的鉴定、损伤与疾病关系评定、伤残程度的鉴定、劳动能力的鉴定、职工工伤与职业病致残程度鉴定、诈病（伤）及造作病的鉴定、医疗损害鉴定、性机能及保外就医的鉴定。

3. 法医临床鉴定的目的和意义主要有：为定罪量刑提供证据，为侦查破案提供线索，为解决民事纠纷提供科学依据，为行政案件处理提供科学依据，助力监管改造等。

4. 从每个问题的鉴定内容、方法、依据的鉴定标准和规范及鉴定注意事项入手，旨在使学生掌握法医临床鉴定的方法，提高在司法实践中的实际操作能力。

第一节　概　　述

法医临床鉴定是运用临床医学的理论和技术，通过现场勘验、活体检查和书证审查等方式，对涉及法律有关的人身伤害损伤程度、伤残、劳动能力等医学问题进行鉴定或评定，为司法审判提供科学证据或依据。

一、法医临床鉴定的对象和内容

（一）法医临床鉴定的对象

临床法医学检查和鉴定的对象是活体被鉴定人，包括被害人、加害人、犯罪嫌疑人、被告人、原告人和服刑人员等。

（二）法医临床鉴定的内容

1. 损伤鉴定。有无损伤及损伤的程度鉴定，致伤方式、致伤物推定，致伤时间推定,造作伤及伤病关系等。

2. 残疾鉴定。伤残程度(道路交通、职工工伤)鉴定、劳动能力与生活能力鉴定等。

3. 性和家庭问题鉴定。性功能、性变态、性别、生育能力、性犯罪、虐待和家庭暴力等。

4. 诈病(伤),造作病(伤)。

5. 疾病鉴定,如保外就医,保险理赔。

6. 医疗纠纷,如医疗损害、因果关系、责任程度等。

7. 其他鉴定,如活体年龄鉴定,医疗依赖与护理依赖评定,休息期、护理期限与营养期限鉴定,医疗费用鉴定,护理与营养费用鉴定,残疾人辅助用具鉴定及人体植入物鉴定等。

二、法医临床鉴定的目的和意义

通过法医临床鉴定,可以对刑事、民事、交通事故、工伤事故、医疗纠纷及一般社会纠纷或家庭纠纷的处理,起积极的取证调解作用,可以化解矛盾,平息纠纷,澄清事实,洗清冤屈。法医临床鉴定的任务主要有以下几点。

(一)为定罪量刑提供证据

通过损伤程度等鉴定,为审判机关提供定罪量刑的科学依据。

(二)为侦查破案提供线索

通过活体损伤检查,根据损伤的形态特征及部位等,推断损伤的类型、致伤物、损伤的时间、损伤的原因及性质等,为侦查机关破案提供重要的线索。

(三)为解决民事纠纷提供科学依据

一些打架斗殴纠纷及诈病、诈医等情况,通过活体检查可以为其澄清事实、化解矛盾、平息纠纷提供依据。

(四)为行政案件处理提供科学依据

对于工伤事故、医疗纠纷等案件,通过法医临床鉴定确定伤残程度、损伤原因,判断有无诊疗不当等,为行政处理提供科学依据。

(五)助力监管改造

如劳动保护、家庭婚姻等。

三、法医临床鉴定的程序步骤

(一)委托受理

委托机关出具委托鉴定书,根据委托目的、要求和主客观情况决定接受司法机关的委托并办理相关手续,对相关检材进行充分检查和核实,材料不全或鉴定条件不足的可以拒绝受理。

(二)案情调查

由案件负责人陪同被鉴定人向鉴定人员诉述受伤过程,鉴定人员结合有关人员的案情介绍、案情调查笔录、原被告访问笔录、现场勘查笔录及病历等,对案件的发生情况进行全面了解。

(三)活体检查

法医活体检查包括伤者身体检查和临床医学辅助检查,身体检查包括一般检查和特别检查。一般检查有发育营养、精神状态、神志步态等,特别检查包括各种损伤的检查,如损伤的部位形态,数目大小,有无骨折,内脏破裂等。有些损伤需要运用临床医学的辅助检查,如 CT、X 光、B 超等,为临床法医鉴定提供重要的科学依据。重大疑难案件或专业性强的案件可以请专家会鉴。

(四)衣物检查

检查衣物上的血迹、有无破损及形状特点、与身体上的损伤是否相对应等。

(五)专家会鉴

针对疑难、复杂、棘手的法医临床鉴定案件,鉴定当事人一方提出专家会鉴要求的,可启动专家会鉴程序,聘请若干名鉴定相关的对口专家参与法医临床鉴定,专家会鉴意见可写入法医临床鉴定意见书,作为鉴定意见的重要依据。专家会鉴制度的建立可最大限度地减少涉诉、涉访,推动法医临床鉴定的健康稳定发展。

(六)书写和出具鉴定意见书

根据法医临床检查所见,结合病历记载、各种实验室仪器辅助检查报告等资料及必要的专家会诊意见,以事实为依据,实事求是客观地进行全面综合分析,并作出鉴定意见,书写并出具书面鉴定意见书。

四、法医临床鉴定场所和注意事项

(一)鉴定场所

1. 公安部门法医活体检查室或司法鉴定所(院)等。如果活体的临床检查室设备齐全,则可在此进行临床法医学检查。无相关设备可指定到医院或专门机构检查、鉴定。

2. 医院的司法鉴定机构。临床检查设备齐全完善、临床医师和鉴定人员集中,有利于会诊、讨论,以便根据住院的被害者的损伤程度和预后,决定被告人是否要继续羁押,诈病的鉴定等也以住院检查、鉴定为宜。

3. 在被检查人的住所检查、鉴定。对于卧床不起或行动不便的受伤者或其他被检查人,也可在其住所进行检查、鉴定。但此时必须有侦查机关或其他委托机关的代表在场作证,而临场者又必须是与被检人的性别相同的人。如果认为在被检者的住所检查不便仍有住院检查的必要时,则应执行住院检查。为使检查鉴定客观、正确,必须在病房内装备有效的监视系统。

(二)注意事项

1. 必须依照司法鉴定程序的有关规定,并须介绍案情,明确鉴定事项。

2. 严格按我国《刑事诉讼法》等法律规定。例如,《刑事诉讼法》第 130 条规定:"侦查人员执行勘验、检查,必须持有人民检察院或者公安机关的证明文件。"第 132 条规定:"为了确定被害人、犯罪嫌疑人的某些特征、伤害情况或者生理状态,可以对人身进行检查,可以提取指纹信息,采集血液、尿液等生物样本。犯罪嫌疑人如果拒绝检查,侦查人员认为必要的时候,可以强制检查。检查妇女的身体,应当由女工作人员或者医师进行。"第 133 条规定:"勘验、检查的情况应当写成笔录,由参加勘验、检查的人和见证人签名或者盖章。"第 134 条规定:"人民检察院审查案件的时候,对公安机关的勘验、检查,认为需要复验、复查时,可以要求公安机关复验、复查,并且可以派检察人员参加。"

3. 必须首先注明被检人症状的主诉是自述还是代述、代述者与被检人的关系以及被检人的意识状态。要警惕代述者隐瞒实情。另外,对被检人的陈述,也应予以审慎对待。应警惕被检人出于某种动机而夸大病情、歪曲或隐瞒病情的可能,因此,详细、认真、客观的体征检查是非常必要的。须知,只有客观检查,包括现代化仪器检测,才能得出鉴定的重要依据,才能鉴定伤或病是否存在以及真伪。

4. 检查时,尤其是对皮肤创伤检查,对外阴、处女膜的检查等,要注意提取检材做痕迹检查和物证检查,以期为致伤物(致伤工具)的判定、案情的判定(如强奸行为的判定)以及致伤者个人识别等,提供依据。

5. 鉴定人对被检者的检查资料、结果、鉴定意见等要写成书面文件并以鉴定书的形式提交给委托方。

第二节 损伤程度的鉴定

一、人体损伤程度鉴定的法律依据

我国公民的人身权利受到法律的保护,《刑法》《治安管理处罚法》等法律、法规都有相关条款的规定。我国《刑法》的主要任务之一是保护公民的人身权利。凡侵犯公民的人身权利,依照法律应当受到刑事处罚的,都是犯罪。从目前的司法鉴定实践来看,主要包括两种情形:一是涉及刑事诉讼案件中的人体损伤程度鉴定;二是涉及重大或特重大道路交通事故受伤人员损伤程度鉴定。前者如《刑法》第 234 条规定:“故意伤害他人身体的,处三年以下有期徒刑、拘役或者管制。犯前款罪,致人重伤的,处三年以上十年以下有期徒刑;致人死亡或者以特别残忍手段致人重伤造成严重残疾的,处十年以上有期徒刑、无期徒刑或者死刑……”后者如《刑法》第 133 条规定:“违反交通运输管理法规,因而发生重大事故,致人重伤、死亡或者使公私财产遭受重大损失的,处三年以下有期徒刑或者拘役……”

其他法律依据主要有《刑事诉讼法》《治安管理处罚法》《人体损伤程度鉴定标准》等。

总之,依照法律规定,对人身伤害损伤程度进行鉴定,能为刑事和治安案件的审理提供科学依据,对维护社会稳定、打击罪犯、保护人民权益具有重要意义。

二、人体损伤程度鉴定的原则和科学事实依据

(一)人体损伤程度鉴定的原则

体现法律的公正性和严厉性,保证客观、公正,在进行人体损伤程度鉴定时,应当遵循实事求是的原则,坚持以致伤因素对人体直接造成的原发性损伤及由损伤引起的并发症或者后遗症为依据,全面分析,综合鉴定。

(二)人体损伤程度鉴定的依据

鉴定损伤程度依据是:

1. 以原发性损伤及其并发症为鉴定依据的,鉴定时应以损伤当时伤情为主,结合损伤的后果或者结局为辅,综合鉴定。

2. 以容貌损害或者组织器官功能障碍作为鉴定依据的,鉴定时应以损伤的后果为主,损伤当时伤情为辅,综合鉴定。

三、人体损伤程度的等级划分

人体损伤程度等级划分既要依据致伤因素对人体组织器官和生理功能、心理功能造成的客观损害,又要依照法律、法规对违法行为和危害结果的惩罚轻重。我国《刑法》第 95 条规定:“本法所称重伤,是指有下列情形之一的伤害:(一)使人肢体残废或者毁人容貌的;(二)使人丧失听觉、视觉或者其他器官机能的;(三)其他对于人身健康有重大伤害的。”因此,重伤是指使人肢体残废、毁人容貌、使人丧失

听觉、使人丧失视觉、使人丧失其他器官功能或者其他对于人身健康有重大伤害的损伤。轻伤是指使人肢体或者容貌损害，听觉、视觉或者其他器官功能部分障碍或者其他对于人身健康有中度伤害的损伤。

人体损伤程度分为重伤一级、重伤二级、轻伤一级、轻伤二级和轻微伤共5个等级（见表9－1）。

表9－1　人体损伤致残程度分级

损伤分级	肢体	容貌	器官功能	人身健康
重伤一级	严重残废	重度毁损	严重丧失	严重度危及生命
重伤二级	遗留残废	轻度毁损	丧失	危及生命
轻伤一级	中度损害	明显影响	中度损害	未危及生命
轻伤二级	轻度损害	影响	轻度损害	未危及生命
轻微伤	轻微损害	轻微损害	轻微损害	未危及生命

四、损伤与疾病的关系

在人身伤害案件中，有时被鉴定人可能在受伤前已患有某种疾病或有既往伤，而在受伤后才显示或者加重了临床症状；或者受伤前表面上是健康的或者不觉有病，在受伤后诱发疾病；也可在受伤后发生与损伤有直接联系的全身性损伤病。此时，鉴定人需要解决损伤与疾病的因果关系。这涉及在世界范围内刑事诉讼案件中的定罪量刑和在民事诉讼案件中的损害赔偿。

（一）判定损伤与疾病因果关系的一般原则

损伤性（后）疾病，损伤在前，疾病在后，损伤为原因，疾病为结果，损伤与疾病之间存在直接因果关系。对多人所造成的多发性或者复合性损伤，须确定某人、某次、某部位的损伤对疾病的发生、发展是主要的。损伤时潜在疾病，疾病在前，损伤在后，疾病为基础，损伤为诱因，或者无关，在损伤期间（损伤变化或者发展所经历的过程）显示或是加重潜在疾病。总之，应具体情况具体分析，坚持实事求是的原则。

（二）损伤与疾病因果关系的类型

1. 损伤为主要作用的，既往伤/病为次要或者轻微作用的，应依据《人体损伤程度鉴定标准》相应条款进行鉴定。

如腹部受到外力打击致病理性肿大的脾破裂，如果腹部外力较大，而病理性脾大尚处于疾病初期，脾组织的结构和功能与正常脾组织并无明显差别或差别不大，一般可以认为外力是引起脾破裂的主要原因。此时,尽管脾本身有病变,但脾病变在脾破裂这一损害后果中仅是次要作用或者轻微作用。

2. 损伤与既往伤/病共同作用的,即二者作用相当的,应依据《人体损伤程度鉴定标准》相应条款适度降低损伤程度等级。

如病理性脾大发展到中期,脾的结构和功能与正常脾都有了明显的不同,当腹部受到并不强大的外力作用后(该外力一般不足以导致正常脾破裂)发生脾破裂,此时应降低损伤程度鉴定。

为了避免理解和把握上的困难。当后果为重伤一级或重伤二级的,可视具体情况鉴定为轻伤一级或者轻伤二级;等级为轻伤一级和轻伤二级的,均鉴定为轻微伤。

3. 既往伤/病为主要作用的,即损伤为次要或者轻微作用的,不宜进行损伤程度鉴定,只说明因果关系。

如病理性脾大晚期,脾的结构和功能出现明显质的变化,当腹部遭受轻微外力作用时就有可能发生脾破裂,而在此种情况下正常脾是不可能发生破裂的,此时不宜进行损伤程度鉴定,主要是指不宜评定为重伤或轻伤,以避免加害人受到不公正的刑事指控。但可以对腹部外力在脾破裂后果中的原因力大小进行分析,以便受害人得到应有的经济赔偿。

五、人体损伤程度鉴定的时机

(一)一般原则

应当参照《人体损伤程度鉴定标准》的具体条文规定,视损伤程度鉴定主要依据的不同情况,结合司法实践分别进行鉴定。总的原则是鉴定时机尽量提前,以满足提高司法效率的需要。

(二)原发性损伤

以原发性损伤为主要鉴定依据的,伤后即可进行鉴定;以损伤所致的并发症为主要鉴定依据的,在伤情稳定后进行鉴定。原则上在 3 个月内进行鉴定。

原发性损伤主要是指外界致伤因素直接作用所造成的组织器官形态结构的破坏,如肢体离断、组织器官破裂、神经血管损伤等。

(三)并发症和后遗症为主

以容貌损害或者组织器官功能障碍为主要鉴定依据的,在损伤 90 日后进行鉴定;在特殊情况下可以根据原发性损伤及其并发症出具鉴定意见,但须对有可能出现的后遗症加以说明,必要时应进行复检并予以补充鉴定。

并发症主要是指由原发性损伤所引起的各种病症,如颅内出血引起的脑水肿、颅内高压、脑疝等,大血管损伤所引起的失血性休克等。后遗症主要是指原发性损伤及其并发症经治疗后所遗留的容貌毁损、功能障碍等,如肢体功能、器官功能、大小便功能和性功能障碍等。

1. 面部损伤。有可能毁损面容的,一般在损伤愈合后(瘢痕形成短者1个月,长者可达5个月以上)3~6个月以内进行鉴定。

2. 听、视觉器官损伤。一般在损伤后3~6个月以内进行鉴定。

3. 肢体损伤。凡损伤恢复后可能有肢体功能障碍的,一般在损伤恢复达到状态稳定(一般在损伤后3~6个月以内)进行鉴定。周围神经损伤伴有功能障碍的,一般在损伤后6个月以内进行鉴定,一时不能确定损伤程度的,可以适当延长鉴定时间。

(四)特殊情况

疑难、复杂的损伤,在临床治疗终结或者伤情稳定后进行鉴定。

如神经系统损伤、骨关节损伤等临床治疗及康复的时间较长,过早鉴定可能会影响鉴定意见的科学性与准确性,故规定此类疑难、复杂案件要在医疗终结或者伤情稳定后进行鉴定。

对于公安部门出于实际办案需求而要求鉴定人在规定时间内尽快完成鉴定作出了特别规定,即可以依据受害人的原发性损伤或并发症出具初步鉴定意见,但对损伤可能出现的严重后果进行充分的说明,必要时再行复检并予以补充鉴定。例如,故意伤害致人股骨下端粉碎性骨折并累及关节面,此时可以根据"四肢长骨粉碎性骨折"鉴定为轻伤一级,但考虑到骨折愈合后可能会遗留膝关节功能丧失达50%以上而构成重伤二级,故应在鉴定意见书中加以说明,建议委托人必要时应提起对被鉴定人膝关节功能的复检,以形成补充鉴定意见。

六、损伤程度鉴定相关的其他鉴定

(一)致伤方式与致伤物的鉴定

致伤方式是指损伤形成的方式经过。有些案件由于缺乏其他证据材料如旁证、监控录像,而案件的双方又各执一词,难以说明伤者受伤的经过,因此,需要根据损伤的形态特征、分布等,判定伤者的致伤方式。

致伤物是指形成损伤的具体物体。例如,钝器、锐器、电流、腐蚀化学品等。明确致伤物对于确定案件性质,以及确定损害行为的实施者具有重要意义。

(二)个体的身份认定

有些案件的被鉴定人,为了达到显示自己有损伤,或者损伤程度较为严重的目的,可能提供他人的检查资料供鉴定用。例如,直接将其他有严重损伤伤者的MRI、CT片等提供鉴定;或者让其他有严重损伤的人代替自己进行鉴定。因此,鉴定时要仔细甄别。必要时,核对被鉴定人的身份或要求被鉴定人在相关人员的见证下再次进行相同检查。

(三)诈伤与造作伤

具体内容见本章第四节。

七、损伤程度的鉴定标准

损伤程度的鉴定标准是由司法部门依照《刑法》规定,以法医学和医学的理论和技术为基础,结合我国法医学鉴定的实践经验制定和发布的。为进一步加强人身损伤程度鉴定标准化、规范化工作,2013 年 8 月 30 日,最高人民法院、最高人民检察院、公安部、国家安全部、司法部颁布了《人体损伤程度鉴定标准》,并自 2014 年 1 月 1 日起施行。《人体重伤鉴定标准》(司发〔1990〕070 号)、《人体轻伤鉴定标准(试行)》[法(司)发〔1990〕6 号]和《人体轻微伤的鉴定》(GA/T 146 - 1996)同时废止。鉴定标准内容如下。

(一)颅脑、脊髓损伤

1. 重伤一级

(1)植物生存状态。

(2)四肢瘫(三肢以上肌力 3 级以下)。

(3)偏瘫、截瘫(肌力 2 级以下),伴大便、小便失禁。

(4)非肢体瘫的运动障碍(重度)。

(5)重度智能减退或者器质性精神障碍,生活完全不能自理。

2. 重伤二级

(1)头皮缺损面积累计 75.0cm^2以上。

(2)开放性颅骨骨折伴硬脑膜破裂。

(3)颅骨凹陷性或者粉碎性骨折,出现脑受压症状和体征,须手术治疗。

(4)颅底骨折,伴脑脊液漏持续 4 周以上。

(5)颅底骨折,伴面神经或者听神经损伤引起相应神经功能障碍。

(6)外伤性蛛网膜下腔出血,伴神经系统症状和体征。

(7)脑挫(裂)伤,伴神经系统症状和体征。

(8)颅内出血,伴脑受压症状和体征。

(9)外伤性脑梗死,伴神经系统症状和体征。

(10)外伤性脑脓肿。

(11)外伤性脑动脉瘤,须手术治疗。

(12)外伤性迟发性癫痫。

(13)外伤性脑积水,须手术治疗。

(14)外伤性颈动脉海绵窦瘘。

(15)外伤性下丘脑综合征。

(16)外伤性尿崩症。

(17)单肢瘫(肌力3级以下)。

(18)脊髓损伤致重度肛门失禁或者重度排尿障碍。

3. 轻伤一级

(1)头皮创口或者瘢痕长度累计20.0cm以上。

(2)头皮撕脱伤面积累计50.0cm^{2}以上;头皮缺损面积累计24.0cm^{2}以上。

(3)颅骨凹陷性或者粉碎性骨折。

(4)颅底骨折伴脑脊液漏。

(5)脑挫(裂)伤;颅内出血;慢性颅内血肿;外伤性硬脑膜下积液。

(6)外伤性脑积水;外伤性颅内动脉瘤;外伤性脑梗死;外伤性颅内低压综合征。

(7)脊髓损伤致排便或者排尿功能障碍(轻度)。

(8)脊髓挫裂伤。

4. 轻伤二级

(1)头皮创口或者瘢痕长度累计8.0cm以上。

(2)头皮撕脱伤面积累计20.0cm^{2}以上;头皮缺损面积累计10.0cm^{2}以上。

(3)帽状腱膜下血肿范围50.0cm^{2}以上。

(4)颅骨骨折。

(5)外伤性蛛网膜下腔出血。

(6)脑神经损伤引起相应神经功能障碍。

5. 轻微伤

(1)头部外伤后伴有神经症状。

(2)头皮擦伤面积5.0cm^{2}以上;头皮挫伤;头皮下血肿。

(3)头皮创口或者瘢痕。

(二)面部、耳郭损伤

1. 重伤一级

容貌毁损(重度)。

2. 重伤二级

(1)面部条状瘢痕(50%以上位于中心区),单条长度10.0cm以上,或者两条以上长度累计15.0cm以上。

(2)面部块状瘢痕(50%以上位于中心区),单块面积6.0cm^{2}以上,或者两块以上面积累计10.0cm^{2}以上。

(3)面部片状细小瘢痕或者显著色素异常,面积累计达面部30%。

(4)一侧眼球萎缩或者缺失。

(5)眼睑缺失相当于一侧上眼睑1/2以上。

(6)一侧眼睑重度外翻或者双侧眼睑中度外翻。

(7)一侧上睑下垂完全覆盖瞳孔。

(8)一侧眼眶骨折致眼球内陷0.5cm以上。

(9)一侧鼻泪管和内眦韧带断裂。

(10)鼻部离断或者缺损30%以上。

(11)耳郭离断、缺损或者挛缩畸形累计相当于一侧耳郭面积50%以上。

(12)口唇离断或者缺损致牙齿外露3枚以上。

(13)舌体离断或者缺损达舌系带。

(14)牙齿脱落或者牙折共7枚以上。

(15)损伤致张口困难Ⅲ度。

(16)面神经损伤致一侧面肌大部分瘫痪,遗留眼睑闭合不全和口角歪斜。

(17)容貌毁损(轻度)。

3. 轻伤一级

(1)面部单个创口或者瘢痕长度6.0cm以上;多个创口或者瘢痕长度累计10.0cm以上。

(2)面部块状瘢痕,单块面积4.0cm^{2}以上;多块面积累计7.0cm^{2}以上。

(3)面部片状细小瘢痕或者明显色素异常,面积累计30.0cm^{2}以上。

(4)眼睑缺失相当于一侧上眼睑1/4以上。

(5)一侧眼睑中度外翻;双侧眼睑轻度外翻。

(6)一侧上眼睑下垂覆盖瞳孔超过1/2。

(7)两处以上不同眶壁骨折;一侧眶壁骨折致眼球内陷0.2cm以上。

(8)双侧泪器损伤伴溢泪。

(9)一侧鼻泪管断裂;一侧内眦韧带断裂。

(10)耳郭离断、缺损或者挛缩畸形累计相当于一侧耳郭面积30%以上。

(11)鼻部离断或者缺损15%以上。

(12)口唇离断或者缺损致牙齿外露1枚以上。

(13)牙齿脱落或者牙折共4枚以上。

(14)损伤致张口困难Ⅱ度。

(15)腮腺总导管完全断裂。

(16)面神经损伤致一侧面肌部分瘫痪,遗留眼睑闭合不全或者口角歪斜。

4. 轻伤二级

(1)面部单个创口或者瘢痕长度4.5cm以上;多个创口或者瘢痕长度累计6.0cm以上。

(2)面颊穿透创,皮肤创口或者瘢痕长度1.0cm以上。

(3)口唇全层裂创,皮肤创口或者瘢痕长度1.0cm以上。

(4)面部块状瘢痕,单块面积$3.0cm^2$以上或多块面积累计$5.0cm^2$以上。

(5)面部片状细小瘢痕或者色素异常,面积累计$8.0cm^2$以上。

(6)眶壁骨折(单纯眶内壁骨折除外)。

(7)眼睑缺损。

(8)一侧眼睑轻度外翻。

(9)一侧上眼睑下垂覆盖瞳孔。

(10)一侧眼睑闭合不全。

(11)一侧泪器损伤伴溢泪。

(12)耳郭创口或者瘢痕长度累计6.0cm以上。

(13)耳郭离断、缺损或者挛缩畸形累计相当于一侧耳郭面积15%以上。

(14)鼻尖或者一侧鼻翼缺损。

(15)鼻骨粉碎性骨折;双侧鼻骨骨折;鼻骨骨折合并上颌骨额突骨折;鼻骨骨折合并鼻中隔骨折;双侧上颌骨额突骨折。

(16)舌缺损。

(17)牙齿脱落或者牙折2枚以上。

(18)腮腺、颌下腺或者舌下腺实质性损伤。

(19)损伤致张口困难Ⅰ度。

(20)颌骨骨折(牙槽突骨折及一侧上颌骨额突骨折除外)。

(21)颧骨骨折。

5. 轻微伤

(1)面部软组织创。

(2)面部损伤留有瘢痕或者色素改变。

(3)面部皮肤擦伤,面积 2.0cm^2 以上;面部软组织挫伤;面部划伤 4.0cm 以上。

(4)眶内壁骨折。

(5)眼部挫伤;眼部外伤后影响外观。

(6)耳郭创。

(7)鼻骨骨折;鼻出血。

(8)上颌骨额突骨折。

(9)口腔黏膜破损;舌损伤。

(10)牙齿脱落或者缺损;牙槽突骨折;牙齿松动 2 枚以上或者Ⅲ度松动 1 枚以上。

(三)听器听力损伤

1. 重伤一级

双耳听力障碍(≥91dB HL)。

2. 重伤二级

(1)一耳听力障碍(≥91dB HL)。

(2)一耳听力障碍(≥81dB HL),另一耳听力障碍(≥41dB HL)。

(3)一耳听力障碍(≥81dB HL),伴同侧前庭平衡功能障碍。

(4)双耳听力障碍(≥61dB HL)。

(5)双侧前庭平衡功能丧失,睁眼行走困难,不能并足站立。

3. 轻伤一级

(1)双耳听力障碍(≥41dB HL)。

(2)双耳外耳道闭锁。

4. 轻伤二级

(1)外伤性鼓膜穿孔 6 周不能自行愈合。

(2)听骨骨折或者脱位;听骨链固定。

(3)一耳听力障碍(≥41dB HL)。

(4)一侧前庭平衡功能障碍,伴同侧听力减退。

(5)一耳外耳道横截面 1/2 以上狭窄。

5. 轻微伤

(1)外伤性鼓膜穿孔。

(2)鼓室积血。

(3)外伤后听力减退。

(四)视器视力损伤

1. 重伤一级

(1)一眼眼球萎缩或者缺失,另一眼盲目3级。

(2)一眼视野完全缺损,另一眼视野半径20°以下(视野有效值32%以下)。

(3)双眼盲目4级。

2. 重伤二级

(1)一眼盲目3级。

(2)一眼重度视力损害,另一眼中度视力损害。

(3)一眼视野半径10°以下(视野有效值16%以下)。

(4)双眼偏盲;双眼残留视野半径30°以下(视野有效值48%以下)。

3. 轻伤一级

(1)外伤性青光眼,经治疗难以控制眼压。

(2)一眼虹膜完全缺损。

(3)一眼重度视力损害;双眼中度视力损害。

(4)一眼视野半径30°以下(视野有效值48%以下);双眼视野半径50°以下(视野有效值80%以下)。

4. 轻伤二级

(1)眼球穿通伤或者眼球破裂伤;前房出血须手术治疗;房角后退;虹膜根部离断或者虹膜缺损超过1个象限;睫状体脱离;晶状体脱位;玻璃体积血;外伤性视网膜脱离;外伤性视网膜出血;外伤性黄斑裂孔;外伤性脉络膜脱离。

(2)角膜斑翳或者血管翳;外伤性白内障;外伤性低眼压;外伤性青光眼。

(3)瞳孔括约肌损伤致瞳孔显著变形或者瞳孔散大(直径0.6cm以上)。

(4)斜视;复视。

(5)睑球粘连。

(6)一眼矫正视力减退至0.5以下(或者较伤前视力下降0.3以上);双眼矫正视力减退至0.7以下(或者较伤前视力下降0.2以上);原单眼中度以上视力损害者,伤后视力降低一个级别。

(7)一眼视野半径50°以下(视野有效值80%以下)。

5. 轻微伤

眼球损伤影响视力。

(五)颈部损伤

1. 重伤一级

(1)颈部大血管破裂。

(2)咽喉部广泛毁损,呼吸完全依赖气管套管或者造口。

(3)咽或者食管广泛毁损,进食完全依赖胃管或者造口。

2. 重伤二级

(1)甲状旁腺功能低下(重度)。

(2)甲状腺功能低下,药物依赖。

(3)咽部、咽后区、喉或者气管穿孔。

(4)咽喉或者颈部气管损伤,遗留呼吸困难(3 级)。

(5)咽或者食管损伤,遗留吞咽功能障碍(只能进流食)。

(6)喉损伤遗留发声障碍(重度)。

(7)颈内动脉血栓形成,血管腔狭窄(50% 以上)。

(8)颈总动脉血栓形成,血管腔狭窄(25% 以上)。

(9)颈前三角区增生瘢痕,面积累计 $30.0cm^2$ 以上。

3. 轻伤一级

(1)颈前部单个创口或者瘢痕长度 10.0cm 以上;多个创口或者瘢痕长度累计 16.0cm 以上。

(2)颈前三角区瘢痕,单块面积 $10.0cm^2$ 以上;多块面积累计 $12.0cm^2$ 以上。

(3)咽喉部损伤遗留发声或者构音障碍。

(4)咽或者食管损伤,遗留吞咽功能障碍(只能进半流食)。

(5)颈总动脉血栓形成;颈内动脉血栓形成;颈外动脉血栓形成;椎动脉血栓形成。

4. 轻伤二级

(1)颈前部单个创口或者瘢痕长度 5.0cm 以上;多个创口或者瘢痕长度累计 8.0cm 以上。

(2)颈前部瘢痕,单块面积 $4.0cm^2$ 以上,或者两块以上面积累计 $6.0cm^2$ 以上。

(3)甲状腺挫裂伤。

(4)咽喉软骨骨折。

(5)喉或者气管损伤。

(6)舌骨骨折。

(7)膈神经损伤。

(8)颈部损伤出现窒息征象。

5. 轻微伤

(1)颈部创口或者瘢痕长度1.0cm以上。

(2)颈部擦伤面积4.0cm^2以上。

(3)颈部挫伤面积2.0cm^2以上。

(4)颈部划伤长度5.0cm以上。

(六)胸部损伤

1. 重伤一级

(1)心脏损伤,遗留心功能不全(心功能Ⅳ级)。

(2)肺损伤致一侧全肺切除或者双肺三肺叶切除。

2. 重伤二级

(1)心脏损伤,遗留心功能不全(心功能Ⅲ级)。

(2)心脏破裂;心包破裂。

(3)女性双侧乳房损伤,完全丧失哺乳功能;女性一侧乳房大部分缺失。

(4)纵隔血肿或者气肿,须手术治疗。

(5)气管或者支气管破裂,须手术治疗。

(6)肺破裂,须手术治疗。

(7)血胸、气胸或者血气胸,伴一侧肺萎陷70%以上,或者双侧肺萎陷均在50%以上。

(8)食管穿孔或者全层破裂,须手术治疗。

(9)脓胸或者肺脓肿;乳糜胸;支气管胸膜瘘;食管胸膜瘘;食管支气管瘘。

(10)胸腔大血管破裂。

(11)膈肌破裂。

3. 轻伤一级

(1)心脏挫伤致心包积血。

(2)女性一侧乳房损伤,丧失哺乳功能。

(3)肋骨骨折6处以上。

(4)纵隔血肿;纵隔气肿。

(5)血胸、气胸或者血气胸,伴一侧肺萎陷30%以上,或者双侧肺萎陷均在20%以上。

(6)食管挫裂伤。

4. 轻伤二级

(1)女性一侧乳房部分缺失或者乳腺导管损伤。

(2)肋骨骨折2处以上。

(3)胸骨骨折;锁骨骨折;肩胛骨骨折。

(4)胸锁关节脱位;肩锁关节脱位。

(5)胸部损伤,致皮下气肿1周不能自行吸收。

(6)胸腔积血;胸腔积气。

(7)胸壁穿透创。

(8)胸部挤压出现窒息征象。

5. 轻微伤

(1)肋骨骨折;肋软骨骨折。

(2)女性乳房擦挫伤。

(七)腹部损伤

1. 重伤一级

(1)肝功能损害(重度)。

(2)胃肠道损伤致消化吸收功能严重障碍,依赖肠外营养。

(3)肾功能不全(尿毒症期)。

2. 重伤二级

(1)腹腔大血管破裂。

(2)胃、肠、胆囊或者胆道全层破裂,须手术治疗。

(3)肝、脾、胰或者肾破裂,须手术治疗。

(4)输尿管损伤致尿外渗,须手术治疗。

(5)腹部损伤致肠瘘或者尿瘘。

(6)腹部损伤引起弥漫性腹膜炎或者感染性休克。

(7)肾周血肿或者肾包膜下血肿,须手术治疗。

(8)肾功能不全(失代偿期)。

(9)肾损伤致肾性高血压。

(10)外伤性肾积水;外伤性肾动脉瘤;外伤性肾动静脉瘘。

(11)腹腔积血或者腹膜后血肿,须手术治疗。

3. 轻伤一级

(1)胃、肠、胆囊或者胆道非全层破裂。

(2)肝包膜破裂;肝脏实质内血肿直径2.0cm以上。

(3)脾包膜破裂;脾实质内血肿直径2.0cm以上。

(4)胰腺包膜破裂。

(5)肾功能不全(代偿期)。

4.轻伤二级

(1)胃、肠、胆囊或者胆道挫伤。

(2)肝包膜下或者实质内出血。

(3)脾包膜下或者实质内出血。

(4)胰腺挫伤。

(5)肾包膜下或者实质内出血。

(6)肝功能损害(轻度)。

(7)急性肾功能障碍(可恢复)。

(8)腹腔积血或者腹膜后血肿。

(9)腹壁穿透创。

5.轻微伤

外伤性血尿。

(八)盆部及会阴损伤

1.重伤一级

(1)阴茎及睾丸全部缺失。

(2)子宫及卵巢全部缺失。

2.重伤二级

(1)骨盆骨折畸形愈合,致双下肢相对长度相差5.0cm以上。

(2)骨盆不稳定性骨折,须手术治疗。

(3)直肠破裂,须手术治疗。

(4)肛管损伤致大便失禁或者肛管重度狭窄,须手术治疗。

(5)膀胱破裂,须手术治疗。

(6)后尿道破裂,须手术治疗。

(7)尿道损伤致重度狭窄。

(8)损伤致早产或者死胎;损伤致胎盘早期剥离或者流产,合并轻度休克。

(9)子宫破裂,须手术治疗。

(10)卵巢或者输卵管破裂,须手术治疗。

(11)阴道重度狭窄。

(12)幼女阴道Ⅱ度撕裂伤。

(13)女性会阴或者阴道Ⅲ度撕裂伤。

(14)龟头缺失达冠状沟。

(15)阴囊皮肤撕脱伤面积占阴囊皮肤面积50%以上。

(16)双侧睾丸损伤,丧失生育能力。

(17)双侧附睾或者输精管损伤,丧失生育能力。

(18)直肠阴道瘘;膀胱阴道瘘;直肠膀胱瘘。

(19)重度排尿障碍。

3. 轻伤一级

(1)骨盆2处以上骨折;骨盆骨折畸形愈合;髋臼骨折。

(2)前尿道破裂,须手术治疗。

(3)输尿管狭窄。

(4)一侧卵巢缺失或者萎缩。

(5)阴道轻度狭窄。

(6)龟头缺失1/2以上。

(7)阴囊皮肤撕脱伤面积占阴囊皮肤面积30%以上。

(8)一侧睾丸或者附睾缺失;一侧睾丸或者附睾萎缩。

4. 轻伤二级

(1)骨盆骨折。

(2)直肠或者肛管挫裂伤。

(3)一侧输尿管挫裂伤;膀胱挫裂伤;尿道挫裂伤。

(4)子宫挫裂伤;一侧卵巢或者输卵管挫裂伤。

(5)阴道撕裂伤。

(6)女性外阴皮肤创口或者瘢痕长度累计4.0cm以上。

(7)龟头部分缺损。

(8)阴茎撕脱伤;阴茎皮肤创口或者瘢痕长度2.0cm以上;阴茎海绵体出血并形成硬结。

(9)阴囊壁贯通创;阴囊皮肤创口或者瘢痕长度累计4.0cm以上;阴囊内积血,2周内未完全吸收。

(10)一侧睾丸破裂、血肿、脱位或者扭转。

(11)一侧输精管破裂。

(12)轻度肛门失禁或者轻度肛门狭窄。

(13)轻度排尿障碍。

(14)外伤性难免流产;外伤性胎盘早剥。

5. 轻微伤

(1)会阴部软组织挫伤。

(2)会阴创;阴囊创;阴茎创。

(3)阴囊皮肤挫伤。

(4)睾丸或者阴茎挫伤。

(5)外伤性先兆流产。

(九)脊柱四肢损伤

1. 重伤一级

(1)二肢以上离断或者缺失(上肢腕关节以上、下肢踝关节以上)。

(2)二肢六大关节功能完全丧失。

2. 重伤二级

(1)四肢任一大关节强直畸形或者功能丧失50%以上。

(2)臂丛神经干性或者束性损伤,遗留肌瘫(肌力3级以下)。

(3)正中神经肘部以上损伤,遗留肌瘫(肌力3级以下)。

(4)桡神经肘部以上损伤,遗留肌瘫(肌力3级以下)。

(5)尺神经肘部以上损伤,遗留肌瘫(肌力3级以下)。

(6)骶丛神经或者坐骨神经损伤,遗留肌瘫(肌力3级以下)。

(7)股骨干骨折缩短5.0cm以上、成角畸形30°以上或者严重旋转畸形。

(8)胫腓骨骨折缩短5.0cm以上、成角畸形30°以上或者严重旋转畸形。

(9)膝关节挛缩畸形屈曲30°以上。

(10)一侧膝关节交叉韧带完全断裂遗留旋转不稳。

(11)股骨颈骨折或者髋关节脱位,致股骨头坏死。

(12)四肢长骨骨折不愈合或者假关节形成;四肢长骨骨折并发慢性骨髓炎。

(13)一足离断或者缺失50%以上;足跟离断或者缺失50%以上。

(14)一足的第一趾和其余任何二趾离断或者缺失;一足除第一趾外,离断或者缺失4趾。

(15)两足5个以上足趾离断或者缺失。

(16)一足第一趾及其相连的跖骨离断或者缺失。

(17)一足除第一趾外,任何三趾及其相连的跖骨离断或者缺失。

3. 轻伤一级

(1)四肢任一大关节功能丧失25%以上。

(2)一节椎体压缩骨折超过1/3以上;二节以上椎体骨折;三节以上横突、棘突或者椎弓骨折。

(3)膝关节韧带断裂伴半月板破裂。

(4)四肢长骨骨折畸形愈合。

(5)四肢长骨粉碎性骨折或者两处以上骨折。

(6)四肢长骨骨折累及关节面。

(7)股骨颈骨折未见股骨头坏死,已行假体置换。

(8)骺板断裂。

(9)一足离断或者缺失10%以上;足跟离断或者缺失20%以上。

(10)一足的第一趾离断或者缺失;一足除第一趾外的任何二趾离断或者缺失。

(11)3个以上足趾离断或者缺失。

(12)除第一趾外任何一趾及其相连的跖骨离断或者缺失。

(13)肢体皮肤创口或者瘢痕长度累计45.0cm以上。

4. 轻伤二级

(1)四肢任一大关节功能丧失10%以上。

(2)四肢重要神经损伤。

(3)四肢重要血管破裂。

(4)椎骨骨折或者脊椎脱位(尾椎脱位不影响功能的除外);外伤性椎间盘突出。

(5)肢体大关节韧带断裂;半月板破裂。

(6)四肢长骨骨折;髌骨骨折。

(7)骨骺分离。

(8)损伤致肢体大关节脱位。

(9)第一趾缺失超过趾间关节;除第一趾外,任何二趾缺失超过趾间关节;一趾缺失。

(10)两节趾骨骨折;一节趾骨骨折合并一跖骨骨折。

(11)两跖骨骨折或者一跖骨完全骨折;距骨、跟骨、骰骨、楔骨或者足舟骨骨折;跖跗关节脱位。

(12)肢体皮肤一处创口或者瘢痕长度10.0cm以上;两处以上创口或者瘢痕长度累计15.0cm以上。

5. 轻微伤

(1)肢体一处创口或者瘢痕长度1.0cm以上;两处以上创口或者瘢痕长度累计1.5cm以上;刺创深达肌层。

(2)肢体关节、肌腱或者韧带损伤。

(3)骨挫伤。

(4)足骨骨折。

(5)外伤致趾甲脱落,甲床暴露;甲床出血。

(6)尾椎脱位。

(十)手损伤

1. 重伤一级

双手离断、缺失或者功能完全丧失。

2. 重伤二级

(1)手功能丧失累计达一手功能36%。

(2)一手拇指挛缩畸形不能对指和握物。

(3)一手除拇指外,其余任何三指挛缩畸形,不能对指和握物。

(4)一手拇指离断或者缺失超过指间关节。

(5)一手食指和中指全部离断或者缺失。

(6)一手除拇指外的任何三指离断或者缺失均超过近侧指间关节。

3. 轻伤一级

(1)手功能丧失累计达一手功能16%。

(2)一手拇指离断或者缺失未超过指间关节。

(3)一手除拇指外的食指和中指离断或者缺失均超过远侧指间关节。

(4)一手除拇指外的环指和小指离断或者缺失均超过近侧指间关节。

4. 轻伤二级

(1)手功能丧失累计达一手功能4%。

(2)除拇指外的一个指节离断或者缺失。

(3)两节指骨线性骨折或者一节指骨粉碎性骨折(不含第2至5指末节)。

(4)舟骨骨折、月骨脱位或者掌骨完全性骨折。

5. 轻微伤

(1)手擦伤面积10.0cm^{2}以上或者挫伤面积6.0cm^{2}以上。

(2)手一处创口或者瘢痕长度1.0cm以上;两处以上创口或者瘢痕长度累计1.5cm以上;刺伤深达肌层。

(3)手关节或者肌腱损伤。

(4)腕骨、掌骨或者指骨骨折。

(5)外伤致指甲脱落,甲床暴露;甲床出血。

(十一)体表损伤

1. 重伤二级

(1)挫伤面积累计达体表面积30%。

(2)创口或者瘢痕长度累计200.0cm以上。

2. 轻伤一级

(1)挫伤面积累计达体表面积10%。

(2)创口或者瘢痕长度累计40.0cm以上。

(3)撕脱伤面积100.0cm^2以上。

(4)皮肤缺损30.0cm^2以上。

3. 轻伤二级

(1)挫伤面积达体表面积6%。

(2)单个创口或者瘢痕长度10.0cm以上;多个创口或者瘢痕长度累计15.0cm以上。

(3)撕脱伤面积50.0cm^2以上。

(4)皮肤缺损6.0cm^2以上。

4. 轻微伤

(1)擦伤面积20.0cm^2以上或者挫伤面积15.0cm^2以上。

(2)一处创口或者瘢痕长度1.0cm以上;两处以上创口或者瘢痕长度累计1.5cm以上;刺创深达肌层。

(3)咬伤致皮肤破损。

(十二)其他损伤

1. 重伤一级

深Ⅱ°以上烧烫伤面积达体表面积70%或者Ⅲ°面积达30%。

2. 重伤二级

(1)Ⅱ°以上烧烫伤面积达体表面积30%或者Ⅲ°面积达10%;面积低于上述程度但合并吸入有毒气体中毒或者严重呼吸道烧烫伤。

(2)枪弹创,创道长度累计180.0cm。

(3)各种损伤引起脑水肿(脑肿胀),脑疝形成。

(4)各种损伤引起休克(中度)。

(5)挤压综合征(Ⅱ级)。

(6)损伤引起脂肪栓塞综合征(完全型)。

(7)各种损伤致急性呼吸窘迫综合征(重度)。

(8)电击伤(Ⅱ°)。

(9)溺水(中度)。

(10)脑内异物存留;心脏异物存留。

(11)器质性阴茎勃起障碍(重度)。

3.轻伤一级

(1)Ⅱ°以上烧烫伤面积达体表面积20%或者Ⅲ°面积达5%。

(2)损伤引起脂肪栓塞综合征(不完全型)。

(3)器质性阴茎勃起障碍(中度)。

4.轻伤二级

(1)Ⅱ°以上烧烫伤面积达体表面积5%或者Ⅲ°面积达0.5%。

(2)呼吸道烧伤。

(3)挤压综合征(Ⅰ级)。

(4)电击伤(Ⅰ°)。

(5)溺水(轻度)。

(6)各种损伤引起休克(轻度)。

(7)呼吸功能障碍,出现窒息征象。

(8)面部异物存留;眶内异物存留;鼻窦异物存留。

(9)胸腔内异物存留;腹腔内异物存留;盆腔内异物存留。

(10)深部组织内异物存留。

(11)骨折内固定物损坏需要手术更换或者修复。

(12)各种置入式假体装置损坏需要手术更换或者修复。

(13)器质性阴茎勃起障碍(轻度)。

5.轻微伤

(1)身体各部位骨皮质的砍(刺)痕;轻微撕脱性骨折,无功能障碍。

(2)面部Ⅰ°烧烫伤面积10.0cm^2以上;浅Ⅱ°烧烫伤。

(3)颈部Ⅰ°烧烫伤面积15.0cm^2以上;浅Ⅱ°烧烫伤面积2.0cm^2以上。

(4)体表Ⅰ°烧烫伤面积20.0cm^2以上;浅Ⅱ°烧烫伤面积4.0cm^2以上;深Ⅱ°烧烫伤。

第三节 伤残程度和劳动能力的鉴(评)定

一、伤残程度鉴定概述

(一)伤残的概念和类型

广义的残疾(disability)是指由于各种疾病、损伤、发育缺陷或者精神因素所造成的人的机体、精神不同程度的永久性功能障碍,从而使个体不能正常工作、生活和学习的一种状态。伤残是指因损伤所致的人体残疾。伤残分为原发性残疾和继发性残疾。前者是指损伤直接导致的残疾;后者是指损伤后由于制动或者失用等原因引起的组织结构改变与功能障碍,如关节固定后引起的滑膜粘连、关节僵硬等。

伤残形成的类型主要有:(1)交通伤致残。(2)工伤致残。(3)产品致残。(4)职业病与职业中毒致残。(5)医疗损害致残。(6)伤害致残。(7)监狱服刑人员劳动能力鉴定。

(二)世界卫生组织《国际功能、残疾和健康分类》

《国际功能、残疾和健康分类》(International Classification of Functioning, Disability and Health, ICF),是由世界卫生组织在2001年5月22日第54届世界卫生大会上正式命名并在国际上使用的分类标准。该分类系统提供了能统一和准确地反映所有与人体健康有关的功能和失能的状态分类,作为一个重要的健康指标,广泛应用于卫生保健、预防、人口调查、保险、社会安全、劳动、教育、经济、社会政策、一般法律的制定等方面。ICF为从生物、心理和社会角度认识损伤所造成的影响提供了一种理论模式。

ICF将残疾定义为损伤、活动受限以及参与限制的总称。从组织解剖结构或生理功能的损害、劳动能力和生活能力的丧失以及社会不利三方面综合评估。

(三)伤残程度鉴(评)定标准适用范围

伤残程度鉴(评)定标准适用范围包括以下几点。

1. 2014年9月3日颁布、2015年1月1日正式实施的中华人民共和国国家标准《劳动能力鉴定 职工工伤与职业病致残等级》(GB/T 16180－2014)的制定依据是《劳动保险条例》的有关规定,适用于职工在职业活动中因工负伤和因职业病致残程度的鉴定。鉴定原则以器官缺失或功能完全丧失,其他器官不能代偿,存在特殊医疗依赖,或完全或大部分或部分生活自理障碍。鉴定目的是加强安全生产、维护国家整体利益、维护职工合法权益。

2. 最高人民法院、最高人民检察院、公安部、国家安全部和司法部于 2016 年 4 月 18 日颁布《人体损伤致残程度分级》，自 2017 年 1 月 1 日起施行。鉴定原则上应以损伤治疗后果或者结果为依据，客观评价组织器官缺失和/或功能障碍程度，科学分析损伤与残疾之间的因果关系，实事求是地进行鉴定。该标准是开展法医临床司法鉴定，确定民事赔偿责任的重要标准，对保护当事各方的合法权益，维护正常交通秩序和社会稳定具有重大意义。

《人体损伤致残程度分级》适用于除职工工伤以外的所有人身损害致残程度等级鉴定，包括道路交通事故受伤人员伤残鉴定、刑事案件的伤残鉴定、非因职工工伤的伤残鉴定、普通伤害案件的伤残鉴定、其他意外伤害的伤残鉴定等。

2017 年 3 月 23 日之后发生的事故，使用《人体损伤致残程度分级》标准。原《道路交通事故受伤人员伤残评定》正式废止。

3. 其他。《人身损害护理依赖程度评定》（GB/T 31147）；《国务院关于安置老弱病残干部暂行办法》以劳动能力丧失程度决定退休、抚恤待遇；《医疗事故处理条例》以伤残程度制定医疗事故等级和处理内容；《中国人民保险公司人身保险伤残程度分类表》以身体各部位伤残程度的具体情况为保险理赔的依据等。

（四）伤残程度鉴（评）定的注意事项

1. 对于未列入相关伤残等级评定标准的损伤，可以参照该标准的分级原则，比照相近条款作出判定。

2. 一般应在病情稳定，临床治疗终结后进行。有明确规定的，应严格按照规定进行，例如，关于“人格改变”的诊断必须是在症状持续 6 个月以上方可鉴定等。

3. 涉及精神科门类鉴定时，有关精神障碍方面的问题应由具有法医精神病鉴定执业资格的鉴定人员鉴定。

4. 对于损伤后器官或者肢体功能障碍程度的判定，应以伤残等级鉴定时的检查结果作为判定依据，同时应排除其原有损伤及疾病等因素。

（五）伤残程度鉴（评）定意见的评价

鉴（评）定意见是鉴定人运用专门知识和技能，对需要解决的专门性问题进行鉴定后作出的结论，是证据的一种。只有正确反映客观事实、符合科学原理的结论才有证据作用。

正确评价伤残程度意见必须全面审查鉴定文书，着重抓住以下三个要件。

1. 事实要件。案件发生时间、地点、经过、现场的一般征象、受伤者的情况（伤情）。对于伤情的了解，源于反映客观伤情的原始基础材料，即由医疗机构的门

(急)诊病历、住院病历、实验室检查报告、影像学资料(X片、CT片、MRI片等)及其他鉴定所需要的相关原始基础材料。评价原始基础材料具有真实、客观性,是作出科学结论的第一要件。

2. 医学要件。评价检验过程中检验方法是否正确、规范,是否应用依法计量认证或者认可的检测实验室检查结果,以取得客观指标。检验所见记录是否完整,反映的客观事实是否详尽。分析说明部分是否根据检验所见,依据医学原理阐明伤残的理论问题。当检验过程中获得的主、客观指标相矛盾时,以具有可重复性的客观指标为准。作出的鉴定意见是不是分析说明的必然结果。

3. 法律要件。"以事实为根据,以法律为准绳。"在伤残程度鉴(评)定中,是否依照我国法律、法规规定,参照相关的国家、行业、部门制定的伤残程度鉴(评)定标准,对照条文(或附录)作出伤残等级的鉴(评)定意见。

二、劳动能力鉴定、职工工伤与职业病致残等级鉴定

(一)参照伤残程度鉴(评)定标准时应注意的若干问题

1. 关于伤残等级划分和晋级问题。工伤致残伤残程度从重至轻分为10级。最重为第1级,最轻为第10级。1级至4级为全部丧失劳动能力,5级至6级为大部分丧失劳动能力,7级至10级为部分丧失劳动能力。对于同一器官或系统多处损伤,一个以上器官不同部位同时受到损伤者,应先对单项伤残程度进行鉴定。如果几项伤残等级不同,以重者定级;如果两项及以上等级相同,最多晋升一级。

2. 关于判断伤残程度的依据问题。依据工伤致残者于评定伤残等级技术鉴定时的器官损伤、功能障碍及其对医疗与日常生活护理的依赖程度,适当考虑由于伤残引起的社会心理因素影响,对伤残程度进行综合判定分级。

3. 关于伤病关系处理。在劳动能力鉴定过程中,工伤或职业病后出现合并症,其致残等级的评定以鉴定时实际的致残结局为依据。如受工伤损害的器官原有伤残或疾病史,即单个或双器官(如双眼、四肢、肾脏)或系统损伤,本次鉴定时应检查本次伤情是否加重原有伤残,若加重原有伤残,鉴定时按事实的致残结局为依据,若本次伤情轻于原有伤残,鉴定时则按本次伤情致残结局为依据。对原有伤残的处理适用于初次或再次鉴定,复查鉴定不适用于上述规则。

4. 关于年龄、性别、职业和社会心理因素的问题。工伤伤残对年龄、性别、职业因素作了考虑。如"青年脾摘除"构成5级伤残,而"成人脾摘除"构成7级伤残。

5. 关于鉴(评)定时机问题。工伤伤残鉴定时机以工伤(职业病)者于医疗期满时的器官损伤、功能障碍及其对医疗与护理的依赖程度为准,适当考虑由于伤残引

起的社会心理因素的影响作出判定结论。经初次鉴定后,对病情进行性加重或需要进一步治疗者,应按国家社会保障法规的要求,对残情进行重新鉴定。人体损伤致残程度分级的应在原发性损伤及其与之确有关联的并发症治疗终结或者临床治疗效果稳定后进行鉴定。对有明确规定的,应严格按照相关规定进行鉴定,例如,关于“人格改变”的诊断必须是症状持续6个月以上方可诊断等。

6. 其他问题。对涉及精神门类鉴定时,有关精神障碍方面的问题应该由具有司法精神病鉴定执业资格的鉴定人鉴定。

(二)劳动能力的鉴定

我国《宪法》规定,中华人民共和国公民在年老、疾病或者丧失劳动能力的情况下,有从国家和社会获得物质帮助的权利。在伤害案例中,受害者可造成暂时性的或永久性的劳动能力丧失。《民法典》第1179条规定,侵害他人造成人身损害的,应当赔偿医疗费、护理费、交通费、营养费、住院伙食补助费等为治疗和康复支出的合理费用,以及因误工减少的收入。造成残疾的,还应当赔偿辅助器具费和残疾赔偿金;造成死亡的,还应当赔偿丧葬费和死亡赔偿金。上述法律所规定的人身伤害赔偿具有两层含义:一是要有人体伤害的事实,二是要给予一定数额的经济赔偿。损伤与赔偿两者互为前提、互为因果。只有损伤的事实存在,才有赔偿方案的实施;损伤的程度决定赔偿的数额。要使赔偿公平合理,就必须正确鉴定损伤残废的程度,这种鉴定称为劳动能力鉴定。狭义的劳动能力鉴定是指劳动者在职业活动中因工负伤或患职业病后,法定鉴定机关通过相关医学检查并依据国家标准进行鉴别和判定的过程。因此,劳动能力鉴定是为了受伤害者在因伤致残而丧失劳动能力时,能够依法得到经济赔偿,以保障其生活的权利。

劳动能力鉴定的目的除经济赔偿外,还关系到办理残疾证、保外就医等。劳动能力的鉴定是监狱服刑人员健康权的保障,也是监狱管理服刑人员劳动改造的重要科学依据之一。

1. 劳动能力及其分类。劳动能力是一切劳动能力(脑力的、体力的)的总和,也是人的工作能力的总和。在实际生活中,劳动能力取决于相互联系的多种因素。它包括个体的年龄、体质特性、智力和体力的发育状况等生物学因素,还包括各种社会因素和社会心理因素,如教育、职业、职务、工龄以及家庭状况等。

劳动能力分为一般性劳动能力和职业性劳动能力。(1)一般性劳动能力包括日常生活活动能力和进行非专业性工作的能力。如自我移动、穿衣、进食、保持个人和环境卫生等。(2)职业性劳动力指经过专业训练,从事专门职业的劳动能力。在职业性劳动能力中经过特殊训练所获得的专门工作能力,称为“专门性劳动能力”

或"专长性劳动能力"。从生理学观点分析,专门性劳动能力是指经过训练所获得的人体某部分器官的特殊功能,即个人的专长。如钢琴家灵巧的手指,芭蕾舞演员的脚和画家的眼睛所具有的专门劳动能力。这些器官受到伤害致残,可导致受害者原有的职业性劳动能力完全丧失。

2. 劳动能力丧失分类。劳动能力丧失是指损伤或疾病引起的原有劳动能力下降或完全丧失,不能从事原来的工作。

(1)依据劳动能力丧失持续的时间,可分暂时性劳动能力丧失和永久性劳动能力丧失。暂时性劳动能力丧失指损伤后或疾病期间伤者机体功能障碍,影响日常生活和工作能力;痊愈后原有劳动能力可恢复,无后遗症。暂时性劳动能力丧失根据医疗单位医师签署的诊断证明书确认,一般无须再作法医学鉴定。永久性劳动能力丧失是指伤病治疗终结后劳动能力仍不能恢复,或经过长久时期才能部分恢复,又称残疾。永久性劳动能力丧失者应当进行伤残的劳动能力鉴定,以确定其外伤所致人体解剖结构和生理功能损害的程度和劳动能力丧失程度。伤残劳动能力鉴定结果可以作为法庭判决或保险公司处理伤害事件的法律依据。

(2)依据劳动能力丧失程度大致分为部分丧失、大部分丧失、全部丧失。劳动能力部分丧失指工作能力部分丧失,日常生活能力能够自理。劳动能力大部丧失指工作能力完全丧失,日常生活能力部分丧失。劳动能力全部丧失指工作能力和日常生活能力全部丧失,生活不能自理。

3. 劳动能力丧失分级。在职业活动中因工伤或患职业病按2014年9月3日发布、2015年1月1日实施的《劳动能力鉴定　职工工伤与职业病致残等级》(GB/T 16180－2014)进行鉴定。

三、人体损伤致残程度鉴定

(一)参照伤残程度鉴(评)定标准时应注意的若干问题

1. 关于伤残等级划分和晋级问题。人体损伤致残程度划分为10个等级,从1级(人体致残率100%)到10级(人体致残率10%),每级致残率相差10%。人体损伤致残程度分级的受伤人员符合两处以上致残程度等级者,鉴定意见中应该分别写明各处的致残程度等级。

2. 关于判断伤残程度的依据问题。依据人体组织器官结构破坏、功能障碍及其对医疗、护理的依赖程度,适当考虑由于残疾引起的社会交往和心理因素影响,综合判定致残程度等级。

3. 关于伤病关系处理。人体损伤致残程度时,分级的依据是当损伤与原有伤、病共存时,应分析损伤与残疾后果之间的因果关系。根据损伤在残疾后果中的作用力大小确定因果关系的不同形式,可依次分别表述为:完全作用、主要作用、同等作用、次要作用、轻微作用、没有作用。除损伤“没有作用”以外,均应按照实际残情鉴定致残程度等级,同时说明损伤与残疾后果之间的因果关系;判定损伤“没有作用”的,不应进行致残程度鉴定。

4. 关于年龄、性别、职业和社会心理因素的问题。人体损伤致残程度鉴定适当考虑由于残疾引起的社会交往和心理因素影响,综合判定致残程度等级。

5. 关于鉴(评)定时机问题。应在原发性损伤及其与之确有关联的并发症治疗终结或者临床治疗效果稳定后进行鉴定,鉴定基本上是一次性的。“治疗终结”为临床医学一般原则所承认的临床效果稳定。

(二)道路交通事故伤残鉴定

道路交通事故是指车辆在道路上因过错或者意外造成人身伤亡或者财产损失的事件。道路交通事故不仅是由不特定的人员违反交通管理法规造成的,也可以是由于地震、台风、山洪、雷击等不可抗拒的自然灾害造成的。道路交通事故伤残等级鉴定依据《人体损伤致残程度分级》标准。交通事故的当事人因伤致残,在治疗终结后,既可以向公安交通管理机关申请伤残评定,也可以在起诉后向人民法院申请伤残评定,还可以委托律师事务所代理伤残评定。

(三)人身保险伤残等级鉴定

人身保险是以人的生命、健康和劳动能力为保险标的保险。意外险或意外责任的保险一般适用中国保险行业协会联合中国法医学会发布的《人身保险伤残评定标准》进行鉴定;涉及人身侵权责任保险一般适用《人体损伤致残程度分级》标准进行鉴定。

涉及雇主责任险,认定工伤的按《劳动能力鉴定 职工工伤与职业病致残等级》进行鉴定;按提供劳务者受害责任纠纷主张赔偿的,按《人体损伤致残程度分级》标准进行鉴定。

(四)人身伤害案件中的伤残鉴定

在人身伤害案件中,由于人体损伤后可能导致受害者残疾,造成其劳动能力不同程度的丧失,因此,对此类案件的处理除进行损伤程度鉴定外,还需对受害人伤残进行鉴定,为人身伤害案件的附带民事赔偿提供依据。人身伤害案件中的伤残鉴定依照《人体损伤致残程度分级》标准进行鉴定。

(五)医疗损害伤残等级鉴定

2017 年 1 月 1 日生效的《人体损伤致残程度分级》标准,适用范围为除职工工伤以外的所有人身损害致残程度等级鉴定,但并未明确适用于医疗损害伤残等级鉴定。在医疗损害的民事诉讼案件中,因医疗过失造成伤残的,目前各地适用标准不一,部分省市仍参照《医疗事故技术鉴定暂行办法》。

(六)致残程度分级

1. 一级

(1)颅脑、脊髓及周围神经损伤

①持续性植物生存状态;

②精神障碍或者极重度智能减退,日常生活完全不能自理;

③四肢瘫(肌力3级以下)或者三肢瘫(肌力2级以下);

④截瘫(肌力2级以下)伴重度排便功能障碍与重度排尿功能障碍。

(2)颈部及胸部损伤

①心功能不全,心功能Ⅳ级;

②严重器质性心律失常,心功能Ⅲ级;

③心脏移植术后,心功能Ⅲ级;

④心肺联合移植术后;

⑤肺移植术后呼吸困难(极重度)。

(3)腹部损伤

①原位肝移植术后肝衰竭晚期;

②双肾切除术后或者孤肾切除术后,需透析治疗维持生命;肾移植术后肾衰竭。

(4)脊柱、骨盆及四肢损伤

①三肢缺失(上肢肘关节以上,下肢膝关节以上);

②二肢缺失(上肢肘关节以上,下肢膝关节以上),第三肢各大关节功能丧失均达75%;

③二肢缺失(上肢肘关节以上,下肢膝关节以上),第三肢任二大关节均强直固定或者功能丧失均达90%。

2. 二级

(1)颅脑、脊髓及周围神经损伤

①精神障碍或者重度智能减退,日常生活随时需有人帮助;

②三肢瘫(肌力3级以下);

③偏瘫(肌力2级以下);

④截瘫(肌力2级以下);

⑤非肢体瘫运动障碍(重度)。

(2)头面部损伤

①容貌毁损(重度);

②上颌骨或者下颌骨完全缺损;

③双眼球缺失或者萎缩;

④双眼盲目5级;

⑤双侧眼睑严重畸形(或者眼睑重度下垂,遮盖全部瞳孔),伴双眼盲目3级以上。

(3)颈部及胸部损伤

①呼吸困难(极重度);

②心脏移植术后;

③肺移植术后。

(4)腹部损伤

①肝衰竭晚期;

②肾衰竭;

③小肠大部分切除术后,消化吸收功能丧失,完全依赖肠外营养。

(5)脊柱、骨盆及四肢损伤

①双上肢肘关节以上缺失,或者一上肢肘关节以上缺失伴一下肢膝关节以上缺失;

②一肢缺失(上肢肘关节以上,下肢膝关节以上),其余任二肢体各有二大关节功能丧失均达75%;

③双上肢各大关节均强直固定或者功能丧失均达90%。

(6)体表及其他损伤

①皮肤瘢痕形成达体表面积90%;

②重型再生障碍性贫血。

3. 三级

(1)颅脑、脊髓及周围神经损伤

①精神障碍或者重度智能减退,不能完全独立生活,需经常有人监护;

②完全感觉性失语或者混合性失语;

③截瘫(肌力3级以下)伴排便或者排尿功能障碍;

④双手全肌瘫(肌力2级以下),伴双腕关节功能丧失均达75%;

⑤重度排便功能障碍伴重度排尿功能障碍。

(2)头面部损伤

①一眼球缺失、萎缩或者盲目5级,另一眼盲目3级;

②双眼盲目4级;

③双眼视野接近完全缺损,视野有效值≤4%(直径≤5°);

④吞咽功能障碍,完全依赖胃管进食。

(3)颈部及胸部损伤

①食管闭锁或者切除术后,摄食依赖胃造口或者空肠造口;

②心功能不全,心功能Ⅲ级。

(4)腹部损伤

①全胰缺失;

②一侧肾切除术后,另一侧肾功能重度下降;

③小肠大部分切除术后,消化吸收功能严重障碍,大部分依赖肠外营养。

(5)盆部及会阴部损伤

①未成年人双侧卵巢缺失或者萎缩,完全丧失功能;

②未成年人双侧睾丸缺失或者萎缩,完全丧失功能;

③阴茎接近完全缺失(残留长度≤1.0cm)。

(6)脊柱、骨盆及四肢损伤

①二肢缺失(上肢腕关节以上,下肢膝关节以上);

②一肢缺失(上肢腕关节以上,下肢膝关节以上),另一肢各大关节均强直固定或者功能丧失均达90%;

③双上肢各大关节功能丧失均达75%;双下肢各大关节均强直固定或者功能丧失均达90%;一上肢与一下肢各大关节均强直固定或者功能丧失均达90%。

4. 四级

(1)颅脑、脊髓及周围神经损伤

①精神障碍或者中度智能减退,日常生活能力严重受限,间或需要帮助;

②外伤性癫痫(重度);

③偏瘫(肌力3级以下);

④截瘫(肌力3级以下);

⑤阴茎器质性勃起障碍(重度)。

(2)头面部损伤

①符合容貌毁损(重度)标准之三项者;

②上颌骨或者下颌骨缺损达1/2;

③一眼球缺失、萎缩或者盲目5级，另一眼重度视力损害；

④双眼盲目3级；

⑤双眼视野极度缺损，视野有效值≤8%（直径≤10°）；

⑥双耳听力障碍≥91dB HL。

（3）颈部及胸部损伤

①严重器质性心律失常，心功能Ⅱ级；

②一侧全肺切除术后；

③呼吸困难（重度）。

（4）腹部损伤

①肝切除2/3以上；

②肝衰竭中期；

③胰腺大部分切除，胰岛素依赖；

④肾功能重度下降；

⑤双侧肾上腺缺失；

⑥永久性回肠造口。

（5）盆部及会阴部损伤

膀胱完全缺失或者切除术后，行永久性输尿管腹壁造瘘或者肠代膀胱并永久性造口。

（6）脊柱、骨盆及四肢损伤

①一上肢腕关节以上缺失伴一下肢踝关节以上缺失，或者双下肢踝关节以上缺失；

②双下肢各大关节功能丧失均达75%；一上肢与一下肢各大关节功能丧失均达75%；

③手功能丧失分值达150分。

（7）体表及其他损伤

①皮肤瘢痕形成达体表面积70%；

②放射性皮肤癌。

5. 五级

（1）颅脑、脊髓及周围神经损伤

①精神障碍或者中度智能减退，日常生活能力明显受限，需要指导；

②完全运动性失语；

③完全性失用、失写、失读或者失认等；

④双侧完全性面瘫;

⑤四肢瘫(肌力 4 级以下);

⑥单肢瘫(肌力 2 级以下);

⑦非肢体瘫运动障碍(中度);

⑧双手大部分肌瘫(肌力 2 级以下);

⑨双足全肌瘫(肌力 2 级以下);

⑩排便伴排尿功能障碍,其中一项达重度。

(2)头面部损伤

①符合容貌毁损(重度)标准之二项者;

②一眼球缺失、萎缩或者盲目 5 级,另一眼中度视力损害;

③双眼重度视力损害;

④双眼视野重度缺损,视野有效值≤16%(直径≤20°);

⑤一侧眼睑严重畸形(或者眼睑重度下垂,遮盖全部瞳孔),伴另一眼盲目 3 级以上;

⑥双耳听力障碍≥81dB HL;

⑦一耳听力障碍≥91dB HL,另一耳听力障碍≥61dB HL;

⑧舌根大部分缺损;

⑨咽或者咽后区损伤遗留吞咽功能障碍,只能吞咽流质食物。

(3)颈部及胸部损伤

①未成年人甲状腺损伤致功能减退,药物依赖;

②甲状旁腺功能损害(重度);

③食管狭窄,仅能进流质食物;

④食管损伤,肠代食管术后。

(4)腹部损伤

①胰头合并十二指肠切除术后;

②一侧肾切除术后,另一侧肾功能中度下降;

③肾移植术后,肾功能基本正常;

④肾上腺皮质功能明显减退;

⑤全胃切除术后;

⑥小肠部分切除术后,消化吸收功能障碍,部分依赖肠外营养;

⑦全结肠缺失。

(5)盆部及会阴部损伤

①永久性输尿管腹壁造口;

②尿瘘难以修复;

③直肠阴道瘘难以修复;

④阴道严重狭窄(仅可容纳一中指);

⑤双侧睾丸缺失或者完全萎缩,丧失生殖功能;

⑥阴茎大部分缺失(残留长度≤3.0cm)。

(6)脊柱、骨盆及四肢损伤

①一上肢肘关节以上缺失;

②一肢缺失(上肢腕关节以上,下肢膝关节以上),另一肢各大关节功能丧失均达50%或者其余肢体任二大关节功能丧失均达75%;

③手功能丧失分值≥120分。

6. 六级

(1)颅脑、脊髓及周围神经损伤

① 精神障碍或者中度智能减退,日常生活能力部分受限,但能部分代偿,部分日常生活需要帮助;

②外伤性癫痫(中度);

③尿崩症(重度);

④一侧完全性面瘫;

⑤三肢瘫(肌力4级以下);

⑥截瘫(肌力4级以下)伴排便或者排尿功能障碍;

⑦双手部分肌瘫(肌力3级以下);

⑧一手全肌瘫(肌力2级以下),伴相应腕关节功能丧失75%以上;

⑨双足全肌瘫(肌力3级以下);

⑩阴茎器质性勃起障碍(中度)。

(2)头面部损伤

①符合容貌毁损(中度)标准之四项者;

②面部中心区条状瘢痕形成(宽度达0.3cm),累计长度达20.0cm;

③面部片状细小瘢痕形成或者色素显著异常,累计达面部面积的80%;

④双侧眼睑严重畸形;

⑤一眼球缺失、萎缩或者盲目5级,另一眼视力≤0.5;

⑥一眼重度视力损害,另一眼中度视力损害;

⑦双眼视野中度缺损,视野有效值≤48%(直径≤60°);
⑧双侧前庭平衡功能丧失,睁眼行走困难,不能并足站立;
⑨唇缺损或者畸形,累计相当于上唇2/3以上。
(3)颈部及胸部损伤
①双侧喉返神经损伤,影响功能;
②一侧胸廓成形术后,切除6根以上肋骨;
③女性双侧乳房完全缺失;
④心脏瓣膜置换术后,心功能不全;
⑤心功能不全,心功能Ⅱ级;
⑥器质性心律失常安装永久性起搏器后;
⑦严重器质性心律失常;
⑧两肺叶切除术后。
(4)腹部损伤
①肝切除1/2以上;
②肝衰竭早期;
③胰腺部分切除术后伴功能障碍,需药物治疗;
④肾功能中度下降;
⑤小肠部分切除术后,影响消化吸收功能,完全依赖肠内营养。
(5)盆部及会阴部损伤
①双侧卵巢缺失或者萎缩,完全丧失功能;
②未成年人双侧卵巢萎缩,部分丧失功能;
③未成年人双侧睾丸萎缩,部分丧失功能;
④会阴部瘢痕挛缩伴阴道狭窄;
⑤睾丸或者附睾损伤,生殖功能重度损害;
⑥双侧输精管损伤难以修复;
⑦阴茎严重畸形,不能实施性交行为。
(6)脊柱、骨盆及四肢损伤
①脊柱骨折后遗留30°以上侧弯或者后凸畸形;
②一肢缺失(上肢腕关节以上,下肢膝关节以上);
③双足跖跗关节以上缺失;
④手或者足功能丧失分值≥90分。

(7)体表及其他损伤

①皮肤瘢痕形成达体表面积50%；

②非重型再生障碍性贫血。

7. 七级

(1)颅脑、脊髓及周围神经损伤

①精神障碍或者轻度智能减退,日常生活有关的活动能力极重度受限;

②不完全感觉性失语;

③双侧大部分面瘫;

④偏瘫(肌力4级以下);

⑤截瘫(肌力4级以下);

⑥单肢瘫(肌力3级以下);

⑦一手大部分肌瘫(肌力2级以下);

⑧一足全肌瘫(肌力2级以下);

⑨重度排便功能障碍或者重度排尿功能障碍。

(2)头面部损伤

①面部中心区条状瘢痕形成(宽度达0.3cm),累计长度达15.0cm;

②面部片状细小瘢痕形成或者色素显著异常,累计达面部面积的50%；

③双侧眼睑重度下垂,遮盖全部瞳孔;

④一眼球缺失或者萎缩;

⑤双眼中度视力损害;

⑥一眼盲目3级,另一眼视力≤0.5;

⑦双眼偏盲;

⑧一侧眼睑严重畸形(或者眼睑重度下垂,遮盖全部瞳孔)合并该眼盲目3级以上;

⑨一耳听力障碍≥81dB HL,另一耳听力障碍≥61dB HL;

⑩咽或者咽后区损伤遗留吞咽功能障碍,只能吞咽半流质食物;

⑪上颌骨或者下颌骨缺损达1/4;

⑫上颌骨或者下颌骨部分缺损伴牙齿缺失14枚以上;

⑬颌面部软组织缺损,伴发涎漏。

(3)颈部及胸部损伤

①甲状腺功能损害(重度);

②甲状旁腺功能损害(中度);

③食管狭窄,仅能进半流质食物;食管重建术后并发反流性食管炎;
④颏颈粘连(中度);
⑤女性双侧乳房大部分缺失或者严重畸形;
⑥未成年或者育龄女性双侧乳头完全缺失;
⑦胸廓畸形,胸式呼吸受限;
⑧一肺叶切除,并肺段或者肺组织楔形切除术后。
(4)腹部损伤
①肝切除1/3以上;
②一侧肾切除术后;
③胆道损伤胆肠吻合术后,反复发作逆行性胆道感染;
④未成年人脾切除术后;
⑤小肠部分(包括回盲部)切除术后;
⑥永久性结肠造口;
⑦肠瘘长期不愈(1年以上)。
(5)盆部及会阴部损伤
①永久性膀胱造口;
②膀胱部分切除术后合并轻度排尿功能障碍;
③原位肠代膀胱术后;
④子宫大部分切除术后;
⑤睾丸损伤,血睾酮降低,需药物替代治疗;
⑥未成年人一侧睾丸缺失或者严重萎缩;
⑦阴茎畸形,难以实施性交行为;
⑧尿道狭窄(重度)或者成形术后;
⑨肛管或者直肠损伤,排便功能重度障碍或者肛门失禁(重度);
⑩会阴部瘢痕挛缩致肛门闭锁,结肠造口术后。
(6)脊柱、骨盆及四肢损伤
①双下肢长度相差8.0cm以上;
②一下肢踝关节以上缺失;
③四肢任一大关节(踝关节除外)强直固定于非功能位;
④四肢任二大关节(踝关节除外)功能丧失均达75%;
⑤一手除拇指外,余四指完全缺失;
⑥双足足弓结构完全破坏;

⑦手或者足功能丧失分值≥60 分。

8. 八级

(1)颅脑、脊髓及周围神经损伤

①精神障碍或者轻度智能减退,日常生活有关的活动能力重度受限;

②不完全运动性失语;不完全性失用、失写、失读或者失认;

③尿崩症(中度);

④一侧大部分面瘫,遗留眼睑闭合不全和口角歪斜;

⑤单肢瘫(肌力 4 级以下);

⑥非肢体瘫运动障碍(轻度);

⑦一手大部分肌瘫(肌力 3 级以下);

⑧一足全肌瘫(肌力 3 级以下);

⑨阴茎器质性勃起障碍(轻度)。

(2)头面部损伤

①容貌毁损(中度);

②符合容貌毁损(重度)标准之一项者;

③头皮完全缺损,难以修复;

④面部条状瘢痕形成,累计长度达 30.0cm;面部中心区条状瘢痕形成(宽度达 0.2cm),累计长度达 15.0cm;

⑤面部块状增生性瘢痕形成,累计面积达 15.0cm^2;面部中心区块状增生性瘢痕形成,单块面积达 7.0cm^2 或者多块累计面积达 9.0cm^2;

⑥面部片状细小瘢痕形成或者色素异常,累计面积达 100.0cm^2;

⑦一眼盲目 4 级;

⑧一眼视野接近完全缺损,视野有效值≤4%(直径≤5°);

⑨双眼外伤性青光眼,经手术治疗;

⑩一侧眼睑严重畸形(或者眼睑重度下垂,遮盖全部瞳孔)合并该眼重度视力损害;

⑪一耳听力障碍≥91dB HL;

⑫双耳听力障碍≥61dB HL;

⑬双侧鼻翼大部分缺损,或者鼻尖大部分缺损合并一侧鼻翼大部分缺损;

⑭舌体缺损达舌系带;

⑮唇缺损或者畸形,累计相当于上唇 1/2 以上;

⑯脑脊液漏经手术治疗后持续不愈;

⑰张口受限Ⅲ度;

⑱发声功能或者构音功能障碍(重度);

⑲咽成形术后咽下运动异常。

(3)颈部及胸部损伤

①甲状腺功能损害(中度);

②颈总动脉或者颈内动脉严重狭窄支架置入或者血管移植术后;

③食管部分切除术后,并后遗胸腔胃;

④女性一侧乳房完全缺失;女性双侧乳房缺失或者毁损,累计范围相当于一侧乳房3/4以上;

⑤女性双侧乳头完全缺失;

⑥肋骨骨折12根以上并后遗6处畸形愈合;

⑦心脏或者大血管修补术后;

⑧一肺叶切除术后;

⑨胸廓成形术后,影响呼吸功能;

⑩呼吸困难(中度)。

(4)腹部损伤

①腹壁缺损≥腹壁的1/4;

②成年人脾切除术后;

③胰腺部分切除术后;

④胃大部分切除术后;

⑤肠部分切除术后,影响消化吸收功能;

⑥胆道损伤,胆肠吻合术后;

⑦损伤致肾性高血压;

⑧肾功能轻度下降;

⑨一侧肾上腺缺失;

⑩肾上腺皮质功能轻度减退。

(5)盆部及会阴部损伤

①输尿管损伤行代替术或者改道术后;

②膀胱大部分切除术后;

③一侧输卵管和卵巢缺失;

④阴道狭窄;

⑤一侧睾丸缺失;

⑥睾丸或者附睾损伤，生殖功能轻度损害；

⑦阴茎冠状沟以上缺失；

⑧阴茎皮肤瘢痕形成，严重影响性交行为。

(6)脊柱、骨盆及四肢损伤

①二椎体压缩性骨折（压缩程度均达1/3）；

②3个以上椎体骨折，经手术治疗后；

③女性骨盆骨折致骨产道变形，不能自然分娩；

④股骨头缺血性坏死，难以行关节假体置换术；

⑤四肢长骨开放性骨折并发慢性骨髓炎、大块死骨形成，长期不愈（1年以上）；

⑥双上肢长度相差8.0cm以上；

⑦双下肢长度相差6.0cm以上；

⑧四肢任一大关节（踝关节除外）功能丧失75%以上；

⑨一踝关节强直固定于非功能位；

⑩一肢体各大关节功能丧失均达50%；

⑪一手拇指缺失达近节指骨1/2以上并相应掌指关节强直固定；

⑫一足足弓结构完全破坏，另一足足弓结构部分破坏；

⑬手或者足功能丧失分值≥40分。

(7)体表及其他损伤

皮肤瘢痕形成达体表面积30%。

9. 九级

(1)颅脑、脊髓及周围神经损伤

①精神障碍或者轻度智能减退，日常生活有关的活动能力中度受限；

②外伤性癫痫（轻度）；

③脑叶部分切除术后；

④一侧部分面瘫，遗留眼睑闭合不全或者口角歪斜；

⑤一手部分肌瘫（肌力3级以下）；

⑥一足大部分肌瘫（肌力3级以下）；

⑦四肢重要神经损伤（上肢肘关节以上，下肢膝关节以上），遗留相应肌群肌力3级以下；

⑧严重影响阴茎勃起功能；

⑨轻度排便或者排尿功能障碍。

(2)头面部损伤

①头皮瘢痕形成或者无毛发,达头皮面积50%;

②颅骨缺损25.0cm² 以上,不宜或者无法手术修补;

③容貌毁损(轻度);

④面部条状瘢痕形成,累计长度达20.0cm;面部条状瘢痕形成(宽度达0.2cm),累计长度达10.0cm,其中至少5.0cm以上位于面部中心区;

⑤面部块状瘢痕形成,单块面积达7.0cm²,或者多块累计面积达9.0cm²;

⑥面部片状细小瘢痕形成或者色素异常,累计面积达30.0cm²;

⑦一侧眼睑严重畸形;一侧眼睑重度下垂,遮盖全部瞳孔;双侧眼睑轻度畸形;双侧眼睑下垂,遮盖部分瞳孔;

⑧双眼泪器损伤均后遗溢泪;

⑨双眼角膜斑翳或者血管翳,累及瞳孔区;双眼角膜移植术后;

⑩双眼外伤性白内障;儿童人工晶体植入术后;

⑪一眼盲目3级;

⑫一眼重度视力损害,另一眼视力≤0.5;

⑬一眼视野极度缺损,视野有效值≤8%(直径≤10°);

⑭双眼象限性视野缺损;

⑮一侧眼睑轻度畸形(或者眼睑下垂,遮盖部分瞳孔)合并该眼中度视力损害;

⑯一眼眶骨折后遗眼球内陷5mm以上;

⑰耳郭缺损或者畸形,累计相当于一侧耳郭;

⑱一耳听力障碍≥81dB HL;

⑲一耳听力障碍≥61dB HL,另一耳听力障碍≥41dB HL;

⑳一侧鼻翼或者鼻尖大部分缺损或者严重畸形;

㉑唇缺损或者畸形,露齿3枚以上(其中1枚露齿达1/2);

㉒颌骨骨折,经牵引或者固定治疗后遗留功能障碍;

㉓上颌骨或者下颌骨部分缺损伴牙齿缺失或者折断7枚以上;

㉔张口受限Ⅱ度;

㉕发声功能或者构音功能障碍(轻度)。

(3)颈部及胸部损伤

①颈前三角区瘢痕形成,累计面积达50.0cm²;

②甲状腺功能损害(轻度);

③甲状旁腺功能损害(轻度);

④气管或者支气管成形术后；

⑤食管吻合术后；

⑥食管腔内支架置入术后；

⑦食管损伤，影响吞咽功能；

⑧女性双侧乳房缺失或者毁损，累计范围相当于一侧乳房 1/2 以上；

⑨女性一侧乳房大部分缺失或者严重畸形；

⑩女性一侧乳头完全缺失或者双侧乳头部分缺失（或者畸形）；

⑪肋骨骨折 12 根以上，或者肋骨部分缺失 4 根以上；肋骨骨折 8 根以上并后遗 4 处畸形愈合；

⑫心功能不全，心功能Ⅰ级；

⑬冠状动脉移植术后；

⑭心脏室壁瘤；

⑮心脏异物存留或者取出术后；

⑯缩窄性心包炎；

⑰胸导管损伤；

⑱肺段或者肺组织楔形切除术后；

⑲肺脏异物存留或者取出术后。

（4）腹部损伤

①肝部分切除术后；

②脾部分切除术后；

③外伤性胰腺假性囊肿术后；

④一侧肾部分切除术后；

⑤胃部分切除术后；

⑥肠部分切除术后；

⑦胆道损伤胆管外引流术后；

⑧胆囊切除术后；

⑨肠梗阻反复发作；

⑩膈肌修补术后遗留功能障碍（如膈肌麻痹或者膈疝）。

（5）盆部及会阴部损伤

①膀胱部分切除术后；

②输尿管狭窄成形术后；

③输尿管狭窄行腔内扩张术或者腔内支架置入术后；

④一侧卵巢缺失或者丧失功能；

⑤一侧输卵管缺失或者丧失功能；

⑥子宫部分切除术后；

⑦一侧附睾缺失；

⑧一侧输精管损伤难以修复；

⑨尿道狭窄(轻度)；

⑩肛管或者直肠损伤,排便功能轻度障碍或者肛门失禁(轻度)。

(6)脊柱、骨盆及四肢损伤

①一椎体粉碎性骨折,椎管内骨性占位；

②一椎体并相应附件骨折,经手术治疗后;二椎体压缩性骨折；

③骨盆两处以上骨折或者粉碎性骨折,严重畸形愈合；

④青少年四肢长骨骨骺粉碎性或者压缩性骨折；

⑤四肢任一大关节行关节假体置换术后；

⑥双上肢前臂旋转功能丧失均达75%；

⑦双上肢长度相差6.0cm以上；

⑧双下肢长度相差4.0cm以上；

⑨四肢任一大关节(踝关节除外)功能丧失50%以上；

⑩一踝关节功能丧失75%以上；

⑪一肢体各大关节功能丧失均达25%；

⑫双足拇趾功能丧失均达75%;一足5趾功能均完全丧失；

⑬双足跟骨粉碎性骨折畸形愈合；

⑭双足足弓结构部分破坏;一足足弓结构完全破坏；

⑮手或者足功能丧失分值≥25分。

(7)体表及其他损伤

皮肤瘢痕形成达体表面积10%。

10.十级

(1)颅脑、脊髓及周围神经损伤

①精神障碍或者轻度智能减退,日常生活有关的活动能力轻度受限；

②颅脑损伤后遗脑软化灶形成,伴有神经系统症状或者体征；

③一侧部分面瘫；

④嗅觉功能完全丧失；

⑤尿崩症(轻度)；

⑥四肢重要神经损伤，遗留相应肌群肌力4级以下；

⑦影响阴茎勃起功能；

⑧开颅术后。

（2）头面部损伤

①面颅骨部分缺损或者畸形，影响面容；

②头皮瘢痕形成或者无毛发，面积达 $40.0cm^2$；

③面部条状瘢痕形成（宽度达0.2cm），累计长度达6.0cm，其中至少3.0cm位于面部中心区；

④面部条状瘢痕形成，累计长度达10.0cm；

⑤面部块状瘢痕形成，单块面积达 $3.0cm^2$，或者多块累计面积达 $5.0cm^2$；

⑥面部片状细小瘢痕形成或者色素异常，累计面积达 $10.0cm^2$；

⑦一侧眼睑下垂，遮盖部分瞳孔；一侧眼睑轻度畸形；一侧睑球粘连影响眼球运动；

⑧一眼泪器损伤后遗溢泪；

⑨一眼眶骨折后遗眼球内陷2mm以上；

⑩复视或者斜视；

⑪一眼角膜斑翳或者血管翳，累及瞳孔区；一眼角膜移植术后；

⑫一眼外伤性青光眼，经手术治疗；一眼外伤性低眼压；

⑬一眼外伤后无虹膜；

⑭一眼外伤性白内障；一眼无晶体或者人工晶体植入术后；

⑮一眼中度视力损害；

⑯双眼视力≤0.5；

⑰一眼视野中度缺损，视野有效值≤48%（直径≤60°）；

⑱一耳听力障碍≥61dB HL；

⑲双耳听力障碍≥41dB HL；

⑳一侧前庭平衡功能丧失，伴听力减退；

㉑耳郭缺损或者畸形，累计相当于一侧耳郭的30%；

㉒鼻尖或者鼻翼部分缺损深达软骨；

㉓唇外翻或者小口畸形；

㉔唇缺损或者畸形，致露齿；

㉕舌部分缺损；

㉖牙齿缺失或者折断7枚以上；牙槽骨部分缺损，合并牙齿缺失或者折断4枚

以上;

㉗张口受限Ⅰ度;

㉘咽或者咽后区损伤影响吞咽功能。

(3)颈部及胸部损伤

①颏颈粘连畸形松解术后;

②颈前三角区瘢痕形成,累计面积达25.0cm²;

③一侧喉返神经损伤,影响功能;

④器质性声音嘶哑;

⑤食管修补术后;

⑥女性一侧乳房部分缺失或者畸形;

⑦肋骨骨折6根以上,或者肋骨部分缺失2根以上;肋骨骨折4根以上并后遗2处畸形愈合;

⑧肺修补术后;

⑨呼吸困难(轻度)。

(4)腹部损伤

①腹壁疝,难以手术修补;

②肝、脾或者胰腺修补术后;

③胃、肠或者胆道修补术后;

④膈肌修补术后。

(5)盆部及会阴部损伤

①肾、输尿管或者膀胱修补术后;

②子宫或者卵巢修补术后;

③外阴或者阴道修补术后;

④睾丸破裂修补术后;

⑤一侧输精管破裂修复术后;

⑥尿道修补术后;

⑦会阴部瘢痕挛缩,肛管狭窄;

⑧阴茎头部分缺失。

(6)脊柱、骨盆及四肢损伤

①枢椎齿状突骨折,影响功能;

②一椎体压缩性骨折(压缩程度达1/3)或者粉碎性骨折;另一椎体骨折经手术治疗后;

③四处以上横突、棘突或者椎弓根骨折，影响功能；

④骨盆两处以上骨折或者粉碎性骨折，畸形愈合；

⑤一侧髌骨切除；

⑥一侧膝关节交叉韧带、半月板伴侧副韧带撕裂伤经手术治疗后，影响功能；

⑦青少年四肢长骨骨折累及骨骺；

⑧双上肢长度相差4.0cm以上；

⑨双下肢长度相差2.0cm以上；

⑩四肢任一大关节（踝关节除外）功能丧失25%以上；

⑪一踝关节功能丧失50%以上；

⑫下肢任一大关节骨折后遗创伤性关节炎；

⑬肢体重要血管循环障碍，影响功能；

⑭一手小指完全缺失并第5掌骨部分缺损；

⑮一足拇趾功能丧失75%以上；一足5趾功能丧失均达50%；双足拇趾功能丧失均达50%；双足除拇趾外任何4趾功能均完全丧失；

⑯一足跟骨粉碎性骨折畸形愈合；

⑰一足足弓结构部分破坏；

⑱手或者足功能丧失分值≥10分。

（7）体表及其他损伤

①手部皮肤瘢痕形成或者植皮术后，范围达一手掌面积50%；

②皮肤瘢痕形成达体表面积4%；

③皮肤创面长期不愈超过1年，范围达体表面积1%。

第四节　诈病和造作病（伤）的鉴定

一、诈病

身体健康的人，无病装有病，称为诈病。以轻病装作重病、故意夸大原有疾病的症状、否定医疗效果，称为夸大病情。诈病目的是获得他人同情，骗取休假、劳保福利、优厚的损害赔偿，逃避工作分配，掩盖犯罪行为，骗取保外就医，希望减刑或者缓刑等。

(一)诈病的一般表现

1. 伪装感觉功能障碍。最常见的如假装头痛、头晕、神经痛、心绞痛或者腹痛，常在人前呻吟，或者用两手抱头，甚至伪装呕吐；假装夜盲，当天快黑暗时，就故意跌跌撞撞；假装双目失明，故意持杖而行，或者撞碰物件；假装耳聋、听不到讲话声，但当有人羞辱他时，则面部表情大变。

2. 伪装运动功能障碍。最常见的如假装肢体瘫痪或者感觉障碍；假装两手震颤，但抖动很粗糙，无节律；假装失音或者失语，表示不能讲话，只能用手势或者笔谈；假装抽动，但意识清楚并不昏迷，或者故意双目紧闭、手脚乱舞。

3. 伪装内脏疾病。最常见的如假装咳嗽、痰中带血、胸痛，自称患有肺结核；故意用催吐剂或者机械的方法引起呕吐，有时呕吐物中尚混有血液；假装急性胃炎或者溃疡病；将肾炎病人的尿液作为自己的尿液，或在自己的尿液内渗入蛋白或者血液；预先将血液和蛋白的混合液注入尿道内，再在医师面前排尿，诈称患肾炎、血尿；将蔗糖或者葡萄糖渗入尿液内，诈称患糖尿病等。

4. 伪装精神病。在诈病中比较多见，其可能出现在犯罪以前，也可能出现在实施犯罪行为的当时，但较多见的是事后伪装。常见的伪装是较简单的精神障碍，如兴奋发作、聋哑、肢体瘫痪、痴呆、木僵状态等。伪装的症状往往不持久、不自然，且多为突然发作，并多在发作短时间内表现安静或者症状消失状态，但有时又间歇出现。但要注意，真正的精神病人，特别是精神分裂症病人，也可能表示自己是精神病的伪装者。因此，被鉴定人承认自己伪装，不能作为确定伪装精神病的唯一根据，必须作出全面分析。

(二)诈病的特点

诈病是否逼真，取决于诈病者所具有的医学知识及其模仿真病人的水平，但无论装得多么认真，终究会露出蛛丝马迹，不可能毫无破绽，在经验丰富的法医学鉴定人面前，最终会露出真相。尽管假装的病种繁多，但一般有如下共同点。

1. 症状混乱而矛盾。诈病者假装一种疾病时，不可能将这种疾病应有的典型症状和体征表现得很具体、全面，也不会将各种主要症状正确地组合起来。因而诈病者在叙述症状时往往出现混乱，前后矛盾，易为有丰富临床经验的专科医师所识破。

2. 过分夸大症状。诈病者要表现出某种疾病的一定典型症状往往由于过分的夸大，反而暴露了自己的假装。例如，假装失明者，常故意寻找障碍物碰之，进行指鼻实验时故意指错，此与真正失明者截然相反。

3. 不正常的病程。各种疾病的发生、发展和转归都有一定的规律，对于某种特效治疗总会有一定的疗效。诈病者的病情往往特别顽固,对任何治疗和休息都不起作用。因此,在严密的临床观察下,不正常的病程也能揭露诈病者。诈病者病情恢复往往是突然好转或者痊愈,特别是那些假装慢性病者,鉴于长期欺骗难以见效,或其诈病的企图、目的已经达到,就突然结束其诈病症状宣告痊愈。

4. 临床检查不配合。由于害怕暴露其伪装行为,诈病者常表现出对检查不配合,甚至拒绝做检查,对检查者的言行非常敏感,反应强烈。

5. 一群人患同样的疾病。一个人诈病成功,达到了目的,满足了要求,有时会向别人传授诈病的诀窍,于是在一群人中“流行”同样的病。

(三)诈病法医学鉴定中应注意的事项

法医学鉴定人作出鉴定结论时,要从客观资料出发,不能抽象臆断,鉴定必须解决以下几个基本问题。

1. 被鉴定人有什么疾病,原因何在?

2. 该疾病是否具有客观材料加以证明?

3. 提供的材料,是由疾病的性质所决定,还是由于被鉴定人伪装所致?

4. 被鉴定人的病程、病症是否符合一般规律,疾病的发生、发展、转归是否和客观材料相一致?

5. 被鉴定人对于治疗的态度如何?有没有拒绝和不遵守医疗措施以及其他方法企图恶化疾病或者延缓痊愈过程的情形?是否有否定治疗效果的企图?

6. 是否具有客观材料证实被鉴定人所提出的疾病是假装的,假装疾病是故意还是病态(癔症、精神病)结果,从而得出被鉴定人是否诈病。作出诈病的结论,应十分慎重,这关系到被鉴定人的声誉及其相应的法律后果。

7. 被鉴定人假装疾病的情况,各鉴定人是否认为已证实?

二、造作病(伤)的鉴定

凡运用各种机械的、物理的、化学的或者生物的方法,故意损害自己身体、授意别人代作疾病(损伤)或制造灾害事故受伤等,称为造作病(伤)。

造作病(伤)者的动机、目的有以下几点。

1. 逃避刑事责任,如为了隐瞒贪污、盗窃等非法活动,转移侦查视线。

2. 伪装积极,骗取领导信任、骗取荣誉。

3. 逃避工作分配、考试、骗取病假或保外就医。

4. 诬告陷害他人,以达到敲诈勒索、索取赔偿及报复等目的,如诬告被强奸造成损伤。

(一)造作病的方式与鉴定

造作病的方式很多,常见的有以下几点。

1. 造作心脏病。长期服用影响心脏功能的毒物,如烟草叶、浓咖啡、金雀花等,外加过度劳动彻夜间不眠,使心脏功能障碍,引起心跳过速、脉搏不整,以此自称患心脏病,企图瞒过医师。但经过住院检查、反复化验尿液、找出毒物成分,即能辨明是造作病。

2. 造作支气管炎。吸入刺激性气体,如盐酸蒸气、硝酸蒸气、二氧化硫气体等,即能引起支气管炎。此病与感冒、感染性支气管炎等发生者,在临床过程中没有明显区别。因此,不能用医学诊察来鉴别,只有用侦查方式来确定。

3. 造作黄疸。长期服用苦味酸、米帕林(阿的平)或者其他毒物等,能造作假的黄疸,待引起中毒性肝脏疾患之后,即变成真的黄疸,排泄胆汁性粪和胆汁尿。如果及时检验尿液、粪便,尚能发现毒物的成分。

4. 造作糖尿病。服用根皮苷、间苯三酚,能引起皮苷糖尿病;用四氧嘧啶、双四氧嘧啶能引起四氧嘧啶糖尿病。此时,如果住院观察,监视病人,反复化验尿液,发现毒物成分,即能揭破造作病。

5. 造作溃疡。在肢体皮肤上,尤其在小腿上,涂敷硝酸软膏、斑蝥软膏等,造成人工的起疱乃至溃疡;对溃疡加以药物的或者机械的刺激,使之扩大不愈,成为慢性溃疡。如果住院观察,在严密监视下,造作溃疡当能被识破。

6. 造作的结膜炎。使用机械的(沙子、木屑、粉末等)、化学的(硝酸银、硫酸铜、肥皂水等)方法刺激眼睛,往往引起结膜炎、角膜混浊等,可以瞒过医师。但经住院观察,除去刺激物,施行消炎、对症治疗,在短期内即可好转。

7. 其他。有用塑料瓶塞反复塞入肛门造成直肠脱肛者;有用石蜡注入踝关节皮下造成肿胀致行走困难者等;还有伪装呕吐,伪装发热等。

(二)造作伤的特点

1. 致伤部位。(1)损伤多在本人两手能达到的部位。一般用右手造作的伤,多在身体的左侧部,在右侧部者较少,在背部者更少;左手造作的伤则反之。别人代作的损伤,可在身体的任何部位,但都在耐痛的部位。(2)多在无生命危险的部位。(3)部位常与造作的目的相适应。

2. 致伤程度。自伤者仅为了达到个人的某种目的,绝不愿意失去生命。因此,造作的损伤,一般都是轻伤,多在没有生命危险的部位,不伤及脑、心、肺等重要器官,但案情往往严重,作案者自述严重受伤,甚至伪装剧痛昏迷或呻吟。此外,由于有的造作伤者缺乏医学知识,原来想造作轻伤的,结果却造作了重伤、残废甚至是致命伤。

3. 致伤工具和损伤性质。致伤工具中,以锐器(如剃刀、小刀、匕首、菜刀等)造成损伤的,割创较多见,砍创或刺创较少见。用钝器造成的损伤又较锐器少见得多。枪击造作伤,国外较常见,而国内却罕见。锐器割创常是一部位有多处损伤,尤其是颈部割创,方向一致、程度一致、大小一致、表浅密集、平行排列,随体表弧度而弯曲延伸。几乎每一例割创,起刀必有试刀痕,收刀呈鱼尾状伤痕。

4. 诉说损伤经过前后矛盾。自伤者经常有一套预先准备好的对损伤的说明(如意外、疏忽、袭击等),并把一切都说得非常详细圆滑,但是,如果仔细地反复地询问,就不免语言颠倒、前后矛盾不符合逻辑,难以自圆其说。但有的人则采取逃避询问的做法,把一切推诿于当时被打昏迷,因此什么也不知道,不能陈述受害经过,企图蒙混过去;也有的模棱两可,情节说得似是而非,含糊其词。

5. 衣着破损情况。在四肢或者胸部造作伤,衣服并无破损;如有衣服破损,应仔细检查衣服破损的层次、部位、数目、排列、方向、大小、破损边缘是否整齐等,并与身体的损伤进行比对是否一致。衣服上血液污染的特征,是否符合此种损伤当时出血的一般特征。

6. 现场无搏斗征象。伤者常自述与对方进行剧烈的搏斗,但现场安静无搏斗痕迹或现场表面看上去紊乱,但仔细分析,不符合搏斗规律。

7. 团体内可能出现同样的造作伤。造作伤者如能很顺利地达到目的,有时他教给别人造作损伤,甚至亲自给别人代作损伤,从而在该团体内“流行”起来。

(三)造作伤的法医学鉴定

1. 了解案情。详细询问“被害”的全过程,包括时间、地点、凶手人数和特征、所用凶器、打击部位和次数、双方位置关系、有无抵抗搏斗、凶手逃走去向等。在听取其陈述和答疑中,经常会发现:(1)陈述受伤经过情况离奇、不合情理,违反他杀伤规律、特点;(2)自述受伤经过与损伤检查有矛盾;(3)损伤情况与衣着情况有矛盾;(4)自述受伤经过与现场勘查有矛盾。故鉴定人员务必做好详细记录。

2. 损伤检查。这是判断造作伤的科学根据,因此,必须注意损伤的部位、数目、方向、性状、程度等造作伤特征,并附照片和图解作出说明。必要时进行辅助检查或者住院观察,但应注意有人不遵守医疗措施,故意刺激创口,企图延缓治疗或者使伤口恶化。

3. 衣服检查。应仔细检查衣服破损情况,并与身体的损伤进行比对是否一致。

4. 现场勘查和事件重建。详细观察、记录和收集现场所见的物证。条件许可时,最好使被鉴定人就地再次介绍并表演“被害”过程,这对推断是不是造作伤很有

价值。(可结合在注意事项中叙述)

(四)造作病(伤)法医学鉴定中应注意的事项

法医学鉴定人在鉴定时应着重解决如下问题:

1. 发现被鉴定人有什么损伤或者是人为的疾病,损伤是用什么工具、手段造成的?

2. 被鉴定人所提供受伤情况的说明,是否与客观材料相符合?

3. 被鉴定人是否愿意对已经发现的情况重演一次?

4. 火器伤时,射击是在什么样的距离进行的,射击的方向、射入口和射出口是在什么部位并判定是用什么样的枪支射击的?

5. 被鉴定人关于受伤经过的陈述,是否与客观材料相符合?

6. 能不能在损伤部位发现造成损伤的致伤工具所遗留的残渣或者痕迹?

7. 损伤的轻重程度对于生命的危险性怎样,医好损伤需要多长时间?

8. 被鉴定人对医疗的态度如何,有没有不遵守医疗措施、企图恶化疾病或者延缓痊愈过程的抗拒情绪?

9. 被鉴定人的精神状态怎样,是否需要法医精神病学鉴定?

第五节 性问题和虐待的法医学鉴定

一、概述

(一)性问题法医学鉴定的意义

为了保护公民的人身权利、性的不可侵犯的权利以及婚姻权利等,人民法院在受理的刑事及民事案件中,如伤害、强奸、猥亵、离婚、亲权关系等诉讼活动中,经常需要对有关当事人就生殖功能、性功能等问题进行法医学鉴定,旨在获得证明案件真实情况的直接及间接的各种证据或者信息材料,这是科学办案的需要,也是正确定案及适用法律的需要。

性问题法医学鉴定的范围很广,主要内容包括以下几个方面:性成熟的鉴定,性别的鉴定,性功能的鉴定,生育能力的鉴定,生殖器畸形的鉴定,强奸的鉴定,猥亵的鉴定,鸡奸的鉴定,反常性行为的鉴定,婚姻能力的鉴定,妊娠、分娩的鉴定等。涉及的鉴定类型除法医临床鉴定外,还涉及法医物证鉴定、法医精神病鉴定等。

(二)人身检查的法律依据

关于人身检查问题,法律已有明确的规定,人身检查包括男性及女性的人身任何部位(包括性器官)。只要是为了确定被害人或者犯罪嫌疑人的某些特征、伤害情况、生理状态的需要,就可以对性器官进行检查。

(三)性问题法医学鉴定时应注意的事项

性问题法医学鉴定应注意以下问题。

1. 对被害人不能强制其接受人身检查,应当说服教育,取得其同意后才能检查。

2. 对被害人应关心、同情、尊重,不得羞辱和侮辱人格。

3. 检查妇女身体时,由女法医或者医师担任;检查地点应该是他人能够听到和看到的,但检查本身又是隐蔽的。

4. 如果需要照相固定,应与被害人商量并取得其书面意见。

5. 检查结果应写成笔录,由参加检查的人和见证人签名。

6. 检查结果应注意保密。

二、强奸案件的法医学鉴定

(一)强奸的概念

强奸(rape),是指男女间一方强迫另一方与之发生性行为。男方强迫女方与之发生性行为,称强奸妇女。我国和世界上绝大多数的国家的法律惩治的强奸罪都是指强奸妇女。我国《刑法》第236条规定:“以暴力、胁迫或者其他手段强奸妇女的,处三年以上十年以下有期徒刑。奸淫不满十四周岁幼女的,以强奸论,从重处罚。强奸妇女、奸淫幼女,有下列情形之一的,处十年以上有期徒刑、无期徒刑或者死刑:(一)强奸妇女、奸淫幼女情节恶劣的;(二)强奸妇女、奸淫幼女多人的;(三)在公共场所当众强奸妇女、奸淫幼女的;(四)二人以上轮奸的;(五)奸淫不满十周岁的幼女或者造成幼女伤害的;(六)致使被害人重伤、死亡或者造成其他严重后果的。”第236条之一规定:“对已满十四周岁不满十六周岁的未成年女性负有监护、收养、看护、教育、医疗等特殊职责的人员,与该未成年女性发生性关系的,处三年以下有期徒刑;情节恶劣的,处三年以上十年以下有期徒刑……”

(二)强奸的特征

一般来说,强奸行为具有以下三个特征:非法性、强迫性和目的性。

1. 非法性,指强奸行为违背了妇女的意志。

2. 强迫性,指通过使用暴力、胁迫或其他手段,强迫他人与之发生性行为。

3. 目的性,强奸的目的就是性交。性交的法律概念是,只要男性阴茎接触到女性阴道前庭,则不论射精与否或者处女膜是否破裂均已构成强奸既遂。强奸严重侵犯妇女人身权利,并造成妇女身体和精神创伤,甚至诱发精神病、妊娠、性病或者导致死亡的严重后果。

（三）对被害人的人身检查

对被害人的人身检查主要任务是：明确有无性交的证据；是否存在违背妇女意志，即暴力证据；被害人的年龄及精神状态等。

1. 性交的证据

（1）处女膜检查。处女膜常在初次性交时破裂。处女膜破裂，多位于膜的下半部，如以钟盘表示，即4～5点和7～8点，85%为完全性破裂。典型的处女膜新鲜撕裂伤表现为破裂缘红肿、出血，并有凝血，接触时有痛感，经过2～3日后，炎性现象逐渐消失，约1周后痊愈。此后裂口的边缘变圆，很少见到瘢痕。因此，案发后应尽早进行处女膜检查，因为随着时间的推延，损伤修复，会影响检查的结果。在有些情况下，尽管未经性交，由于手指和异物的插入等猥亵行为，也可能引起与性交相同的变化。如果处女膜的弹性好，即使性交也不会留下显著的变化。如以处女膜的检查作为强奸的证据应该慎之又慎。对于不满14周岁的幼女，由于阴道口较小，成人的阴茎插入比较困难，所以只要双方生殖器接触即可以认定奸淫既遂。

（2）阴道检查。阴道检查目的在于发现可能存在的阴道损伤以及收集阴道内容物。对于儿童来说，阴道检查通常可以不做，但当阴道有流血时，则应进行阴道检查。检查可在常规麻醉下进行，以便修补可能存在的阴道损伤。阴道穹隆及宫颈的肉眼观察可以借助小型阴道扩张器，但不要使用润滑剂，以便收集检材。如果不做阴道检查，可将一端带有注射器的导管轻轻插入阴道，以便收集阴道内容物。

（3）肛管检查。当疑有肛交时应当进行肛检。与阴道检查相似，肛管检查的目的是明确有无损伤及遗留的精液等证据。

（4）双合诊检查。该检查的目的是进一步了解有无阴道潜在的损伤而引起的触痛，以及是否存在妊娠的可能。

（5）精液检查。在强奸案件中，由于种种原因，如犯罪嫌疑人患有不射精症或者为反侦查而戴了阴茎套等，被害人阴道内并不一定有精液。又如，阴道内未检出精液成分，有可能是检材时间长，或已腐败变质，或检材量太少，或检验设备差，或鉴定人经验不足，或其他原因，未检出精液成分不等于没有精液，未检出精子，更不能否定有过性交。不过，若在阴道内检出精液成分或者精子，则是性交的可靠证据，在检出精液成分或者精子时，应当进一步作同一认定。

2. 暴力痕迹的证据

在暴力强奸的情况下，除上述生殖器官检查所见的各种损伤外，受害妇女身体的各部位可留下暴力痕迹。如外阴部、大腿内侧、腹下部、颜面部及四肢部位检见皮下出血、表皮剥脱、抓痕、咬痕或者压痕等；颈部检见勒痕或者扼痕等。其他能够证明的痕迹如衣服碎片、血迹、精斑及强奸时留下的污物等。

3. 其他证据

（1）年龄。一般来说，年龄的认定并不困难，可以根据出生年月来确认，但在极少数情况下，如精神状态异常不能提供年龄证据的，则需要根据其生理发育及生物学特征来推断其年龄。

（2）精神状态。被害人有可能是精神病患者，也有可能在被强奸后出现严重的精神障碍，因此，有时需要对被害人进行法医精神病学鉴定。

（3）应对血液、精液、唾液等斑痕和毛发尤其是阴毛等做 DNA 鉴定。土木屑及衣服碎片等都应由专人进行检查。

（4）性传播疾病检查可以为强奸的认定提供有价值的佐证。

（5）妊娠和流产。强奸成熟女性可导致被害人受孕。由于人为因素或自身原因，被害人承受流产、引产等痛苦。此外，社会的压力、泄愤的心理等还可能出现被害人杀婴或虐待儿童的情况。

（四）对犯罪嫌疑人的人身检查

对于犯罪嫌疑人的人身检查与被害人的人身检查内容基本相同，主要包括以下几个主要方面。

1. 性交的证据。此项主要检查阴茎，特别是龟头冠状沟、阴毛有无残留女性阴道细胞等。

2. 损伤的证据。损伤主要是被害人在反抗的过程中留下的。应注意犯罪嫌疑人全身有无损伤，如面部、颈部、背部、胸部有无抓伤的痕迹，面、胸、上肢等处有无咬伤痕迹等。

3. 其他。检查犯罪嫌疑人衣服上有无血液、精液、唾液等斑痕，毛发尤其是阴毛有无被害人的成分。土木屑及衣服碎片都应进行专门的检验。

4. 性传播疾病。检查结果应与被害人相应的检查结果进行比对。

（五）对人身检查结果的评价

对人身检查结果的评价包括以下几个方面。

1. 认真做好对被害人、犯罪嫌疑人全身有无损伤的判定，尤其是被害人生殖器官有无损伤、处女膜有无新鲜破裂的判定。

2. 采集的精液、精斑、唾液及阴道分泌液等应进行血型、细胞学检查、DNA 分析，以确定其个体。

3. 若在强奸后检查出性传播疾病，应判定其传播途径；若在强奸后发现妊娠，应对胎儿和犯罪嫌疑人作亲子关系判定。

4. 必要时应对被害人的年龄及精神状态作出法医学鉴定。

三、猥亵行为的法医学鉴定

(一)概念

猥亵行为(indecency)是指以刺激、兴奋或满足性欲为目的,用性交以外的方式对他人实施具有侮辱性质的淫秽性行为。其中用淫秽下流的语言和动作调戏妇女的行为也称为性骚扰。我国1997年《刑法》第237条第1款规定:“以暴力、胁迫或者其他方法强制猥亵妇女或侮辱妇女的,处五年以下有期徒刑或者拘役。”《刑法修正案(九)》将此修改为:“以暴力、胁迫或者其他方法强制猥亵他人或者侮辱妇女的,处五年以下有期徒刑或者拘役。”因此,猥亵的对象已不再局限于女性,犯罪对象由原来的妇女扩大到了所有人。根据《刑法》的规定,猥亵儿童罪是指猥亵不满14周岁的儿童的行为。

(二)表现形式

表现形式多种多样,如为满足性欲,强行与妇女或幼女拥抱、接吻、抚摸性器官、抚摸乳房,或以阴茎顶撞妇女身体、臀部等。近年来,行为人利用互联网形成的虚拟空间作为犯罪工具和场所,对被害人进行猥亵(隔空猥亵)已成为目前性侵的新形式。

(三)法医学鉴定

猥亵案件的法医学鉴定与强奸案件相似。目的在于发现被害人遭受暴力的证据或嫌疑人侮辱他人的非正常的性行为方式。

四、鸡奸

以阴茎插入对方的肛门内以满足性欲的行为称为鸡奸(pederasty),这种性交方式可能是双方同意发生的,也可能是强迫进行的,有时甚至采取引诱或欺骗的办法,对儿童尤其如此。

五、反常性行为

(一)概念

反常性行为指性行为的对象和方式与常人不同。反常性行为通常较为隐蔽,一般为社会道德规范所不容。虽然中国现行法律对部分反常性行为并无明文禁止,但反常性行为者的行为常妨碍家庭与婚姻,扰乱公共秩序,侵犯他人隐私(如偷窥)、财物权和(或)人身权。

（二）反常性行为的表现类型

1. 同性恋

以同性者作为满足性欲的对象，其中男女都有，男性较多。同性恋者厌恶异性，性对象为同性，主动或者被动地从同性身上取得性乐趣，或者拥抱、接吻、手淫、互擦生殖器官、鸡奸，或者一人装扮异性并借助其他物体刺激生殖器官等。

2. 恋物癖

恋物癖指在强烈的性欲望与性兴奋的驱使下，反复收集异性使用的物品。所恋物品均为直接与异性身体接触的东西，抚摸嗅闻这类物品伴以手淫，或在性交时由自己或要求性对象持此物品，可获得性满足。

3. 恋兽癖

凡是反复以禽兽为对象获取性乐趣者谓之恋兽癖。典型的恋兽癖者仅对禽兽有性兴趣，而对正常人没有性兴趣。非典型者不仅对禽兽有性兴趣，而且多数情况下可能对禽兽和人均有兴趣。恋兽癖者多以马、牛、羊、猪、驴、猴、猫、狗、鸡、鸭、鹅等作为性对象，进行抚弄、亲吻、性交以获得满足。恋兽癖者多数为农村、牧场之饲养员。

4. 恋童癖

凡是反复以幼童作为性对象来获取性乐趣者谓之恋童癖。由于幼童的性器官发育不成熟，也无性能力，故恋童癖者多以窥视、抚摸玩弄幼童身体或者性器官以实现其性幻想，获得性满足，其极少实施真正的性交。但若有肛交、性交或者其他暴力行为可能会造成严重的后果。恋童癖者，常兼有性格内向、意志薄弱或者性能力低下等特征。

5. 露阴癖

凡是反复以在异性面前裸露性器官或者性感部位来获取性乐趣者谓之露阴癖。多见于成年男性，故意在妇女面前裸露生殖器官，甚至伴以各种下流手势。

6. 窥阴癖

凡是反复以窥看异性裸体、性器官或者性交场面等来获取性乐趣者谓之窥阴癖。窥阴癖者常在一种不自主的强烈的性欲联想驱使下，冒险在厕所、浴室、房间偷看异性沐浴、更衣、大小便或者他人的性交场面，常因此被抓获并且受到处罚，事后虽感后悔，但又无法控制自己不再犯。

7. 施虐淫癖和受虐淫癖

这是指以反复虐待对方或者受到对方虐待所造成的肉体或者精神上的痛苦获得性乐趣者。其中主动施虐于对方者称施虐淫癖或称主动疼痛淫；被动接受对方虐待者称为受虐淫癖或者称为被动疼痛淫。施虐淫癖者多见于男性,受虐淫癖者多见于女性,施虐淫癖的轻重程度差异很大,轻则无大危害,重者则对社会危害极大,例如,损毁性对象的乳房、生殖器官,或者为了满足快感杀害性对象等行为,都对社会造成恶劣影响。

8. 性窒息癖

凡是用性窒息缺氧的方式来获取性乐趣者谓之性窒息癖。行动多在僻静处、空屋里或无人无声的情况下,使用绳索、衣带、铁丝等勒颈自缢,把头伸入密封的塑料袋中,或者用绳索把重物捆压胸腹部、堵塞鼻咽喉部等方法制造半窒息状态,通过由窒息所产生的紧张等方式刺激性兴奋或者射精而获得性满足;也有不少人辅以手淫达到性高潮,但需要获得性兴奋的低氧程度可因人而异,有时为了获得更强化的窒息状态而延长窒息时间导致死亡。若其行为过程是主动的,又发生于本人,称为性窒息死或者性缢死。

9. 其他

除以上八种表现类型外,还有易性别癖、恋尸癖、吸吮癖、手淫癖、吃淫癖、摩擦癖等表现类型。

(三)对反常性行为的评价

反常性行为,表现为在歪曲性冲动的支配下,事前无周密准备,突然付诸行动实施性行为。虽经教育、处罚,但本人无法控制仍一再复发,令其感到痛苦不堪,主动求医者不在少数。除色情杀人狂、施虐淫癖、恋童癖等少见的性变态者外,常见类型的性变态者罕有以暴力袭击性对象的情况。

对于反常性行为,首先,要进行法医学检验,详细询问反常性行为的起始时间、发展经过、表现特点、心理活动,并进行精神检查和心理测验、仔细的体格检查(包括生殖器官检查)、家系调查、染色体及染色质检查。其次,进行法定能力评定,确认有无辨认或者控制自己行为的能力。除极少数外,绝大多数性变态者都有良好的辨认能力;但控制能力,有的稍有减弱,有的明显减弱,有的完全丧失,完全丧失控制能力者可能伴有辨认能力不同程度的减弱。应依据不同情况进行法定能力评定。

六、性功能障碍和不孕(育)

(一)性功能障碍和不孕(育)的原因和分类

性功能障碍是指获得性满足的能力障碍,是成年男子或者女子从性欲状态到出现性高潮的整个过程中的任何一环节上所出现的异常状态。

性功能障碍的原因比较复杂,可分为器质性和心理性两大类,而在器质性功能障碍中又可分为神经性、血管性、内分泌性及生殖器畸形等。

男子性功能障碍主要可分为:

1. 性欲异常,如性欲低下、性欲亢进等。

2. 阴茎勃起异常,如阴茎勃起障碍、阴茎异常勃起等。

3. 射精异常,早泄、逆行射精及不射精等。

女子性功能障碍主要可分为:

1. 性欲异常,如性欲低下、性欲亢进等。

2. 性交困难,多见于阴道痉挛、阴道畸形及妇科疾病等。

3. 性高潮障碍,即缺乏性高潮体验。

不孕(育)症是指由于男性或者女性的原因引起的不能生育的症状。从整个生育过程看,男性的作用有二:一是产生正常生殖细胞,即精子;二是使精子与卵子能够正常地结合。引起男子不育的原因也可以分为两大类,即精子生成障碍与精卵结合障碍。根据病因也可以将男性不育症大致分为:遗传性不育,内分泌性不育,免疫性不育,性功能障碍性不育。

(二)阴茎勃起障碍检验鉴定

阴茎勃起障碍,是指性活动过程中性兴奋的持久抑制,在男性表现为阴茎勃起能力的全部或者部分丧失,或者虽能勃起但不能持续到性行为的结束。阴茎勃起障碍的法医学鉴定较之临床医学诊断更为复杂,它不但要明确阴茎勃起障碍的原因,还要排除可能存在的隐瞒或者夸大病情等因素。

阴茎勃起障碍常可分为心理性阴茎勃起障碍和器质性阴茎障碍两大类,其中以器质性为多见。器质性阴茎勃起障碍又可分为神经性、血管性、内分泌性阴茎勃起障碍,临床上多以混合性阴茎勃起障碍为多见,故阴茎勃起障碍检验鉴定包括:病史(现病史、既往病史)、药物史、性功能史、性生活史调查以及体格检查。

(三)对性功能障碍和不孕(育)检验鉴定结果的判断

对于性功能障碍和不孕(育)检验鉴定结果的判断:(1)被鉴定人有无性功能障碍或者不孕(育)症;(2)性功能障碍或者不孕(育)症的性质和原因;(3)性功能障碍或者不孕(育)症的严重程度等。

七、其他性问题

(一)性别判断

判断性别应根据以下原则进行:染色体性别;性腺性别;生殖器性别;激素性别;

DNA 性别;社会性别。

人类的性别取决于受精卵的遗传性别,性染色体为 XY 时,为男性;性染色体为 XX 时,则为女性。遗传性别决定性腺性别,男性为睾丸,女性为卵巢;性腺性别决定表现型——男女外观出现不同表现。三者互相依存,无论其中任何一个环节发生异常,均可导致性分化异常。

1. 性别异常的类型

(1)真两性畸形是指在同一个体内分化有男性睾丸和女性卵巢两种组织。内外生殖器都有两性的特征。

(2)男性假两性畸形。性腺为睾丸,但生殖管道尤其是外生殖器或者具有男女两性的特征,或者呈女性特征,第二性征发育不良。

(3)女性假两性畸形。发病的原因是由于在女性的胚胎发育过程中雄激素过多,而致外生殖器出现不同程度的男性化。检查时可见性腺为卵巢,外生殖器属女性,但在不同程度上却类似于男性,如阴蒂肥大如阴茎样,阴唇肥大如阴囊样,兼有卵巢下垂于大阴唇内如男子的睾丸,致使外阴与男性者相似。

(4)混合性性腺发育不良症。患者性腺一侧为停留于腹腔发育较差的隐睾,另一侧为呈索条状未分化性腺的痕迹组织,这是一种特殊的两性畸形,又名不典型性腺发育不良症。外生殖器不论偏男偏女均呈两性状态。

2. 性别异常的法医学鉴定方法

(1)染色体或者基因分型。性别是由细胞核内的 Y 染色体决定的,当在进行细胞核型分析时证明有 Y 染色体存在时,则可以推断被检者是男性。但有少数例外,有时由于性染色体分裂异常,X 染色体占优势,则被检者表现为不同程度的两性化特征,当在进行细胞核型分析检见嵌合型性染色体时,大多有明显的两性化特征。

(2)性腺类型。根据性腺是以睾丸还是卵巢为主来确定。但在有些情况下,由于睾丸未正常发育,Y 染色体对性征的发育未能发挥正常的作用,染色体核型虽为 XY 但却表现为明显的女性化特征。

(3)外生殖器的表现形态。根据外生殖器的表现形态来确定性别比较困难。因为最常见的两性畸形是原始的生殖管道不能发育成正常的男性生殖器,在严重的尿道下裂时本应是男性的外生殖器却与女性外生殖器极其相似。除此之外,当女性肾上腺分泌过多时可引起外生殖器的肥厚而呈现为男性化特征,即所谓的肾上腺——性腺综合征。

(4)激素测定。根据不同情况,测定血液或/和尿液的有关激素或者其代谢产物的水平,以明确是否存在酶缺陷或者性激素异常。

(5)尊重社会性别。婴儿出生由父母认定或者由接产者认定的性别为抚养性别,以后随年龄增长各自自认性别,一旦自认性别确定之后,若想改变,势必会造成思想负担,难以适应改变了的社会生活。鉴定时通过性染色体、性腺、生殖器官、激素等检查,可能与被检者自认性别相悖,此时要尊重被检者的社会性别。

3. 性别异常与婚姻权

大多数性别异常者无性交能力,也无生育能力,因此,无法行使婚姻权利,也就是无婚姻行为能力。在婚前检查时,若发现有性别异常者,应向有关部门反映,阻止婚姻登记。

(二)性成熟判断

性成熟与否没有明确的年龄界限,性成熟的时间各人、各地、各人种差异甚大。男女性是否成熟主要看第一性征、第二性征及生殖细胞发育情况。我国法律规定,未满14周岁的为幼女、幼童。但从法医学角度来说,14周岁不是性成熟与否的临界年龄。

性成熟的判断主要根据以下三个方面:

1. 外生殖器呈成年型。

2. 种子成熟。男性会射精,精液中有成熟的精子。女性定期排卵,有月经。

3. 第二性征(副性征)出现。男性有阴毛、腋毛,胡须出现,喉结变粗,声音低沉,肌肉开始结实。女性有阴毛、腋毛生长,乳房膨隆,乳头变粗,音调高尖,皮下脂肪开始丰满,体型曲线逐渐明朗。

审理案件时应以法律规定的年龄,即以是否已满14周岁划分幼女、幼童,不能凭性成熟与否来划分。这是因为以性成熟的起点年龄作为划分标准缺乏统一性。

(三)妊娠、分娩的鉴定

法医学鉴定工作中常遇到诸如有无妊娠、妊娠时间、与某些性行为有无关系以及曾否分娩、堕胎等问题。

妊娠也称怀孕。妇女怀胎过程,从受精卵植入子宫(有的植入其他部位)发育成新的个体,直至娩出前,称妊娠。孕期满28周以后的胎儿及其附属物从临产发动至全部排出体外的过程,称为分娩。

1. 妊娠鉴定

(1)妊娠征象。妊娠妇女会出现一系列生理、体型及性格等变化征象:①停经。②妊娠反应。③乳房、生殖器官的变化。④子宫体从妊娠10周呈渐进性增大。

(2)辅助检查。取被检妇女的血液测定绒毛膜促性腺激素含量,能快速准确地诊断早期妊娠。超声检查、X线检查对确诊妊娠有帮助作用。

2. 分娩鉴定

鉴定妇女是否分娩,应详细了解其妊娠经过、娩产过程以及检查娩产后征象。自然分娩后子宫颈有裂伤,较松弛,子宫颈外口一般呈一字形(未分娩亦无人流的,子宫口圆形、紧缩)。此外,阴道壁伸展扩张,皱襞少,处女膜仅有残迹,外阴也可能有裂伤遗留的痕迹;乳房松弛,乳头粗长;腹壁留有永久性白色旧妊娠纹。

(四)人工授精和试管婴儿

1. 人工授精。这是指用人工的方法将精液直接输送到阴道、子宫颈或子宫腔内,使精子与卵细胞结合,达到受孕的目的。

人工授精分夫精人工授精和供精人工授精,也即同源人工授精和异源人工授精两类。前者适用于逆向射精或精子稀少者,后者适用于丈夫精液中无精子者,或患有遗传性疾病者。

夫精人工授精,即配偶间人工授精生育的婴儿,不存在法律上的争议;但供精人工授精,即非配偶间人工授精生育的婴儿,容易引起法律问题。其中最常发生的是婴儿的父亲、抚养、继承和监护等问题。有些法学界人士认为,应该在法律上承认人工授精的子女是不育夫妇结合的合法后代,建议对非配偶间人工授精产生的父母子女关系,作为一种特殊类型,明确规定在有关法律中。从我国国情出发,在坚持自愿、防止纠纷的前提下,证明男方确实不能生育,而女方又具有正常生育能力时,夫妻可共同申请,提供表示自愿进行人工授精的书面保证,并持有两人确为夫妻关系且无子女的证明,则可以此作为申请实施人工授精的根据。

2. 试管婴儿。又称体外授精,采用外科手术方法,从妇女卵巢中取出卵细胞,用人工方法让卵细胞与精子在玻璃培养皿中受精,然后将存活的正在发育的胚胎植入妇女的子宫腔内让其继续发育成长,经正常孕期孕育,最后分娩。通过这种技术诞生的婴儿叫"试管婴儿",其是人工授精的一种方法。目前已能做到将妻子的卵细胞同第三者的精子,或丈夫的精子同第三者的卵细胞在体外结合。受精卵既可以在提供卵细胞的女子的子宫内孕育,也可以在第三者的子宫内孕育,此第三者即称"代理母亲"。

试管婴儿技术的应用和发展为不育症者带来了福音,在优生学中也有重要意义。但它也带来了许多伦理和法律上的争议,如试管婴儿及其父、母亲法律地位的确定,"代理母亲"与婴儿亲缘关系的确定,以及婴儿的年龄(如冰冻受精卵数月或数年后孕育者)、继承、保密等问题,均有待妥善解决。

(五)性转换

因性别异常而发生的诉讼或引起的法律纠纷,也是法医学检验鉴定的内容之一。

这里所介绍的性转换有以下两种情况。

1. 因性别异常而实施的性转换手术。真两性畸形或假两性畸形,可由外科医师进行性转换手术。对一个真两性畸形的成年人,自幼已被确定养育性别者,可切除与养育性别不符的性腺,并作外生殖器修补术。对男性假两性畸形误为女性,或女性假两性畸形误为男性,因而引起婚姻纠纷,可由法医鉴定人会同临床有关专科医师进行检查鉴定,确定其异常的实质,结合个体病变的特点和社会、心理因素提出解决意见。对假两性畸形的成年人需要手术矫正者,可由有关临床专科医师施行手术处理,以消除其精神刺激创伤,并作为认定性别和解决法律的依据。

2. 有极少数的变态性行为者或并施行阴道成形术。这种单纯以兴趣为目的的性转换与上述性别发育异常而实施的性转换有着本质的区别。

八、虐待

(一)虐待的概念

虐待(maltreat),是指通过直接或者间接暴力的方式,对他人进行肉体或者精神折磨使之痛苦或者屈服的行为。

我国《刑法》第 260 条规定:"虐待家庭成员,情节恶劣的,处二年以下有期徒刑、拘役或者管制。犯前款罪,致使被害人重伤、死亡的,处二年以上七年以下有期徒刑……"第 248 条规定:"监狱、拘留所、看守所等监管机构的监管人员对被监管人进行殴打或者体罚虐待,情节严重的,处三年以下有期徒刑或者拘役;情节特别严重的,处三年以上十年以下有期徒刑……"

2015 年 11 月开始施行的《刑法修正案(九)》中增加了第 260 条之一,其规定:"对未成年人、老年人、患病的人、残疾人等负有监护、看护职责的人虐待被监护人、看护的人,情节恶劣的,处三年以下有期徒刑或者拘役。单位犯前款罪的,对单位判处罚金,并对其直接负责的主管人员和其他直接责任人员,依照前款的规定处罚。有第一款行为,同时构成其他犯罪的,依照处罚较重的规定定罪处罚。"

虐待的手段可以是直接暴力,也可以是间接暴力;虐待的方式可以是躯体损害,也可以是精神损害。虐待的形式有伤害、忽视、饥饿、性侵害和性虐待等。

(二)虐待的表现

1. 损伤。由于施虐者所用的手段多种多样,因此,虐待损伤种类、表现、轻重各不相同。以软组织损伤、骨折、颅脑损伤、内脏损伤及五官损伤较为常见。

2. 营养不良。能量供应不足的主要表现是体重明显减轻,皮下脂肪减少,男性可有性功能减退,甚至阳痿,女性则出现闭经;心血管表现主要是血压偏低、心率减慢、心音低钝、面色苍白及手足冰凉等;神经系统的表现为注意力不集中、精神涣散、记忆力减退、反应差、精神抑郁,甚至出现低血糖昏迷和痴呆,严重者出现饥饿型水肿。

(三)虐待的法医学鉴定

虐待形成的损伤是确定虐待的主要依据,虐待的鉴定要点主要有以下几点。

1. 个人特征

(1)注意检查被虐待者的身高、体重、营养及发育情况等。

(2)注意检查衣着情况,如清洁程度,是否褴褛,有无补丁等;注意观察被虐待者的精神和情绪状态,观察有无害怕及胆怯的情况。

2. 身体检查

详细检查全身有无损伤,损伤的种类和形状,并用文字和拍照方式记录损伤的具体部位、数目,确定损伤的时间及损伤程度,对儿童还应注意检查有无长期受虐所致耳聋或视力障碍等。

3. 辅助检查

主要有 B 超、CT、MRI 和 X 线检查等。

第六节　保外就医的鉴定

对于患有严重疾病,不适宜在监狱服刑,需要在监狱以外诊治疾病的罪犯,可准许暂予监外执行,这种暂予监外执行称为保外就医(medical parole)。对于患有严重慢性疾病,长期医治无效,年龄在60岁以上,已失去劳动能力和危害社会可能的罪犯,可准许长期监外执行。但对于被判处死刑缓期 2 年执行尚未减刑的罪犯,一律不准监外执行。

根据《暂予监外执行规定》(司发通〔2014〕112 号)第 5 条第 1 款的规定,符合下列情形之一的,可以保外就医,暂予监外执行:(1)患有《暂予监外执行规定》所附的《保外就医严重疾病范围》的严重疾病,需要保外就医的。(2)怀孕或者正在哺乳自己婴儿的妇女。(3)生活不能自理的。

一、做好保外就医工作的意义

1. 对患病罪犯本人具有非常重要的教育意义。使罪犯真正认识到监狱是改造罪犯思想的地方，改造和教育的是灵魂、意识、世界观。体罚、肉刑、虐待和侮辱等手段，只能使罪犯产生抵触情绪，激化工作矛盾，最后可能导致越狱、杀人等恶性案件的发生。

2. 对同监其他罪犯的重要意义。不认真做好罪犯的保外就医工作，对同监其他罪犯会产生不良影响后果。如果患病罪犯不给治疗，重病不让住院，医院无治疗条件的又不允许保外就医的，罪犯一旦死亡，将会给监狱其他罪犯造成极为不良的影响。监狱认真做好罪犯的保外就医工作，可以教育一大批罪犯，调动其他罪犯的积极性，有利于罪犯改造，也有利于监狱管理。

3. 对罪犯亲属的重要意义。保外就医做好了，患病罪犯的亲属也将会受到极大的教育，他们将会自觉地宣传党和国家的政策，认同教育改造制度，并且到监狱去做罪犯的思想工作，让他们自觉地接受改造，重新做人。

此外，做好罪犯的保外就医工作不仅是监管工作人性化、人道主义的体现，而且是保护罪犯人权的具体体现。

二、保外就医的鉴定

根据国家相关规定，保外就医的鉴定主要由指定医院承担，我国《暂予监外执行规定》第 9 条规定：“对罪犯的病情诊断或者妊娠检查，应当委托省级人民政府指定的医院进行。医院出具的病情诊断或者检查证明文件，应当由两名具有副高以上专业技术职称的医师共同作出，经主管业务院长审核签名，加盖公章，并附化验单、影像学资料和病历等有关医疗文书复印件。对罪犯生活不能自理情况的鉴别，由监狱、看守所组织有医疗专业人员参加的鉴别小组进行。鉴别意见由组织鉴别的监狱、看守所出具，参与鉴别的人员应当签名，监狱、看守所的负责人应当签名并加盖公章。对罪犯进行病情诊断、妊娠检查或者生活不能自理的鉴别，与罪犯有亲属关系或者其他利害关系的医师、人员应当回避。”

根据司法鉴定的有关规定，也可以委托法医临床鉴定人对在押的罪犯或犯罪嫌疑人进行鉴定，以确定其是否符合保外就医的条件。

三、罪犯保外就医执行办法

2014 年最高人民法院、最高人民检察院、公安部、司法部、国家卫计委联合发布了《暂予监外执行规定》后附《保外就医严重疾病范围》，根据《保外就医严重疾病范围》的规定，罪犯有下列严重疾病之一，久治不愈，严重影响其身心健康的，属于适用保外就医的疾病范围。

(一)严重传染病

1. 肺结核伴空洞并反复咯血;肺结核合并多脏器并发症;结核性脑膜炎。

2. 急性、亚急性或慢性重型病毒性肝炎。艾滋病病毒感染者和病人伴有需要住院治疗的机会性感染。

3. 其他传染病,如Ⅲ期梅毒并发主要脏器病变的,流行性出血热,狂犬病,流行性脑脊髓膜炎及新发传染病等监狱医院不具备治疗条件的。

(二)反复发作的,无服刑能力的各种精神病

如脑器质性精神障碍、精神分裂症、心境障碍、偏执性精神障碍等,但有严重暴力行为或倾向,对社会安全构成潜在威胁的除外。

(三)严重器质性心血管疾病

1. 心脏功能不全:心脏功能在 NYHA 三级以上,经规范治疗未见好转。(可由冠状动脉粥样硬化性心脏病、高血压性心脏病、风湿性心脏病、肺源性心脏病、先天性心脏病、心肌病、重度心肌炎、心包炎等引起。)

2. 严重心律失常:如频发多源室性期前收缩或有 R on T 表现、导致血流动力学改变的心房纤颤、二度以上房室传导阻滞、阵发性室性心动过速、病态窦房结综合征等。

3. 急性冠状动脉综合征(急性心肌梗死及重度不稳定型心绞痛),冠状动脉粥样硬化性心脏病有严重心绞痛反复发作,经规范治疗仍有严重冠状动脉供血不足表现。

4. 高血压病达到很高危程度的,合并靶器官受损。具体参见注释中靶器官受损相应条款。

5. 主动脉瘤、主动脉夹层动脉瘤等需要手术的心血管动脉瘤和黏液瘤等需要手术的心脏肿瘤;或者不需要、难以手术治疗,但病情严重危及生命或者存在严重并发症,且监狱医院不具备治疗条件的心血管疾病。

6. 急性肺栓塞。

(四)严重呼吸系统疾病

1. 严重呼吸功能障碍:由支气管、肺、胸膜疾病引起的中度以上呼吸功能障碍,经规范治疗未见好转。

2. 支气管扩张反复咯血,经规范治疗未见好转。

3. 支气管哮喘持续状态,反复发作,动脉血氧分压低于 60mmHg,经规范治疗未见好转。

（五）严重消化系统疾病

1. 肝硬化失代偿期（肝硬化合并上消化道出血、腹水、肝性脑病、肝肾综合征等）。

2. 急性出血性坏死性胰腺炎。

3. 急性及亚急性肝衰竭、慢性肝衰竭加急性发作或慢性肝衰竭。

4. 消化道反复出血，经规范治疗未见好转且持续重度贫血。

5. 急性梗阻性化脓性胆管炎，经规范治疗未见好转。

6. 肠道疾病：如克隆病、肠伤寒合并肠穿孔、出血坏死性小肠炎、全结肠切除、小肠切除3/4等危及生命的。

（六）各种急、慢性肾脏疾病引起的肾功能不全失代偿期

如急性肾衰竭、慢性肾小球肾炎、慢性肾盂肾炎、肾结核、肾小动脉硬化、免疫性肾病等。

（七）严重神经系统疾病及损伤

1. 严重脑血管疾病、颅内器质性疾病并有昏睡以上意识障碍、肢体瘫痪、视力障碍等经规范治疗未见好转。如脑出血、蛛网膜下腔出血、脑血栓形成、脑栓塞、脑脓肿、乙型脑炎、结核性脑膜炎、化脓性脑膜炎及严重的脑外伤等。

2. 各种脊髓疾病及周围神经疾病与损伤所致的肢体瘫痪、大小便失禁经规范治疗未见好转，生活难以自理。如脊髓炎、高位脊髓空洞症、脊髓压迫症、运动神经元疾病（包括肌萎缩侧索硬化、进行性脊肌萎缩症、原发性侧索硬化和进行性延髓麻痹）等；周围神经疾病，如多发性神经炎、周围神经损伤等；急性炎症性脱髓鞘性多发性神经病；慢性炎症性脱髓鞘性多发性神经病。

3. 癫痫大发作，经规范治疗未见好转，每月发作仍多于两次。

4. 重症肌无力或进行性肌营养不良等疾病，严重影响呼吸和吞咽功能。

5. 锥体外系疾病所致的肌张力障碍（肌张力过高或过低）和运动障碍（包括震颤、手足徐动、舞蹈样动作、扭转痉挛等出现生活难以自理）。如帕金森病及各类帕金森综合征、小舞蹈病、慢性进行性舞蹈病、肌紧张异常、秽语抽动综合征、迟发性运动障碍、投掷样舞动、阵发性手足徐动症、阵发性运动源性舞蹈手足徐动症、扭转痉挛等。

（八）严重内分泌代谢性疾病合并重要脏器功能障碍，经规范治疗未见好转

如脑垂体瘤需要手术治疗、肢端肥大症、尿崩症、柯兴氏综合征、原发性醛固酮增多症、嗜铬细胞瘤、甲状腺机能亢进危象、甲状腺功能减退症出现严重心脏损害或出现粘液性水肿昏迷，甲状旁腺机能亢进及甲状旁腺机能减退症出现高钙危象

或低钙血症。

糖尿病合并严重并发症:糖尿病并发心、脑、肾、眼等严重并发症或伴发症,或合并难以控制的严重继发感染、严重酮症酸中毒或高渗性昏迷,经规范治疗未见好转。

心:诊断明确的冠状动脉粥样硬化性心脏,并出现以下情形之一的:(1)有心绞痛反复发作,经规范治疗未见好转仍有明显的冠状动脉供血不足的表现;(2)心功能三级;(3)心律失常(频发或多型性室早、新发束支传导阻滞、交界性心动过速、心房纤颤、心房扑动、二度及以上房室传导阻滞、阵发性室性心动过速、窦性停搏等)。

脑:诊断明确的脑血管疾病,出现痴呆、失语、肢体肌力达Ⅳ级以下。

肾:诊断明确的糖尿病肾病,肌酐达到177mmol/L以上水平。

眼:诊断明确的糖尿病视网膜病变,达到增殖以上。

(九)严重血液系统疾病

1. 再生障碍性贫血。

2. 严重贫血并有贫血性心脏病、溶血危象、脾功能亢进其中一项,经规范治疗未见好转。

3. 白血病、骨髓增生异常综合征。

4. 恶性组织细胞病、嗜血细胞综合征。

5. 淋巴瘤、多发性骨髓瘤。

6. 严重出血性疾病,有重要器官、体腔出血的,如原发性血小板减少性紫癜、血友病等,经规范治疗未见好转。

(十)严重脏器损伤和术后并发症,遗有严重功能障碍,经规范治疗未见好转

1. 脑、脊髓损伤治疗后遗有中度以上智能障碍,截瘫或偏瘫,大小便失禁,功能难以恢复。

2. 胸、腹腔重要脏器及气管损伤或手术后,遗有严重功能障碍,胸腹腔内慢性感染、重度粘连性梗阻,肠瘘、胰瘘、胆瘘、肛瘘等内外瘘形成反复发作;严重循环或呼吸功能障碍,如外伤性湿肺不易控制。

3. 肺、肾、肾上腺等器官一侧切除,对侧仍有病变或有明显功能障碍。

(十一)各种严重骨、关节疾病及损伤

1. 双上肢,双下肢,一侧上肢和一侧下肢因伤、病在腕或踝关节以上截肢或失去功能不能恢复。双手完全失去功能或伤、病致手指缺损6个以上,且6个缺损的手指中有半数以上在掌指关节处离断,且必须包括两个拇指缺失。

2. 脊柱并一个主要关节或两个以上主要关节(肩、膝、髋、肘)因伤、病发生强直

畸形，经规范治疗未见好转，脊柱伸屈功能完全丧失。

3. 严重骨盆骨折合并尿道损伤，经治疗后遗有运动功能障碍或遗有尿道狭窄、闭塞或感染，经规范治疗未见好转。

4. 主要长骨的慢性化脓性骨髓炎，反复急性发作，病灶内出现大块死骨或合并病理性骨折，经规范治疗未见好转。

（十二）五官伤、病后，出现严重的功能障碍，经规范治疗未见好转

1. 伤、病后双眼矫正视力 <0.1，经影像检查证实患有白内障、眼外伤、视网膜剥离等需要手术治疗。内耳伤、病所致的严重前庭功能障碍、平衡失调，经规范治疗未见好转。

2. 咽、喉损伤后遗有严重疤痕挛缩，造成呼吸道梗阻受阻，严重影响呼吸功能和吞咽功能。

3. 上下颌伤、病经治疗后二度张口困难、严重咀嚼功能障碍。

（十三）周围血管病经规范治疗未见好转

患肢有严重肌肉萎缩或干、湿性坏疽，如进展性脉管炎，高位深静脉栓塞等。

（十四）非临床治愈期的各种恶性肿瘤

（十五）暂时难以确定性质的肿瘤，有下列情形之一的：

1. 严重影响机体功能而不能进行彻底治疗。

2. 身体状况进行性恶化。

3. 有严重后遗症，如偏瘫、截瘫、胃瘘、支气管食管瘘等。

（十六）结缔组织疾病及其他风湿性疾病造成两个以上脏器严重功能障碍或单个脏器功能障碍失代偿，经规范治疗未见好转

如系统性红斑狼疮、硬皮病、皮肌炎、结节性多动脉炎等。

（十七）寄生虫侵犯脑、肝、肺等重要器官或组织，造成继发性损害，伴有严重功能障碍者，经规范治疗未见好转

（十八）经职业病诊断机构确诊的以下职业病：

1. 尘肺病伴严重呼吸功能障碍，经规范治疗未见好转。

2. 职业中毒，伴有重要脏器功能障碍，经规范治疗未见好转。

3. 其他职业病并有瘫痪、中度智能障碍、双眼矫正视力 <0.1、严重血液系统疾病、严重精神障碍等其中一项，经规范治疗未见好转。

（十九）年龄在 65 周岁以上同时患有两种以上严重疾病，其中一种病情必须接近上述一项或几项疾病程度。

四、罪犯保外就医执行办法注释

1.《保外就医严重疾病范围》所列严重疾病诊断标准应符合省级以上卫生行政部门、中华医学会制定并下发的医学诊疗常规、诊断标准、规范和指南。

2. 凡是确定诊断和确定脏器、肢体功能障碍必须具有诊疗常规所明确规定的相应临床症状、体征和客观医技检查依据。

3.《保外就医严重疾病范围》所称“经规范治疗未见好转”,是指临床上经常规治疗至少半年后病情恶化或未见好转。

4.《保外就医严重疾病范围》所称“反复发作”,是指发作间隔时间小于 1 个月,且至少发作 3 次及以上。

5.《保外就医严重疾病范围》所称“严重心律失常”,是指临床上可引起严重血流动力学障碍,预示危及生命的心律失常。一般出现成对室性期前收缩、多形性室性期前收缩、阵发性室性心动过速、室性期前收缩有 Ron T 现象、病态窦房结综合征、心室扑动或心室颤动等。

6.《保外就医严重疾病范围》所称“意识障碍”,是指各种原因导致的迁延性昏迷 1 个月以上和植物人状态。

7.《保外就医严重疾病范围》所称“视力障碍”,是指各种原因导致的患眼低视力 2 级。

8. 艾滋病和艾滋病机会性感染诊断依据应符合《艾滋病和艾滋病病毒感染诊断标准》(WS 293 – 2019)、《中国艾滋病诊疗指南》(中华医学会感染病分会,2021 年)等技术规范。其中,艾滋病合并肺孢子菌肺炎、活动性结核病、巨细胞病毒视网膜炎、马尼菲青霉菌病、细菌性肺炎、新型隐球菌脑膜炎六种艾滋病机会性感染的住院标准应符合《卫生部办公厅关于印发艾滋病合并肺孢子菌肺炎等 6 个艾滋病机会感染病种临床路径的通知》(卫办医政发〔2012〕107 号)。上述六种以外的艾滋病机会性感染住院标准可参考《中国艾滋病诊疗指南》(中华医学会感染病分会,2021 年)及《实用内科学》(第 16 版)等。

9. 精神病的危险性按照《卫生部关于印发〈重性精神疾病管理治疗工作规范(2012 年版)〉的通知》(卫疾控发〔2012〕20 号,现已失效)进行评估。

10. 心功能判定:心功能不全,表现出心悸、心律失常、低血压、休克,甚至发生心搏骤停。按发生部位和发病过程分为左侧心功能不全(急性、慢性)、右侧心功能不全(急性、慢性)和全心功能不全(急性、慢性)。出现心功能不全症状后,其心功能可分为四级。

Ⅰ级:体力活动不受限制。

Ⅱ级:静息时无不适,但稍重于日常生活活动量即致乏力、心悸、气促或者心绞痛。

Ⅲ级:体力活动明显受限,静息时无不适,但低于日常活动量即致乏力、心悸、气促或心绞痛。

Ⅳ级:任何体力活动均引起症状,静息时亦可有心力衰竭或者心绞痛。

11. 高血压判定:按照《中国高血压防治指南 2010》执行。

相应内容《注释》原文中省略,权可不需列出。

12. 呼吸功能障碍判定:参照《道路交通事故受伤人员伤残评定》(GB 18667－2002,现已失效)和《劳动能力鉴定　职工工伤与职业病致残程度鉴定标准》(GB/T 16180－2014),结合医学实践执行。症状:自觉气短、胸闷不适、呼吸费力。体征:呼吸频率增快,幅度加深或者变浅,或者伴周期节律异常,鼻翼扇动,紫绀等。实验室检查提示肺功能损害。在保外就医诊断实践中,判定呼吸功能障碍必须综合产生呼吸功能障碍的病理基础、临床表现和相关医技检查结果如血气分析,全面分析。

13. 肝功能损害程度判定

A. 肝功能损害分度

B. 肝衰竭:肝衰竭的临床诊断需要依据病史、临床表现和辅助检查等综合分析而确定,参照中华医学会《肝衰竭诊治指南(2018 年版)》执行。

(1)急性肝衰竭(急性重型肝炎):急性起病,2 周内出现Ⅱ度及以上肝性脑病并有以下表现:①极度乏力,并有明显厌食、腹胀、恶心、呕吐等严重消化道症状。②短期内黄疸进行性加深。③出血倾向明显,PTA≤40%,且排除其他原因。④肝脏进行性缩小。

(2)亚急性肝衰竭(亚急性重型肝炎):起病较急,15 天～26 周出现以下表现者:①极度乏力,有明显的消化道症状。②黄疸迅速加深,血清总胆红素大于正常值上限 10 倍或每日上升≥17.1μmol/L。③凝血酶原时间明显延长,PTA≤40%并排除其他原因者。

(3)慢加急性(亚急性)肝衰竭(慢性重型肝炎):在慢性肝病基础上,短期内发生急性肝功能失代偿的主要临床表现。

(4)慢性肝衰竭:在肝硬化基础上,肝功能进行性减退和失代偿。诊断要点为:①有腹水或其他门静脉高压表现。②可有肝性脑病。③血清总胆红素升高,白蛋白明显降低。④有凝血功能障碍,PTA≤40%。

C. 肝性脑病

肝性脑病 West－Hawen 分级标准。

14. 急、慢性肾功能损害程度判定:参照《实用内科学》(第16版)和《内科学》(第10版)进行综合判定。急性肾损伤的原因有肾前性、肾实质性及肾后性三类。每类又有少尿型和非少尿型两种。慢性肾脏病患者肾功能损害分期与病因、病变进展程度、部位、转归以及诊断时间有关。分期:慢性肾脏病肾的功能损害程度分期。

15. 肢体瘫痪的判定:参照《神经病学》(第3版)判定。肢体瘫,以肌力测定判断肢体瘫痪程度。在保外就医诊断实践中,判定肢体瘫痪须具备疾病的解剖(病理)基础,0级、1级、2级肌力可认定为肢体瘫痪。

0%:0级:肌肉完全瘫痪,毫无收缩。

10%:1级:可看到或者触及肌肉轻微收缩,但不能产生动作。

25%:2级:肌肉在不受重力影响下,可进行运动,即肢体能在床面上移动,但不能抬高。

50%:3级:在和地心引力相反的方向中尚能完成其动作,但不能对抗外加的阻力。

75%:4级:能对抗一定的阻力,但较正常人为低。

100%:5级:正常肌力。

16. 生活难以自理的判定:参照《劳动能力鉴定 职工工伤与职业病致残程度鉴定标准》(GB/T 16180－2014),结合医学实践执行。

17. 视力障碍判定:眼伤残鉴定依据为眼球或视神经器质性损伤所致的视力、视野、立体视功能障碍及其他解剖结构和功能的损伤或破坏。

(1)主观检查:凡损伤眼裸视或者加用矫正镜片(包括接触镜、针孔镜等)远视力 <0.3 为视力障碍。

(2)客观检查:眼底照相、视觉电生理、眼底血管造影,眼科影像学检查如相干光断层成像(OCT)等以明确视力残疾实际情况,并确定对应的具体疾病状态。

视力障碍标准:

低视力:1级:矫正视力 <0.3;2级:矫正视力 <0.1。

盲:矫正视力 <0.05。

五、保外就医鉴定的注意事项

保外就医鉴定必须严格按照《暂予监外执行规定》和所附的《保外就医严重疾

病范围》的规定进行。

保外就医生活不能自理是指罪犯因患病、身体残疾或者年老体弱，日常生活行为需要他人协助完成的情形。生活不能自理的鉴定参照《人身损害护理依赖程度评定》（已被废除）和《劳动能力鉴定 职工工伤与职业病致残等级》执行。进食、翻身、大小便、穿衣洗漱、自主行动5项日常行为中有3项需要他人协助才能完成，且经过6个月以上治疗、护理和观察，自理能力不能恢复的，可以认定为生活不能自理。65周岁的罪犯，上述5项日常生活行为有一项需要他人协助才能完成即可视为生活不能自理。

此外，保外就医的鉴定还应注意排除被鉴定人是否存在诈病（伤）、造作病（伤）的情况。

诈病现象在保外就医中时有发生，但得逞的不太多，因为伪装不是真的，假的总是会露出破绽的，所以只要认真检查就可以剥去伪装的面纱。诈病成功的也有，但通常是有人协助帮忙的，如犯人在监狱里伪装重病，其亲属向有关部门做走后门工作成功的。也有长期诈病，导致机体某些功能障碍而保外就医的，如某罪犯在看守所里待的时间太长，长时间不活动肌肉开始萎缩，四肢萎缩变细，判刑入狱后，该罪犯在劳改队里长期卧床不起，时而久之，以假成真，最后丧失劳动能力，经过保外就医回家。该罪犯回家后半年内进行按摩和锻炼，肌肉很快恢复接近正常，已能外出做生意。由于又犯了诈骗罪重新入狱，伪装的面纱再也遮不住他那丑恶的灵魂。此外，还有犯人冒着生命危险搞坠落伤，吞金属致胃肠穿孔等，在做保外就医鉴定时鉴定人员应及时识别其伪装。

研究与思考

1. 法医临床鉴定的主要任务有哪些？
2. 怎样区分损伤与疾病的因果关系？
3. 怎样对伤残程度鉴定结论进行评价？
4. 诈病法医鉴定中应注意哪些事项？
5. 造作伤的一般表现有哪些？
6. 试述强奸案件的法医学鉴定。
7. 试述罪犯保外就医的执行办法。

拓展阅读

1. 刘技辉主编:《法医临床学》,人民卫生出版社 2016 年版。
2. 闵银龙主编:《法医学》,法律出版社 2015 年版。
3. 朱广友主编:《法医临床司法鉴定实务》,法律出版社 2009 年版。

第十章　DNA 分型技术与法医物证鉴定

重点提示

1. 法医物证包括人体等生物组织与器官、体液、分泌物、排泄物及由它们形成的斑痕。

2. 法医物证的一般检验程序为：肉眼检查、预备试验、确证试验、种属试验、性别检验及遗传标记测定等。

3. DNA 多态性有长度多态性和序列多态性。长度多态性按基序长短及产生多态性的机制，可分为小卫星 DNA(VNTR)和微卫星 DNA(STR)。序列多态性指 DNA 分子中某位点上碱基排列的个体差异，目前使用最多的是线粒体 DNA 序列分析。

4. STR 分型技术是现代法医物证鉴定的核心技术，是目前法医学个体识别和亲权认定中最常用的 DNA 分析方法。

5. 遗传标记常用似然率表示证据意义。

6. 用于亲权认定的遗传规律有孟德尔定律、Y 染色体 DNA 的父系遗传规律和线粒体 DNA 的母系遗传规律。

7. DNA 分型技术使法医物证鉴定从只能做个体排除提高到可以做同一认定的水平。DNA 检验能直接认定罪犯，DNA 分型技术在司法实践中起着越来越重要且不可替代的作用。

第一节　概　　述

一、物证与法医物证

法医物证学是以法医物证为研究对象，以提供科学证据为目的，研究应用生命科学技术解决案件中与人体有关的生物检材鉴定的一门学科。

(一)物证

物证是指对案件的真实情况有证明作用的物品。物证包括的范围极广,包含下列内容。

1. 生物性检材:人体或其他生物体的组织器官、各种体液、分泌液、排泄物及其斑痕等。

2. 人体指纹、掌纹、唇纹、足印、鞋印以及轮胎印痕等。

3. 作案工具和致伤物。

4. 各种染料、油墨、纸张、油漆、墨水以及化学物质等。

5. 文书:如案卷、病历、医师证明、遗书及信件等。

(二)法医物证

法医物证学研究对象是与人体有关的生物物证、其他动物相应的各类检材和部分植物检材,又称为生物学检材。包括:

1. 人体体液、分泌液、排泄物及其形成的斑痕等,如血液、精液、阴道分泌液、乳汁、唾液、鼻涕、尿液、粪便、胎便、羊水、恶露及其斑痕等。

2. 人体的各种组织、器官。

3. 毛发、指甲、骨和牙等。

4. 其他动物相应的各类检材。

5. 部分植物检材(植物纤维、种子、花粉)等。

二、法医物证鉴定

(一)法医物证鉴定的原则

法医物证鉴定是指运用免疫学、生物学、生物化学、分子生物学等学科的理论和方法,利用遗传学标记的多态性对生物学检材的种类、种属及个体来源进行鉴定。主要包括个体识别、亲权鉴定、性别鉴定和种属鉴定等。

法医物证是指来源于案(事)件现场,可进行法医物证检验,能为侦查提供线索,为法庭提供证据的生物样本,或含有可进行法医物证检验的生物样本的物品。通常包括血液(斑)、精液(斑)、唾液(斑)、尿液(斑)、鼻涕(斑)、羊水(斑)、乳汁(斑)、阴道分泌物、骨骼、毛发、牙齿、组织器官及其碎块,以及案件现场的烟头、果核、口杯、口香糖等。通过它们的血清和(或)DNA 特征证明案件的真实情况,可为案件提供侦查线索或证据,是案件现场重建的重要依据。法医物证具有的特点:①稳定性受环境的影响;②法医物证鉴定对科学技术具有很强的依赖性。因此,法医物证往往需要借助检验或鉴定来发现它们与案件事实的联系,在检验之前,它们常被称为法医物证检材。

法医物证鉴定应遵循以下要求。

1. 受理案件时，接案人应检查委托书，了解案情，并做好记录，逐一清点检材是否符合检验要求。可能影响检验结果可靠性的检材不应接受，以免得出错误的检验结果，造成错案。亲子鉴定案件，接案人员应亲自抽取当事人的血液，防止血液标本被调换。

2. 接案后，应及时进行检验，以免因拖延时间使检材中的蛋白质变性或 DNA 降解。

3. 法医物证鉴定系技术要求高、专业性极强的一项工作，应由受过专业训练的技术人员担任。

4. 保证选用的方法可靠，针对生物性检材的特点，通过由简单到复杂，逐步排除，逐步缩小范围的试验分析方法减少不确定性，降低办案成本。尽量节约检材，一般要保留 2/3 的检材。微量检材需全部用完时，要征得送检单位的同意。保证操作方法标准化，试剂有效，仪器性能良好，得出的结果准确可靠。要认真记录检验方法和结果。

5. 根据检材结果进行分析，作出客观、公正的结论，写出完整、规范的法医物证鉴定书。当有争议时，可经专家复核或再鉴定。

法医物证鉴定书应包括下列内容：委托单位，联系人或委托人，委托日期，检材名称及数量，鉴定目的，案情，检验方法，结果与结论，必要时应加以分析和说明。鉴定结论必须简明扼要，措辞准确，讨论分析必须有事实依据，最后要有鉴定人的签名和鉴定日期。

（二）法医物证鉴定的任务和意义

法医物证鉴定主要解决生物学检材的个人识别（personal identification）及亲子（权）鉴定（parentage testing）等问题。不同国家承担法医物证鉴定工作的单位不一样。在我国，法医物证检验主要由侦查机关及司法（法医）鉴定中心承担；在日本与德国，则主要由医学院校法医学研究所或法医学教室承担；在美国，联邦调查局及警察局负责检查法医物证，亲子（权）鉴定则由红十字会、医疗机构的血库或专门的亲子鉴定实验室承担。

法医物证鉴定可以为侦查破案提供线索，排除嫌疑对象，缩小侦查范围；亦可帮助揭露犯罪事实真相，为案件的审判提供科学的证据。我国《刑事诉讼法》第 55 条第 1 款规定："对一切案件的判处都要重证据，重调查研究，不轻信口供。只有被告人供述，没有其他证据的，不能认定被告人有罪和处以刑罚；没有被告人供述，证据确实、充分的,可以认定被告人有罪和处以刑罚。”由此可见,证据对办案的重要性。大部分物证,往往要在专门检验之后,才能起到证据的作用。有人比喻,物证检验的目的是使“哑巴证人说话”,这个比喻十分形象地说明法医物证检验的意义及其重要性。

法医物证学的基本任务如下:

1. 斗殴、伤害、谋杀及碎尸案。常在犯罪现场或可疑凶器上遗留有血痕或可疑血痕,需鉴定是不是人血、是被害人抑或加害人所遗留。

2. 强奸或强奸杀人案。常在现场床上、地上、被害人衣裤或阴道中遗留有加害人的精液(斑)或阴道分泌液与精液的混合斑,需鉴定可疑精斑或混合斑中的精液是不是强奸犯所遗留。

3. 交通事故。嫌疑车辆上的血痕、毛发与组织碎片需鉴定是否来自死者。

4. 灾害事故、空难事件。事故造成的尸体离断,需鉴定是否同属一人;纵火杀人,焚尸灭迹、意外失火遇难或集体被屠杀需进行尸源鉴定。

5. 其他。可疑父母与子女之间有无血缘关系需做亲子鉴定,诸如调错婴儿、拐骗儿童、婚外恋、财产继承、移民及强奸致孕等民事与刑事案件。

三、法医物证(生物性检材)的发现、提取、包装、保存及送检

生物性检材是经历了环境条件作用的人体组织与器官或人体体液、分泌液、排泄物及由它们形成的生物性斑痕。环境条件的作用和人为因素均对生物性检材有极大影响,因此生物性检材的主要特点是不稳定性。此外,生物性检材检验是为法律提供证据,应保证证据链条的合法性。

(一)法医物证的发现

大部分法医物证检材是在现场勘查中发现的,也有的是在搜查嫌疑人、作案工具及检查被害人时发现的。室内现场的血痕多分布在地面、墙壁、家具、被褥、门闩、门把及自来水龙头上;室外现场则多在地面、草丛、树木及落叶上;黑暗现场的血痕,可用鲁米诺(luminol)喷雾寻找,血痕会发荧光。检查活体或尸体时应从衣服、鞋帽、发间及指甲缝等处寻找血痕,特别应注意袖边、口袋、扣眼及接缝处。检查凶器时,要注意凶器的结合部,如斧身与斧柄接头处及折叠刀槽中。

精斑及精液与阴道分泌液的混合斑多附着在受害人的衣裤、外阴部、大腿内侧、阴毛及阴道内,以及现场的床单、被褥、枕巾与地面等处。用紫外线照射,精斑能发出银白色带淡紫晕的荧光,此时可用笔将范围画出,以备进一步检验。

唾液斑多存在于手帕、毛巾、咬痕、烟蒂、烟斗、信封口或邮票背面等处,肉眼不

易察见,唾液斑在白色背景下呈淡黄色,在紫外线下发淡青色荧光,其确证应送实验室检查。

毛发多在现场的床单、被褥、枕头、枕巾、地面或受害者的手中、口中和衣服上,具体因案件性质而异。强奸受害者阴毛处可用梳子梳出强奸犯的阴毛。发生交通事故时,肇事车辆,特别是轮胎上,可能遗留有遇难者的血痕、毛发及组织碎块。凶器上的血痕也可能黏附毛发。

皮肤和其他脏器组织碎片可见于被害人或罪犯的指甲内。交通事故案件中,其可与血液同时附着在车轮、挡泥板、车厢棱角及底盘上。

此外,要重视尸体上法医物证的发现。将尸体送解剖室的过程中,应用干净白布包裹尸体防止尸体被污染或尸体上黏附的物证在移动过程中丢失。在仔细观察尸体前不应急于用水冲洗尸体,一定要有证据意识。

(二)法医物证的提取

提取检材前,应先摄影或绘图,测量和记录斑痕的位置、形态、大小与周围物品的毗邻关系。对附有斑痕的小件物品(如衣物、鞋帽、刀斧、棍棒)可整件提取;笨重或不能移动的物体(如地、墙、大家具),可用刀将可疑物刮下,或用纱布(如消毒棉、滤纸)以生理盐水浸湿后,反复擦印,使其转移到纱布上,将其晾干,放入干净纸袋中保存。泥土上的血痕,应连同无血痕部分泥土整块取下,放入盒内,衬以棉花或塑料泡沫等软材料,以免振荡碎裂;雪地上的血痕,用纱布将雪及斑痕一同提取,待雪溶化后,斑痕便附着在纱布上,随后将其晾干并装袋。现场的新鲜血液应用滴管吸取,放于试管内,加 EDTA 抗凝,尽快送检;提取尸体血液,以采集末梢血为宜,因心血易受肠壁有细菌血液的污染。所有新鲜血若要过夜应 4℃冷藏,若无条件可用干净纱布放入血液中浸湿后自然晾干。怀疑强奸受害或强奸致死的女性尸体,至少应取 2 个阴道拭子,重点擦拭阴道穹窿部。

采集物证时要严防污染,忌用手直接触摸检材,只能用镊子或戴手套提取,以免影响检验结果和法庭证据的效力。例如,美国辛普森案件中,当时警方提取样本时,将所有可疑物品放在一只大塑料袋内,违反了提取规则,使其不具备作为证据的能力,导致检方在刑事诉讼中败诉。

在现场需要提取某种物品时,按我国《刑事诉讼法》第 54 条规定:“人民法院、人民检察院和公安机关有权向有关单位和个人收集、调取证据……”按我国《刑事诉讼法》第 142 条规定:“对查封、扣押的财物、文件,应当会同在场见证人和被查封、扣押财物、文件持有人查点清楚,当场开列清单一式二份,由侦查人员、见证人和持有人签名或者盖章,一份交给持有人,另一份附卷备查。”

应尽量多收集检材,以备复核之用。

(三)法医物证的包装和保存

法医物证检材是生物性检材,包装和保存不善,容易发生变性、分解、真菌及细菌生长。潮湿不仅利于细菌或真菌生长,而且会促进体液或组织中自身酶的消化作用,导致蛋白质分解,DNA 降解。不能加引起蛋白质沉淀、变性或凝固的防腐剂,如酒精、重金属盐或福尔马林,法医物证检材只能冷藏、冷冻或自然晾干保存。

1. 血液。可存放在干净的试管内(欧美用纸袋,中国香港用塑料袋)直接低温保存,或用干净纱布转移、晾干、包装后低温保存。

2. 血斑。将纱布用生理盐水湿润后转移、晾干、包装后低温保存。条件许可时,可直接提取有血斑的载体。

3. 精斑方法同血斑,精液方法同血液。

4. 口腔擦拭物。用干净水杯漱口,再用试子刮擦口腔颊黏膜,放入试管内,低温保存。

5. 毛发。逐个提取,分别包装,常温保存。

6. 烟蒂。逐个提取,分别包装,低温保存。

包装物外面注明检材名称、来源、数量和采集日期等。国外样本包装后在封口上签名,并把装好的样品放入低温冰箱内锁好(若一拆封包装则其随之报废)。

(四)法医物证的送检

取到检材后要尽快送检。检材干燥虽可延缓蛋白质变性、腐败的过程,但酶蛋白还可能氧化失活,类脂质氧化成酯,蛋白质多聚体共价键发生变化,干燥检材存放较久时,蛋白难溶。

如不能及时送检,应于 -20℃保存,或切碎充分干燥后用纸袋保存,或用 70%的乙醇浸泡保存。所有的检材都不宜用甲醛固定保存。不同组织中所含有的蛋白酶不同,自溶和腐败的速率有明显差异,如肝脏、脾脏中核酸酶丰富,蛋白质、DNA 降解快,因此肝脾一般不作为首选取材部位。肌肉、脑、皮肤组织等是提取 DNA 较理想的检材。

送检时,应附委托书,载明委托单位、委托人、案情、检材件数、送检目的及报告寄发单位与地址。如需复验,应将原鉴定书或其复印件一并附上。

送检时,应同时送对照检材。送检可疑血痕(组织碎块),应同时送检受害人及嫌疑人的血液;送检可疑精斑,应同时送检受害人及嫌疑人的血液和唾液;若测精子或精液特有的酶型,则应取嫌疑人的精液进行对照;受害人已婚,应送检其丈夫的血液、唾液和精液;送检毛发,应同时送检受害人和嫌疑人的血液及毛发。送对照检材最易被疏忽，若缺乏足够的对照，将影响鉴定结论，影响案件的分析与判断，减低检材的证据作用。

四、DNA 分析用的生物学检材处置及鉴定要点

（一）DNA 分析用的生物学检材的处置

DNA 主要存在于细胞核中，凡是含有核细胞的体液（斑）和各种组织、器官均可作为检材。因线粒体 DNA 存在于细胞质中，所以毛干、指甲、陈旧腐烂的骨骼也可作为检材。多基因座 DNA 指纹图取血量应多，至少 1 ~ 5ml；作单基因座 DNA 纹印图检材用量，是上述量的 1/10 ~ 1/5；作 PCR（聚合酶链式反应）用量更少，1 滴血即可。抽血后放入含四乙酸酒石酸钠（EDTA）的塑料试管内。EDTA 不仅抗凝而且有抑制 DNA 酶和防腐作用。用枸橼酸钠抗凝剂也可，但不宜用肝素，因肝素不利于 DNA 分离。采血后可置冰箱冷藏过夜，如需保持更长时间，则冷冻保存。冷冻血液红细胞溶解，白细胞保存，可进行 DNA 分析。血痕自然晾干保存亦可。

测精斑的 DNA 指纹，需 1cm 直径大小的斑痕，约需 50μl 的精斑；进行 PCR 扩增，1 ~ 20μl 精液即够。检材保存和转送过程中需冷藏，也可制成干燥斑痕。

分析毛发核 DNA 均需有毛囊，室温保存即可。作 DNA 指纹需数十根带毛囊的毛发；进行 PCR 扩增，一根有毛囊的毛发即可。

皮肤、软组织、内脏器官、骨及牙均可供 DNA 分析用，最好是取实质器官，尤其是脑和脾，因脑与脾可分离较多的 DNA，取 5 ~ 10 g 测 DNA 指纹；取少量组织即可进行 PCR 扩增，组织最好冷冻保存。

绒毛膜和羊水的 DNA 代表胚胎的 DNA；新鲜绒毛取 10mg ~ 1g 测 DNA 指纹；羊水约需 30ml。10ml 绒毛膜可提取 15 ~ 80mg DNA。

唾液和尿液检材用量较多，唾液需 60ml，尿液量更多些。

冷冻是保存 DNA 最好的方法，在 -70℃ 或液氮中，DNA 可以长期保存。如组织已用福尔马林固定，应尽快用生理盐水冲洗后冷藏。

（二）法医 DNA 物证鉴定要点

1. 需要做 DNA 鉴定时，应当委托司法行政机关登记的具有法医物证鉴定资格的司法鉴定机构去做。查验司法鉴定机构有无法医物证鉴定资质，可以在互联网上输入 www. 12348. gov. cn，登录中国法律服务网，点击首页上的“寻鉴定”，再按页面提示输入需要查询的鉴定机构名称，网页会显示鉴定机构和鉴定人的基本情况，供查询人挑选。

2. 需要做 DNA 鉴定的个人都要持本人身份证或者户口本原件亲自前往司法

鉴定机构,工作人员将核对被鉴定人信息,复印有效证件,拍摄全体被鉴定人手持姓名和日期牌的合影,与被鉴定人签订鉴定委托书并收取鉴定费。

3. 鉴定人将提取被鉴定人的血样或者唾液样本,被鉴定人要在样本采集单上捺印指纹。行动不便或者其他原因不能亲自到司法鉴定机构登记和取样的,可以请司法鉴定机构派员上门办理。绝不能通过邮寄、快递,以及被鉴定人自行取血送到鉴定机构等方式传递血样,以免发生差错、变质和遗失,即便是自己采的,自己送的,鉴定机构也一概不予接受。

4. 鉴定完成后,司法鉴定机构会把《鉴定意见书》送达被鉴定人,并严格按照法律要求,保护被鉴定人个人隐私,DNA 样本绝不会用于被鉴定人要求以外的其他任何用途。

第二节 法医物证鉴定的技术方法

法医物证鉴定是一项技术要求高、专业性极强的工作,涉及多门学科,需要综合应用免疫血清学、遗传学、化学、物理以及分子生物学等知识对案件中专门性问题做出判断性结论。法医物证鉴定使用不同技术方法对物证表型或其遗传标记进行检测。当个体的单位遗传性状作为标志用于法医物证分析时,这种遗传性状就被称为遗传标记,主要包括 DNA 遗传标记、血型及蛋白质遗传标记(见图 10－1)。

- 遗传标记
  - 表达产物水平遗传标记
    - 红细胞血型(如 ABO)
    - 白细胞血型(如 HLA)
    - 血小板型
    - 酶型(如 PGM1)
    - 血清型(如 Hp)
    - 其他(如唾液蛋白型)
  - DNA 水平遗传标记
    - DNA 序列多态性(如 mtDNA)
    - DNA 长度多态性(如 STR)

图 10－1 遗传标记类型

针对不同表型或遗传标记,法医物证学常采用不同检测方法。

一、化学方法

研究斑痕类别时,多采用传统的化学方法,如血痕检验的联苯胺、酚酞、血色原结晶及氯化血红素结晶试验等；精斑检验的碘化钾结晶试验；唾液斑检验的淀粉-碘试验等。

二、物理学方法

相对而言，传统物理学方法在法医物证检验中的应用较少，如利用紫外光用于精斑检测的预试验；用分光光度法测血红蛋白及其衍生物用于确证血痕等。近年来，应用物理学的技术越来越多地被用于法医物证检验，如用磁共振法测定血痕的陈旧度；有些酶型测定及DNA分析需在紫外光下读取酶谱及DNA扩增产物片段。

三、形态学方法

形态学方法是法医物证学采用的基本方法之一，有的形态学检验结果可作为证据保存。主要的形态检验方法利用了显微技术及扫描电镜技术，如用显微镜技术区别人类及鸟类红细胞从而区别人血与鸟血；根据血痕中发现的不同形态细胞推断出血痕来源部位，如确定该血痕为鼻血或月经血；根据毛发的形态结构区别人毛与兽毛进而推断其种属；以及根据哈佛氏管的形态及数量，区别人骨与兽骨等。

四、免疫血清学方法

20世纪法医物证鉴定中应用最多的是免疫血清学方法，如用沉淀反应鉴定血痕与精斑等检材的种属来源。利用抗原抗体反应的原理，对红细胞血型（如ABO、MN、P、Rh等）、白细胞血型（HLA）、红细胞酶型、血清蛋白型等进行表型检测，对血斑、精斑等进行确证试验。法医物证鉴定最终目的是测定斑痕及新鲜血液中遗传标记的多态性，进行个人识别与亲权鉴定。如今，DNA分型技术已广泛地应用于法医物证鉴定领域，在实际检案中，除确证试验以外，免疫血清学方法鲜有使用。

以血痕ABO血型的测定为例，其主要的三种检测方法如下。

（一）吸收试验

又称凝集抑制试验。红细胞凝集原与血清中相应的凝集素相结合时，前者能使后者被吸收而减少或者消失，不再与相应的指示红细胞发生凝集反应或仅发生弱凝集反应，据此推测血痕中含有什么血型抗原，进而判断血痕的ABO血型。

试验时，将检材一分为二，分别浸泡在抗A、抗B标准血清中，抗血清效价一般为1:16~1:32，让检材与血清充分结合后，将浸泡液稀释，再分别加入A型、B型红细胞悬液去探测稀释液中有无抗A、抗B凝集素存在，是否已被检材凝集原吸收而消失。检材被抗A凝集素血清浸泡稀释后，再加入A型红细胞悬液，如果红细胞发生凝集反应,说明抗A凝集素没有被检材吸收,检材中无A凝集原,因而检材不是A型血;如果红细胞不发生凝集,说明抗A凝集素已被检材吸收,检材中有A凝集原,因而检材可判定为A型血迹。以此类推,吸收试验结果可靠,但所需时间较长,检材需要量较大,不宜用作微量血迹的检验。

(二)热解离试验

又称吸附洗脱试验。试验时,让血迹中凝集原分别与抗A、抗B血清中的凝集素结合后,清除未被吸收的凝集素,加热至55℃~56℃,被吸收的凝集素又可解离出来。再加入A、B型红细胞悬液,观察有无凝集反应。如果加入A型红细胞悬液而发生凝集反应,说明检材中含有A凝集原,血型为A型。加入B型红细胞悬液而发生凝集者,说明检材中含B凝集原,血型为B型。均凝集者,说明检材中含A、B两种凝集原血型为AB型。均不凝集者,证明检材中不含A、B凝集原,血型为O型。该试验灵敏、迅速,所需检材量少,但技术条件要求高,操作规程严格。

(三)混合凝集试验

本试验采用双重结合的办法,让检材中凝集原与血清中抗A、抗B凝集素充分结合后,清除游离血清,再加入相应的A型、B型红细胞悬液,则悬液中的红细胞与已结合的抗A、抗B血清重新结合,出现红细胞凝集或吸附反应。如果加入的是抗A血清和A型红细胞悬液,出现这一反应,说明检材为A型血迹。如果加入的是抗B血清和B型红细胞悬液,出现这一反应,说明检材为B型血迹。如果无论加入抗A血清和A型红细胞悬液,还是加入抗B血清和B型红细胞悬液,都出现这一反应,说明检材为AB型血迹;都不出现反应,说明检材为O型血迹。

传统的血清学方法能检测红细胞血型、白细胞血型、血清型和红细胞酶型等特征,被检测的遗传标志物为蛋白质(包括糖蛋白)或多肽,容易因失活而导致检材得不到理想的检验结果。此外,这些遗传标志物均为基因编码的产物,多态信息含量有限,不能充分反映基因多态性,且这些遗传标志存在生理性、病理性变异(如A型、O型血的人受大肠杆菌感染后,B抗原可能呈阳性)影响,其应用价值有限。

五、遗传学方法

亲权鉴定利用群体遗传学数据计算基因型和表型的似然率,应用遗传学原理对个体之间的亲缘关系进行分析。例如,经过累积非父排除率大于0.9999的遗传学标记的检验,被检父母与孩子的基因型符合孟德尔遗传定律,可通过似然率(亲权指数)的计算判定亲子关系是否存在。

人类的遗传标记中,单基因遗传基本上按照孟德尔定律进行。孟德尔定律由孟德尔提出，是基因的分离定律和自由组合定律的统称，是法医物证学重要的理论基础。

（一）分离定律（law of segregation）

在生物的体细胞中，控制同一性状的遗传因子成对存在，相互独立，在生殖细胞通过减数分裂形成配子时，成对的遗传因子（等位基因）彼此分离，分别进入不同的配子中，随配子遗传给后代，实现不同遗传性状的独立传递。因此，每个子代中只含有亲代一对遗传因子中的一个。

（二）自由组合定律（law of independent assortment）

在亲本产生配子过程中，在等位基因分离的同时，非等位基因表现为自由组合，即一对染色体上的等位基因与另一对染色体上的等位基因的分离或组合是彼此间互不干扰，随机配对，机会均等的，会各自独立地分配到配子中去。因此自由组合定律也被称为独立分配律，该定律揭示了两个及两个以上基因座上的遗传规律。

（三）连锁互换定律（law of linkage and crossing - over）

摩尔根提出的连锁互换定律对法医物证也具有重大影响，其实质在于在减数分裂形成配子过程中，同一条染色体上的不同基因，经常会连在一起进入配子（连锁），即位于同一染色体上的基因之间不能自由组合；在减数分裂形成四分体时，同源染色体上的等位基因有时会随着非姐妹染色单体的交换而发生交换（交换），即产生基因的重组。基因连锁可引起遗传标记的连锁不平衡（linkage disequilibrium，LD）。在法医学个体识别和亲权鉴定中常测定一组遗传标记，采用统计学中的乘积定律（profuct rule）将各个单独的遗传标记组合成表型组合，其前提需要对各遗传标记之间进行独立性分析。

（四）其他遗传规律

在生物体内还有一些基因并不按照孟德尔规律，而是依据其他特有的规律遗传，称为非孟德尔遗传，其中与法医物证密切相关的是母系遗传和父系遗传。母系遗传规律的典型例子是线粒体 DNA，主要通过卵细胞将其中的遗传信息传给下一代。父系遗传是指父系 Y 染色体可以通过男性后代一代代相传。研究群体中的 Y 染色体上与 X 染色体非重组部分 DNA 的多态性，不仅可以追溯人类父系的进化史，在法医学个人识别中，特别是性犯罪案件中的个人识别中具有非常重要的意义。

六、分子生物学方法

DNA 指纹技术及 DNA 测序技术等分子生物学方法均已应用于法医物证学，用以检测 DNA 多态性。早期,法医物证 DNA 分析应用限制性片段长度多态性(restriction fragment length polymorphism,RFLP)技术检测小卫星 VNTR 遗传标记,构建 DNA 指纹图。尽管 RFLP 检测技术个体识别力高,但其操作烦琐,不易标准化,所以在20 世纪 90 年代开始逐步被 PCR 技术所取代。采用 PCR 技术扩增 VNTR 和 STR 基因座进行 DNA 片段长度多态性分析的方法称为扩增片段长度多态性(Amp-FLP)分析。该方法在20 世纪 90 年代初经历了短暂的小卫星 VNTR 基因座分析以后,很快于 20 世纪 90 年代中期过渡到对微卫星 STR 基因座多态性的分析,即 STR 分型技术。该技术使法医 DNA 分析实现了高效、灵敏、快速、自动化和标准化的目的,与小卫星 VNTR 基因座相比,STR 基因座核心重复单位更小,更适合微量、降解生物学检材的检验。STR 是目前法医物证鉴定中常规使用的长度多态性遗传标记。利用复合扩增技术可以在同一个 PCR 反应体系中同时检测近 30 个 STR 基因座。STR 分型技术分为银染检测和荧光标记检测,后者因其具有多色分析、简便、快速、易于标准化和自动化的特点在法医 DNA 分型中被广泛应用。自动化 STR 分型技术更是具有自动化程度高、快速、灵敏、准确、稳定、重复性好等特点,其严格自动化的操作程序、完善的质量控制措施和标准化的分型结果也为大规模建立法医 DNA 数据库奠定了坚实的基础。

常用的荧光标记 STR 自动分型检测技术以 DNA 多态性为基础,主要包括:DNA 提取与定量,多色荧光标记 STR 复合扩增,毛细管凝胶电泳分离检测和数据采集与图谱分析。

(一)DNA 多态性

DNA 是脱氧核糖核酸(DeoxyriboNucleic Acid)的缩写,由脱氧核糖、磷酸和碱基构成,碱基有 A(腺嘌呤)、T(胸腺嘧啶)、G(鸟嘌呤)、C(胞嘧啶)四种类型。DNA 具有一级结构、二级结构和三级结构。一级结构是指核苷酸的排列顺序,二级结构是指两条 DNA 单链形成的双螺旋结构(两条 DNA 单链依靠碱基之间的氢键相结合,其中 A 与 T、C 与 G 分别互补配对),三级结构是指 DNA 双螺旋进一步扭曲、盘旋形成的超螺旋结构。对于一个细胞而言,其包含的全部 DNA 遗传信息被称为基因组。人类细胞分为体细胞和性细胞两类。体细胞是二倍体,含 22 对常染色体,和 1 对性染色体(男性为 XY,女性为 XX),通过有丝分裂产生下一代细胞。性细胞又称单倍体细胞,含有 23 个染色体,通过减数分裂形成下一代细胞。人类基因组 DNA 包含:①核 DNA,由 23 对(或个)染色体上的所有遗传物质组成(图 10-2);②线粒体 DNA,存在于线粒体中的 DNA,简称 mtDNA(见图 10-3)。

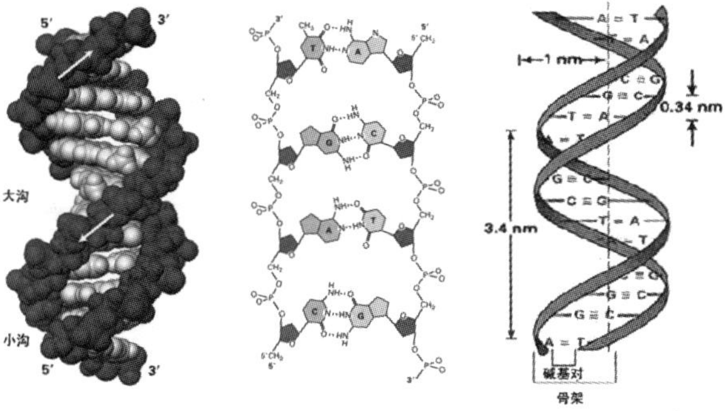

图 10－2　DNA 双螺旋结构

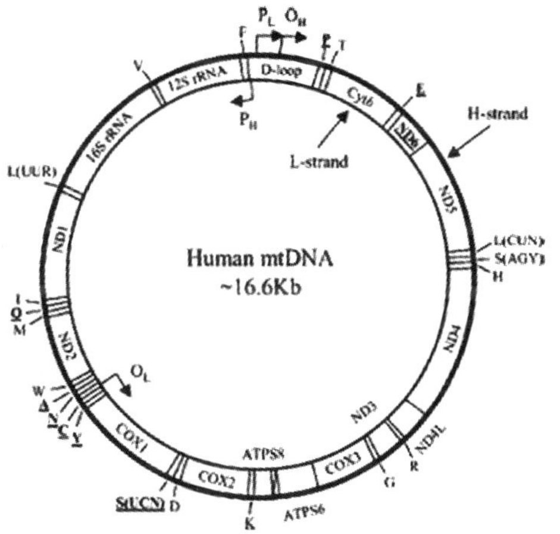

图 10－3　线粒体 DNA(mtDNA)结构示意图

DNA 多态性来自基因变异,当基因变异能够由亲代遗传给子代,并以等位基因形式在群体中得以保留,则形成了 DNA 多态性。对于群体的基因变异,通常用多态性遗传标记之间的比例来度量,所谓多态性遗传标记是指基因分布中绝大多数等位基因的频率在区间(0.01,0.99)之内。DNA 多态性表现为两种:长度多态性和序列多态性。

1. 长度多态性

同一基因座各等位基因之间因 DNA 片段长度差异构成的多态性。DNA 长度多态性序列主要指可变数目串联重复序列。基因组 DNA 的非编码区广泛分布着这类 DNA。不同个体间由于核心序列的串联重复数目不同,因此表现出 DNA 片段长度的多态性,这种多态性可以通过 PCR 扩增和电泳分离检测,故称为扩增片段串联重复长度多态性。扩增片段串联重复长度多态性序列可分为两类:小卫星 DNA 和微卫星 DNA。小卫星 DNA 的重复单位长度为 9 ~ 24bp,又称 VNTR 或 LTR;微卫星 DNA 的重复单位仅为 2 ~ 6bp,又称 STR 基因座。需要说明的是,除了可变数目串联重复序列以外,由于一个或多个碱基的插入或缺失引起的序列变化亦可表现为等位基因的片段长度多态性,此类基因座多态性称为插入/缺失多态性(InDel)。

为了建立全国的 STR 数据查询系统,便于对罪犯 DNA 数据的异地查询和犯罪嫌疑人的搜索以及案件的串、并案,1990 年,美国联邦调查局(FBI)开始实施联合 DNA 检索系统(combined DNA index system, CODIS)计划,并挑选了 13 个常染色体 STR 基因座,分别为:CSF1PO、D3S1358、D5S818、D7S820、D8S1179、D13S317、D16S539、D18S51、D21S11、FGA、TH01、TPOX 和 vWA,作为核心基因座(core loci)。为了进一步提高鉴别能力,2011 年,CODIS 核心基因座工作组(CODIS Core Loci Working Group)在原有核心基因座的基础上,新增了 6 个常染色体 STR 基因座和 1 个 Y 染色体 STR 基因座,分别为:D2S1338、D19S433、D1S1656、D12S391、D2S441、D10S1248 和 DYS391,并剔除了 TPOX,形成了新的 19 个 CODIS 核心基因座。此外,还在新 CODIS 系统之外推荐了 3 个优先选择的常染色体 STR 基因座,分别为:TPOX、D22S1045 和 SE33。

早期开发的许多商品化 STR 分型试剂盒多以 CODIS 核心基因座为基础构建。近年开发的试剂盒均以新 CODIS 核心基因座为基础构建,并且陆续有针对我国人群遗传多态性开发的试剂盒出现。

2. 序列多态性

一个基因座上因不同个体 DNA 序列有一个或多个碱基的差异而构成的多态性,可理解为相同 DNA 长度下,序列间存在差异。单碱基突变是导致序列多态性的主要原因,当特定核苷酸位置上出现两种或两种以上碱基时,其中最少的一种在群体中的频率不低于 1% 时,就形成了单核苷酸多态性(SNP)。SNP 可以存在于编码区和非编码区。当序列多态性涉及限制性内切酶识别位点时,不同个体基因组 DNA 经酶切会产生不同的限制性片段,这种限制性片段在群体中的多态性分布现象,被称为限制性片段长度多态性。

(二)DNA 提取与定量

DNA 抽提是进行 DNA 分型分析的前提。DNA 提取包含有机溶剂(酚 - 氯仿)提取、Chelex - 100 提取、固相提取、差异提取法以及 FTA 卡直扩等方法。DNA 提取的关键是将 DNA 与蛋白质等其他细胞成分可能降低或抑制检测反应的抑制物分离开。法医物证检材往往受到复杂的环境因素影响，常出现降解、污染等情况，因此 DNA 提取方法应根据现场提取检材种类、来源、保存条件和检测实验要求有针对性地选择。

Chelex－100 提取和 FTA 卡直扩法提取快捷方便，是法医物证中常用的两种方法。固相提取法适用于血液（斑）、体液（斑）和组织及毛发的 DNA 提取，可适合自动化平台操作。差异提取法适用于含有男性精子细胞和女性上皮细胞混合物的分离和 DNA 提取。

1. Chelex－100 提取法

Chelex－100 是一种离子交换树脂，由苯乙烯和二乙烯苯共聚组成，含有成对的亚氨基乙酰乙酸，可螯合多价金属离子。金属离子去除后，核酸酶会失活，从而保护 DNA 分子不被降解。多数情况下，将 5% Chelex－100 悬液直接加于生物样本（如全血、血痕或精液）并煮沸数分钟，可以使细胞破裂，蛋白质变性，通过快速离心可使细胞碎片和 Chelex－100 颗粒及其结合物质沉降到离心管底部，DNA 则保留在上清中，可直接用于 PCR 反应。在加入 Chelex－100 颗粒前，一般需对样本进行清洗，以去除可能的污染以及亚铁血红素和其他蛋白质等抑制物。Chelex－100 提取 DNA 时不宜加入过多的全血或者血痕斑，否则会抑制 PCR，一般建议加入 3μl 全血或大约 3mm×3mm 的血痕斑。

2. FTA 法

FTA 卡是一种吸附力强的纤维素纸，其含有特殊化学物质可保护 DNA 免于核酸酶的降解并且防止细菌生长。FTA 卡上的 DNA 可以在室温下稳定保存若干年。FTA 卡的使用非常简单，仅需将血滴在 FTA 卡上晾干即可。带有血痕的 FTA 试纸片，可用能去除亚铁血红素和其他 PCR 反应抑制物的 FTA 纯化试剂清洗后直接进行 PCR 反应，也可用 Chelex－100 等 DNA 提取方法对 FTA 卡上样本进行纯化。随着直扩试剂盒的出现，未经清洗或纯化的 FTA 卡可直接用于 PCR 反应。除血液外，FTA 卡还可用于唾液或口腔细胞的存贮。FTA 卡的优点还体现在无须定量即可获得较为一致的结果，且整个过程可在工作站上自动化实现。

3. 固相提取法

固相提取法是一种吸附层析方法，利用固体吸附剂对 DNA、蛋白质和其他物质成分吸附力不同而使其得到分离。在高盐低 pH 值条件下，固相基质（如硅珠颗粒和磁珠颗粒等）可以选择性地吸附 DNA 分子，而蛋白质等成分会随着流动相被冲掉。最后利用水或低盐缓冲液（如 TE 缓冲液等）将 DNA 从固相吸附剂上洗脱下来。

4. 差异提取法

差异提取法由有机溶剂法衍生而来,主要用于性犯罪案件中男性精子细胞和女性上皮细胞混合物的分离和 DNA 提取,最早由 Peter Gill 等人于 1985 年提出。其原理是利用精子细胞在无二硫苏糖醇(DTT)存在时不易被消化。差异提取法要先在样本中加入 SDS 和蛋白酶 K 并孵育,使女性上皮细胞被裂解,离心后转移上清,即可得到女性 DNA 成分,而男性精子成分仍保留在沉淀当中,再利用 SDS、蛋白酶 K 和 DTT 将精子细胞彻底裂解,得到男性 DNA 成分。

从检材中提取的 DNA 需要进行定量,过高或过低的模板量均不利于 STR 分型。DNA 定量可选择紫外分光光度法、核酸染料或荧光探针测定法和荧光实时定量 PCR 法进行。

(三)PCR 扩增技术

PCR 是聚合酶链式反应(polymerase chain reaction)的简称,是一种特异性扩增 DNA 片段的分子生物学技术,其最大的特点是能将微量的 DNA 大幅增加。其概念由美国科学家 Kary Mullis 在 1983 年首先提出,并于 1985 年通过其发明的简易 DNA 扩增法予以实现。这项技术极大地推动了生命科学的研究进展,并于 1993 年获得了诺贝尔化学奖。PCR 技术操作简单、灵敏度高和特异性强的特点使其为法医 DNA 分析技术带来了深刻的变革,并且被广泛应用于法医物证鉴定中。

PCR 技术的基本原理是在体外模拟体内 DNA 复制的过程,利用 DNA 在高温(94℃ ~98℃)时会变性成为单链(模板 DNA 变性,即“变性”),低温(50℃ ~60℃)时引物会按碱基互补配对的原则与单链 DNA 结合(模板 DNA 与引物的退火,即“退火”),再在 DNA 聚合酶最适反应温度(68℃ ~72℃)由 DNA 聚合酶沿着磷酸到五碳糖(5′-3′)的方向合成模板 DNA 单链的互补链(引物的延伸,即“延伸”),由此将目标 DNA 分子复制成两份相同的内容。随着该过程的重复,目标 DNA 片段即可得到几何级数的扩增(见图 10-4)。

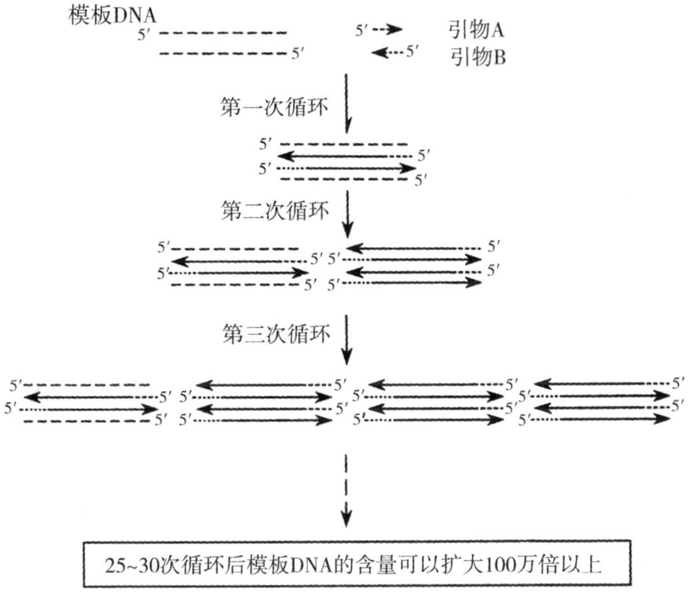

图 10－4　PCR 技术的基本原理

(四)DNA 测序技术

DNA 测序技术是对 DNA 分子一级结构进行分析，经典的 DNA 测序技术有化学降解法和双脱氧链终止法(Sanger 酶法)。

1. 化学降解法

化学降解法的原理是将一个 DNA 片段的 5′端磷酸基作放射性标记，再分别采用不同的化学方法修饰和化学反应使 DNA 分子在特定碱基处被裂解，从而产生一系列长度不同的 DNA 片段(5′端被放射性标记)，这些以特定碱基结尾的 DNA 片段通过凝胶电泳将得以分离，再经放射自显影，根据各片段长度和其发生的特定化学反应，推断出目标 DNA 的碱基序列。

2. 双脱氧链终止法

双脱氧链终止法又称 Sanger 酶法，也被称为第一代 DNA 测序技术，其原理是 DNA 体外合成过程中只要有双脱氧核甘酸掺入合成链 3′端，则该链的延长即被迫终止，链 3′端掺入单脱氧核甘酸则片段可继续延伸。由此，反应体系中便合成了一系列以共同引物为 5′端，以不同双脱氧核甘酸为 3′端的长度不等的核酸片段。反应终止后，通过电泳对不同长度的核酸片段进行分离，则可根据片段 3′端双脱氧核甘酸的碱基，依次读出目标 DNA 片段的碱基排列顺序。

随着 PCR 循环测序技术的建立和自动测序技术的发展，双脱氧链终止法得到了逐步的完善,已经成为最经典的测序方法之一。法医 DNA 测序技术最常用于人类线粒体 DNA(mtDNA)的序列多态性分析,以及 STR 基因座分型结果的验证和 SNP 的分型。

3. 其他 DNA 多态性分析技术

DNA 测序是序列多态性分析的金标准,但是由于设备、技术和检测通量等因素的限制,DNA 测序在某些鉴定实践中未必是最佳选择,而一些非测序原理的序列多态性分析技术则可能成为备选方案。这些方法包括:等位基因特异性探针杂交技术、DHPLC 技术、基因芯片检测技术、微测序技术(单碱基延伸技术,SNuPE 或 SBE)、焦磷酸测序技术和基质辅助激光解吸电离—飞行时间质谱仪(MALDI - TOF)等,这些技术可以用于 HLA 基因分型、ABO 基因分型、mtDNA 多态性分析、SNP 或 InDel 基因分型等。

(1)等位基因特异性探针杂交技术

等位基因特异性探针杂交技术是 PCR 技术结合等位基因特异性寡核苷酸(allele - specific oligonucleotide,ASO)探针杂交技术的一种基因分型方法。ASO 的原理是根据等位基因序列,设计与不同等位基因序列互补的探针,分别与待检样本的 DNA 分子进行杂交,根据不同探针杂交信号的强弱对其基因型进行判断。

(2)变性高效液相色谱分析(denaturing high performance liquid chromatography,DHPLC)法

根据杂合与纯合二倍体在部分变性的条件下,其柱中保留时间的不同,据此来判断待检样本是否有异源双链 DNA 或同源双链 DNA,进而对其基因型进行判断。

(3)基因芯片技术

通过将待检 DNA 与一组已知序列的核酸探针杂来确定其核酸序列。这些序列已知的核苷酸探针被固定在一块基片表面,当待检 DNA 与基因芯片上某个位置的核酸探针完全互补匹配时,产生最强的荧光信号,根据该位置的探针序列可推出与其互补的待检 DNA 序列。

(4)微测序技术

这一技术也称单碱基延伸技术(single nucleotide primer extension,SNuPE),以美国应用生物公司开发的 SNaPshot 技术为代表,是一种基于荧光标记单碱基延伸原理的分型技术,主要针对中等通量的 SNP 分型。其原理是使用测序的 DNA 聚合酶、四种荧光标记 ddNTP 和 5, - 端紧靠 SNP 位点的延伸引物进行 DNA 聚合反应,引物延伸一个碱基即终止,经测序仪检测后,根据引物单碱基延伸后产物峰的电泳位置和颜色确定该样本不同 SNP 的基因型。

(5)焦磷酸测序技术(Pyrosequencing)

焦磷酸测序法是一种酶联级联测序技术,适于对已知的短序列的测序分析,其可重复性和精确性能与 Sanger 测序法相媲美,但速度却大大地提高。焦磷酸测序技术产品具备同时对大量样品进行测序分析的能力,是一种大通量、低成本的 SNP 检验平台。其原理是,引物与模板 DNA 退火后,在 DNA 聚合酶、ATP 硫酸化酶、荧光素酶和三磷腺苷双磷酸酶的协同作用下,将引物上每一个 dNTP 的聚合与一次荧光信号的释放偶联起来,通过检测荧光的释放和强度,达到实时测定 DNA 序列的目的。

(6)基质辅助激光解析电离飞行时间质谱(MALDI - TOF - MS)法

MALDI - TOF - MS 是一种软电离生物质谱,具有简单和高效的特点,其基本原理是根据电离的样品在电场作用下飞过真空管到达检测器的飞行时间不同,从而测得其分子量,其精度可区分和鉴别仅存在 1 个碱基差别的 DNA 分子,适用于 SNPJnDel 和甲基化等遗传标记的检测。

4. 新一代测序技术

以高通量测序技术(NGS)为代表的新一代测序技术是在传统测序技术上的一次质的飞跃。经过不断改良,NGS 技术已具备极高的通量、较低的成本和相当的准确性,并且已经开始尝试应用于法医物证鉴定中。NGS 技术可以在一次测序反应中同时完成大量遗传标记的检测,有望用于高通量 STR 测序和 SNP 分型、线粒体 DNA 全序列分析、混合斑检验、DNA 甲基化检测、转录组和宏基因组的分析等,使其具有广泛应用于法医学实践的前景。

随着人类基因组研究的不断深入和分子生物学技术的不断进步,除了 STR 之外,单核苷酸多态性(SNP)、DNA 拷贝数变异(CNV)、DNA 甲基化修饰和非编码 RNA 等新型遗传标记得到了学者的广泛关注和深入研究,使得法医物证学及其鉴定实践正在经历着前所未有的发展。

七、电子计算机技术

借助电子计算机和分子生物学技术的发展,法医 DNA 分型技术与计算机技术相结合促进了 STR 基因座数据库的发展。STR 基因座数据库将罪犯、犯罪嫌疑人、现场物证检材、失踪人员的 DNA 分型结果以及每一条分型记录所关联的特定案件信息和人员信息储存于计算机中,实现远程检索比对,这种数据共享信息系统称为法医 DNA 数据库。利用法医 DNA 数据库,可快速找到侦查线索和侦查范围,实现串、并案侦查,识别累犯、惯犯。当新案件发生时,先对涉案的法医物证检材进行

DNA 分型,再将分型数据在数据库内检索,如果 DNA 分型结果与库内某一个体的 DNA 分型结果一致,可以认定案犯;如果新发案件检材的 DNA 分型结果与库内某一案件或某几个案件的涉案检材 DNA 分型结果一致,则表明这些案件的作案者极有可能是同一人。将失踪儿童的 DNA 分型数据在失踪儿童父母 DNA 数据库中搜索比对,可以寻找并认定他们的父母;将无名尸的 DNA 分型结果与库中数据进行比对,可以进行尸源认定。

英国是世界上最早建立犯罪数据库的国家。1995 年 4 月英国便以 SMG Plus 试剂盒中的 STR 基因座作为核心基因座开始建立国家犯罪 DNA 数据库(National DNA Database,NDNAD),到 2017 年 6 月底,库容量已达到 600 多万人份。1997 年 11 月开始,美国联邦调查局开始筹建美国国家犯罪 DNA 数据库(Combined DNA Index System,CODIS),截至 2021 年 4 月 CODIS 数据库已收录 2000 万人份以上 DNA 分型。我国于 1999 年开始建立了 2500 人份的罪犯 DNA 数据模式库,随后进展迅速,如今法医 DNA 常染色体 STR 数据库已接近 6000 万人份的规模,Y 染色体 STR 数据库已经超过 700 万人份的规模。

第三节　DNA 分型技术在法医物证个体识别中的应用

法医物证鉴定通过对遗传标记的分析,为案件提供侦查线索,为审判提供科学证据。法医物证的鉴定结果是遗传标记的表型,鉴定意见是通过数据分析作出的科学判断。人们常说的法医 DNA 检验实现了从只能否定到可以肯定的飞跃,这里的“高概率”与群体中具有某一特定表型的个体数目有关,这种表型越稀有则“肯定”的概率越高。在个体识别中,“肯定”与“否定”涉及法医个体识别的科学证据意义评估,至少需要考虑遗传标记的系统效能和遗传标记对于具体个案的鉴定能力两方面因素。

一、遗传标记个体识别的系统效能

个体识别能力(discrimination power,DP)是遗传标记区分群体中随机抽样的两名个体的能力,通常用于评估遗传标记个体识别的系统效能。

个体识别能力是在调查群体中随机抽取两名个体,评估二者的遗传标记表型不相同的概率。采用遗传标记进行个体识别时,首先需要评估遗传标记鉴别无关个体的能力,对单个遗传标记而言,多态性程度越高,其识别无关个体的能力就越强,即个体识别能力越高。

常染色体遗传标记的个体识别能力计算公式:

$$DP = 1 - Pm = 1 - \sum_{i=1}^{m} f_i^2$$

式中:m 为某一遗传标记的表型数目,f_i 为第 i 个表型的频率,指调查群体中随机抽取两个无关个体在某一个基因座上二者表型纯粹由于机会而一致的概率。

上述公式是对于一个遗传标记而言的。个体识别不止使用一个遗传标记,一组相互独立的遗传标记联合使用,识别群体中不同个体的能力,即累积个体识别能力(total discrimination power, TDP)。

$$\begin{aligned} TDP &= 1 - (1 - DP_1) \times (1 - DP_2) \times (1 - DP_3) \times \cdots \times (1 - DP_k) \\ &= 1 - Pm_1 \times Pm_2 \times Pm_3 \times Pm_4 \times Pm_5 \times \cdots \times Pm_k = 1 - \prod_{j=1}^{k} Pm_j \end{aligned}$$

式中:k 为遗传标记的数目,为检测系统中第 j 个遗传标记的 Pm 值,为检测系统中 k 个遗传标记的总 Pm 值。

二、遗传标记对于案件的鉴定能力

(一)匹配概率(PM)

匹配概率是指随机个体的表型碰巧与检材表型匹配的概率,用于对个案的分析。

(二)似然率(likelihood ratio,LR)

似然率是两个概率的比值,在个体识别中,指现场斑迹是嫌疑人所留(控方假设)的概率与现场斑迹是其他人所留(辩方假设)的概率之比,用于评估个案中遗传分析提供的证据强度。值得说明的是,似然率提供了一种基于术语"支持"的简单约定,以便根据一定数据来支持一种假设,排斥另一种假设。如果似然率在数值上大于 1,证据支持控方假设,反之则支持辩方假设。法医物证鉴定中,LR 大于全球人口总数可以认为遗传分析提供的证据是充分的。应该强调的是,法医 DNA 实验室的质量保证和质量控制体系是 DNA 证据统计学解释的前提。无质量保证的 DNA 分型结果或仅有少数遗传标记的检测体系所能提供的证据强度是有限的,只有在有效的质量体系下联合使用多个高多态性遗传标记才能为侦查和审判提供高证据强度的科学依据。

个体识别鉴定意见的表述形式。当现场检材(如可疑斑迹)与比对样本(如嫌疑人血样)的基因型不一致时,给出排除的鉴定意见,可表述为:"××检材与××检材的 STR 分型不同,二者不是来源于同一个体"。当两份(或多份检测基因座的基因频率)检材的基因型完全一致时,具有来源于同一个体的可能,根据所计算其似然率(LR),并根据计算的结果给出鉴定意见,可表述为:"××检材与××检材的 STR 分型相同,似然率为××。"

第四节 DNA 分型技术在亲权鉴定中的应用

一、亲权鉴定的概念和原理

亲权鉴定(parentage testing)是指应用医学、生物学和遗传分子生物学等理论知识和技术,通过检测分析人类遗传学标记,判断父母与子女之间是否存在亲生血缘关系。随着 DNA 分型技术的应用,鉴定的对象已经不再局限于父母和子女两代的个体,而是扩展到同胞、叔侄和祖孙等更大范围的血缘关系鉴定。因此,概念也从"亲子鉴定"扩宽为了"亲权鉴定"。

亲权鉴定的基本原理是,如果观察到不符合遗传规律的现象很多,则可以排除亲权关系,如果符合亲权遗传规律,则不能排除亲权关系,此时通过统计学分析来判定亲权关系的强度有多大。亲权鉴定应在保证遗传标记系统效能的前提下,对遗传标记证据的强度进行评估,非父(母)排除概率(PE)和亲权指数(PI)分别是亲权鉴定中表证二者的统计参数。

亲权鉴定的依据是对人类遗传标记遗传规律的分析。遗传标记包括常染色体遗传标记、性染色体遗传标记(包括 X 染色体和 Y 染色体)和线粒体遗传标记(如 D 环高变区序列多态性),它们遵循的遗传规律各不相同。

1. 孟德尔遗传定律:包括孟德尔分离律和孟德尔组合律,即细胞核中的基因以成对的等位基因形式出现,并通过减数分裂彼此分离,独立传递,而不同基因座上的非等位基因在传递中,自由组合,随机配对,机会均等,形成子代基因型。孩子的一对等位基因,一个来源于母亲,另一个来源于父亲;源自双亲的等位基因相同的情况下,孩子为纯合子;双亲中的一方或者双方为某个等位基因的纯合子时,孩子应带有这个等位基因。

2. 母系遗传:线粒体 DNA 为核外基因组 DNA,通过卵细胞传递,使子代的线粒体 DNA 与母亲一致。源自同一母系的子代个体和女性后裔具有相同的单倍型,则线粒体 DNA 可用于同一母系鉴定。

3. 伴性遗传:Y 染色体非重组部分的遗传信息由父亲直接遗传给儿子,使子代男性 Y 染色体非重组部分的 DNA 保存有前辈父系的遗传信息,呈父系单倍型遗传,源自同一父系的男性后裔具有相同的单倍型。Y 染色体遗传标记可用于同一父系鉴定。

[案例]Y－STR 检验为甘肃省白银市连环杀人案提供侦查线索

1988 年 5 月至 2002 年 2 月的 14 年,在甘肃省白银及内蒙古包头两地先后发生 11 起强奸残害女性的杀人案(甘蒙“8·5”系列强奸杀人残害女性案),其中年龄最小的被害人仅有 8 岁。此案作案手段残忍,对社会影响恶劣,但久侦未破,从 2001 年 8 月开始,白银案一直是公安部挂牌督办的大案。2004 年,白银市警方向外公布详细案情,并悬赏 20 万元人民币,以期能够取得更多线索。通过在当地的数轮排查,累计收集指纹和 DNA 信息 10 余万人,但案件还是未能取得实质性突破。直至 2016 年,高某因行贿被监视居住,其 Y－STR 数据上传至违法犯罪人员 Y－DNA 数据库后,与“8·5”大案嫌犯的 Y－STR 相符合。这一结果表明,“8·5”大案嫌犯与高某可能是来自同一家族的男性成员。据此线索,警方询查了该家族所有的男性成员,经筛排分析,确认其侄儿高某勇具备“8·5”案件作案条件。通过对高某勇指纹和 DNA 与案发现场指纹和 DNA 检验比对,确认来自同一个体。经审讯,案犯对犯罪事实供认不讳。

4. X 染色体遗传规律:X 染色体的遗传标记具有性连锁特征,即男性唯一一条 X 染色体来自母亲,并以单倍型形式遗传给女儿;女性的两条 X 染色体,一条来自母亲,另一条来自父亲,在同源重组后随机遗传给子女。这种既不同于常染色体也不同于 Y 染色体或线粒体的性连锁特征,在一些特殊案件和复杂亲缘关系鉴定中具有重要意义。

二、似然率的计算

在亲权鉴定中,似然率即亲权指数,指被检验人之间具有亲权关系的可能性与他们没有亲权关系的可能性之比。

(一)三联体和二联体常染色体 STR 检测系统 PI 值计算

1. 三联体常染色体 STR 基因座 PI 计算公式见表 10－1 和表 10－2。

表 10－1　三联体常染色体 STR 基因座亲权指数计算公式(符合遗传规律)

孩子生母	孩子	生父基因	被检父	PI 值
PP	PP	P	PP	1/p
PP	PQ	Q	QQ	1/q

续表

孩子生母	孩子	生父基因	被检父	PI 值
PP	PP	P	PQ	1/(2p)
PP	PQ	Q	QR	1/(2q)
PP	PQ	Q	PQ	1/(2q)
PQ	QQ	Q	QQ	1/q
PQ	QR	R	RR	1/r
PQ	QR	R	RS	1/(2r)
PQ	PR	R	PR	1/(2r)
PQ	QQ	Q	QR	1/(2q)
PQ	PQ	P 或 Q	PP	1/(p+q)
PQ	PQ	P 或 Q	QQ	1/(p+q)
PQ	PQ	P 或 Q	PQ	1/(p+q)
PQ	PQ	P 或 Q	PR	1/[2(p+q)]

注:p、q、r 分别表示等位基因 P、Q、R 的分布频率。

表 10-2　三联体常染色体 STR 基因座亲权指数计算公式(不符合遗传规律)

基因座	孩子生母	孩子	被检男	PI 值
D13S317	7	7~8	9~11	μ/(4p8)
D13S317	7	7~8	10~11	μ/(40p8)
D13S317	7	7~8	11~12	μ/(400p8)
D13S317	7	7~8	9	μ/(2p8)
D13S317	7~8	8	9	μ/(2p8)
D13S317	7~8	8	7~9	2μ/(4p8)
D13S317	7~8	8	9~11	μ/(4p8)
D13S317	7~9	7~9	10~11	μ/[4(p7+p9)]
D13S317	7~9	7~9	10	μ/[2(p7+p9)]
D13S317	7~9	7~9	8~10	3μ/[4(p7+p9)]

注:(1)以 D13S317 为例,平均突变率为 0.002。

(2)p7、p8、p9 为相应等位基因 7、8、9 的频率。

(3)如果母亲的表型为 QQ,孩子的表型为 PQ,被检测男子表型为 P′R,其中 P′比 P 小或大 1 个或 2 个重复单位(s=1 或 2)。μ 为该基因座平均突变率。p 为等位基因 P 的频率。

如果突变为 1 步(s=1),则:PI = X/Y = μ/(4p)

如果突变为 2 步(s=2),则:PI = X/Y = μ/(40p)

余此类推。

(4)偶尔会遇到不能区分 STR 不符合遗传规律的现象是源自母亲或是源自被检测男子。此时亲权指数的计算应考虑男女突变率不相同。例如:D13S317 基因座,母亲为 7-8,孩子为 7-9,被检测男子为 7-8。父权指数计算方法为:

$$PI=\frac{(mut_{f\,8\to 9})+(mut_{f\,8\to 9})}{p_9}=\frac{\mu_f+\mu_m}{4p_9}$$

式中,$mut_f8\to9$ 为被检测男子的等位基因 8 突变为 9 的概率;$mut_m8\to9$ 为母亲的等位基因 8 突变为 9 的概率。μ_f为男性突变率,μ_m为女性突变率。通常,男性突变率高于女性突变率,例如:男性突变率可取值 0.002,而女性突变率可取值 0.001 ~ 0.0005。

2. 二联体常染色体 STR 基因座 PI 计算公式见表 10-3 和表 10-4。

表 10-3 二联体常染色体 STR 基因座亲权指数计算公式(符合遗传规律)

孩子基因型	被检父基因型	PI 值
PP	PP	1/p
PP	PQ	1/(2p)
PQ	PP	1/(2p)
PQ	PQ	(p+q)/(4pq)
PQ	PR	1/(4p)

注:p、q、r 分别表示等位基因 P、Q、R 的分布频率。

表 10-4 二联体常染色体 STR 基因座亲权指数计算公式(不符合遗传规律)

基因座	孩子	被检测男(女)	PI 值
D7S820	7 ~ 8	9 ~ 11	μ/(8p8)
D7S820	7 ~ 8	10 ~ 11	μ/(80p8)
D7S820	7 ~ 8	11 ~ 12	μ/(800p8)
D7S820	7 ~ 8	9	μ/(4p8)
D7S820	8	9	μ/(2p8)
D7S820	8	7 ~ 9	2μ/(4p8)
D7S820	8	9 ~ 11	μ/(4p8)
D7S820	7 ~ 9	8 ~ 10	μ(2p7 + p9)/(8p7p9)
D7S820	7 ~ 9	8	μ(p7 + p9)/(4p7p9)
D7S820	7 ~ 9	6 ~ 10	μ(p7 + p9)/(8p7p9)

注:(1)表中 p7、p8、p9 为相应等位基因 7、8、9 的频率。

(2)如果孩子的表型为PQ,被检测男子表型为P′R,其中P′比P小或大1个或2个重复单位(s=1或2),μ为该基因座平均突变率,p为等位基因P的频率,则亲权指数计算方法为:

突变为1步(s=1),则:$PI = X/Y = \mu/(8p)$

突变为2步(s=2),则:$PI = X/Y = \mu/(80p)$

突变为3步(s=3),则:$PI = X/Y = \mu/(800p)$

余此类推。

3.累积PI值(CPI)计算:

$CPI = PI_1 \times PI_2 \times PI_3 \times \cdots \times PI_n$(1、2、3、n代表第1、2、3、n个基因座的PI值)

(二)祖孙关系指数GI值计算

1.若孩子生母参与鉴定,此时可以明确孩子的生父基因,则各类遗传组合GI值计算方法见表10-5。

表10-5 孩子生母参与鉴定情形下祖孙关系GI值计算方法

祖父×祖母	孩子	孩子生母	孩子生父基因	GI值
PP×PP	PP	PQ	P	1/p
PP×PR	PQ	QQ	P	3/(4p)
PR×QS	PQ	PQ	P或Q	1/2(p+q)
PQ×PR	PQ	PQ	P或Q	3/4(p+q)
PQ×PQ	PQ	PQ	P或Q	1/(p+q)
PP×PQ	PQ	PQ	P或Q	1/(p+q)
PP×PQ	PQ	QS	P	3/4p
PR×RS	PP	PQ	P	1/4p
PR×QS	PP	PQ	P	1/4p
PQ×PR	PP	PQ	P	1/2p
PQ×PQ	PP	PQ	P	1/2p
PR×RS	PP	PP	P	1/4p
PR×QS	PP	PP	P	1/4p
PQ×PR	PP	PP	P	1/2p
PQ×PQ	PP	PP	P	1/2p

注:p、q分别表示等位基因P、Q的分布频率。

2.若孩子生母不参与鉴定,此时不能明确孩子的生父基因,则各类遗传组合GI值计算方法见表10-6所示。

表 10 - 6 孩子生母不参与情况下祖孙关系的 GI 值计算方法

祖父×祖母	孩子	GI 值
PR×RS	PM	1/8p
PR×RS	PP	1/4p
PR×RR	PM	1/8p
PR×RR	PP	1/4p
PP×RS	PM	1/4p
PP×RS	PP	1/2p
PR×PS	PM	1/4p
PR×PS	PP	1/2p
PP×PR	PM	3/8p
PP×PR	PP	3/4p
PP×PP	PM	1/2p
PP×PP	PP	1/p
PR×QS	PQ	(p+q)/8pq
PR×QS	PP	1/4p
PQ×RS	PQ	(p+q)/8pq
PP×QS	PQ	(p+2q)/8pq
PQ×PS	PQ	(p+2q)/8pq
PP×PQ	PQ	(p+3q)/8pq
PP×QQ	PQ	(p+q)/4pq
PQ×PQ	PQ	(p+q)/4pq

注:p、q 分别表示等位基因 P、Q 的分布频率。

3. 累积 GI 值(CGI)计算:

$CGI = GI_1 \times GI_2 \times GI_3 \times \cdots \times GI_n$(1、2、3、n 代表第 1、2、3、n 个基因座的 GI 值)

(三)Y - STR 和 mtDNA 检测系统的 PI 值计算

$PI = 1/f$(f 指单倍型在群体中的频率)

(四)X－STR检测系统的PI值计算(见表10－7)

表10－7 X－STR检测系统在三联体亲权鉴定中的PI值计算方法

被检母	女孩	被检父	PI值
PP	PP	P	1/p
PQ	PP	P	1/2p
PP	PQ	Q	1/q
PQ	PQ	P	1/(p+q)
PQ	PR	R	1/2r

注:p、q、r分别表示等位基因P、Q、R的分布频率。

三、状态一致性评分(IBS)计算

两名个体在同一基因座上可出现相同的等位基因,这些等位基因的"一致性"即称为状态一致性,该等位基因也称为状态一致性等位基因。相应地,在1个STR基因座上,两名被鉴定人间的状态一致性等位基因个数称为IBS评分,若采用包含n个相互独立的常染色体遗传标记分型系统对两名被鉴定人进行检测,各个遗传标记上的IBS之和即为累计状态一致性评分,记作CIBS。

(一)单个常染色体STR基因座的状态一致性评分(IBS)计算

依据状态一致性评分的定义,设有A和B两名被鉴定人,某一常染色体STR基因座有P、Q、R和S等多个等位基因,则A与B间在该遗传标记的状态一致性评分可依据表10－8计算。

表10－8 单个常染色体STR基因座的状态一致性评分计算表

基因型		IBS
个体A	个体B	
PP	PP	2
PQ	PQ	2
PP	PQ	1
PQ	QR	1
PP	QQ	0
PP	QR	0
PQ	RS	0

（二）累计状态一致性评分（CIBS）计算

依据状态一致性评分的定义，采用包含 n 个相互独立的常染色体 STR 基因座分型系统对两名被鉴定人进行检测后，其累计状态一致性评分按以下公式进行计算：

$CIBS = IBS_1 + IBS_2 + IBS_3 + \cdots + IBS_n$

其中 CIBS 为常染色体 STR 基因座分型系统累计状态一致性评分，IBS 为单个常染色体 STR 基因座的状态一致性评分。

四、亲权鉴定意见

在亲权鉴定中，鉴定意见是依据 DNA 分型结果对是否存在血缘关系作出的判断，鉴定意见一般分"排除亲权关系"和"支持亲权关系"两种。

（一）亲子关系鉴定

1. 排除亲子关系

对被检验人（如父、母、孩子）进行多个基因座（累积排除概率大于 0.9999）检验后，发现累积亲权指数小于 0.0001 时，排除亲子关系。

2. 支持亲子关系

对被检验人（如父、母、孩子）进行多个基因座（累积排除概率大于 0.9999）检验后，发现累积亲权指数大于 10,000 时，支持亲子关系。

3. 亲子鉴定阈值

亲权鉴定结果是被检验个体遗传标记的表型，将其转换成（数）量化指标，可为法庭提供证据。在亲权鉴定中，似然率反映的是两种假设可能性的比值，即被检验人之间具有亲子关系的可能性与他们没有亲子关系的可能性之比。我国为了保证亲权鉴定的可靠性、规范性和标准化，已出台了相关标准。

检验使用的遗传标记累积排除概率（cumulative probability of paternity exclusion, CPE）不小于 0.9999，为避免潜在的突变影响，任何情况下都不能仅根据一个遗传标记不符合遗传规律就排除亲子关系；任何情况下都不能为了获得较高的亲权指数，将检测到的不符合遗传规律的遗传标记删除。

当 $CPI < 0.0001$ 时，即可否定亲子关系。当 $CPI > 10,000$ 时，则可支持亲子关系。当 $0.0001 < CPI < 10,000$ 时，应当通过增加检验遗传标记使 CPI 达到要求。

在亲权鉴定的报告书中，不宜使用父权概率（RCP）作为判定亲子关系的指标，因为其前概率的取值大小直接影响 RCP 的高低，凭其数值判定亲权关系时可能存在一定的偏差。但是 LR 的计算无须使用前概率的概念，可以避免人为因素的影响，在法庭上能直接反映出 DNA 证据的强度。

(二)祖孙关系鉴定

鉴定意见是依据 DNA 分型结果,对被检孩子与祖父母间是否存在生物学祖孙关系作出的判断。实验使用的遗传标记平均非祖父母排除率应不小于 0.9999。为了避免潜在突变影响,任何情况下都不能仅根据一个遗传标记不符合遗传规律就作出排除意见;任何情况下都不能为了获得较高的祖孙关系指数,将检测到的不符合遗传规律的遗传标记删除。在满足上述条件的情况下,当 CGI > 10,000 时,支持被检测夫妇是孩子生物学祖父母的假设;当 CGI < 0.0001 时,支持被检测夫妇不是孩子生物学祖父母的假设;当 0.0001 < CGI < 10,000 时,应通过增加检测的遗传标记使 CGI 达到要求。否则,建议作出“无法判断祖孙关系”的鉴定意见。

(三)全同胞关系鉴定

全同胞是指具有相同的生物学父亲和生物学母亲的多个子代个体。全同胞关系鉴定是指根据遗传规律分析,通过对人类遗传标记检测有争议的两名个体间是否存在全同胞关系进行鉴定。

全同胞关系鉴定主要依据常染色体 STR 基因座分型结果,通过计算两名被鉴定人间的累计状态一致性评分(CIBS),结合 CIBS 在无关个体对人群和全同胞对人群中的概率分布规律,对被鉴定人之间是否存在生物学全同胞关系作出判断。依据常染色体 STR 基因座分型结果进行生物学全同胞关系鉴定时,鉴定意见分为“倾向于认为两名被鉴定人为全同胞”、“倾向于认为两名被鉴定人为无关个体”和“在当前检测系统下,无法给出倾向性意见”三种。鉴定意见的准确性受 CIBS 值和检测系统效能的影响。在 2021 年 11 月颁布的新版全同胞鉴定标准中,还可通过似然比法计算两名被鉴定人间的累积全同胞指数(CFSI)对其是否存在生物学全同胞关系作出判断。基于似然比法进行全同胞鉴定的阈值如下:当 CFSI > 10,000 时,倾向于认为两名被鉴定人为全同胞;当 CFSI < 0.0001 时,倾向于认为两名被鉴定人为无关个体;当 0.0001 < CFSI < 10,000 时,应通过增加检测的遗传标记使 CFSI 达到要求。否则,建议作出“无法给出倾向性意见”的鉴定意见。两种分析方法均可选择,任一方法达到阈值均可进行判定,任何情况下都不能为了获得较高的 CIBS 或者 CFSI,随意将遗传标记删除。

第五节　常见的法医物证鉴定与司法实践

一、血痕检验

血痕检验是最常见的法医物证检验之一,它通常可以检测是否为血迹,血迹来源物种与性别，血迹血型，以及出血部位、时间和出血量等问题，从而可以为侦查、审判提供重要的线索和依据。血迹检验通常采取肉眼检查、预备试验、确证试验、种属试验、血型测定、DNA 多态性检测、性别检验和出血部位检验等顺序进行。

（一）检验步骤和方法

1. 肉眼检查。检查是要发现血迹，应观察其分布、数量、颜色、形态和位置方向，以便为下一步的检验做好准备和打下基础，并为确定案件性质，分析判断案情提供帮助。

2. 预备试验。该试验为初步试探性的血迹检验，目的是解决有无血迹存在的可能性，预备试验方法简便，灵敏度高，但特异性差。当出现阳性结果时，只能证明检材上有血迹存在的可能性，而不能肯定就是血迹；当出现阴性结果，可以排除有血迹存在的可能。

血迹预备试验的方法有很多，常见的有联苯胺试验、酚酞试验、氨基比林试验、鲁米诺发光试验、紫外线检查等。

3. 确证试验。当预备试验呈阳性结果时，说明有血迹存在的可能性，需进一步进行确证试验，以明确是不是血迹。与预备试验相反，确证试验特异性强，但灵敏度较低，若检材条件差，如经日晒雨淋、混有杂质或已腐败，则难以出现阳性反应。因此，确证试验阳性结果可以肯定为血迹，阴性结果却不能完全排除血迹存在的可能性。确证试验的方法也很多，如血色原结晶试验、氯化血红紫结晶试验和光谱检查等。

4. 种属试验。预备试验和确证试验确定为血迹后，还需要鉴别其种属，确定是人血还是动物血。血迹种属试验的方法也很多，如沉淀反应、琼脂扩散试验、对流电泳试验、抗人球蛋白消耗试验、纤维蛋白板试验、胶乳颗粒凝集试验和红细胞凝集试验等。

5. 血痕的个人识别。血痕的个人识别主要是通过检测血痕中的遗传标记来进行，目前一般直接进行 DNA 分析。

（二）典型案例

［案例］微量血痕的检验认定抢劫作案人

鉴定事项：检验树叶、塑料袋上的疑似血迹是否为薛某所留

案情摘要：某地一信用社遭抢劫，蒙面歹徒在即将得手之际，被信用社职工围堵，而后从三楼纵身跃下，但不料中途被二楼打开的一扇破窗户划破大腿后逃离。当地公安局勘查现场后在信用社周围找到了疑似带血的树叶和塑料袋。后经调查取证，发现当日到医院包扎过大腿伤口的薛某（男，43 岁）有作案嫌疑，但薛某对此

矢口否认。办案民警决定通过现场检材与薛某进行DNA比对的检验来查明真相。

检验及结果:经人血红蛋白金标试剂条检验提示送检的树叶、塑料袋上含有人血。用Chelex-100法提取DNA。经荧光标记STR复合扩增检验分析,树叶、塑料袋上的血迹均与薛某的DNA分型一致。经计算,似然率为10^{17}。依据现有资料和DNA分析结果,支持树叶、塑料袋上的血迹为薛某所留。在证据面前,薛某只得老实交代其犯罪经过。

评析:血斑是法医物证学鉴定工作中最常见的检材之一,本例采用的DNA分型检验方法克服了传统血清学方法对检材质量和检测时限要求较高、存在非特异性、体识别能力较低等不足,完全达到了同一认定的水平。

二、分泌物、排泄物的检验

(一)生物检材

生物检材包括精液、阴道分泌液、乳汁、唾液、鼻涕、汗液、尿液、粪便、胎便、羊水、恶露及其斑痕。

(二)唾液及斑痕检验

唾液是唾液腺分泌的无色无味液体,除水分外,唾液中含有大量淀粉酶、口腔黏膜上皮细胞、血型物质以及黏蛋白、球蛋白、氨基酸、钠、钾、钙等物质。这些物质的存在,可以为确定可疑斑迹是不是唾液斑、唾液斑的血型和性别等提供客观依据。唾液斑也是法医物证鉴定中的常见的检材之一。

1. 是不是唾液斑的检验

要确定检材是不是唾液斑,可以通过测定有无淀粉酶和口腔黏膜上皮细胞以及用抗腮腺素血清做沉淀反应等来进行。唾液中含有大量的淀粉酶,淀粉酶能将淀粉分解为糖,糖遇碘不呈蓝色。因此,将已知淀粉溶液(浓度约0.05%)和检材作用后,再加碘若不显蓝色,表明检材中含有淀粉酶,从而可判断有唾液存在。几乎所有的动植物都含有淀粉酶,只是人唾液中的淀粉酶含量最多,最为丰富而已,并不具有特异性。如果检材浸出液作涂片、染色镜检,若检出鳞状核大的口腔上皮细胞,即可判定有唾液存在;或者用腮腺素制作沉淀素血清,与检材浸出液作沉淀反应,呈阳性者即可确定为唾液斑。

2. 唾液斑的个人识别

(1)唾液ABO血型测定

分泌型人的唾液中含有水溶性ABH血型物质,可用吸收试验和Dot-ELISA等方法来测定血型。非分泌型人的唾液中ABH血型物质含量小,通常需采用

ELISA 等灵敏度高的方法来测定血型。

（2）唾液和唾液斑的同一认定

从唾液斑中提取 DNA，用 DNA 分析技术进行 DNA 多态性分析可作唾液或唾液斑的个人同一认定。

［案例］凶杀案现场烟蒂上 DNA 检验定真凶

鉴定事项：现场提取的烟蒂上的 DNA 是不是郑某所留。

案情摘要：李某、张某夫妇于住所被杀。在死者住所留有烟头 9 枚，其中 8 枚为黄色过滤嘴，1 枚为白色过滤嘴。

检验及结果：剪取烟蒂外层纸片上部及过滤嘴海绵表层少许，用 Chelex－100 法提取 DNA，经荧光标记 STR 复合扩增检验，结果显示 9 枚烟蒂检材共检出两个男性个体和一个女性个体基因型，且与李某、张某基因型均不相同，说明该 9 枚烟蒂检材为两个不同男性和一个女性个体所留。其中，犯罪嫌疑人郑某基因型与 7 号烟蒂上检出的 9 个 STR 基因座的基因型完全相同。经过分析，认定案发现场楼梯间地面提取的黄色过滤嘴烟头中 1 枚上的检出成分为郑某所留。在证据面前郑某交代了杀死两名事主后抢劫犯罪的事实。

评析：烟蒂上留有抽吸者的微量 DNA，成功地提取 DNA 是检验成功的关键。

（三）精液及斑痕检验

精液主要由精子和精浆组成。精子是精液的主要成分，精液中所含精子量多少不一，多者 1ml 精液中精子量可高达 2 亿个，少者在 400 万个以下，甚至有完全不含精子的精液。健康人刚射出的精液中 80%～90% 的精子具有活动能力，经过 2～10 小时，仍可以有 50%～60% 的精子能够游动和生存。精子在子宫内一般能存活 2～3 日，甚至更长时间。精液中除精子外，还含有胆碱、酸性磷酸酶、锌、卵磷脂、精氨等化学物质以及血型物质。

1. 肉眼观察

精斑无臭味，其颜色和形状因所附着的物品不同而有差异。精斑附着在衣物等纺织品上，呈黄白色或灰白色，为不规则的地图状斑迹，边缘明显，触之有硬感；附着在体表上，呈鳞片状；附着在表面光滑、吸水性差的物品上，则呈灰白色痂皮状。

2. 紫外线观察

精斑内含有核黄素，在紫外线照射下，精液斑呈现出银白色带紫晕的荧光，但这一反应并非精液斑所特有，人体其他分泌物、排泄物，如阴道分泌物、尿液斑、乳汁、鼻涕等在紫外线照射下，也会呈现出类似的荧光反应。但利用紫外线照射可以提高分辨率，找到肉眼难以发现的精液斑。

3. 酸性磷酸酶试验(预试验)

精液中含有大量酸性磷酸酶,其远远高出人体其他分泌物和动物精液中的含量,为判断是不是人体精液斑提供了可能,加之酸性磷酸酶比较稳定,该试验灵敏度高,所需检材最小,因而可用来检验陈旧的精液斑和不含精子的精液斑。

4. 确证试验

有精子检出法、免疫学检测法和生物化学方法。精子检出法是确证精斑最可靠的方法,将涂片、染色后的检材置于显微镜下观察,如发现有精子存在,即可肯定为精液斑;如没有检出精子,不能仅据此就否定其为精液斑,因为精子已遭到破坏的精液斑和无精子的精液斑也都检不出精子。

5. 种属试验

当确定检材为精液斑后,需进行种属试验,以进一步确定是不是人的精液斑。种属试验主要运用血清学检验法,先用人的精液斑注入家兔体内,制取抗人精液沉淀素血清,再将此血清与检材的浸出液作沉淀反应,如果呈阳性反应,即可证明检材为人的精液斑。

6. 精斑的个人识别

(1)精斑的 ABO 血型测定

精液中也含有水溶性 ABH 血型物质,尤其是分泌型人的精液中含有丰富的 ABH 血型物质其检验方法与唾液斑检测的方法相同。在性犯罪案件中,精液常和阴道分泌物混合形成混合斑,这种混合斑可能兼有两人的血型,如精液血型为 A 型,阴道分泌物血型为 B 型,则混合斑检出的血型可能是 AB 型。因此,对于混合斑检验,应先用电泳法等先将精液成分和阴道分泌物成分分离开,然后分别测定精液的血型和阴道分泌物的血型。

(2)精斑的 DNA 多态性分析

精液中含有大量的 DNA,可用 DNA 分型技术进行 DNA 多态性分析。

[案例]混合斑 DNA 检测澄清无辜

鉴定事项:对混合斑进行 DNA 分型

案情摘要:宾馆服务员王某被害身亡,张某(男,28 岁)被认为有作案嫌疑,但张某称从未到过现场。为侦破此案,当地公安局先后采集了王某和张某的血样,并提取了王某的阴道擦拭物,委托鉴定机构对被害人王某血痕纱布和阴道擦拭物、嫌疑人张某血痕纱布进行 DNA 鉴定。

检验及结果:取王某阴道擦拭物少许,浸泡后镜检,检见精子,表明所检验的阴道拭子为混合斑。先用二步消化法提取精子 DNA,后经复合 PCR 扩增 STR 和

Amelogenin 基因座检测，结果表明精子组份在 D3S1358、vWA、D8S1179 等基因座的分型与张某的不一致。

鉴定意见：死者王某的阴道擦拭物中检出精斑，但该精斑不是嫌疑人张某所留。

评析：对精斑、混合斑进行检验时，传统的血清学方法只能通过 ABO 血型、酶型、Gm 抗原等血清学标志的检测作个体识别。但传统方法个体识别能力低，信息含量有限，只能作出"排除"或"不排除"的鉴定意见。本案采用灵敏度高、特异性好的复合 PCR 扩增技术，准确地从混合斑中获得了精子组份在 13 个 STR 位点的基因型信息，可以明确地得出该精斑不是来源于嫌疑人的意见。

[案例]Y－STR 检验为案件提供侦查线索

某县学生放学回家途中被一男子拦路强奸。侦查人员将现场提取的精斑经常染色体 STR 检验并入库比对后，未发现比中信息，进一步对精斑进行 Y－STR 检验并入库比对，发现与库中高甲的 16 个 Y－STR 基因座分型一致，提示犯罪嫌疑人与高氏家系有关。后经公安机关排查，发现离案发地数十公里以外某镇的高乙曾有过性犯罪史，遂提取其血样检验，结果表明，高乙的 16 个 Y－STR 基因座和 15 个常染色体 STR 基因座分型均与精斑完全一致。在证据面前，高乙很快便交代了拦路强奸的犯罪事实。

（四）羊水的亲权鉴定

[案例]羊水检验证实丈夫非胎儿生父

鉴定事项：检验喻某是不是王某所怀胎儿的生物学父亲

案情摘要：喻某（男）与王某（女）为夫妻。王某怀孕后，喻某对王某腹中胎儿是否为自己亲生疑虑重重，为了解除忧虑，他和王某到医院抽取羊水，送到鉴定机构作亲权鉴定。

检验及结果：通过对喻某、王某的血样以及王某所怀胎儿的羊水作 DNA 检测进行检验。结果表明，胎儿羊水在 vWA、D8S1179、D21S11、D18S51、D5S818、D13S317、D16S539、TPOX、CSF1PO 等基因座的等位基因在喻某的血样中均未检出。据此，排除喻某与王某所怀胎儿之间存在亲生血缘关系。

评析：亲权鉴定中最常见的检材是血液（斑），随着 DNA 分型技术的发展，以往血清学方法不能分析的检材（如毛发、羊水等）都可用 DNA 分型技术分析。利用传统血清学方法时，一般要等胎儿长到 5～6 个月时，才可将胎儿引流下来，取心血做部分血型项目的检测，但现在利用 DNA 分型技术，在胎儿 3 个月左右时取 3～5ml 羊水即可做亲权鉴定。分子生物学技术的进一步发展，有利于基于孕妇外周血中胎儿游离 DNA 的亲子鉴定技术的开发，这种无创 DNA 亲子鉴定有望为这一领域提供新的解决途径。

三、组织块

(一)石蜡包埋组织块

[案例]石蜡包埋组织块的DNA检验证明保外就医有诈

鉴定事项:检测石蜡块中的包埋组织是否来源于徐某

案情摘要:某市一诈骗犯徐某入狱半年后因肝癌而被允许保外就医,在此期间其不思悔改仍继续从事诈骗活动,据一知情者反映,徐某身体健康,并未患病,此事引起市检察院的注意,他们从相关医院获得了确定徐某为肝癌的石蜡包埋组织块,要求将组织块和徐某的血样进行DNA比对。

检验及结果:用切片机切取数片石蜡包埋组织,经脱蜡、酶解等步骤处理后提取DNA,并进行STR分型,通过和徐某血样的DNA分型比对显示,两个样本基因型完全不同。因此,排除该石蜡块中的包埋组织来源于徐某的可能。

评析:在日常法医物证学检验中,我们遇到的个体识别案例所用到的检材都未经特殊化学物质处理。该案例所提供的石蜡包埋组织在医院里已经被福尔马林溶液固定、石蜡包埋等物理化学方法处理,组织内所含DNA已经产生降解,这些因素对DNA的检验都有影响,因此对于石蜡包埋组织的DNA提取极为关键。

(二)脑组织

[案例]交通事故中脑组织个体识别

鉴定事项:对卢某离体牙与车轮上脑组织进行同一认定

检验材料:卢某离体牙1颗、死者脑组织1块

案情摘要:某市郊发现一起交通事故,一辆货车当场轧死一男子,肇事司机逃逸。公安机关勘查现场后发现,死者已面目全非,彭某(男,33岁)有重大肇事嫌疑,其所驾驶的货车车轮上留有脑浆组织。认尸布告贴出后,失踪者卢某的亲属从衣着上判断死者为卢某。现需对此组织块和失踪者卢某生前所留的1颗离体牙进行同一认定。

检验及结果:用Chelex法抽提各检材DNA,用复合PCR扩增STR基因座,经DNA分型分析显示,现场脑组织块与失踪者卢某生前所留牙的基因型一致,其似然率经计算为10^{20}。因此,通过彭某所驾驶的货车车轮上留有的卢某的脑组织,推断出彭某为肇事者。

(三)碎尸

[案例]利用X-STR侦破杀人碎尸案

鉴定事项:对刘某与疑似人体组织进行X-STR分型

案情摘要：某市公安局接报，某公园草丛中发现一装有疑似人体组织的尼龙袋。民警对尼龙袋中的组织进行检验后，证实为肢解的女性人体组织，排查发现某区刘某的孙女失踪多日，遂采集刘某血样送检。

检验与结果：用 Chelex 法提取 DNA，经 X－STR 复合扩增检验，结果表明，刘某与被检的人体组织在 12 个 X－STR 基因座上均有一半的等位基因相同，符合刘某作为被检人体组织祖母的遗传条件，从而确定了死者的身份。经过对死者生前的社会关系展开调查，最终锁定了犯罪嫌疑人赵某，赵某也对犯罪事实供认不讳。

评析：祖母一孙女关系鉴定是常见的亲缘关系鉴定类别之一，X－STR 分型技术可为此类案件提供有效的鉴定手段。男性个体仅一条 X 染色体，来自其母亲并将遗传给他的女儿，因此，在不考虑突变的情形下，祖母与亲孙女在 X 染色体上的每个基因座都会有一个等位基因相同。因此，X－STR 分型结果可用于祖母和孙女之间亲权关系辅助判定。

四、毛发

在现代侦查审判活动中，毛发由于具有容易脱落而又不易腐败的特点，是犯罪现场上常见的物证之一，一根很不起眼的毛发，常常成为我们判断罪犯的性别、年龄、血型、职业以及案件性质、作案方式和作案工具等的重要依据。

1. 毛发的确证

除毛发外，还有形状与毛发相类似的各种天然纤维和人工合成纤维（假发）被广泛使用。因此，毛发检验先要解决检材是不是毛发的问题。首先，鉴别毛发与其他纤维，可以从组织形态学上去进行区分，毛发不仅形状、色泽、弹性与其他纤维有区别，而且毛发所具有的毛小皮、皮质和髓质三层组织结构是其他纤维所没有的。其次，可以根据检材的溶解性来区分，毛发易溶解于 19% 氢氧化钾或氢氧化钠溶液中，而其他纤维在此溶液中则不溶解。最后，毛发燃烧时会释放出特殊的臭味，而一般纤维燃烧时则无此特殊臭味放出。

2. 毛发种属确证

人毛和兽毛虽有某些相似之处，但它们在组织形态等方面有着各自的特征，只要仔细检查，一般是不难鉴别的。从毛小皮来看，人毛的毛小皮鳞片菲薄，外缘呈细锯齿状，表面花纹细小，排列不整齐；从皮质来看，人毛的皮质较宽，色素颗粒的大小和分布较均匀，毛尖部色素少；从髓质来看，人毛的髓质发育不良，比较窄，不均匀，呈断续状排列。人毛长而柔软，一根毛发一般只呈现一种颜色，与此相反，兽毛短而质硬，一根毛上可呈现数种颜色。此外，还可用琼脂免疫扩散法来区分是人毛还是动物毛,将毛根插入琼脂免疫板上,如果对抗人血清琼脂板发生沉淀反应,即证明检材是人毛。

3. 毛发部位区分

当确定检材是人毛后,还需要确定是人体哪一部位的毛发,人体不同部位的毛发,如头发、眉毛、睫毛、鼻毛、腋毛、阴毛等,其长短、粗细、色泽、形状、横断面特征以及附着物等情况都有一定程度的差别,因而区分起来也并不困难。不同部位毛发特征如下:(1)头发:是人自身最长的毛,其平均直径为0.075~0.1mm,呈黑色、黑褐色或灰白色。头发根据其形状可区分为直发、波发和卷发三类,其中每一类又可区分为若干亚型。中国人的头发,一般为直发,很少见波发和卷发。头发的横断面,呈圆形或椭圆形,可有油脂、染发颜料等附着。头发的髓质常出现间断或缺如,皮质色素颗粒的大小和分布较均匀。(2)阴毛:一般长为3~6cm,弯曲且呈S状。横断面呈肾形或椭圆形,平均直径:男性阴毛为0.099~0.125mm,女性阴毛为0.105~0.15mm。髓质多连贯而无中断现象。阴毛表面可有精斑、经血和阴道分泌物等附着。(3)胡须:是人体最粗的毛,长度仅次于头发,横断面类似三角形。皮质色素颗粒大小不一,分布不均。髓质粗大而连贯,很少有中断现象。(4)眉毛和睫毛:短而质硬,平均长度约1cm,比较粗大,呈轻微弯曲状,毛尖特别尖细。横断面呈三角形或纺锤形,髓质粗大。(5)腋毛:长度为2~4cm,呈弯曲状,但较阴毛直,毛尖较钝,呈褐色,横断面呈椭圆形,表面可附着有汗垢等。

4. 毛发的个体识别

(1)判断性别

可以根据毛发的形态、毛发中微量元素的含量、毛根部皮质细胞或毛囊细胞的性染色质或DNA检出情况判明性别。

(2)推断年龄

可以根据不同年龄阶段的人毛发的特征推断,或者根据毛发横断面直径的大小推断年龄。在停止发育之前随着年龄的增长毛发横断面直径也相应增大,因而根据毛发横断面的大小,可以推断未成年毛发所有者的大致年龄。

(3)测定毛发的血型

毛发中也存在有ABO血型物质,一般采用热解离试验,方法与血痕检验相似。

(4)毛发的同一认定

含毛囊的毛发可采用PCR分析技术检测STR基因座,毛干采用线粒体DNA测序方法。

5. 毛发的脱落、损伤情况分析

自然脱落的毛发，其毛根干燥，毛球萎缩，无毛囊组织附着。被暴力拔下的毛发，其毛根湿润，常见毛囊组织附着，毛球下端呈开放状。当毛发受到锐器损伤时，若被利刃所断，则断端平滑、整齐；若被刃口较钝的锐器弄断，则断端呈锯齿状或阶梯状。当毛发被烧伤或烫伤时呈现出卷缩、烧焦、断裂、膨胀状况，毛干内有气泡形成。

毛发检验除可解决上述问题外，有时还可以借此推断毛发所有者的职业、生活习惯；查明毛发有无病变、毛发中各种微量元素的含量可推断其所有者有无中毒、吸毒等。随着人们对毛发认识的加深，毛发检验的范围将越来越大。

五、骨

[案例]线粒体 SNP 分型用于法医 DNA 检验

鉴定事项：线粒体 SNP 分型检测

案情摘要：某地发生一起命案，为了核实死者身份，需要对一块高度降解的人体骨头和疑似死者母亲的血样进行 DNA 检验，判断他们是否存在血缘关系。

检验及结果：采用 Chelex－100 法提取血样基因组 DNA，采用硅珠法提取骨头基因组 DNA，经荧光标记 STR 复合扩增检验，人骨未获得 STR 分型结果。考虑到核 DNA 降解严重，采用检测线粒体 SNP 的策略来评估被检骨头和疑似母亲的线粒体 SNP 分型结果是否符合母系遗传规律。结果表明，被检骨头和疑似母亲的 60 个 SNP 位点基因分型一致，不排除二者具有血缘关系。

评析：亲缘关系鉴定，特别是亲权鉴定，首选常染色体 STR 标记，但是当检材发生严重降解时，从多拷贝的线粒体 DNA 入手，往往更为有效。由于线粒体 DNA 具有母系遗传、高突变率、高拷贝数、几乎不发生重组等特点，所以其在微量、降解、腐败检材以及同一母系认定等方面具有重要应用价值。

第六节　法医 DNA 技术标准化体系

随着 DNA 技术在司法实践中的广泛应用，已经成为法医物证鉴定行业最重要的技术手段之一。通过规范化、标准化的严格管理和作业指导来保障检验结果准确可靠和鉴定意见的科学可信，是对法医 DNA 鉴定工作客观上的必然要求。截至 2021 年年底，共有至少 30 项与法医 DNA 技术相关的国家标准、行业标准和技术规范,涵盖了鉴定程序、技术方法、鉴定意见和鉴定试剂质量等多个方面的内容(见表10-9)。

表10-9 与法医DNA技术相关标准

编 号	名 称	标准级别
GA 469-2004	法庭科学DNA数据库选用的基因座及其数据结构	行业标准
GA 470-2004	法庭科学DNA数据库现场生物样品和被采集人信息项及数据结构	行业标准
GA/T 1162-2014	法医生物检材的提取、保存、送检规范	行业标准
GA/T 382-2014	法庭科学DNA实验室建设规范	行业标准
GA/T 383-2014	法庭科学DNA实验室检验规范	行业标准
GA/T 765-2020	人血红蛋白检测金标试剂条法	行业标准
GA/T 766-2020	人精液PSA检测金标试剂条法	行业标准
GA/T 815-2009	法庭科学人类荧光标记STR复合扩增检测试剂质量基本要求	行业标准
GA/T 1163-2014	人类DNA荧光标记STR分型结果的分析及应用	行业标准
GB/T 37223-2018	亲权鉴定技术规范	国家标准
GA/T 965-2011	法庭科学DNA亲权鉴定规范	行业标准
SF/ZJD 0105004-2015	亲子鉴定文书规范	行业技术规范
GA/T 1161-2014	法庭科学DNA检验鉴定文书内容及格式	行业标准
SF/ZJD 0105005-2015	生物学祖孙关系鉴定规范	行业技术规范
SF/ZJD 0105003-2015	法医SNP分型与应用规范	行业技术规范
GA/T 1160-2014	常见毒品原植物的DNA提取—二氧化硅法	行业标准
GB/T 21679-2008	法庭科学DNA数据库建设规范	国家标准
SF/ZJD 0105010-2018	常染色体STR基因座的法医学参数计算规范	行业技术规范
SF/ZJD 0105006-2018	法医物证鉴定X-STR检验规范	行业技术规范
SF/ZJD 0105007-2018	法医物证鉴定Y-STR检验规范	行业技术规范
SF/ZJD 0105009-2018	法医物证鉴定标准品DNA使用与管理规范	行业技术规范
SF/ZJD 0105008-2018	法医物证鉴定线粒体DNA检验规范	行业技术规范

续表

编 号	名 称	标准级别
SF/ZJD 0105011 - 2018	法医学 STR 基因座命名规范	行业技术规范
SF/ZJD 0105012 - 2018	个体识别技术规范	行业技术规范
SF/T 0069 - 2020	法医物证鉴定实验室管理规范	行业标准
SF/T 0070 - 2020	染色体遗传标记高通量测序与法医学应用规范	行业标准
SF/T 0117 - 2021	生物学全同胞关系鉴定技术规范	行业标准

研究与思考

1. 生物性检材的主要特点是什么？
2. 法医物证发现、提取和送检中应注意哪些事项？
3. 与血清学方法相比，运用 DNA 分析技术进行个体识别有何优势？
4. 简述 DNA 多态性的种类及特点。
5. 何谓 PCR 技术？与 DNA 指纹技术相比该技术有哪些优势？
6. 简述似然率在人体识别和亲权鉴定中的意义。
7. 简述亲权鉴定的原理。
8. 举例说明 DNA 分析技术在司法实践（监狱）的应用价值。

研究专栏

一、非编码 RNA 的法医学应用

非编码 RNA 是指转录组中不翻译为蛋白质的 RNA 分子，其中对机体各项功能具有调控功能的有长链非编码 RNA（lncRNAs）、miRNAs 和 circRNAs 等。其中 miRNAs 和 circRNAs 在诸多体液（外周血、月经血、精液、唾液、阴道分泌物等）中皆有丰富的特异性表达，因而具备体液组织来源鉴定的潜力，同时表达具有时空特异性，目前已有众多研究表明，miRNAs 和 circRNAs 是用于法医学年龄推断和体液组织识别的一重要的新兴生物学标志物，仍需进一步探索。

二、同卵双生鉴定进展

同卵双生子是由一个受精卵分裂发育成两个完全相同的胚胎而成的，因此，同卵双生子理论上具有相同的遗传信息，运用传统的遗传标记均不能将其区分开来，随着当今社会双胞胎犯罪案件的增多，给法医学鉴定带来了严峻的考验。众多科研工作者致力于同卵双生子鉴别的研究。研究表明，同卵双生子在表观遗传水平、基因组序列和基因表达活性等方面存

在一定差异。

1. 表观遗传学是指非基因序列改变所致的基因表达水平变化,包括 DNA 甲基化、组蛋白修饰、X 染色体失活等,可通过 DNA 甲基化修饰状态或者基因表达活性差异来推测。

2. microRNA 是一种内源性的、长度为 19 ~ 24 个碱基的非编码小分子 RNA。miRNA 表达水平在同卵双生子之间存在差异,且其不易降解以及表达具有时空特异性,使其在法医学上的应用不会局限于同卵双生子鉴别。

拓展阅读

1. 侯一平主编:《法医物证学》(第 4 版),人民卫生出版社 2016 年版。
2. 李莉等:《单亲鉴定案例 STR 选择探讨和 PI 值计算方法评价》,载《中国司法鉴定》2003 年第 3 期。
3. 吕德坚、陆惠玲编著:《DNA 亲权鉴定》,暨南大学出版社 2005 年版。
4.《亲子鉴定文书规范》(SF/ZJD 0105004 - 2015)。

第十一章　法医人类学与个人识别

重点提示

1. 个人识别是以个人为对象，识别个人的异同，判断某人确系为某人，或与某个人是否为同一个体。

2. 个人特征有一般和特殊之分。基本的判定方法就是比较检验法。常用的方法手段除直接观察、人体测量、化学检验、血型检验等，还可借助 DNA 多态性分析技术、声纹记录、电子扫描及计算机人工智能等现代化的技术手段。

3. 个体识别的内容包括性别判定、年龄和身高的判定、容貌识别、DNA 多态性和亲权认定、指纹、虹膜、文身、疤痕等。

4. 个人识别对许多刑事案件、民事纠纷案件、处理重大灾难事故及监狱管理和戒毒工作等有重要意义。

第一节　概　　述

一、个人识别概述

个人识别(personal identification)是以个人为对象，识别个人的异同，判断某人确系为某人，或与某个人是否为同一个体，其又称个体识别(individual identification)。针对活体时常称为身份甄别或身份识别。

个人识别的对象包括尸体、活体以及各种物证。对完整、腐败、已白骨化或尸体毁容的无名尸体，首先要确定“死者是谁”；对多处发现的离断肢体，还要判断“是不是同一人”；在火灾、航运事故中的集体遇难且外表已严重毁坏的多具尸体，分析其身源对查明案件真相至关重要；尚有利用残骸诬陷他人行凶的事例，也应加以甄别。活体的认定最常见于亲权认定，其次是乔装打扮、冒名顶替等形迹可疑者，以及记忆力丧失或精神异常者的身份均需进行活体的同一性核实。根据《刑事诉讼法》

第 263 条的规定,指挥执行死刑的审判人员,对罪犯应当验明正身。此外,确定现场、凶器或当事人身上遗留的各种物证的个体来源,对揭露犯罪、推断致伤等都有很大的帮助。

二、个人识别的科学基础

个人识别主要是根据个人特征的差异点或同一性作出的判断,故亦称个人异同鉴定。个人特征具有特定性、相对稳定性和可反映性。个人特征有一般和特殊之分,前者为姿态、语言、容貌、肤色、年龄、性别、身高、体重、营养状况、软组织及骨髓的发育等,其特异性相对差一些,群体相同的概率较高,影响因素也比较多;后者有先天性畸形、后天性异常、指纹、血型、DNA 遗传多态性、牙(咬)痕、虹膜、视网膜、唇纹、声纹等,两个无关者相同的情况极少甚至没有,而且比较恒定。当一般特征相符,特殊征象如疤痕的部位、形状、颜色等均与某特定人的情况一致或 DNA 多态性一致时,便可肯定;相反则能否定。倘若大部分特征符合,少部分差异能找到原因,又无其他争议时,可基本认定。

三、个人识别的对象和方法手段

个人识别的手段多种多样,其基本方法是采用比较的手段,个人识别可通过亲友、群众直接辨认尸体及随身物件确认尸体身份。法医学个人识别的方法主要有四种:其一为直接观察和人体测量法;其二为法医化学检验法;其三为法医物证 DNA 分型技术同一认定法;其四为亲权鉴定法。此外,还可通过借助指纹、嗅味等同一认定来确认死者身源,或者通过声纹记录、放射线衍射、光谱分析、免疫电泳、荧光和同位素标记、电子扫描及电子计算机和人工智能识别现代化的技术手段来确认。本章重点介绍第一种方法,DNA 分型技术及亲权鉴定与个人识别详见第十章。

四、法医人类学与个人识别

(一)法医人类学的概念

法医人类学是运用体质人类学的理论和方法,研究解决法律中涉及人的种族、性别、年龄、身高以及面貌特征的一门新兴的应用科学。人类学形成于 19 世纪 30 年代至 70 年代,是研究人类的体质特征及其变化规律的科学,是从生物和文化角度对人类进行全面研究的学科群。人类学的研究对象是种族、民族、部族、氏族或其他社会组织等群体。德国生理学家、比较解剖学家布鲁门巴赫把人种分为五类:高加索、亚美利亚、马来亚、埃塞俄比亚和蒙古人种。英国学者哈雷将人类学的研究内容分为体质人类学和文化人类学。文化人类学又称社会人类学,是研究人类社会的行为、信仰、习惯和社会组织的科学。体质人类学是研究人类体质及其类型在各历史节段变化与发展的过程及其规律的科学。体质人类学又可分为古人类学(探讨人的起源)和今人类学(体质特征),在体质人类学的研究中,产生了与人类生活密切相关的分支学科,如都市人类学、军事人类学、法医人类学等。

法医人类学是现代法医学的重要组成部分,在法律制定、侦查、审判实践中发挥着重要作用。目前,无论在国内还是国外,法医人类学都仍是十分活跃的领域,是现代法医工作者必须掌握的一项专门知识。

(二)法医人类学的研究对象、内容和任务

1. 法医人类学的研究对象包括活体、尸体和骨骼等法医物证,以骨骼为主要研究对象。

(1)骨骼:包括完整骨骼、破碎骨骼、一具骨骼和零散骨骼、焚烧骨骼及牙齿等。

(2)尸体:有完整的无名尸体,面容毁坏的尸体,破碎的尸体等。

(3)活体:成年人和未成年人,男人和女人,不同种族的人等。

2. 法医人类学的研究内容主要有:

(1)确定骨骼种类,如有条件应进一步确定哪种动物骨骼。

(2)根据骨骼鉴定年龄、性别,推算身高。

(3)确定某活体的年龄,必要时鉴定性别。

(4)对毁容尸体进行个人识别。

(5)颅骨面貌复原,供亲属、好友辨认。

(6)颅相重合,确认失踪人。

(7)通过现场遗留的毛发、指纹等查找犯罪前科或嫌疑人。

(8)依据 DNA 和遗传规律进行同一认定和亲权鉴定。

(9)根据不同时期照片,确定是不是同一个人;根据不同人容貌的相似性,确定亲子关系;确定骨骼入土时间,从而推测死亡年月等。

(三)法医人类学与个人识别

法医人类学的任务主要是进行个体识别,包括罪犯的辨认,无名尸、白骨化的尸体、高度腐败的尸体、火场烧伤碳化的尸体、碎尸后残骸的身源认定。

第二节　性别、年龄、身高的判(推)断

一、性别判断

(一)根据外部性别特征判断性别

就活体和完整尸体而言,不难确定男女,不同种族、地区和风俗习惯,男女的衣着、装饰有明显区分。

男女两性的毛发结构基本相同,但在蓄发习惯及处理方式上有所不同,能显示性别差异,如可根据青春期后毛发的生长与分布情况判断性别,男性体毛粗黑、茂密、分布不均,有的延至躯干和四肢,胡须则是最突出的男性标志,并且由于雄性激素的影响,平均有1/5以上的男性(白种人比例更高)在30岁后开始有秃顶倾向,而女性的脱发通常是整体性的有别于男子。有学者在人体微量元素含量及其相关性的研究中发现,女性的毛发和指甲的金、汞含量比男性高4~5倍。

青春期的性征发育也是一项重要标志,女性第二性征出现的时间略早于男性1~2年,女性除乳房的发育与男性明显不同外,两者的体型也有显著差异,成年女子身体重心偏后,水中浮尸多仰面朝上;成年男子重心偏前,水中浮尸常俯卧向下。

(二)根据性染色质判断性别

男女性别取决于细胞核中的性染色体,男性的性染色体为XY,女性的性染色体则为XX。在细胞分裂间期,染色体是以染色质的状态存在的,因此通过检查性染色质可鉴定男女性别,常用的检验方法是取血液或口腔黏膜脱落细胞涂片,经染色后进行显微镜观察,此方法也应用于血痕、唾液(斑)、毛囊及皮肤组织的性别鉴定。

X染色质为X染色体中功能不活跃的部分,在间期细胞核中呈圆形或扁圆形的浓染小体。X染色质出现率在10%以上者为女性,5%以下者为男性。

Y染色质为Y染色体的一部分,它是经特定的荧光染色后在间期细胞核中出现的强荧光小体。Y染色质出现率在10%以上者为男性,5%以下者为女性。

由于染色质判断性别方法可靠性较差,故该方法已逐渐被DNA分型技术取代。

(三)根据内部性特征判断性别

尸体腐败、肢解、外生殖器官被动物噬食或人为破坏时,经剖验若查出腐败较迟的内部性器官,便能正确区别两性:含子宫、卵巢者为女性;有前列腺、睾丸的是男性。也可通过血、尿检查性激素以判断男女性别。

（四）根据骨髓形态判断性别

如果尸体腐败成为白骨，则可通过骨髓形态鉴定性别。青春期以后，男女骨髓逐渐出现差异，其中以骨盆的差异最为明显，其次为颅骨、甲状软骨等。男女骨盆、颅骨的主要区别见表 11－1、表 11－2 及图 11－1 至图 11－4。

此外，青春发育期开始的男性甲状软骨左右侧板之夹角＜90°，喉结突出明显，舌骨大角两侧常不对称且间距较宽，男性胸骨体长为柄长的 2 倍以上。

表 11－1 男女骨盆的区别

项 目	男 性	女 性
骨盆外形	窄而高	宽而低
骨盆上口	呈心形	呈圆形或横椭圆形
骨盆腔	狭小而深呈漏斗状	宽大而浅呈圆柱状
趾骨弓	70°～75°角	90°～110°角
骶骨	狭长而弯曲度大骶骨岬明显突出	短而垂直，骶骨岬突出较小
骨盆下口	较窄小	较宽大

表 11－2 男女颅骨的区别

项 目	男 性	女 性
骨板	厚且重	薄且轻
颅腔	较大	较小
前额	呈倾斜状，眉弓显著，额结节不明显，鼻关节低凹	呈陡直状，眉弓不显著，额结节明显，鼻关节较平直
下额骨	粗大厚重，体高较宽，下额角小于 120°，髁结节较大	细小薄轻，体低较窄，下额角大于 120°，髁结节较小

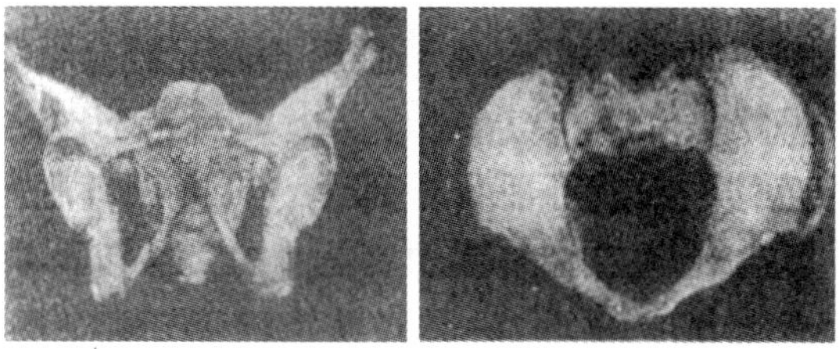

①正面观 ②上面观

图 11－1 男性骨盆

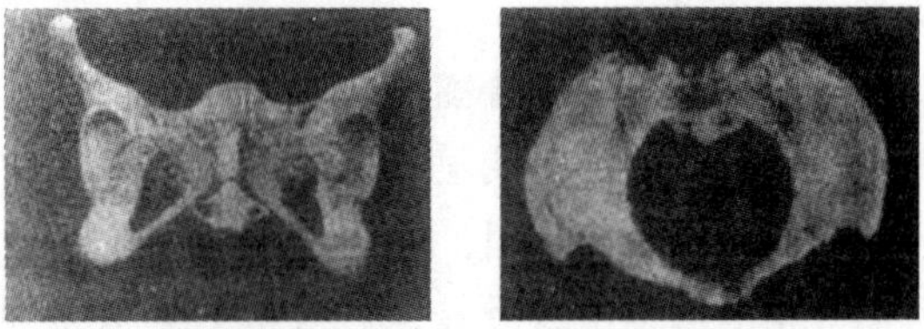

①正面观　②上面观

图 11－2　女性骨盆

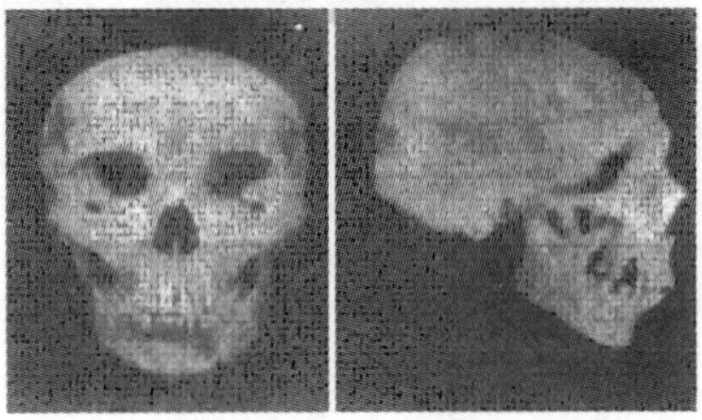

①正面观　②侧面观

图 11－3　男性颅骨

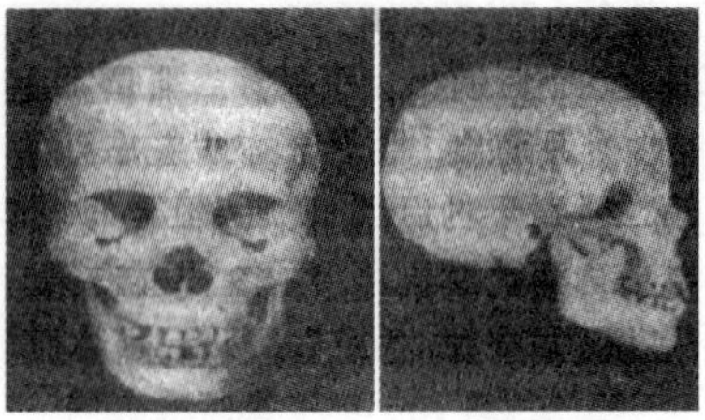

①正面观　②侧面观

图 11－4　女性颅骨

(五)根据 DNA 多态性判断性别

对骨髓、牙齿、组织块、毛发(带毛囊)、血液等体液和分泌液及形成的斑痕的生物学检材及尸体进行性别检测,DNA 多态性分析技术是最可靠的方法。(详细内容见第十章)

二、年龄推定

儿童期年龄的推算,通常以身长、体重、头围、胸围等项数据综合分析比较准确,也可按牙齿的萌出时间和顺序推断。儿童期体重的增加与年龄密切相关,出生后 1～6 月体重为[出生时体重＋月龄×600]克;出生后 7～12 月体重[出生时体重＋月龄×500]克;1 岁后平均体重可按[年龄×2＋7]公斤推算。成年后身体和牙齿的发育相对静止,以此估计年龄难度较大,可以牙或耻骨联合面的磨耗、骨愈合及其他形态学变化综合判断年龄。

(一)根据外部特征推定年龄

成人体重的变化与年龄无直接关系,此时可参考面部软组织状况,一般 30 岁以后,眼外眦外侧皮肤出现“鱼尾纹”,35 岁起鼻唇沟变深,40 岁开始皮肤下垂,呈“双下巴”,50 岁左右耳屏前出现皱纹,60 岁以上颈项部皱纹更加明显。随年龄增长而出现的上述变化,个体差异较大,受影响因素很多,只能粗略估计。

（二）根据牙齿推定年龄

牙齿是人体最坚硬的组织，不易腐败和损坏，同时牙齿的萌出、磨耗等会随年龄的变化而变化的规律性也比较强，因此利用牙齿来推断年龄具有重要意义。通常主要依据牙齿的萌出来判定未成年人的年龄，主要根据牙齿磨耗程度鉴定成年人的年龄。

1. 牙齿萌出与年龄的关系。乳牙一般自出生 6 个月开始左右成对萌出，至 30 个月时 20 个乳牙（上下颌各 10 个）出齐，其萌出顺序为：下颌乳中切牙 5 ~ 8 个月萌出，上颌乳中切牙 6 ~ 9 个月萌出，下颌乳侧切牙 6 ~ 9 个月萌出，上颌乳侧切牙 6.5 ~ 10 个月萌出，下颌第一乳磨牙 10 ~ 14 个月萌出，上颌第一乳磨牙 16 ~ 20 个月萌出，下颌第二乳磨牙 18 ~ 24 个月萌出，上颌第二乳磨牙 20 ~ 30 个月萌出，恒牙于 6 岁左右开始萌出。首先萌出的恒牙是第一恒磨牙，它位于第二乳磨牙的后侧；随后，恒牙的中切牙、侧切牙、尖牙、第一双尖牙、第二双尖牙相继萌出而代替乳牙，约 13 岁第二恒磨牙萌出；第三恒磨牙（俗称智齿）往往于成年后（多在 25 岁左右）萌出，但也有终生不萌出者。

2. 牙齿磨耗程度与年龄的关系。由于经常咀嚼食物，故会造成牙齿咬合面的磨耗，其程度随年龄的增长而不断加重。两者之间的关系问题，国内外学者进行了很多研究，并取得了不少成果，例如，国内采用的 10 级分类法，将牙齿磨耗程度分为 10 级：肉眼未见明显磨耗者为Ⅰ级；牙齿稍有磨耗者为Ⅱ级；牙尖磨平并稍有凹陷者为Ⅲ级；牙本质点状暴露者为Ⅳ级；牙本质暴露点在 2 个以上但无融合者为Ⅴ级；牙本质暴露点开始融合者为Ⅵ级；牙本质暴露点发生 2 处以上融合者为Ⅶ级；牙本质暴露点全部融合，但仍有岛状牙釉质存在者为Ⅷ级；牙冠的牙本质完全暴露者为Ⅸ级；牙髓腔暴露者为Ⅹ级。然后根据牙齿磨耗的级数，按一定公式求出相应的年龄，例如，根据上颌 4 颗磨牙的磨耗级数可按下述公式判定年龄：年龄 = 9.21 + 1.49 × 左侧第一磨牙磨耗级数 + 2.31 × 左侧第二磨牙磨耗级数 + 2.01 × 右侧第一磨牙磨耗级数 + 0.94 × 右侧第二磨牙磨耗级数。

3. 牙髓腔的变化与年龄的关系。牙髓腔的形态近似于牙齿外形，随年龄的增长而逐渐缩小，乳牙的牙髓腔从其与牙体的比例上看要大于恒牙，青年的牙髓腔又比老年人大，其原因是牙髓腔壁上不断发生牙本质的沉积。因此，在对牙齿进行 X 线照相后，通过观察牙髓腔与牙齿的比例关系也可判断年龄。

（三）根据骨骼推定年龄

骨骼的发育程度和形态亦与年龄有密切关系，对于未成年人可主要根据其骨骼的发育程度（骨化点的出现和骨愈合状况）来判定年龄，而对成年人则可主要根据耻骨联合面的形态和骨骺愈合情况判定年龄。

1. 骨化点的出现以及骨骺愈合与年龄的关系。人体骨骼的发育是从骨化点开始的,由该骨化点逐渐向周围发展,使骨骼增长、变粗,至青春期后,骨骺完全骨化并与骨干结合,这种现象叫作骨骺愈合。因各个骨骺骨化点的出现和骨骺愈合具有先后顺序,因此,可根据骨骺骨化点出现和骨骺愈合的时间来推断年龄。例如,锁骨体在胎儿6周时出现1~2个骨化点,胸骨端在18~20岁时出现1个骨化点,22~25岁时愈合。尺骨体在胎儿8周时,尺骨小头在7~8岁时,鹰嘴在8~11岁时分别出现骨化点;16~17岁时,鹰嘴与骨体愈合;20岁时,小头与骨体愈合。股骨干、股骨头、大转子、小转子及下骨骺端出现骨化点的时间分别为:胎儿7周、1岁、3~4岁、9~14岁、胎儿36周;大、小转子在17~18岁时与骨干愈合,股骨头在18~19岁愈合,下骨髓端在19~24岁愈合。

观察活体的骨化点和骨骺愈合情况,主要采用X光透视或拍片。

2. 耻骨联合面的形态变化与年龄的关系。耻骨联合面隆起情况随年龄的增长而变化,因成年人骨骼发育停止,鉴定年龄主要根据耻骨联合面的形态特征,这种方法被认为是确定年龄的最佳方法之一,以此判定年龄误差一般不超过5年。若能结合其他骨性年龄标志,将使青春期以后(20~40岁)人骨的年龄推算达到±2年的准确度,17~19岁:联合面上有明显的平行隆起,隆起高度一般为2~3mm;20~24岁:隆起逐渐变低,背侧缘开始形成;25~30岁:隆起消失,背侧缘及腹侧缘已经先后形成;31~35岁:背侧缘向后扩大使联合面呈椭圆形;36~44岁:联合面周缘隆起逐渐明显;45~50岁:联合面骨质开始疏松;50~59岁:联合面出现散在的粟粒样小孔;60岁以上:腹侧缘破损,联合面明显变形。

三、身高(尸长)的认定

身高有高、中、矮之分。就一般情况而言,我国男性身高在175cm以上,女性身高在170cm以上者为高个;男性身高165cm、女性身高160cm以下者为矮个;介于男、女高个、矮个之间的为中等个。通常采用实际身高测量的方法,以厘米数记录。

如尸体已完全白骨化,则全身骨骼按解剖学位置排列所量长度,再加5cm,即为实际身长;如只残存部分骨骼,可根据某根长骨(如股骨、胫骨、腓骨、肱骨、尺骨和桡骨等)推算身高。肢体部分长骨推算的中国汉族男性(21~30岁)身高的一元回归方程式为:

身高 $=2.30\times$ 股骨最大长 $+64.38\pm3.48$(cm)

身高 $=2.22\times$ 胫骨最大长 $+85.34\pm3.87$(cm)

身高 = 2.54 × 腓骨最大长 + 76.15 ± 3.81（cm）

身高 = 2.66 × 肱骨最大长 + 82.64 ± 4.13（cm）

身高 = 2.86 × 尺骨最大长 + 92.82 ± 4.47（cm）

身高 = 3.49 × 桡骨最大长 + 82.71 ± 4.14（cm）

若仅有长骨残块，可通过检验碎骨段分段长度推算该长骨的全长，或根据长骨的横径、周长或某些解剖标志特征的测量结果推算身高。

如果按照颅骨推算身高，应先测量通过眉间点（额骨两眉弓之间正中矢状面上最向前突出的一点）和颅后点（枕骨鳞部正中矢状面上最向后突出的一点）的颅围长度，再将数据代入公式：身高 = 119.1 × 0.826 颅周长（厘米），就可推算出此死者的身高。也可以根据头颅骨垂直径推断身高，身高 = 头颅骨垂直径 ×7（厘米）。

根据身高与体重的结合关系，可将体型分为以下九种：高胖型、高匀称型、高瘦型；中胖型、中匀称型、中瘦型；矮胖型、矮匀称型、矮瘦型。

第三节　容貌的个人识别

一、容貌的特征识别

（一）头型

从顶部观察头颅的形态，可将其分为圆形、椭圆形、卵圆形、菱形、模形和盾形。从侧面观察枕部的形态分为突出的、平的和中等的。从侧面观察颅顶部的形态，又可分为圆的、尖的和平的。

头的大小可分为大、中、小三等，其划分标准是依据头高与身长的比例。成年人大、中、小的比例分别为 1/6、1/7 ~ 1/8、1/9。

（二）面型

从正面观察面型可分为椭圆形、圆形、方形、长方形、卵圆形、梯形（见图11 –5）等。

图 11 –5　面型

（三）额型

主要指前额的高度和倾斜度。额高是指从发际线至鼻根的距离，距离长者为高的,距离短者为低的,介于两者之间为中等的。倾斜度是以鼻根向上引一垂直线作为标准线来确定的,分为后仰额、陡直额和凸额。

(四)下颌型

下颌型包括下颌的形状、长度和倾斜度。下颌的形状有尖形、圆形和方形。下颌的长度是指从下唇的下缘到下颌边缘的距离,分为长的、短的和中等的。下颌的倾斜度是从口唇正中点做一条垂直线来确定的,从侧面观察有前倾、后倾和直型三种。

(五)五官

1.眼。按眼裂的长度,可分为长、中、短三等;按眼裂的高度,又可分为高宽、中等、细窄三型。眼的形状则有椭圆形、纺锤形和三角形三种。根据两眼内眦之间的距离,有宽、窄和介于两者之间的分别。从眼内角和眼外角的位置关系看,有两者处于同一水平线的,也有眼外角高于眼内角的。还有眼外角低于眼内角的;按上眼皮有无皱褶,可分为双眼皮和单眼皮。根据眼眶的凹凸度又可分为突出的、一般的和深凹的。此外,还应观察睫毛的疏密、长短,虹膜的颜色以及有无蒙古褶(上眼睑皱褶在内眼角的延续部,多见于蒙古人种,故称蒙古褶)等。

2.鼻。仔细观察鼻子的大小,鼻根的高低,鼻梁、鼻底、鼻尖、鼻翼和鼻孔的形态,并分别进行描述。根据鼻根至鼻底的长度和宽度与脸部的比例关系,可将鼻子分为大、中、小三等;鼻根的高度一般分为高(明显高于两眼内眦连线)、中和低平;鼻梁从侧面观分为凹形、直线形、凸形和波浪形(见图11-6);鼻底分为上扬的、下垂的和水平的;鼻尖有钝圆形、尖小形和中间形三种类型;鼻翼按其宽度又分为宽的、窄的和中等的;鼻孔形态分为圆形、椭圆形、长椭圆形或三角形。

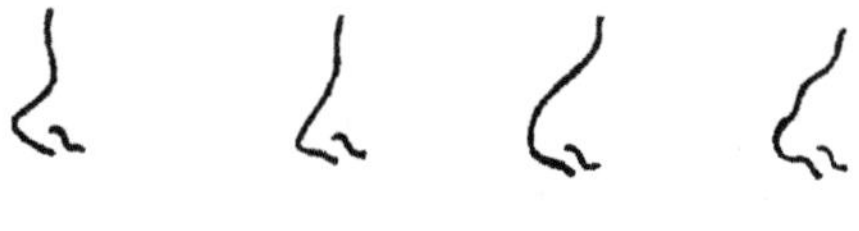

图11-6 鼻梁形

3.口。口唇应注意口的大小和口角的方向以及唇的高度、厚薄、突出情况等特征。口的大小是指口裂的宽度,分为大的、小的和中等的;口角方向分为上吊、水平和下垂的;唇的高度(指由鼻底至上唇上缘的距离)有长、短和中等之分;唇的厚度(指闭口时上唇或下唇的厚度)分为厚(厚度在10mm以上)、薄(厚度在4mm以下)和中等(厚度在5~9mm);唇侧面观,有上唇突出的、下唇突出的和两唇突出程度基本一致的。

由于牙齿的个体特异性强并且十分坚固不易毁坏,所以在个体特征识别中非常重要。具体识别过程中应详细检查并记录牙齿的大小、颜色、数目、排列状态、磨耗情况，以及有无龋齿、缺牙、虎牙、填充牙和假牙等。

4. 耳。其特征突出，各人之间的差异性也较大，应重点予以描述。耳部特征主要表现在外展程度以及各部分结构等方面。耳的外形分为三角形、椭圆形、长方形和圆形（见图11－7）；耳朵外展程度分为贴近的、中等的和外展的三种，耳轮有宽窄之分，对耳轮有内缩和突出之别；耳屏的形状有尖的、圆的和分叉的；耳垂的形状可分为三角形、方形和圆形。

图11－7　耳的外形

（六）毛发

包括头发、胡须和眉毛。检查头发时，应注意观察头发的疏密、形状、长短、色泽和有无秃发等情况。头发有的稠密，有的中等，也有的稀疏甚至秃发，而秃发又因部位不同分为额上秃发、头顶秃发和后顶秃发；头发的形状有直的、波浪状的、卷曲的，可以是长发，也可以是短发；头发的颜色可分为黑色、棕色、灰白色和白色。检查胡须要注意它的长短、分布部位和形状，如络腮胡、八字胡、山羊胡。眉毛应根据其形状、角度、长短和粗细进行识别，按形状分为直线形眉、弓形眉和弯折形眉；从角度上看又可分为水平的、向内倾斜和向外倾斜；眉毛的长度如大于眼裂者为长眉、小于眼裂者为短眉，与眼裂相等者为中等。此外，眉毛还有粗细的区别。

（七）其他特征

如面部有无痣、文眉、文眼线、疤痕等，以及这些特征的位置和形态。

二、面容自动识别技术

面容自动识别技术是通过一个标准的摄像头捕捉面部特征，并利用计算机人工智能系统对面部特征和它们之间的关系进行个人识别的技术。面部识别技术的优点主要有：面部识别是非接触的，被鉴定人不需要和设备直接的接触。当然，面部识别也存在以下缺点，如使用者面部的位置与周围的光环境都可能影响系统的精确性，大部分研究生物识别的人都认为面部识别是最不准确的，也是最容易被欺骗的。对于因人体面部的如头发、饰物、变老以及其他的变化可能需要通过人工智能来得到补偿，机器学习功能必须不断地将以前得到的图像和现在得到的图像进行比对，以改进核心数据用来弥补微小的差别。

三、模拟画像

模拟画像是刑事侦查所采用的“Montage”技术,是根据目击者提供的资料,将容貌特征与罪犯相似的照片,剪辑合成一张人像,进行个体识别的方法(见图 11-8)。

①模拟画像　　②被捕前的照片

图 11-8　模拟画像

四、头颅骨的容貌识别

(一)复容术

根据颅骨的解剖学特征,用某种科学手段来恢复死者生前容貌的个人识别技术,称为复容术,又称颅骨复容。复容术的方法有:面貌雕塑法、颜面影像复原形态图法、颅骨侧面描记法等,其中,面貌雕塑法是研究并应用于实践最早的一种方法,它是依据头面部软组织的厚度,用黏性物质在被检颅骨的复制品上重建与死者生前容貌相似的塑像(见图 11-9)。

①无名颅骨　　②原复的人像　③无名尸骨的生前照片

图 11-9　复容术

首先,复容前应确定颅骨的性别、年龄、种族、头型和面型。其次,将颅骨复制成石膏模型,并按照统计的各个点软组织的平均厚度,用黏性物质塑像。再次,参考尸发地的风俗习惯塑造头发等外形。最后,将已塑好的头像拍成照片或直接供可疑死者的亲属辨认。目前,电脑已被应用于颅骨复容技术中,由于电脑可对颅骨结构的特征进行全面分析,并能以此为基础制订出最佳复容方案,故颅骨复容的精确性日益提高。

(二)颅像重合术

将无名颅骨的画像、照片或视频图像与可疑人的画像、照片或视频图像相重合,以判定是否属同一个人的技术,称为颅像重合(photographic superimposition),该技术在个人识别的法医学鉴定中具有重要意义。颅像重合技术的发展经历了以下几个阶段。

1. 颅骨画像与肖像的重合。早期的颅像重合术是为了解决名人肖像是否真实的问题而发展起来的(当时一些画家为谄媚名人往往在画像中将其美化)。其基本做法是:先根据颅骨的空间特征画出其轮廓像,再用手工方法将此像与已知肖像加以重叠比较,若二者完全重合,则可判定肖像为真,否则为假。但由于颅骨轮廓像与肖像均欠缺精确性,故此种重合术常遭失败。

2. 颅骨照片与可疑人照片的重合。1935 年 Glaister 和 Brash 首次采用重叠照相法进行颅骨身源鉴定获得成功,从而发展了颅像重合术。其基本步骤是:先将可疑人的生前照片翻拍成负片;然后再根据照片的拍照距离和角度,对颅骨进行拍照并制成负片;最后将两张负片在灯光下重叠,观察颅骨各部位的特征与可疑人部位软组织上的标志点是否完全吻合(见图 11－10),如果完全吻合,在鉴定过程中又无任何因素干扰,则可以作出两者属同一的认定。

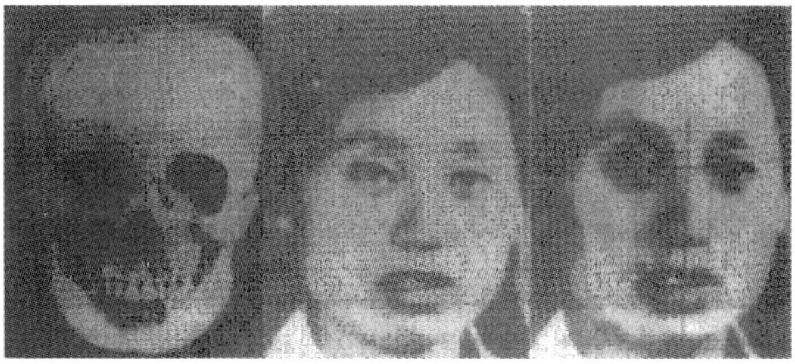

①无名颅骨　　②失踪人相片　　③颅相重合相片

图 11－10　颅像重合术

3. 颅骨与可疑人照片的视频图像重合。随着现代电视技术的发展,1977 年以后,颅像重合术又发展到了视频图像重合阶段:采用两台电视摄像机分别摄取失踪人照片和颅骨的图像信号,再通过视频信号混合器将信号同步传送到荧光屏上,显示出颅像重合图像,若图像完全重合,则可判定二者为一人。此种方法较前面两种方法简便而快捷。

4. 在视频图像重合术的基础上,兰玉文、才东升等人又于 1989 年研制成功了借助电子计算机的"TLGA - 213——图像重合鉴定处理系统"。由于该系统以数据处理为图像重合的基础,因而不仅简便快捷,而且具有较高的精确性,利用它不仅能认定身源不清的颅骨与失踪人照片是否为同一人,而且能认定证件上的照片与其持有者是否为同一人,从而在个人识别的法医鉴定中发挥出越来越重要的作用。

进行容貌识别时,应强调注意疾病、损伤、衰老、整容等的影响。

五、人像鉴定

人像鉴定是用犯罪嫌疑人的面相照片与案件中涉及的照片进行比较,确定两者是不是同一个体的鉴定,其是侦查活动中进行个体识别的重要手段,记录人体相貌的载体包括人像照片和录像资料相片两大类。

人像鉴定是人身同一认定的一种最有效的手段之一,其科学根据在于人体外貌特征具有特征总和的特定性,特征的相对稳定性以及特征的易反映性。人像鉴定包括分别检验、比较检验和综合评断三个基本步骤,其中比较检验常用拼接比较法、特征标示法、定位比较法、测量比较法和重叠比较法。人像鉴定的对象主要有人像照片的鉴定和监控录像截图的鉴定。

人像照片的鉴定常用照片测量法、照片重合法和面部特征比较法。照片测量的方法可靠性较差,照片重合的方法因为操作复杂也很少应用。目前最有效的方法是对面部细节特征的比较分析,如鼻骨大翼的终点与鼻棘点的关系,眉眼之间的关系,即眉下缘与眼睑上缘之间的距离等。人像照片的鉴定常见的有证件照片(如驾驶证、身份证、户籍证、准考证、历史人物照片、广告照片)的鉴定、尸体照片与生前照片的同一鉴定、美容前后照片的鉴定等。

在进行照片的比较鉴定时,下否定结论是可靠的,但作肯定结论时须慎重,有必要做更进一步的检验鉴定。

伴随着社会日新月异的发展,监控录像设备越来越普及,运用监控录像截图的鉴定开展侦查破获的案件也越来越多,监控录像截图与犯罪嫌疑人的照片的比对结果,成为案件侦破的重要依据。根据《全国人民代表大会常务委员会关于司法鉴定管理问题的决定》的规定:“声像资料鉴定,包括对录音带、录像带、磁盘、光盘、图片等载体上记录的声音、图像信息的真实性、完整性及其所反映的情况过程进行的鉴定和对记录的声音、图像中的语音、人体、物体作出种类或者同一认定。”因此,监控录像系统中的人像同一鉴定应属于声像资料鉴定的范畴,其鉴定意见是法定证据的种类之一。

监控录像视频资料的面像鉴定比较复杂,其效果要看案发现场录像的条件而定,主要有面部无遮挡物的面像鉴定和面部伪装的面像鉴定。

第四节　其他个人特征与个人识别

一、DNA 多态性和亲权鉴定与个人识别

DNA 分析技术可以通过分析 DNA 遗传多态性来确定人的身份,可以直接确认犯罪嫌疑人、被害人或当事人,并且能够形成数据库以便存贮、查询和联网,特别适用于串、并案和异地案等疑难案件的侦破,以及对危险性较大的罪犯的控制。DNA 分析技术还可以结合生物遗传规律进行亲权鉴定,从而大大拓宽了个人识别的应用范围,如子女与父母的亲子认定可运用孟德尔分离律和自由组合律及 DNA 分型技术测定常染色体的 STR 位点基因座,母系间的亲权认定(如某女与其外婆)可运用线粒体 DNA 测序,父系间的亲子认定(如伯父与侄子)可运用 Y 染色体 DNA 的 STR 位点基因座测定。DNA 分型技术现已成为个人识别中最常用和可靠的方法(详细内容请见第十章)。

二、指纹和指纹识别技术

手指第一节掌侧面的凹凸花纹,称为指纹(fingerprint)。指纹识别作为识别技术已经有很长的历史了,按照一般人的看法,指纹识别技术通过分析指纹的全局特征和指纹的局部特征,如崎、谷、终点、分叉点或分歧点,从指纹中抽取的特征值可以非常地详尽,以便提高通过指纹来确认一个人的身份的可靠性。指纹是人体独一无二的特征,并且它们的复杂性为鉴别提供了足够的特征。如果我们想要增加可靠性,只需登记更多的指纹,鉴别更多的手指,但不能超过 10 个。因其具有各人不同、终生不变的特点,故在个人识别中具有重要意义。

现代指纹识别技术非常先进,扫描和识别指纹的速度很快,使用非常方便。读取指纹时,用户必须将手指与指纹采集头相接触,与指纹采集头直接接触是读取人

体生物特征最可靠的方法。指纹识别技术是目前最方便、可靠、非侵害和价格便宜的生物识别技术解决方案。

三、虹膜和虹膜识别技术

虹膜是一种在眼睛瞳孔内织物状的各色环状物,每一个虹膜都包含一个独一无二的基于像冠、水晶体、细丝、斑点、结构、凹点、射线、皱纹和条纹等特征的结构,没有任何两个虹膜是一样的。虹膜扫描安全系统是用一个全自动照相机来寻找你的眼睛同时在发现虹膜时就开始聚焦,想通过眨眼睛来欺骗系统是不可能的。虹膜识别技术的优点主要有:辨别伪装、只需用户位于设备之前而无须物理接触、便于使用,其可能会成为最可靠的生物性身份识别技术之一。

近年来,美国、英国因反恐的需要,投入大量经费研究虹膜身份识别技术,取得了突破性进展,现已作为重要的活体个人识别方法在应用。

四、其他个人特征与个人识别

(一)痣疣

痣是指皮肤上的色素斑点,常见的有斑痣、雀斑痣、毛痣、疣状痣和红斑痣等。疣是一种突出于皮肤的肉赘,分为扁平疣、寻常疣和尖锐湿疣等。检查时应注意它们的生长部位、形状、大小、颜色和数目等特征。

(二)瘢痕

瘢痕形态比较固定而且个体差异大,因而是进行个人识别的重要依据,检查时要详细记录其形状、位置、数目、大小、颜色和软硬程度等特征。一般来说,手术瘢痕呈规则的线条状;烧伤遗留的瘢痕,面积大且边缘不整齐;枪弹创的瘢痕多呈类圆形,周围皮下可见火药的色素沉着;新鲜的瘢痕呈淡红色、质地较软;陈旧的瘢痕呈白色,有光泽且质地较硬。

(三)文身

文身(tattoo)是指皮肤上经针刺浸入染料后,使色素残留于皮内而形成的有色花纹,多刺在上臂、前臂或前胸后背上,一般来说,其图案不易改变,若采用腐蚀、手术、冷冻等方法消除文身会在局部留下疤痕,但近年来随着科学技术的发展,激光等先进技术消除文身不会留下疤痕。因此,当文身作为个人识别标志时应慎重判断。

(四)血型

血型是人体的一种遗传性状,通常采用血液(血痕)、精液(斑)、唾液(斑)、毛发、骨骼等测定血型。但依据血型鉴定不能肯定人身，只能起到否定人身的作用，目前已被 DNA 分型技术所取代。

（五）其他

有的人体病变，由于形成原因特殊，形态比较稳定，因此，对个人识别也有一定意义。例如，国外有一个案例，某地从水塘内打捞出一具尸体，已高度腐败且面目无法辨认，法医博士赶到时，尸体已火化，仅留有几张照片和简单的验尸报告，随同尸体打捞出的其他一些物品表明死者为本省人。但是博士经过仔细观察照片，发现尸体的骨骼上有一些明显的黑色斑块，认定是铅沉积在骨组织上所致，该死者可能患有慢性铅中毒。因此，他建议警察到省炼铅厂去调查。后来，警察果然在该厂查到无名尸体的姓名、身份，并以此为线索迅速破了案。

研究与思考

1. 何谓个体识别？个体识别的对象有哪些？
2. 简述个体识别的方法手段。
3. 用于个体识别的人体特征包括哪些？
4. 性别判定的方法有哪些？
5. 法医学如何推断人的年龄？
6. 容貌识别的技术方法有哪些？
7. DNA 多态性和亲权认定在个人识别上的地位和作用如何？

拓展阅读

1. 张继宗主编：《法医人类学》，人民卫生出版社 2016 年版。
2. 陈世贤主编：《法医人类学》，人民卫生出版社 1998 年版。

第十二章　法医精神病鉴定

重点提示

1. 法医精神病学是以临床精神病学为基础，以法律为依据，专门研究与法学相关的精神问题的学科。

2. 法医精神病鉴定是司法机关在审理案件的过程中，为了查明案情，指派、聘请有资质的鉴定人对当事人、犯罪嫌疑人、被告人或与案件相关的人员进行精神状态鉴定和行为能力评定的活动。国内推荐使用《ICD－10 精神与行为障碍分类》作为精神障碍的诊断标准，在不能满足诊断要求的情况下，可以使用《中国精神障碍分类与诊断标准第三版(CCMD－3)》。

3. 精神分裂症和精神发育迟滞是涉及法律问题最多的病种。

4. 刑事责任能力分为完全刑事责任能力、限定刑事责任能力和无刑事责任能力。民事行为能力分为完全行为能力、限制行为能力和无行为能力三个等级。诉讼行为能力应一案一鉴定。

5. 法医精神病鉴定应当遵循无病推定的原则。

6. 诈精神病者的心理活动和症状不稳定性应引起重视。若精神检查中发现诈精神病者症状有明显破绽，调查材料和其本人的书写材料等也提供了足够的证据，则可以作出明确的诈病诊断。

第一节　精神病人与违法犯罪的关系

一、精神病人的法学范畴

我国《刑法》第 18 条规定："精神病人在不能辨认或者不能控制自己行为的时候造成危害结果，经法定程序鉴定确认的，不负刑事责任……"其中对"精神病人"一词的含义在一定的范围内存在争议，一种观点认为，应狭义地理解为患有严重精神疾病的患者,如精神分裂症和中度以上精神发育迟滞等,他们认为只有“重性精神病”才会导致辨认或控制能力丧失。另一种观点认为,应广义地理解为精神医学范围内的各种精神障碍患者,即患有如精神分裂症、偏执性精神病、情感性精神障碍、器质性精神障碍、精神活性物质所致精神障碍、应激相关障碍及神经症等精神障碍的患者均属于此范畴。法医精神病学研究表明,非精神病性精神障碍患者由于受精神症状的影响,会出现对自己行为的辨认和控制能力削弱的情况,可以评定为限定刑事责任能力,鉴定实践也证明了这种情况的存在。同样,精神分裂症等严重精神障碍患者如果处于疾病早期或精神症状部分缓解,对自己行为的辨认和控制能力并未完全丧失,仍应评定为限定刑事责任能力。目前大多数法学和法医精神病学专家持后一种观点。

二、精神分裂症与违法犯罪

(一)精神分裂症的基本概念

精神分裂症是一种常见的精神疾病,其患病率和发病率居各类精神疾病的首位,病因尚未明了,可能与遗传、个体素质、生化异常、不良环境因素等有关。多起病于青壮年,表现为思维、情感、行为、意志活动的不协调和脱离现实,意识清晰,智能尚好。病程多迁延,部分患者后期趋向精神衰退。

(二)精神分裂症的诊断标准

国外有布鲁勒的4A症状标准和施奈德的一级症状。目前国内推荐使用《ICD-10精神与行为障碍分类》作为精神障碍的诊断标准,在不能满足诊断要求的情况下,可以使用《中国精神障碍分类与诊断标准第三版(CCMD-3)》,其诊断标准如下。

1.症状标准。至少有下列两项并非继发于意识障碍、智能障碍、情感高涨或低落,单纯型分裂症另规定:(1)反复出现的言语性幻听;(2)明显的思维松弛、思维破裂、言语不连贯、思维贫乏或思维内容贫乏;(3)思想被插入、被撤走、被播散、思维中断,或强制性思维;(4)被动、被控制,或被洞悉体验;(5)原发性妄想(包括妄想知觉,妄想心境),或其他荒谬的妄想;(6)思维逻辑倒错、病理性象征性思维,或语词新作;(7)情感倒错,或明显的情感淡漠;(8)紧张综合征、怪异行为,或愚蠢行为;(9)明显的意志减退或缺乏。

2.严重标准:自知力障碍,并有社会功能严重受损或无法进行交谈。

3.病程标准。(1)符合症状标准和严重标准至少已持续1个月,单纯型另有规定。(2)若同时符合分裂症和情感性精神障碍症状标准,当情感症状减轻到不能满足情感性精神障碍症状标准时,分裂症状需继续满足分裂症的症状标准至少2周以上,方可诊断为分裂症。

4. 排除标准:排除器质性精神障碍、精神活性物质和非成瘾性物质所致精神障碍,尚未缓解的精神分裂症病人若又罹患本项中前述两类疾病,应并列诊断。

(三)精神分裂症与犯罪的关系

司法鉴定实践表明,在各类犯罪案件精神鉴定中,精神分裂症约占1/2,而且精神分裂症犯罪造成的后果往往十分严重,社会影响较大,应当给予足够的重视。

大多数资料表明,精神分裂症患者社会适应能力下降,处于社会的最底层,比较容易发生轻微的犯罪。据报道,由精神疾病所致的凶杀案件中半数以上是精神分裂症患者所为,其在幻觉、妄想等精神病性症状的影响下,由于缺乏判断能力,对事物的辨认能力受到损害,致使发生严重的暴力犯罪。其中年轻、文化程度低、单身、失业病人更具有暴力倾向,并且年轻病人反复出现暴力的概率较高。他们的作案特点通常是无预谋,多于白天作案,以公开的方式实施凶杀行为,手段残忍,被害对象多为亲属、邻居或同事,作案后很少潜逃多停留在现场。偏执型精神分裂症患者妄想逐渐形成后,攻击对象较为固定,作案有选择性和预谋性,在感到难以得手时可能将攻击对象指向妄想对象的亲友。由于偏执型精神分裂症患者除妄想外,精神活动相对保留完整,有一定的自控能力,因此其攻击行为难以预测,极易造成严重后果。

三、精神发育迟滞与违法犯罪

(一)精神发育迟滞的基本概念

精神发育迟滞又称精神发育不全弱智低能,《精神病学》第4版对其的定义为:精神发育迟滞是一组由生物、心理和社会因素所致的广泛性发育障碍。临床特征为智力低下和社会适应困难,可同时伴有其他精神障碍或躯体疾病,起病于大脑发育成熟(18岁)以前。法医精神病学鉴定实践表明,在各类犯罪案件的精神鉴定中,精神发育迟滞仅次于精神分裂症,居第二位。

(二)精神发育迟滞的诊断标准

1. 世界卫生组织(WHO)有关精神发育迟滞的诊断标准

WHO将精神发育迟滞按智力低下的严重程度分为轻度(IQ为50~70)、中度(IQ为35~49)、重度(IQ为20~34)、极重度(IQ为低于20)四个等级。

2. 国内有专家认为符合下列3条标准的可以诊断精神发育迟滞:

(1)一般智能明显低下,智力测验所得智商低于70;

(2)按照年龄来说存在行为适应障碍;

(3)16~18 岁前起病。

3.《中国精神障碍分类与诊断标准第三版(CCMD-3)》有关精神发育迟滞的诊断标准分为以下几点。

(1)轻度精神发育迟滞:①智商在 50~69,心理年龄 9~12 岁;②学习成绩差(在普通学校学习时常不及格或留级)或工作能力差(只能完成较简单的手工劳动);③能自理生活;④无明显言语障碍,但对语言的理解和使用能力有不同程度的延迟。

(2)中度精神发育迟滞:①智商在 35~49,心理年龄 6~9 岁;②不能适应普通学校学习,可进行个位数的加、减法计算,可从事简单劳动,但质量低、效率差;③可学会自理简单生活,但需督促、帮助;④可掌握简单的生活用语,但词汇贫乏。

(3)重度精神发育迟滞:①智商在 20~34,心理年龄 3~6 岁;②表现显著的运动损害或其他相关的缺陷,不能学习和劳动;③生活不能自理;④言语功能严重受损,不能进行有效的语言交流。

(4)极重度精神发育迟滞:①智商在 20 以下,心理年龄约在 3 岁以下;②社会功能完全丧失,不会逃避危险;③生活完全不能自理,大小便失禁;④言语功能丧失。

智商测定提供的信息具有重要的价值,但不能过分依赖智商测定的结果。精神发育迟滞的诊断应结合智商、生活自理能力、学习能力、社会适应能力等材料进行综合确定。

(三)精神发育迟滞与犯罪行为的关系

目前有关精神发育迟滞与犯罪行为的关系尚无统一看法,据资料反映,近年来本症违法犯罪者明显增多,犯罪类型主要有凶杀、盗窃、纵火和性犯罪等。由于精神发育迟滞患者学习能力低下,致使其法律道德观念薄弱,对事物的判断、理解能力差,常常受人利用和欺骗。精神发育迟滞患者常常伴有人格异常,社会适应能力差,容易受到歧视而产生自卑感,发生报复行为。精神发育迟滞患者生理发育成熟后,因心理发育滞后,自我控制能力差而易发生性侵犯行为。精神发育迟滞者开始犯罪的年龄较小,其犯罪高峰在青少年中晚期,可能与脱离家庭或学校的保护和控制有关,由于精神发育迟滞者智力低下,不受正常犯罪团伙的欢迎,所以单独作案者较多,在性犯罪案件中,由于智力低下、缺乏预谋和周密的计划,成功的概率较低。

第二节　法医精神病鉴定概述

法医精神病鉴定是指在诉讼活动中,司法鉴定人运用现代精神医学的理论和技术,对诉讼活动涉及的精神疾病的专门性问题进行鉴别和判断,并提供鉴定意见的活动。

为了规范法医精神病鉴定执业活动,提高鉴定质量,根据《全国人民代表大会常务委员会关于司法鉴定管理问题的决定》和司法部颁布的《司法鉴定程序通则》《司法鉴定机构登记管理办法》《司法鉴定人登记管理办法》《司法鉴定文书规范》(现已失效),结合法医精神病鉴定专业特点和工作实际,制定严格的鉴定程序细则或执业规定,是规范性建设的重要组成部分,是法医精神病鉴定工作发展的需要。细则或执业规定涉及的内容包括以下几个方面。

一、法医精神病鉴定主体

(一)鉴定机构

司法鉴定机构开展法医精神病鉴定应当符合下列条件:

1. 有3名以上法医精神病鉴定人,其中至少1名具有高级专业技术职称。

2. 配备有智力测验、记忆测验、人格测验等心理测量工具和脑电图或脑电地形图等仪器设备。

3. 法律、法规和规章规定的其他条件。

(二)司法鉴定人

司法鉴定人开展法医精神病鉴定应当符合下列条件:

1. 具有高等医学院校本科以上学历和中级以上对口专业技术职称。

2. 从事精神医学临床工作3年以上,参与法医精神病鉴定工作3年以上,并参与鉴定案例30例以上;从事精神医学临床工作1年以上,参与法医精神病鉴定工作5年以上,并参与鉴定案例60例以上。

3. 经过相关法律专业知识培训。

4. 法律、法规和规章规定的其他条件。

法医精神病鉴定人可以是专职的,也可以是兼职的,但都必须符合以上条件。如果条件还不具备的,可以采取鉴定助理或协助鉴定的形式过渡,但此阶段不具有司法鉴定人资格,不能作为司法鉴定人签署鉴定文书。接受委托的鉴定机构应当指定本机构2名以上鉴定人进行鉴定，对于疑难复杂的鉴定，可以指定多名鉴定人进行；重新鉴定的，则应当至少有1名鉴定人具有高级技术职称。

二、法医精神病鉴定的程序步骤

（一）委托与受理

法医精神病鉴定机构一般接受司法机关的鉴定委托。委托方应当采取书面的形式进行委托，委托书应当载明委托事项、鉴定要求以及简要案情，送检的材料应当全面、客观、真实、合法。

为了解决举证问题，鉴定机构也可以受理诉前案件的当事人或代理人的委托，但应当对提供的案件材料进行严格审查，避免偏听偏信。

司法鉴定人在受理鉴定委托时，首先应明确委托要求和鉴定目的，其次应认真全面地了解案情，最后应审核送检材料是否完整、是否需要补充，并根据本机构的技术能力决定是否受理。

司法鉴定机构在接到委托方的委托后，应当在7个工作日内作出是否受理的决定，并告知委托方，对疑难、复杂及特殊案件，受理时间可以与委托方协商确定，决定受理的，应及时与委托方签订委托鉴定协议书（协议书项目参考司法部颁布的《司法鉴定程序通则》），签订协议书时还应对有关项目向委托方进行说明，以避免引起误解。从法学角度来说，协议书的签订应该视为民事契约关系的确立，因此，未在规定期限内履行鉴定义务或违反协议书规定内容的，司法鉴定人应承担相应的责任。目前我国对相关规定的执行力度尚不严格，但随着法律制度的不断健全，对于相关环节的法律责任会逐步得到规范。

目前我国法医精神病鉴定的启动权主要由侦查机关、检察机关和人民法院等办案机关掌握，当事人或其委托的律师认为有必要的，可以向有关机关提出鉴定申请。

（二）鉴定步骤

1. 司法鉴定人在实施鉴定前，必须亲自阅卷，需要补充调查的应向委托方及时提出，补充调查可以在委托方陪同下进行。其应详细记录调查内容，可以对调查过程进行录音、录像，如有必要，可以要求被调查人对调查内容核对后签字确认。

2. 法医精神病鉴定有两种鉴定方式：一为直接鉴定，二为文证审查。被鉴定人能够与司法鉴定人面谈的，应当选择直接鉴定，直接鉴定包括门诊、外出和住院鉴定；被鉴定人已死亡，或者因其他特殊原因不能进行面谈的，但根据现有材料足以完成鉴定的，可以选择文证审查的方式进行鉴定。

3. 进行鉴定前,应当由委托方告知被鉴定人鉴定的目的,但是委托方有特殊要求的除外。

4. 精神检查记录应当详细、全面,同时应记录被鉴定人的姓名、鉴定时间、鉴定地点、司法鉴定人、记录人和在场人员,可以对鉴定过程进行录音、录像。

5. 根据案例具体情况进行必要的心理学测试和其他相关检查。

6. 检查完成后,鉴定组成员应当根据鉴定要求进行讨论,讨论内容包括:

(1)调查材料全面性和可靠性评价;

(2)精神检查发现的专业性分析;

(3)心理学及实验室检查发现的评估;

(4)精神疾病诊断及依据;

(5)案发时及目前的精神状况;

(6)疾病与案情行为的关系;

(7)辨认和控制能力状况;

(8)有关疑问的回答。

不同意见应如实记录。司法鉴定人应当对讨论结果进行核对并签字确认。

7. 鉴定完成后应当在规定的期限内出具《法医精神病鉴定意见书》。

8. 法医精神病鉴定应当自受理之日起 30 个工作日内完成,涉及疑难、复杂、特殊的技术问题的,经鉴定机构负责人批准,可以延长鉴定时间,但延长时间最多不得超过 30 个工作日。

三、法医精神病鉴定的内容和类型

(一)鉴定内容

1. 精神状态鉴定,要根据案卷材料、调查材料、躯体检查、精神状态检查及相关心理学检查和实验室检查发现,作出有无精神障碍的诊断。

2. 法律能力评定,包括刑事责任能力、民事行为能力、诉讼能力、受审能力、服刑能力、作证能力、监护能力、性自我防卫能力、受处罚能力等的评定。

3. 精神损伤和精神伤残评定,包括精神损伤和精神伤残程度评定、损伤与精神障碍因果关系评定等。

4. 劳动能力评定,主要是因病、因伤丧失劳动能力评定。

5. 医疗纠纷鉴定,主要是因当事人对医方提供的诊疗方法存在疑义,从而提出鉴定要求。鉴定内容包括精神状态鉴定、因果关系评定以及是否存在医疗不当等问题。

（二）鉴定类型

根据鉴定需要分为下列类型。

1. 初次鉴定，即一般鉴定，出具法医精神病鉴定意见书。

2. 补充鉴定，是在原鉴定的基础上对其中的个别问题进行复查，并给予进一步说明，以使原鉴定结论更加完善，补充鉴定通常由原司法鉴定人进行。委托补充鉴定的一般有下列情况：(1)原鉴定文书中鉴定事项有遗漏；(2)发现新的鉴定材料；(3)需要增加鉴定事项。

3. 重新鉴定。委托重新鉴定的一般有下列情况：(1)发现原鉴定存在程序问题；(2)委托方或诉讼当事人对原鉴定结论有异议，并能够提出合法依据和理由的；(3)原司法鉴定人之间的鉴定意见存在分歧。

重新鉴定一般由其他鉴定机构进行，且《司法鉴定程序通则》规定，接受重新鉴定的鉴定机构的资质应高于原鉴定机构。

4. 联合鉴定或会鉴，是对重大、疑难、复杂的案例，或鉴定组人员对鉴定意见存在重大分歧的案例，司法鉴定主管部门或司法鉴定行业组织可以组织由多家鉴定机构参加的联合鉴定。

5. 聘请专家鉴定，是指对于复杂的、涉及多学科知识和技术手段的专门性问题，可以聘请外单位有关专家协助鉴定。司法鉴定人对专家意见有采纳与否的决定权，但应将专家意见记录在案。

四、精神状态检查

精神状态检查是法医精神病学鉴定活动中最重要的组成部分，鉴定人在检查过程中通过交谈、观察、了解被鉴定人的精神活动状况对鉴定结论的形成起着至关重要的作用。精神检查可以采用自由交谈法和询问法相结合的方式进行。

（一）合作的被鉴定人的精神检查

1. 一般情况。(1)意识状态：意识是否清晰，有何种意识障碍，包括意识障碍的水平和内容。(2)定向力：时间、地点及人物的定向力；自我定向，如姓名、年龄、职业等。(3)接触情况：主动或被动，合作情况及程度，对周围环境的态度。(4)日常生活：包括仪表、饮食、大小便、女性病人的经期情况，与其他人的接触及参加社会活动情况等。

2. 认知过程。

(1)知觉障碍：①错觉：错觉的种类、出现时间及频度与其他精神症状的关系及影响。②幻觉：幻觉的种类、出现时间及频度，与其他精神症状的关系及影响，特别要检查有否诊断价值大的症状。③感知综合障碍:感知综合障碍的种类、出现时间及频度,与其他精神症状的关系及影响。

(2)注意力:注意是否集中、涣散。

(3)思维障碍:①思维及思维形式:语量和语速有无异常,有无思维迟缓、思维奔逸、思维中断、破裂性思维及思维贫乏等。②思维内容和结构:妄想的种类、出现时间,内容及性质,发展动态,涉及范围,是否固定或成系统,荒谬程度,与其他精神症状的关系。强迫观念的种类、内容,发展动态及其与情感意向活动的关系。超价观念的种类、内容,发展动态及其与情感意向活动的关系。

(4)记忆力:记忆力减退(包括即刻记忆、近记忆及远记忆)或记忆增强,有无遗忘、错构及虚构。如有明显记忆减退,则应进行记忆测验。

(5)智能:包括一般常识、专业知识、计算力、理解力、分析综合及抽象概括能力。如有智能减退,则应进行智力测验。

(6)自知力:被鉴定人对自己精神疾病的认识。

3. 情感表现。情感障碍包括情感高涨、情感低落、情感淡漠、情感倒错、情感迟钝、焦虑、紧张等,应注意被鉴定人的表情、姿势、声调、内心体验及情感强度、稳定性,情感与其他精神活动是否配合,对周围事物是否有相应的情感反应。

4. 意志与行为活动。意志减退或增强,本能活动的减退或增强,有无木僵及怪异的动作行为。注意其稳定性及冲动性,与其他精神活动的配合程度等。

(二)不合作的被鉴定人的精神检查

处于极度兴奋躁动、木僵、缄默、违拗及意识模糊等状态的被鉴定人属于不合作被鉴定人。

1. 一般情况。(1)意识:可以从被鉴定人的自发言语、表情、行为和生活自理情况等方面进行判断。(2)定向力:可以通过被鉴定人的自发言语、生活起居及接触他人时的反应进行判断。(3)姿态:姿势是否自然,有无不舒服的姿势,姿势是否长时间不变或多动不定,肌力、肌张力如何。(4)日常生活:饮食及大小便能否自理,女性被鉴定人能否主动料理经期卫生。

2. 言语。被鉴定人兴奋时应注意言语的连贯性及其内容,有无模仿言语,吐字是否清晰,语调高低,是否用手势或表情示意。缄默不语时注意是否能够用文字表达其内心体验与要求,有无失语症。

3. 面部表情与情感反应。面部表情如呆板、欣快、愉快、焦虑等,有无变化。在无人时被鉴定人是否闭眼、凝视或警惕周围事物的变化。询问有关内容时有无情感流露。

4. 动作与行为。有无本能活动亢进、蜡样屈曲、刻板动作、模仿动作、重复动作，有无冲动、自伤、自杀行为，有无抗拒、违拗、躲避、攻击及被动服从，动作增多或减少，对命令是否服从。

五、法医精神病鉴定应遵循无病推定的原则

无病推定原则在国外于 19 世纪就以法条的形式加以规定："在考察犯罪的行为能力以及为此而接受审判和承担法律责任的能力方面，所有人均被推定为理智健全和有充分的理由能对犯罪行为承担责任。除非有充足的证据能够推翻精神正常的推定，证实被告人缺乏理智，不了解自己行为的性质"，"在所有法律部门中，在未证实一个人为精神失常或无行为能力之前，他被推定为精神正常，并且有按自己的意志行动的能力"。无病推定的实质是防止鉴定人在鉴定工作中先入为主，认为被鉴定人一定有精神异常才会来鉴定，正确的方法是对现有的材料进行分析，去伪存真，科学、客观、公正地作出评价。鉴定人应该推断犯罪嫌疑人或被告人精神状态正常，具有完全刑事责任能力，在有充分的材料和精神检查中发现其有明确的精神症状，并且影响了对自己行为的辨认或控制能力，才能作出有病及限制其责任能力的结论。维护被鉴定人的合法权利，并不等于最终一定是作出"无精神病"的结论。

六、法医精神病鉴定的管理

（一）质量监督与培训考核

鉴定质量评估包括日常和定期开展的评估活动，目的是使鉴定工作处于持续改进的状态，保持鉴定质量的符合性和准确性。通过对司法鉴定人员的考核，使司法鉴定人能够持续满足鉴定工作的要求。

1. 鉴定机构内监督审查

监督审查的内容包括：委托事项是否在本专业的鉴定能力范围内；送检材料是否符合鉴定要求；受理后是否根据案件特点指定合适的司法鉴定人；鉴定过程是否规范操作；各项记录是否完整详细；鉴定讨论的质量以及司法鉴定人的意见是否一致；所有的资料是否支持最终的鉴定结论；鉴定文书制作是否规范。

（1）日常监督：自受理案件开始，直至发出鉴定报告，日常监督贯穿于鉴定工作的始终。监督工作由专业负责人实施，业务量较大的鉴定机构可以设立质量监督员以加强监督的力度。

（2）定期监督：通过定期抽查个案档案等方法对鉴定质量和司法鉴定人的技术能力状况进行评价，以保证鉴定质量在可控范围内。

(3)现场考核:专业负责人按计划参加个案的全部鉴定过程,对司法鉴定人在案件受理的处置、全面阅卷的程度、精神检查方法的把握、鉴定讨论发表观点的质量、鉴定结论的准确性等方面作出全面评价,实施对司法鉴定人的能力考核。

(4)内部审核:定期开展内部审核活动,对本专业的鉴定工作作出全面的评价。对审核过程中发现的问题应当及时提出整改措施,使鉴定工作处于持续改进状态,保证鉴定质量不断提高。

2. 鉴定机构间交流

各鉴定机构具有自己的特点或长处,通过邀请外部鉴定机构的专业人员对本机构的具体鉴定工作进行评价的方法,可以发现鉴定工作中存在的自身难以觉察的缺陷。同时,通过相互交流,还可以解决某些具有分歧的问题,起到共同提高、推动专业发展的作用。

(1)质量评估:请外部鉴定机构的专家对本机构的鉴定活动进行评估,可以采用两种方式:一种方式是请外部机构的专家参加个案的全部鉴定过程,对鉴定工作作出全面评价;另一种方式是由外部机构的专家对若干份已完成鉴定工作的完整的内部档案进行评阅。两种评估方式各有其优点,前者较为直观,对被考核的司法鉴定人的工作能力作出的评价相对客观,后者通过审核一定数量的内部档案,对日常鉴定工作的全貌进行评价有较大帮助。

(2)鉴定机构间的比对:向外部鉴定机构发出邀请,通过对某一具体案例分别独立进行鉴定,并由被邀请者对发出邀请者的鉴定结果进行评价。在实施鉴定机构间的比对之前,应当制定活动的规则,其中最为重要的是制定评价方法与标准。鉴定机构间比对活动的优点是能够对鉴定活动的整个过程进行比较分析,据此作出的评价也就相对全面和客观。

(3)能力验证:由组织者发出公告,各鉴定机构参与,对同一案例分别独立进行鉴定,并由组织者对参与者的鉴定结果进行评价,参与者通过此类活动,得以了解自己的能力状况。由于能力验证活动要求参与者对同一案例分别独立进行鉴定,从本专业的实际状况考虑,每一参与者都与被鉴定人进行面谈有较大的难度,人力成本过高,存在一定的困难。目前开展此类活动的设想是由组织者制备文书形式的检材,参与者通过对提供的文书检材进行分析,以分析说明和鉴定意见的形式回答组织者提出的问题,并由组织者对此作出评价,同样,组织者应制定活动的评价方法与标准。

3. 质量投诉

委托方或当事人对鉴定程序及鉴定结论有异议,可以向鉴定机构提出投诉。

鉴定机构在投诉接待和处理过程中，通过对鉴定工作复查的方式，对鉴定工作是否符合鉴定程序，鉴定结论是否准确进行评估等情况作出评价，客观上起到事后监督的作用。如果发现问题，应当总结经验教训，及时提出纠正和预防措施。

4. 培训与考核

根据业务发展的需要，每年制订司法鉴定人培训与考核计划，包括培训人员、培训时间、培训类型、培训方式、考核方式等内容。

(1)岗前培训：培训内容主要有法律法规、技术规范等，可采取集中授课、外派进修、专人带教等方式。

(2)岗位培训：每年组织司法鉴定人进行岗位培训，培训方式有学术讲座、技术交流、外派进修等。一方面满足司法鉴定人知识更新的需求，另一方面借此系统提高司法鉴定人的理论水平。

(3)适时培训：开展新项目、执行新标准前以及鉴定工作出现偏差后，均应进行适时培训以满足鉴定工作的要求。

(二)档案管理

法医精神病鉴定过程中形成的材料应永久存档，并应符合《各类检查机构能力的通用要求》第五部分“检查机构应确保对检查活动过程获得的信息保密，这些信息的所有权应受到保护”的要求，不得泄露案件的有关材料及被鉴定人的隐私。鉴定人只能根据法律规定、法院命令和获得被鉴定人的同意才能披露这些信息，在被鉴定人或其法定代理人明确同意的情况下才能将鉴定所获得的资料用于其他用途。

1. 司法鉴定业务档案管理的重要性

(1)司法鉴定业务档案是司法鉴定机构及司法鉴定人从事司法鉴定业务活动的历史记录。

(2)司法鉴定业务档案是司法行政机关对司法鉴定机构和司法鉴定人进行考核的依据。

(3)司法鉴定业务档案为鉴定后事务如案件复查、出庭质证、信访接待等提供全面的资料保证，便于司法鉴定人处理相关事务。

2. 司法鉴定业务档案管理的内容

(1)司法鉴定机构应当配备档案管理人员，负责鉴定档案的集中统一管理。档案管理人员负责档案登记、整理、装订、存档等各项工作。

(2)鉴定档案应包括下列资料：

①档案目录：档案首页为档案目录，建立档案目录便于快速查询档案内某一内容，更重要的是防止档案内容被抽取或添加。档案目录应当按照卷内材料的排列

顺序逐一载明,并标明起讫页码。

②鉴定过程形成的资料:鉴定文书手稿、鉴定文书副本、鉴定调查材料、鉴定检查记录单、鉴定讨论记录单、专家会诊意见记录单、心理学及实验室检查报告。

③委托方送检材料:将委托方送检材料中与法医精神病鉴定有关的材料复印后归档,包括:与案情有关的法律文书(如起诉书、诉状等)、案件审理记录、旁证材料、被鉴定人的书证材料及病历资料、历次鉴定的鉴定文书。

④委托受理形成的资料:委托方介绍信、委托书、委托受理协议书。

⑤封面及封底:封面记载的主要内容包括档案编号、被鉴定人姓名、案由、建档日期、保存期限(一般为永久保存)等;封底的主要内容为档案附件(如照片、声像资料、CT 及 X 片等)鉴定机构负责人和档案管理人员签章、日期。

3. 查阅档案

需要查阅、摘抄、复印鉴定档案的,应当经鉴定机构负责人同意。摘抄、复制的材料应当由档案管理人员核对,并加盖鉴定机构印章。复印件应注明“复印件与原件一致”的字样。

第三节　法医精神病鉴定内容

一、行为能力评定

行为能力是指法律关系主体能够通过自己的行为取得权利和履行义务的能力或资格。法医精神病学鉴定中的行为能力评定要将医学要件和法学要件相结合,将检查所见和调查所得有机结合,综合分析精神症状对被鉴定人相应法律心理能力的影响,从而对其行为能力进行具体分级评定。行为能力评定的医学要件为建立明确的精神障碍诊断,是法医精神病学鉴定中行为能力评定的前提。法学要件,即法律行为能力,不同的行为能力评定具有不同的法学要件(具体见评定部分各种行为能力的概念)。

根据其性质不同可以分为:(1)刑事责任能力;(2)民事行为能力;(3)受审能力;(4)诉讼行为能力;(5)性自我防卫能力;(6)服刑能力;(7)作证能力;(8)劳动能力;(9)受处罚能力。

(一)刑事责任能力的评定

1. 刑事责任能力的概念

刑事责任能力是指行为人能够正确认识自己行为的性质、意义、作用和后果,并能够根据这种认识而自觉地选择和控制自己的行为，即对刑法所禁止的危害社会的行为具有辨认和控制能力，辨认能力指行为人具备对自己行为在刑法上的意义、性质、作用以及后果的分辨认识能力。控制能力指行为人具备选择自己实施或不实施为刑法所禁止的行为的能力，即具备决定自己是否实施触犯刑法行为的能力。

2. 国外具有重要影响的法则

野兽标准法则，1625 年英国最高法院院长 Bracton 认为疯狂人欠缺知识与理智，致不能了解所为系属何事，欠缺辨别能力，与野兽无异，其理论中含有"知晓"的概念，成为以后《麦克纳顿条例》认识标准的起源。

《麦克纳顿条例》

（1）每一个人都应该假定为精神健全的和有足够的理智对实施的行为负责，除非有相反的证明。

（2）提出精神错乱为辩护的理由，必须确证在实施犯罪行为的当时是由于患有精神病而处于理智缺乏的状态，不知道自己行为的本质和特性，或者知道这一点但不知道其行为是错误的。

（3）如果被告人认识到该行为是不应该实施的而且知道该行为在当时违反了国家法律，他就应当受到惩罚。

不可抗拒冲动法则，1844 年美国马萨诸塞州等 19 个州法院提出了"不可抗拒冲动法则"，它在《麦克纳顿条例》的基础上作出更进一步的解释："即使行为人知晓其行为的本质及特性或知道行为是错误的，但由于受疾病的影响而身不由己地实施这一不当行为"，该解释是对是非标准法则的补充。

德拉漠法则，如果被告的行为确是其精神疾病或精神缺陷的产物，则被告人不负刑事责任。因此也被称作"产物法则"。

美国法律协会法则，在德拉漠法则出现后 1 年，美国法律协会在其编制的《模范刑法典》中，制定了一个新的规则：

（1）假若被告的违法行为是由于当时精神疾病或缺陷的结果，使其在辨认自身行为的犯罪性或错误性，或使其行为符合法律要求方面缺乏实质性能力时，其对犯罪行为不负刑事责任。

（2）上款"精神疾病或缺陷"不包含那些屡次犯罪或其他反社会行为的异常表现。

我国现行法律规定，精神障碍者的刑事责任能力实行辨认能力与控制能力择一制，间歇性的精神病人在精神正常的时候犯罪，应当负刑事责任。将精神障碍者的刑事责任能力划分为完全刑事责任能力、限定刑事责任能力和无刑事责任能力三类,即采用三分法。限定刑事责任能力者可以从轻或者减轻处罚,醉酒的人犯罪,应当负刑事责任。

3. 刑事责任能力的影响因素

影响刑事责任能力的因素有年龄、生理缺陷和精神状态等。我国《刑法》第17条规定:“已满十六周岁的人犯罪,应当负刑事责任。已满十四周岁不满十六周岁的人,犯故意杀人、故意伤害致人重伤或者死亡、强奸、抢劫、贩卖毒品、放火、爆炸、投放危险物质罪的,应当负刑事责任。已满十二周岁不满十四周岁的人,犯故意杀人、故意伤害罪,致人死亡或者以特别残忍手段致人重伤造成严重残疾,情节恶劣,经最高人民检察院核准追诉的,应当负刑事责任。对依照前三款规定追究刑事责任的不满十八周岁的人,应当从轻或者减轻处罚。因不满十六周岁不予刑事处罚的,责令其父母或者其他监护人加以管教;有必要的时候,依法进行专门矫治教育。”我国《刑法》第18条规定:“精神病人在不能辨认或者不能控制自己行为的时候造成危害结果,经法定程序鉴定确认的,不负刑事责任。但是应当责令他的家属或者监护人严加看管和医疗;在必要的时候,由政府强制医疗。间歇性的精神病人在精神正常的时候犯罪,应当负刑事责任。尚未完全丧失辨认或者控制自己行为能力的精神病人犯罪的,应当负刑事责任,但是可以从轻或者减轻处罚。醉酒的人犯罪,应当负刑事责任。”我国《刑法》第19条规定:“又聋又哑的人或者盲人犯罪,可以从轻、减轻或者免除处罚。”

未达到刑事责任年龄者,不论其精神是否正常,都被认定不具有刑事责任能力。聋哑人、盲人等具有生理缺陷者会因为感知缺陷而影响其精神活动的广度和深度,所以,聋哑人、盲人等群体实施犯罪的,应当负刑事责任,但是可以从轻、减轻或免予处罚。精神病人在不能辨认或者不能控制自己行为的时候造成危害结果,经法定程序鉴定确认的,不负刑事责任。尚未完全丧失辨认或控制自己行为能力的精神病人犯罪的应当负刑事责任,但是可以从轻或者减轻处罚。

4. 刑事责任能力评定的时点

其是指犯罪嫌疑人或被告人被指控犯罪时的状态,如果当时存在精神障碍,应根据精神症状与作案行为的因果关系,对刑事责任能力作出评定。被鉴定人在鉴定时表现精神状态正常,只能说明其目前具有受审能力,而不能据此推断作案当时具有刑事责任能力。同样地,鉴定时发现精神异常,只能作出目前无受审能力的结论,不能作出刑事责任能力的推论。

5. 刑事责任能力评定要件和能力划分

评定要件包括医学要件和法学要件。医学要件指被鉴定人在案发当时是否患有精神疾病;法学要件指被鉴定人对自己所实施的违法犯罪行为是否丧失了辨认和控制能力。两个要件缺一不可,前者是进行刑事责任能力评定的基础,后者是刑事责任能力的评定依据。我国刑事责任能力划分实行三分法。

(1)完全刑事责任能力:具有如下条件之一者应评定为完全刑事责任能力。

①不能建立明确的精神障碍诊断;

②虽然能建立明确的精神障碍诊断,但被鉴定人对自己行为的实质性辨认和控制能力未受损害。

(2)限定刑事责任能力(也称限制刑事责任能力、部分刑事责任能力):能建立明确的精神障碍诊断,但是受精神症状的影响,被鉴定人在发生危害行为时,对自己行为的实质性辨认或者控制能力明显削弱,但尚未达到丧失的程度。

(3)无刑事责任能力:能建立明确的精神障碍诊断,由于受精神症状的影响,被鉴定人在发生危害行为时,丧失了对自己行为的实质性辨认能力或控制能力。

①辨认能力丧失:

a. 被鉴定人在精神症状的影响下不能辨认行为的物种属性。

b. 被鉴定人在精神症状的影响下虽能辨认行为的物种属性,但由于精神病理的原因,不能辨认本人行为在道义上是错误的,且这种错误行为已达到足以危害社会的程度,为法律所禁止。

②辨认能力虽然仅部分受损,但控制能力丧失。

6. 精神分裂症患者刑事责任能力评定应注意的问题

英美学派从犯罪心理学角度出发,对精神疾病患者作案时的精神状态进行分析,通过论证其实质性辨认或控制能力是否受损来考虑刑事责任能力的评定,认为不加区别地把精神分裂症患者归为无刑事责任能力的做法,对整个社会是不公平的。现在这一观点已被法医精神病学界广泛接受。

精神分裂症早期症状隐袭,临床酷似神经症或人格障碍,且表现多变,随着病程的进展,症状逐渐明朗,给鉴定带来较大的难度。一般认为,如果作案行为与早期症状有明确的联系,应评定为无刑事责任能力;处于发病期的患者精神症状表现丰富,在精神症状的影响下,丧失了辨认或控制能力,应评定为无刑事责任能力;处于慢性衰退或残留型者由于长期处于精神病状态其辨认或控制能力受损较为明显,应评定为无刑事责任能力;处于临床缓解的患者,基本症状消失,留有人格改变的,评定为限定刑事责任能力。处于临床痊愈,自知力恢复,生活正常,社会适应能力良好,能从事病前工作,即使留有轻度的人格改变,但作案行为具有明确的现实动机,对自己的行为有完整的辨认和控制能力,应评定为具有完全刑事责任能力。

7. 精神发育迟滞的刑事责任能力评定

比较一致的观点认为,首先根据临床资料、社会适应能力以及智商测定作出明确的诊断分级,然后结合其精神状态、作案动机、预谋、自我保护等表现进行综合评定。极重度、重度者一般评定为无刑事责任能力;中度者可评定为限定或无刑事责任能力;轻度者可评定为限定或完全刑事责任能力。

8. "间歇性的精神病人"的刑事责任能力问题

《刑法》第 18 条第 2 款规定:"间歇性的精神病人在精神正常的时候犯罪,应当负刑事责任。"间歇性精神病是一个法律概念,多数学者认为,"间歇性的精神病"是指那些间歇发作的精神疾病,如癫痫所致精神障碍、情感性精神障碍、唐氏综合征等。部分专家认为,进行刑事责任能力评定的依据是被鉴定人在实施危害行为时是否具有辨认或控制能力,被鉴定人是否属于"间歇性精神病人"对评定无实际意义。

9. 醉酒的人刑事责任能力问题

《刑法》第 18 条第 4 款规定:"醉酒的人犯罪,应当负刑事责任。"法学界和法医精神病学界对此存在不同的观点。目前我国法医精神病学界对醉酒的人刑事责任能力评定的观点是,应当按其精神障碍的程度,以及对自己行为的辨认与控制能力损害的情况来评定其刑事责任能力,单纯醉酒者评定为具有完全刑事责任能力;复杂性醉酒者可以评定为具有限定刑事责任能力;病理性醉酒者可以评定为无刑事责任能力,但是,如果知道自己存在对酒精的特异质而放纵自己,使自己再次陷入这种状态,应评定为完全刑事责任能力。复杂性醉酒的诊断,要求以往具有颅脑损伤、脑炎、癫痫等中枢神经系统病史,或有影响酒精代谢的躯体疾病,如肝病的证据,或存在脑器质性损害的症状和体征。病理性醉酒的诊断强调"对酒精的特异质反应"其病理机制是体内缺乏乙醇代谢的酶。目前多数学者均认同上述的评定方法。

10. 吸毒所致精神障碍者刑事责任能力问题

与醉酒者类似,吸毒也影响行为人对自己行为的辨认与控制能力,吸毒的刑事责任能力问题日益受到学界的关注。多数学者对这一问题持从严的态度,因为吸毒是明令禁止的,属于违法行为,与醉酒比较,应当受到更多的谴责,对毒品所致精神障碍状态下的吸毒者进行刑事责任能力评定时,大多数应当评定为具有完全刑事责任能力,少数评定为限定刑事责任能力,极个别的如因医疗用药不当而成瘾者评定为无刑事责任能力。

(二)民事行为能力的评定

1. 民事行为能力的概念

民事行为能力(civil capacity)是指行为人能够根据自己的意志,以自己的行为取得民事权利、承担民事义务的资格。近年来,在各类民事案件的审理中,涉及民事主体(自然人)是否具有行为能力鉴定的需求迅猛增长。

2. 民事行为能力评定的依据

《民法典》第17条规定:“十八周岁以上的自然人为成年人。不满十八周岁的自然人为未成年人。”第18条规定:“成年人为完全民事行为能力人,可以独立实施民事法律行为。十六周岁以上的未成年人,以自己的劳动收入为主要生活来源的,视为完全民事行为能力人。”第19条规定:“八周岁以上的未成年人为限制民事行为能力人,实施民事法律行为由其法定代理人代理或者经其法定代理人同意、追认;但是,可以独立实施纯获利益的民事法律行为或者与其年龄、智力相适应的民事法律行为。”第20条规定:“不满八周岁的未成年人为无民事行为能力人,由其法定代理人代理实施民事法律行为。”

3. 民事行为能力的划分

(1)具有如下条件之一者应评定为完全民事行为能力:①不能建立明确的精神障碍诊断;②虽然能建立明确的精神障碍诊断,但被鉴定人不仅能良好地辨认有关事务的权利和义务,也能完整、正确地作出意思表示并能保护自己的合法权益。

(2)限制民事行为能力:能建立明确的精神障碍诊断,但受精神症状的影响,被鉴定人不能完全辨认自己的权利和义务,不能作出完整、正确的意思表示,不能有效地保护自己的合法权益。

(3)无民事行为能力。能建立明确的精神障碍诊断,由于受精神症状的影响,被鉴定人具有如下情形之一者,应评定为无民事行为能力:①不能辨认自己的权利和义务;②不能作出真实的意思表示;③不能保护自己的合法权益。

4. 民事行为能力评定的类型

民事行为能力评定从法学理论角度而言可以归纳为以下几点。

(1)无效民事行为案件中民事行为能力评定:无效民事行为是指已经成立,但欠缺法律行为的有效要件,行为人设立变更和终止民事法律关系的意思表示不能发生法律效力的民事行为。这类案件要求对一个相关的时间点和特定的行为作出民事行为能力鉴定,如签订合同的能力或立遗嘱的能力,从法理上应归为“具体”民事行为能力评定的范围,绝大多数委托进行民事行为能力评定的属于此类案件。

(2)特别程序案件中精神病人的民事行为能力:认定公民无民事行为能力、限制民事行为能力,是指人民法院根据利害关系人的申请,对不能正常辨认自己行为或者不能完全辨认自己行为的精神病人,按照法定程序由人民法院认定该公民为无民事行为能力人或限制民事行为能力人并作出宣告。公民被宣告为无民事行为能力或限制民事行为能力人后,如果经过治疗病情痊愈的,且造成其无民事行为能力或限制民事行为能力的原因已消除,则其可向人民法院提出请求撤销原判决的申请。

我国《民事诉讼法》第 195 条规定:“人民法院受理申请后,必要时应当对被请求认定为无民事行为能力或者限制民事行为能力的公民进行鉴定。申请人已提供鉴定意见的,应当对鉴定意见进行审查。”

5. 无效民事行为评定的要素

无效民事行为案件中民事行为能力的评定,是对过去某一具体民事行为(如签订合同、货物买卖、婚姻登记等)进行评定。民事行为是否与其精神健康状态相适应可以从行为与本人生活相关联的程度、本人的精神状态能否理解其行为,并预见相应的行为后果,以及行为标的数额等方面认定。

(三)诉讼行为能力的评定

1. 诉讼行为能力(也称诉讼能力)的概念

诉讼行为能力是指行为人能够亲自进行民事诉讼活动,具有独立行使诉讼权利和履行诉讼义务的能力,又称诉讼能力。当事人的诉讼行为能力与民事行为能力有着密切的联系,通常情况下有民事行为能力的人就有诉讼行为能力,但也有不一致的情形。比如,限制民事行为能力的人可以独立地进行与他们年龄、智力相适应的民事活动,但不能独立地进行诉讼活动,与其有关的民事法律关系发生争议必须进行诉讼时只能由其法定代理人代为诉讼。

2. 民事诉讼行为能力评定的要素

根据《民事诉讼法》的相关规定,人民法院怀疑当事人有精神状态异常的,可委托相关机构对当事人进行法医精神病学鉴定,对其有无诉讼行为能力进行评定。作为诉讼当事人必须对自己的诉讼行为可能产生的法律后果有一定的鉴别与判断能力,有诉讼能力的当事人参加本案诉讼时一般要求具备如下能力:理解和行使控诉权;理解审判事项和自身所处的地位;理解和行使辩护;和辩护人保持联系并商讨法律上的对策;承担得起可能对自己不利的裁决;理解和行使申请回避权;理解和行使申请采取诉讼保全措施的权利;理解和行使撤销或者变更诉讼请求的权利;理解和行使申请调解和与对方达成协议以前自行和解的权利;理解和行使阅读法庭笔录,发现遗漏或错误,可申请补正的权利;理解和正确行使在对方拒绝不执行已生效的判决、裁定、调解协议时，有申请人民法院执行的权利；理解如果败诉可以在上诉期限内行使上诉的权利。有时还要求当事人能回忆与案情有关的情况，能理解证人提出的证据，准确辨别等。

3. 诉讼行为能力的划分

(1)具有如下情形之一者应评定为有诉讼行为能力：①不能建立明确的精神障碍诊断；②虽然能建立明确的精神障碍诊断，但被鉴定人对自己目前面临的诉讼的性质有清楚的认识，对自己在诉讼中的权利和义务具有实质性的辨认能力，能合理地控制自己在诉讼中的行为。

(2)无诉讼行为能力：能建立明确的精神障碍诊断，由于受精神症状的影响，被鉴定人对自己面临的诉讼的性质和可能产生的法律后果无认识，对自己在诉讼中的权利和义务丧失了实质性的辨认能力，不能合理地控制自己的行为。

4. 诉讼行为能力应一案一鉴定

在民事诉讼中，人民法院怀疑当事人有精神状态异常，可根据民事诉讼法的相关规定，委托鉴定机构对当事人进行精神状态鉴定，并评定其有无诉讼行为能力。诉讼行为能力是涉及案件程序上的问题，并不涉及实体问题，诉讼行为能力评定相对民事行为能力评定，更突出一案一评定，诉讼行为能力的评定结论只对本案而言，评定要点主要涉及当前的诉讼。因此，评定结论应指明对本案有无诉讼行为能力，其他民事活动不应参照或推定使用。

(四)受审能力的评定

1. 受审能力的概念

受审能力是指犯罪嫌疑人、被告人在侦查、起诉、审判等刑事诉讼活动中，对自己面临的诉讼及其可能带来的后果的理解能力、对诉讼程序及自我权利的认识能力以及与辩护人配合进行合理辩护能力的有机结合。

2. 受审能力的划分

(1)具有如下条件之一者，应评定为具有受审能力：①不能建立明确的精神障碍诊断；②虽然能建立明确的精神障碍诊断，但被鉴定人能理解其面临的诉讼的性质和可能带来的后果，能了解自己在诉讼中的权利和义务，能与自己的辩护人配合完成辩护。

(2)无受审能力。能建立明确的精神障碍诊断，由于受精神症状的影响被鉴定人具有如下情形之一者，应评定为无受审能力：①不能认识自己目前面临的诉讼的性质及其可能带来的后果；②不能认识自己在诉讼中的权利和义务，不能与其辩护人配合有效地完成辩护。

(五)性自我防卫能力的评定

1. 性自我防卫能力的概念

性自我防卫能力是指被鉴定人能够理解两性性行为的意义、性质及后果,并控制其行为的能力。

2. 性自我防卫能力的划分

(1)具有如下情形之一者应评定为有性自我防卫能力:①不能建立明确的精神障碍诊断;②虽然能建立明确的精神障碍诊断,但精神症状对被鉴定人相应的法律心理能力影响轻微,被鉴定人对自身所受到的性侵害及其严重后果具有实质性认识,并且能够控制自己的行为。

(2)性自我防卫能力削弱:能建立明确的精神障碍诊断,但是受精神症状的影响,被鉴定人对自身受到的性侵害及其严重后果的辨认能力受到损害,或者对自己行为的控制能力明显削弱。

(3)无性自我防卫能力:能建立明确的精神障碍诊断,由于受精神症状的影响,被鉴定人丧失了对自身受到的性侵害及其后果的实质性辨认能力,或者丧失了对自己行为的控制能力。

(六)服刑能力的评定

1. 服刑能力的概念

服刑能力是指被判决后的罪犯对刑罚的性质、目的和意义的理解,并接受改造的能力。

2. 服刑能力的划分

(1)具有如下情形之一者,应评定为有服刑能力:①不能建立明确的精神障碍诊断;②虽然能建立明确的精神障碍诊断,但精神症状对相应法律行为能力的影响不明显,被鉴定人能正确认识自己所承受刑罚的性质,意义和目的,能合理地认识自己的身份和出路,对自己当前应当遵循的行为规范具有相应的适应能力。

(2)无服刑能力:能建立明确的精神障碍诊断,但是受精神症状的影响,被鉴定人丧失了对自己当前身份和未来出路的合理的认识能力,对自己目前所承受刑罚的性质、意义和目的不能正确认识或丧失了对自己应当遵循的行为规范的适应能力。

(七)作证能力的评定

1. 作证能力的概念

作证能力是指任何公民自己看到、听到或在他人处知悉案件的真实情况时能提供对案件有关系的证言的能力。

2. 作证能力的划分

(1)具有如下情形之一者,应评定为有作证能力:①不能建立明确的精神障碍诊断;②虽然能建立明确的精神障碍诊断,但被鉴定人能辨别是非且能正确表达。

(2)无作证能力:能建立明确的精神障碍诊断,由于受精神症状的影响,被鉴定人不能辨别是非或者不能正确表达。

(八)劳动能力的评定

1. 劳动能力的概念

劳动能力是指人们从事体力和脑力劳动创造财富的能力。

2. 劳动能力的划分

(1)具有如下情形之一者应评定为具有完全劳动能力:①不能建立明确的精神障碍诊断;②虽然能建立明确的精神障碍诊断,但被鉴定人劳动能力受损轻微,能从事原来的工作。

(2)部分劳动能力:能建立明确的精神障碍诊断,由于受精神症状的影响,被鉴定人的劳动能力明显减退或已不能胜任某一职业或某种工作。

(3)无劳动能力:能建立明确的精神障碍诊断,由于受精神症状的影响,被鉴定人不能从事本职工作和其他生产劳动。

(九)受处罚能力的评定

1. 受处罚能力的概念

受处罚能力是指行为人能够正确认识自己行为的性质、意义、作用和后果,并能够根据这种认识而自觉地选择和控制自己的行为,从而达到对自己所实施的行政法规所禁止的行为承担责任的能力,即对行政法规所禁止的行为具有辨认和控制能力。

2. 受处罚能力的划分

(1)具有如下情形之一者应评定为具有完全受处罚能力:①不能建立明确的精神障碍诊断;②虽然能建立明确的精神障碍诊断,但精神症状对被鉴定人辨认和控制能力的影响轻微,被鉴定人对自己的行为具有实质性的辨认和控制能力。

(2)限定受处罚能力(也称限制受处罚能力、部分受处罚能力):能建立明确的精神障碍诊断,由于受精神症状的影响,被鉴定人的辨认和控制能力削弱。

(3)无受处罚能力:能建立明确的精神障碍诊断,由于受精神症状的影响,被鉴定人丧失了对自己行为的实质性辨认或控制能力。

二、行政赔偿与法医精神病鉴定

(一)相关的法学概念

1. 行政法。一切行政活动都必须以法律为依据,违法者必须承担相应的法律责任。

2. 行政诉讼。行政诉讼是指公民、法人或者其他组织在认为行政机关及其工作人员的行政行为侵犯其合法权益时,依法向法院请求司法保护,并由法院对行政行为进行审查和裁判的一种诉讼活动。行政相对人向法院提起行政诉讼后,法院对该行政行为进行合法性审查,如果判定该行政行为违法并造成对行政相对人人身权和财产权的损害,行政相对人就可获得行政赔偿。

3. 行政赔偿。行政赔偿又称行政侵权赔偿,是指行政主体及其工作人员在行政管理过程中,违法行使职权,侵害公民、法人和其他组织的合法权益并造成损害,由国家给予的赔偿。行政赔偿的特点:(1)行政赔偿中发生的损害存在于行政管理过程中,行政赔偿追究的是行政主体的违法责任,侵权主体是国家机关而非特指国家机关某一工作人员。(2)行政赔偿的前提是确认行政行为违法。例如,某甲杀人后被司法机关依法拘押入狱,不久出现拘禁性精神病,因为司法机关的行政行为合法,故不承担赔偿责任,在这种情况下,只可以申请保外就医。如果是冤、假、错案,行政行为本身违法,就可要求赔偿。(3)受到损害的必须是合法权益,必须是针对人身权和财产权。(4)侵权行为与损害结果之间具有法律上的因果关系。

(二)侵权行为与精神障碍的关系

侵权行为与相关精神障碍的因果关系可分为以下几点。

1. 无因果关系。下列两种情况在国家赔偿中不认为存在因果关系:一种是由于合法行为引起的损害;另一种是由于行政相对人的原因引起的损害,国家对此无须承担赔偿责任。例如,自伤自残。又如,行政相对人原来就患有精神病,且被拘押前后均处于发病状态,也不应该由国家承担赔偿责任。

2. 直接因果关系。由违法行政行为直接导致的结果。例如,颅脑损伤导致的脑器质性精神障碍、拘禁性精神障碍、唐症性精神病。

3. 间接因果关系。可以是多种原因同时存在而造成的结果,应分清主次关系,依次划分责任的大小,损害的结果不应该全部由国家承担赔偿责任。例如,违法行政行为作为诱发因素,与病者自身潜在缺陷(易患个性、遗传倾向等)共同作用,发生精神分裂症、情感性精神障碍、偏执性精神障碍等内因性精神障碍。

4. 因果关系中断。如果某一违法行为已造成某一损害结果,该已发生的结果与第三人过错的原因相结合，产生一个新的损害结果，则不认为违法行为与新结果之间有因果关系。例如，警察违法打人致人残疾后，该人被违章车辆撞死，则国家对伤害承担责任，对死亡不承担责任。又如，某乙被拘押后患有抑郁症，解除拘押后在治疗期间自杀死亡，也应属于类似的情况。

（三）赔偿原则

《国家赔偿法》是行政赔偿的法律依据。行政赔偿是非足额赔偿，根据我国《国家赔偿法》的规定，对人身损害实行限额赔偿，实行最高标准，以当地职工上一年平均工资为标准；对财产损害，只赔偿直接损失，不赔偿间接损失，如孳息等。

1. 直接因果关系。颅脑损伤所致脑器质性精神障碍、拘禁性精神障碍、唐症性精神障碍，赔偿比例100%～75%。

2. 间接因果关系。一种情况是心理刺激因素作为诱因诱发原有的病理性缺陷，发生精神分裂症、情感性精神障碍、偏执性精神障碍等内因性精神疾病；另一种情况是原已存在精神疾病，在心理因素的作用下使病情加重。赔偿比例50%～25%不等，后者应比前者赔偿比例略低。

3. 因果关系中断。只赔偿违法行为直接引起的损害结果造成的损失，对第三人或行政相对人的原因造成的新的损害结果不承担赔偿责任。

（四）鉴定时应注意的问题

1. 应会同法医学鉴定人共同鉴定。精神损伤大多数伴随着躯体损伤，确定躯体损伤的性质和程度后对确定精神障碍的类型会有很大的帮助。

2. 事件发生前后精神状态的比较。事件发生后的精神状态与以往相比精神状态是否有较明显的区别。

3. 精神障碍严重程度评估。事件发生后的精神状态是否影响学习、工作、社会适应能力，是否需要治疗，即严格掌握精神障碍的严重程度。

4. 适宜的鉴定时机。拘禁性及内因性精神障碍等一般在出现精神异常后即可进行鉴定。颅脑损伤所致器质性精神障碍要求作伤残程度评定的，应在精神症状相对固定后再作鉴定，一般在伤后6个月至1年。

5. 合法行政行为引起的损害，只作出有无精神障碍的鉴定结论，不评定因果关系。

第四节 诈精神病的鉴定

近年来，我国精神卫生知识普及工作有了长足的进展，文学艺术、影视作品中有关病态心理描述的内容也日见增多,人们对精神医学的认识水平有了较大的提高,新颁布实施的《刑法》第18条对精神病人的刑事责任能力作出了明确的规定。因此,人们在参与诉讼活动时,对当事人的精神状态越来越重视,这对保护当事人的合法权益起到了积极的作用。同时,某些人为了逃避外界某种不利于个人的处境,摆脱某种责任或获得某种个人利益而故意模拟精神疾病,即司法精神医学中称为诈病的行为,有增多的趋势。诈病的识别是一项科学而又严肃的工作,若将诈病误诊为精神病,就等于放纵犯罪。

一、诈精神病者的心理活动

在刑事案件中,诈病者在案发初期的心理活动与一般犯罪嫌疑人无明显差别,故表现在最初的讯问笔录中无精神异常迹象。但是经过一番思考后,诈病者作出了伪装的决定,此时出现了一系列精神异常的表现,伪装者总是认为既然要伪装,就要装得真,这样才能使别人相信。所以他们总是把所谓的精神症状和盘托出,内容尽可能地详尽生动,并将作案动机与精神症状明白无误地联系起来,直截了当地说明两者之间的因果关系,如称作案时受到幻觉、妄想的支配,或称作案过程不能回忆、部分遗忘,也有装聋作哑、形若痴呆者,其目的是逃脱或减轻罪责。

在民事案件中,当事人可在纠纷发生后或损伤后出现精神异常,多为痴呆样表现、意识丧失和行为紊乱,其目的是获得赔偿等利益。

当伪装被揭露后,诈病者会恼羞成怒,可能会出现冲动伤人或自伤自残。

二、诈精神病的现象学特征

1. 意识障碍:诈病者可表现为时间、人物、空间定向障碍,对实施的犯罪行为发生遗忘,但精神检查时对答切题,能理解提问内容,能回答一般问题,尤其是感到对自己有利的题,可以明白无误地作答。

2. 情感障碍:诈病者可表现为对外界和对提问无反应,但若给予晓之以理、动之以情的刺激,则可能出现如闭眼、肢体颤抖等竭力控制自己愤怒、伤心至极的情绪表现。

3. 幻觉:多表现为幻听,也可为幻视,内容鲜明生动,十分具体,但其幻觉多孤立存在,无其他精神症状组合,思维、情感、意志行为等诸方面的精神活动相互协调。

4. 妄想:可模拟被害、被跟踪等各种妄想,并将其内容详尽描述,且将作案行为归咎于这些妄想,与大多数精神病人表现出来的自知力丧失背道而驰。

5. 动作与行为异常:伪装木僵、缄默者较多见,具体表现有不言不语、呼之不应、不主动进食、大小便解在身上等行为。但若多加观察，可发现其对周围环境非常注意，并会窥视周围人的态度，当认为环境对其无碍时，可出现正常活动如进食、舒展肢体等，故其一般无全身营养不良、肌肉萎缩等现象。

6. 痴呆：可表现为智力减退、幼稚行为。若令其做简单的计算，会出现明显的笨拙或近似的错误，但令其做较为隐蔽或间接反映计算能力的问题时，则其可能因疏于防范而暴露真实情况。

三、诈精神病的鉴定要点

1. 鉴定人员应具备系统的精神医学基础知识和丰富的临床经验，这是识别诈病的可靠基础。遇到不符合精神疾病的发生、发展规律的可疑案例时，要有高度的警惕，不要急于下结论。

2. 详细审阅材料并进行深入细致的调查研究。鉴定人员要重视公检法各方面的审讯笔录、询问笔录，尤其是首次笔录；应向当事人的家庭、单位同事、邻居和同监犯等，搜集有关的资料。

3. 应多次进行精神检查和仔细的观察。诈病者有明确的作案动机和目的，表现出来的精神症状往往不符合任何一种精神疾病的临床相；对躯体或精神状态检查通常采取不合作甚至敌视的态度，给予言语刺激会有相应的情绪变化，可有“顺杆往上爬”的暗示性增高现象。

4. 对精神症状的内容应多加分析。每一种精神症状都有其自身的表现规律和内涵，而诈病者只是对外在表现进行模仿，对被模拟的精神症状的真正意义却不甚解，这就决定了伪装不可能达到很完美的程度。如表现胡言乱语者，若仔细辨析其内容，就会发现多为简单的语句重复，内容单调或与周围环境事物有关，且有意识地不理会周围人，有自我表演的性质。与缄默不语者接触时应注意交谈技巧，不要使其产生对立情绪，要有耐心，循循善诱，触动其感情闸门后，真实思想内容就会暴露出来。

四、案例

［**案例 1**］某男，21 岁，某日凌晨伙同他人窃得轿车一辆，在销赃时案发。刑拘期间，两次提审时都如实交代了作案经过，犯罪动机、目的清楚，并与同伙交代的内容一致。约半月后在监房内胡言乱语，随地大小便，进食无规律，抢象棋子欲吞下。精神检查：步入室内，不停地乱唱，后又不停地乱讲，词语单调，对问话不予理睬。给其抽烟，抢去放在口中不停地咀嚼，最后咽下。对周围环境非常注意，不时偷眼观察

他人的反应,对体检等不合作。给予教育疏导,观察10天后,一切恢复正常。再次检查时表现意识清,对答切题,承认自己前段时间是装病,称“听别人讲,做了坏事被关起来,装了神经病可以放出去。偷车子要吃许多年官司,心里害怕就装神经病了”。问其现在情况,答:“被你们看出来了,装了也没用。”鉴定意见:诈精神病,具有完全刑事责任能力。

[**案例2**]某女,28岁,某日中午与邻居为琐事发生争吵并相互扭打,邻居在争吵中揭了其与人通奸的短,该女数日后用事先准备的刀具将邻居的两个女儿杀死,拘禁初期情绪稳定,起居无异,后出现哭笑无常、吵闹不休的状况。曾对其在当地作司法精神鉴定,结论:反应性精神障碍,部分责任能力。不久,家属得知要再次鉴定,便两次传纸条进看守所,内容:“在牢里要装疯,一定要装下去。”“神经病要坚持到底,要注意。”被鉴定人从此不讲话,目光呆滞。精神检查:缓步入室,站于一旁,不言不语,问之不答。经耐心细致的分析诱导,并对其遭遇表示同情和理解,被鉴定人的面部表情出现了细微的变化,眼圈发红、流泪。继续启发多时,则放声痛哭,显出无比悔恨的样子,说:“晚了,晚了,没救了,我实在伤心透了,我太心狠手辣了。”“我错了,现在知道太迟了,我恨自己做得太绝,对家庭、对被害人都带来痛苦。”鉴定结论:诈病,具有完全刑事责任能力。

五、鉴定中应注意的问题

1. 瞒病:瞒病是指自己虽然患有精神病,但尽量隐瞒病情,多见于精神分裂症(偏执型)和偏执性精神病,在精神病医院的住院病人中并非罕见,在司法鉴定实践中也可遇到类似的案例。被鉴定人在以往的交代笔录及精神检查中,可交代一些貌似现实的作案动机,但仔细分析可发现其作案动机与引起的后果明显不相称,且损人不利己。比较前后的笔录,可发现作案动机目的多变、前后矛盾。深入细致的调查可发现过去有精神异常发作史,工作单位或周围人会反映其性格古怪、多疑。精神检查中可发现有闪烁其词、欲言又止的表现,检查时点出其薄弱环节,便会暴露出真实的思维内容,其作案行为多与被害妄想等精神病性症状联系在一起。

2. 颅脑损伤与精神障碍:在损伤索赔案中常涉及颅脑损伤后是否伴有精神异常以及两者之间关系问题的鉴定。此时首先应确定颅脑损伤的性质和程度,再结合以往精神状况、伤后的精神症状来作出综合评定。在一些颅脑器质性损伤依据不足或仅有轻微脑震荡的案例中,伤后出现了精神症状、躯体功能障碍,如果其精神症状如幻觉妄想、行为障碍、智能障碍等均不符合疾病的表现规律,躯体功能障碍的程度和范围与神经分布特点明显不相称,存在明显的夸大,这也是一种诈病的表现。鉴定时应注意剔除夸大的成分,作出客观的评定,避免仅根据外伤史,不论损伤程度便轻易作出颅脑损伤所致精神障碍的结论。但也应注意到确有一些颅脑损伤的严重程度并未达到轻、重伤的评定标准,然其精神、躯体症状却长期存在,乃至最终死亡的案例。对这些案例应加强随访,探索其伤病关系,以进一步提高鉴定的准确性。

3. 特征性症状的伪装:伪装联想障碍、评论性幻听、争论性幻听、逻辑推理障碍及情感倒错等具有精神分裂症诊断意义症状的案例并不多见,只有具备精神医学专门知识的人才有可能作此伪装。遇这种情况应谨慎对待,单纯从症状分析的角度来加以区别难度较大,应结合作案动机、以往精神状况、职业特点及社会关系等调查材料综合分析。发现确有内外勾结和教唆的,应建议严加监管、采取必要的侦察措施。

4. 关于承认伪装:对于"承认",笔者认为,不能狭义地理解。被鉴定人亲口、亲笔向鉴定人员、司法机关交代自己出于某种目的而故意表现出异常的行为举止,是一种承认——直接承认;被鉴定人向其他人如同监犯、家属等说明这种情况,也是一种承认——间接承认。笔者曾遇一案例,被鉴定人在接受鉴定后偷偷地向家人写信,告知自己正在伪装精神病并已接受检查、可能近期获释,要家人在接见时不要对他的反常行为感到疑惑。当鉴定人与司法人员向其出示截获的信件、点穿其伪装时,其仍保持原有的缄默、对伪装一事不置可否,但其他紊乱的行为消失。对这样的案例,就应认为属于"承认",以诈病定论。

以诈病者承认伪装作为建立诈病可靠诊断的必备条件,值得探讨。诈病者承认伪装且精神症状消失,固然是识别诈病的可靠依据,但不应是必须具备的。理由是:在司法鉴定实践中,有诈病者执意伪装长达 8 年、在几次取保候审期间又多次作案的案例报道。鉴定人员在诈病者伪装期间多次对其进行检查和观察,所做的工作非常细致,但受诊断标准的限制,在其承认伪装之前均无法下诈病之结论,以致案件未能得到及时、正确的处理。由此可见,从司法鉴定为司法实践服务的角度来看,过于强调该条件,会给司法活动带来负面影响。所以笔者认为,只要被鉴定人表现出来的症状有明显破绽,调查材料和其本人的书写材料等也提供了足够的证据,便可以作出明确的诈病诊断。

第五节　法医精神病鉴定文书

司法鉴定文书是鉴定工作的总结,能直接反映鉴定工作的质量,鉴定文书承载的鉴定结论,经法庭质证后被采信,对案件审理的走向具有至关重要的作用。近年来,随着法治建设的不断完善,司法机关和当事人对鉴定文书投入了更多的关注,人们不仅关注鉴定结论,而且对鉴定文书中引用的资料和分析说明是否能够对案件事实进行科学合理的解释等也提出了更高的要求。因此完善鉴定文书,提高鉴定文书的内在质量是司法鉴定人员的重要任务和职责。

一、鉴定文书制作的基本原则

1. 实事求是原则。司法鉴定过程是一个实事求是的过程,鉴定文书记载的内容要能够真实反映客观事物。

2. 系统全面原则。司法鉴定文书要全面反映鉴定过程,包括完整的案件材料、调查材料,各项细致的检查,分析说明的系统性和逻辑性,明确的鉴定结论。

3. 准确无误。司法鉴定文书无论在形式上还是在内容上都要求做到准确无误。如引用的资料应当具有明确的出处;使用的技术方法和标准应当准确;使用的专业术语应当规范,文字表述应当严谨。

二、鉴定文书制作的基本要求

1. 基本概念清楚,使用统一规范的专业术语。
2. 文字简练,用词准确,语句通顺,描述准确无误,论证符合逻辑。
3. 使用规范的度量、符号和文字。
4. 内容系统全面,客观反映事实,分析说明要有逻辑性。
5. 格式符合规范要求。

三、司法鉴定文书的格式

根据司法部颁布的《司法鉴定文书规范》(现已失效)的要求,鉴定文书格式项目包括:编号、基本情况、检案摘要、检验过程、检验结果、分析说明、鉴定意见、落款及附注。

法医精神病鉴定具有自身的规律,通用格式中“检验过程”和“检验结果”比较适用于根据实验室检验进行鉴定的专业,法医精神病鉴定较多依靠调查和临床检查,使用“检验”名称可能会引发误解。法医精神病鉴定的“检验过程”和“检验结果”主要体现在调查及检查所见。因此,在遵循通用要求的前提下,司法鉴定文书应反映本专业特点,鉴定文书格式包括下列内容。

1. 标题:法医精神病鉴定意见书

2. 基本情况:委托人、委托鉴定事项、受理日期、鉴定材料、鉴定日期、鉴定地点、在场人员、被鉴定人情况(姓名、性别、出生年月、民族、婚姻、文化程度、籍贯、职业、工作单位及家庭地址、身份证号等)。

3. 案情摘要:根据委托方提供的法律文书(起诉书、诉状等)进行摘录。

4. 有关证据材料及调查材料:包括案情经过、案件审理记录及书证材料、案件审理期间的表现、被鉴定人案发前的精神活动状况、过去鉴定的材料、病史材料、个人史和家族史等。

调查材料要求具体翔实,客观公正。应当注明材料的来源及日期。

5. 检查所见:包括精神检查、躯体检查、心理学检查、其他实验室检查和特殊检查。

6. 分析意见:

(1)精神疾病诊断及依据;

(2)行为发生时及目前的精神状态;

(3)涉案行为与精神疾病的关系;

(4)根据鉴定要求提出法律能力、因果关系、精神损伤及伤残程度等的评定意见。

7. 鉴定意见:包括被鉴定人姓名和精神疾病诊断、案发时及目前的精神状态,提出针对鉴定要求的评定意见,也可以提出有关建议。

四、法医精神病鉴定文书记载的具体要求

(一)案情摘要

包括案情发生的日期、时间、地点、案情简要情节、行为后果及委托鉴定原因。避免:

1. 过于详细地记载案情细节。

2. 把被鉴定人陈述当作案情陈述来源。

3. 把未确定的案情事实作肯定性描述。

(二)调查及有关证据材料摘录

1. 应当记载各方面的反映意见,避免只选取对作出鉴定结论有利的一方的材料,而忽略另一方的材料,以避免引起当事人以调查不全面为由提出质疑。

2. 调查时应作详细记录,内容要具体。

3. 审理记录的摘录要求能够反映案情具体过程,口供或陈述前后不一的应摘录

变化的具体内容,并注明日期。

4. 有精神疾病诊疗史的应记载诊疗机构名称,历次诊疗或住院的日期,临床表现,诊断及治疗效果。

5. 曾经进行心理测验或实验室检查的,应注明医疗机构的名称、检查日期及结果等。

6. 曾经做过法医精神病鉴定的,应注明鉴定机构名称、鉴定日期及鉴定结论。

7. 如需强调鉴定时进行的调查发现,则可分列为两个项目,即材料摘录和调查情况。

(三)检查所见

1. 精神检查记述要重现被鉴定人的原话,但应避免过多的问答式。

2. 据实记述应避免不分主次,要根据精神医学知识对被鉴定人的陈述内容予以专业性描述。应采用据实记录和症状描述相结合的方法进行记述。

3. 精神检查记述应保持全面性和完整性。既要记述所暴露的精神病理现象,又要反映被鉴定人对案情行为的态度和心理状态,不可偏废。

4. 记述用语要适当,避免使用精神病理学专用术语描述正常心理活动,如"情感平淡""缄默状态"等。

5. 心理学及实验室检查不仅要记录检查结果,还应根据资料反映检查结果的可靠程度。

(四)分析意见

分析意见要求条理清晰,层次分明;用词得当,繁简得体;内容全面,避免重复;说明透彻,观点明确。具体要求:

1. 精神疾病诊断的得出应遵循标准化原则,避免仅仅根据精神症状的存在便下疾病诊断的经验型方法,应当严格按照症状学、严重程度、病程和排除标准作出医学诊断。

2. 进行回顾性判断时应避免仅仅根据鉴定当时的表现简单推断过去,应当结合事件当时的情况进行分析,做到说理充分。

3. 对涉案行为的辨认和控制能力进行评定时,应结合精神状态对行为的影响、对行为实质及后果的认识等因素进行综合评价。

4. 对可能引起不解和质疑的问题应作针对性的说明,如某些以妄想为主要症状的被鉴定人可从貌似正常、对不同调查反映的采纳倾向、智力缺损程度与法律能力评定不一致等方面说明。此外,对于非专业人士不易理解的精神疾病可作适当说明,如人格障碍等。尤其对于有关当事人强烈质疑的问题,应作有针对性的解释,如怀疑被鉴定人伪装精神病等。

5. 司法鉴定人对鉴定意见有不同认识的，应充分表明各司法鉴定人的观点和理由（包括医学诊断和法律能力评定等）。

（五）司法鉴定文书的审核

由于法医精神病鉴定受学科发展现状的限制，作出的鉴定意见较多地依靠司法鉴定人的经验，鉴定意见易于引起相关方的质疑，因此鉴定文书完成后需有严格的审核过程，实行三级审核制度（司法鉴定人、复核人、签发人）是较好的方法。鉴定文书初稿形成后，进入复核程序，复核人应当是具有本专业高级技术职称的司法鉴定人，复核人可以对鉴定文书的文字进行修改，对鉴定结论提出疑问，可以建议原司法鉴定人重新讨论，最终的鉴定结论由原司法鉴定人决定。签发人由司法鉴定机构内部主管业务的负责人担任，也可由鉴定机构负责人授权专业技术负责人担任，承担鉴定文书行政签发责任。

研究与思考

1. 简述我国《刑法》第 18 条的规定。
2. 简述精神分裂症的诊断标准。
3. WHO 将精神发育迟滞分为几个等级？怎样按 IQ 进行分级？
4. 刑事责任能力评定分为几级？
5. 民事诉讼能力评定应考虑哪些能力要素？
6. 简述服刑能力的评定要点。
7. 简述法医精神病鉴定的过程。

拓展阅读

1. 胡泽卿主编：《法医精神病学》，人民卫生出版社 2016 年版。
2. 张丽卿：《司法精神病学——刑事法学与精神医学之整合》，中国检察出版社 2016 年版。

第十三章　医疗纠纷的法医学鉴定

重点提示

1. 医疗纠纷,是指患方在医院就诊过程中对医疗机构为患者实施的诊疗行为持有异议而引发的纠纷。

2. 医疗纠纷解决途径:发生医疗纠纷后,按照2018年10月1日施行的《医疗纠纷预防和处理条例》处理,一般通过医患双方协商、人民调解委员会调解、行政调解、医疗技术事故鉴定、法律诉讼、法律及法规规定的其他途径解决。

3. 医疗损害鉴定及医疗事故鉴定首先要明确医疗机构是否存在过错,其次是该过错与损害后果之间是否存在因果关系。如果医疗过错行为与损害后果之间存在因果关系,还需要判定医疗过错行为在损害后果中所占的比例大小,即医疗过错的参与度。医疗过错的参与度一般分为完全责任、主要责任、同等责任、次要责任、轻微责任和无责任六种类型。医疗事故鉴定时按照《医疗事故处理条例》和《医疗事故分级标准(试行)》进行,目前由地市级以上的医学会组织相关专家进行医疗事故技术鉴定,采取合议制。医疗损害的鉴定和医疗事故的鉴定可以接受人民调解委员会委托、卫生行政部门委托,也可以接受人民法院委托。《医疗事故分级标准(试行)》是《医疗事故处理条例》的配套文件之一,在医疗事故处理过程中具有重要的作用,医疗事故的等级与赔偿密切相关,同时也是行政处理的重要依据。

第一节　概　　述

一、医疗纠纷及有关基本概念

(一)医疗纠纷

医疗纠纷(medical dispute)是指患方在医院就诊过程中对医疗机构为患者实施的诊疗行为持有异议而引发的纠纷。医疗纠纷不仅是社会关注的热点,而且是全世界面临的难题。在我国,自 2010 年 7 月 1 日《侵权责任法》(现已失效)实施以来,由医疗纠纷引起的人身侵权案件呈现增长的趋势。

医患纠纷是指医方(医疗机构)与患方(患者或者患者近亲属)之间产生的纠纷。除了患者在医院就诊过程中因医疗行为引发的纠纷,还包括医疗诊疗行为以外的其他民事权益争议,如名誉权、隐私权、肖像权、处分权、知情同意权等权利纠纷以及就诊者在医院内摔伤、财物被盗等安全保障等问题。

医疗纠纷的发生既可能是由于医院对患者的诊疗行为存在过错而引起,也可能是由于患者对医院的医疗行为的不理解、不满而导致。医疗行为是否存在过错,一般需要通过医疗事故技术鉴定或者医疗损害司法鉴定,如果鉴定意见认为医院对患者的医疗行为构成医疗事故或者存在医疗过错而且对患者造成损害的,则需要对医疗事故等级或患者的伤残等级进行鉴定。要研究医疗纠纷形成、鉴定与处理,必须熟悉以下基本概念。

(二)与医疗纠纷有关的基本概念

1. 医患关系(doctor – patient relationship),是指医疗服务机构在对患者进行疾病诊断、治疗和护理过程中所产生的医疗服务关系。"医"包括提供医疗服务的医疗机构和医疗从业人员,"患"是指病人及其家属等。广义的医患关系不仅包括医疗机构因实施医疗行为而与患者发生的法律关系,而且包括医疗行为以外的权利与义务关系,如诊疗、食宿费用是否合理等。

2. 医疗过错(medical faults),也称医疗过失,是指医疗机构及其从业人员在对患者的诊疗过程中,存在违反法律、法规、规章、制度以及诊疗规范或诊疗常规的行为与事实。

3. 医疗事故(medical negligence),是指医疗机构及其医务人员在医疗活动中,违反医疗卫生管理相关的法律、法规以及部门规章、制度和诊疗、护理规范等,过失造成患者人身损害的事件。在我国,医疗事故由中华医学会、省、市级医学会根据相关规定,组织专家进行技术鉴定。在《侵权责任法》(现已失效)实施之前,"医疗事故"鉴定是处理医疗纠纷唯一的专业技术鉴定。2002 年 9 月 1 日起施行的《医疗事故处理条例》明确规定了医疗事故认定和处理的办法,《医疗事故处理条例》目前仍然是处理医疗纠纷案件的重要依据。

4. 医疗损害(medical damage),是指医疗机构及其从业人员在对患者的诊疗护理过程中,由于医疗过错行为对患者所产生的不利后果的事实。这种不利的后果表现形式多样,例如,导致患者的死亡或者残疾,或者导致患者的临床治疗时间延长,使患者的医疗费用支出增多等。

二、医疗纠纷的解决途径

发生医疗纠纷后,可以通过以下途径进行解决。

(一)医患双方协商解决

即双方本着坦诚的态度互相沟通,医方从专业角度向病人及家属解释病情,加深了解,在此基础协商解决。部分省、市对医疗纠纷预防和处理立法工作进行了积极的尝试。近年来,天津、浙江、湖南、广东、贵州、上海、江西、宁波等省、市相继出台了医疗纠纷预防和处理的地方性法规、规章,对协商解决均有详细的规定,对有效预防及处理医疗纠纷,保护医患双方的合法权益起到了积极作用。

(二)人民调解

在充分遵守《人民调解法》的规定情况下,并根据当地情况,按照 2018 年 10 月 1 日施行的《医疗纠纷预防和处理条例》,在县级以上地方人民政府可以设立医疗纠纷人民调解委员会,该委员会只是在县级以上地方人民政府司法行政部门备案,没有隶属关系,属于调解医疗纠纷的第三方,不受行政干预,所以人民调解更具有公允性。医疗纠纷人民调解委员会应当根据具体情况,聘任一定数量的具有医学、法学等专业知识且热心调解工作的人员担任专(兼)职医疗纠纷人民调解员。

医疗纠纷人民调解委员会调解医疗纠纷时,可以根据需要咨询专家,也可以从医疗损害鉴定专家库中选取专家。医疗损害鉴定专家库是由设区的市级以上人民政府卫生、司法行政部门共同设立。专家库应当包含医学、法学、法医学等领域的专家。聘请专家进入专家库,不受行政区域的限制。

医疗纠纷人民调解委员会调解医疗纠纷,需要进行医疗损害鉴定以明确责任的,由医患双方共同委托医学会或者司法鉴定机构进行鉴定,也可以经医患双方同意,由医疗纠纷人民调解委员会委托鉴定。

医学会或者司法鉴定机构接受委托从事医疗损害鉴定,应当由鉴定事项所涉专业的临床医学、法医学等专业人员进行鉴定;医学会或者司法鉴定机构没有相关专业人员的,应当从医疗损害鉴定专家库中抽取相关专业专家进行鉴定。

医学会或者司法鉴定机构开展医疗损害鉴定,应当执行规定的标准和程序,尊重科学,恪守职业道德,对出具的医疗损害鉴定意见负责,不得出具虚假鉴定意见。

(三)行政调解

协商不成的,医患任何一方均可向主管卫生行政部门提出处理请求。卫生行政部门受理后会指派专人在患方在场的情况下封存病历及相关资料,并封存有关医疗物品,组织工作人员展开调查,并形成文字材料。调查研究后,卫生部门会给出处理意见，一般会再次协商调解。

（四）医疗事故技术鉴定

再协调不成的，在征求医、患双方同意的情况下，进行医疗事故技术鉴定或医疗损害的司法鉴定，一般医疗事故鉴定委员会有三级，如对三级鉴定结论不服，可申请复议或二级鉴定。如仍不服，则申请复议和一级鉴定。医疗司法鉴定由司法鉴定机构按程序进行，并作出医疗损害鉴定结论。行政部门根据鉴定意见和有关法规及制度作出处理，并将鉴定意见作为进一步调解的依据进行调解。

（五）法律诉讼

对处理结果仍有异议的，依照《民法典》，可以向当地基层人民法院提起诉讼。当然，双方自行协商、人民调解、行政调解不是必经程序，也可直接向法院提起诉讼，向人民法院提起诉讼后，经与医、患双方协商，人民法院可以委托当地医学会进行医疗事故技术鉴定；人民法院也可以按照自 2021 年 1 月 1 日起施行的最高人民法院《关于审理医疗损害责任纠纷案件适用法律若干问题的解释》规定，依照法定程序进行司法鉴定。

另外，按照《医疗纠纷预防和处理条例》，国家逐步建立并完善医疗风险分担机制，发挥保险机制在医疗纠纷处理中的第三方赔付和医疗风险社会化分担的作用，鼓励医疗机构参加医疗责任保险，鼓励患者参加医疗意外保险，预防和妥善处理医疗纠纷，保护医患双方的合法权益，维护医疗秩序，保障医疗安全。

（六）法律及法规规定的其他途径

仲裁由于仲裁员选任的特殊性，可以由法律专家和医疗专家共同组成仲裁庭处理纠纷，两个专业的结合使纠纷解决更具效率。

今后医疗纠纷的处理途径将是“多元化”解决方式。我国在借鉴许多国家和地区的非诉讼途径解决医疗纠纷方面展开了有益的探索，并积累了丰富的理论和实践经验。美国、日本通过行业协会与保险公司解决医疗纠纷，并通过积极发展调解、仲裁等诉讼外纠纷解决机制来缓解法院的压力；德国注重以调解方式解决医疗纠纷，在行业协会下设医疗事故调解处，使调解更具专业性。

三、医疗纠纷适用的相关法律

医疗纠纷适用《民法典》，该法为基本法条，为了正确适用《民法典》，最高人民法院于 2020 年 12 月 23 日发布《关于审理医疗损害责任纠纷案件适用法律若干问题的解释》（2020 年修正），以下简称《医疗损害纠纷司法解释（2020 版）》，并于 2021 年 1 月 1 日正式生效，同时旧的解释失效，此次修正与《民典法》同步实施，适应了当代社会及法律的发展需求。《医疗损害纠纷司法解释(2020版)》针对医疗损害的诉讼可操作性更强,明确了适用范围、当事人主体资格的确定、举证责任、鉴定程序、责任承担等,尤其是对司法鉴定程序作出了规定,法院委托的鉴定主体应当是作为自然人的鉴定专家,而不是鉴定机构,也就是说,今后接受法院委托、书写鉴定意见、对鉴定意见负责的应当是作为自然人的鉴定专家,鉴定专家可以出庭接受法官对鉴定结论的质询质证,是以鉴定人个人为本位的鉴定制度。这是比较科学的鉴定制度,如我国台湾地区、日本,均是由法庭直接产生鉴定人,由这些作为自然人的鉴定专家在法庭指导下组成鉴定小组,出具鉴定意见、接受法庭询问,对法庭负责。至于英美法系,则甚至没有鉴定人制度,完全由医患双方在法庭指导下自由选择医学专家,由代表医患双方的医学专家直接在法庭上对垒。

2018年10月1日施行的《医疗纠纷预防和处理条例》,一方面,明确了医疗纠纷的解决途径,引入第三方人民调解,人民调解不代表任何一方利益,使解决纠纷更加公平公正,更容易接受;另一方面,使纠纷的解决更加便捷,解决诉讼耗时长,程序复杂等问题,大大节约了法律资源。同时本条例还增加了纠纷预防措施,并引入医疗风险分担机制,医方可购买医疗损害责任保险,在赔付时引入第三方。

第二节 医疗损害及其法医学鉴定

一、医疗损害的概念

医疗损害泛指患者在医疗机构接受诊断和治疗的过程中所产生的不利后果,分为广义的医疗损害和狭义的医疗损害。广义的医疗损害是指医疗行为所导致的患者机体组织破坏或者生理功能障碍的后果,这种损害的后果既可以是正常医疗行为的必然结果,也可以是医疗过错行为导致患者各种不利后果。狭义的医疗损害是指后者,即因医疗过错行为所导致患者出现的各种不利后果。由于正常医疗行为(无过错医疗行为)对患者所造成的不利后果不属于"侵权"行为,不属于法律意义上的"医疗损害",因此,法医学上的医疗损害特指狭义的医疗损害。

二、医疗损害的法律责任

《民法典》第1165条规定:"行为人因过错侵害他人民事权益造成损害的,应当承担侵权责任。依照法律规定推定行为人有过错,其不能证明自己没有过错的,应当承担侵权责任。"法律上的民事权益主要包括生命权、健康权、姓名权、名誉权、荣誉权、肖像权、隐私权、财产权益等。也就是说，患者在诊疗活动中，由于医疗机构及其从业人员过错导致患者上述权益受到损害，医疗机构就应承担侵权责任。

(一)医患法律关系的认定

医患关系是否成立，主要根据患者与医疗机构之间是否存在就诊和医疗行为等事实进行判定，但对于医疗机构是否具有主体资格等法律要件则需要卫生行政管理部门确定，不具有主体资格的医疗机构与患者之间的关系，不是严格意义上的医患法律关系。

(二)医方的权利与义务

1. 医方的权利。在对患者的诊疗过程中，医方具有行使规范治疗的权利，患方具有配合医疗机构治疗的义务。

2. 医方的义务。在对患者的诊疗过程中，医方对患者应尽的义务主要包括告知义务、诊疗义务和其他义务。

(1)告知义务：医疗机构及其医务人员应当将患者的病情、医疗措施、医疗风险等如实告知患者，及时解答患者的咨询，但是应当注意避免对患者产生不利的后果。对于需要实施手术、特殊检查、特殊治疗的，医务人员应当及时向患者说明医疗风险以及替代医疗的方案等，并取得患者书面同意；不直接向患者说明的，应当向患者的近亲属说明，并取得其书面同意。医务人员未尽到前述义务，造成患者损害的，医疗机构应当承担民事赔偿责任。最高人民法院《关于审理医疗损害责任纠纷案件适用法律若干问题的解释》(2020 年修正)指出，因抢救生命垂危的患者等紧急情况，不能取得患者或者其近亲属意见的，经医疗机构负责人或者授权的负责人批准，可以立即实施相应的医疗措施。

(2)诊疗义务：医务人员在诊疗活动中，有及时、合理、规范实施诊疗行为的义务，未尽到与医疗规范和相应医疗水平的诊疗义务而造成患者损害的，医疗机构应当承担相应民事赔偿责任。医务人员在对患者的诊疗活动中，应当密切关注患者的病情变化，及时处理随时发生的意外情况；手术中时，应注意对周围组织的保护，避免损伤其他组织器官等，如果未尽到高度注意的义务，造成损害的应当承担相应民事赔偿责任。

(3)其他义务：医疗机构及其医务人员应当对患者的隐私保密，泄露患者隐私或者未经患者同意公开其病历资料，造成患者损害的也应当承担相应的侵权民事责任。

(三)患方的权利与义务

1. 患方的权利。患者有权复印或者复制其门诊病历、住院病历以及国务院卫生行政部门规定的其他病历资料的权利;患方有了解患者病情的权利;患者或者其近亲属具有选择治疗方案的权利;患者依照前款规定要求复印或者复制病历资料的,医疗机构应当提供复印或者复制服务并在复印或者复制的病历资料上加盖证明印记。复印或者复制病历资料时,应当有患者或患者近亲属在场。

2. 患方的义务。患方有向医疗机构如实提供诊治疾病相关信息的义务,不得隐瞒病情;患方有配合医疗机构进行合理规范诊疗的义务。

患者主张医疗机构承担赔偿责任的,应当保存和提交在该医疗机构就诊、受到损害的证据。患者无法提交医疗机构及其医务人员有过错,医疗机构的诊疗行为与受到损害之间具有因果关系的证据,依法提出医疗损害鉴定申请的,人民法院应予准许。

(四)医疗损害赔偿责任

医疗损害赔偿一般指为治疗和康复额外支出的费用,包括医疗费、护理费、交通费以及因误工减少的收入等,造成残疾的还应当赔偿残疾生活辅助器具费用和残疾赔偿金,造成死亡的还应当赔偿丧葬费和死亡赔偿金。

医疗损害赔偿责任需要根据是否存在医疗过错行为、医疗过错行为与损害后果之间的因果关系以及双方承担责任的比例大小来确定。

三、医疗损害责任纠纷的法医学鉴定

医疗损害责任纠纷鉴定是一种特殊类型的人身损害,具有专业性强、复杂性高的特点,在我国,医疗损害主要是由法医学司法鉴定人通过司法鉴定进行判定。医疗损害责任纠纷鉴定是处理医疗损害赔偿案件的重要环节,医疗损害鉴定意见书是处理此类案件的重要依据。

(一)医疗损害司法鉴定的概念

医疗损害责任纠纷鉴定,是指司法鉴定人通过审查病历资料、检查被鉴定人和/或查阅病理及其他辅助检查资料,对医疗行为是否存在过失、患者的损害后果,以及医疗过失与损害后果间的因果关系以及原因力大小进行分析判断的过程。

由于医疗损害司法鉴定的主要任务是判定医疗机构及其医务人员的医疗行为是否存在过错,所以又称为医疗过错司法鉴定。

(二)医疗损害司法鉴定的主要内容

1. 医方医疗行为是否存在过错。

2. 患者是否存在损害后果。

3. 医方医疗过错行为与患者损害后果之间是否存在因果关系。

4. 医疗过错行为的责任程度（医疗过错行为导致或参与患者损害后果的参与度，又称原因力）。

5. 医疗损害伤残等级。

（三）医疗过错行为的认定

医疗机构在诊疗护理过程中是否存在医疗过错，司法鉴定人主要依据委托单位所提供的患者临床资料和法医学检查结果（尸体解剖或者活体检查）等，判定医疗机构是否存在违反医疗相关的法律、法规、规章、制度以及诊疗规范等行为。

诊疗过失的判定。医疗行为具有专业性强、风险高的特点，尤其是美容整容行业，由于管理欠规范，出现纠纷案件较多。最高人民法院《关于审理医疗损害责任纠纷案件适用法律若干问题的解释》（2020 年修正）第 1 条第 2 款规定："患者以在美容医疗机构或者开设医疗美容科室的医疗机构实施的医疗美容活动中受到人身或者财产损害为由提起的侵权纠纷案件，适用本解释。"判定诊疗行为是否存在过失，应遵循科学、公正、客观的基本原则。判定依据主要是相关法律法规的规定和临床疾病的基本诊疗原则，同时结合病情的轻重缓急、疑难严重程度，以及医疗水平的地域差异、医务人员的资质高低、医院综合实力等方面综合考虑。判断医疗行为是否存在过失，主要考虑以下几个方面。

1. 医务人员的诊疗行为是否具有违法性。违法性是指违反国家法律法规和部门规章的行为，如《民法典》和《医疗事故处理条例》中规定的告知义务是和患者的知情同意权相对应的。当然，针对医疗行为进行规范的法律法规还有很多，如《医疗机构管理条例》《药品管理法》《执业医师法》《病历书写基本规范》等，上述法律法规的具体规定都可以作为判定诊疗行为是否具有违法性的依据。

2. 医务人员的诊疗行为是否违反临床诊疗常规。临床疾病复杂多样，但对每种疾病的诊治都应该遵循相应的诊疗常规，这些诊疗常规的遵循在法律上表现为谨慎注意义务、风险预见和不良后果规避义务。但上述义务的内涵过于广泛，诊疗过失本质是发生在具体的诊疗活动中，在临床上诊疗过失主要表现为问诊是否仔细、体格检查及辅助检查是否完善、诊断是否正确、治疗措施是否恰当、及时、完备。

3. 医务人员是否运用纠纷发生时医学上普遍认同的技术标准。判断医疗行为的过失标准纷繁复杂，常常让人难以把握，不同学科专业，不同经验阅历，对同一医疗行为是否存在过失，其认识会截然不同。若以知名专家的认识、现代尖端医学为标准判定医疗行为，虽然有利于促进医疗诊治水平的提高，但缺乏解决纠纷的客观性；以普及性医学常识或基本临床诊疗常规来判定医疗行为，则过失医疗行为标准过宽，不利于促进医学科学的发展；采用普通医学理论、成熟的技术为水准，以同级临床医师的普遍认识来判定,则评价相对客观公正。因此,应当以医疗行为发生时临床医学的普遍认识为标准。

4. 分析与判断医疗过错行为的注意事项。首先,要注意考虑当时的医疗水平。由于医疗水平会随着时代的发展而不断提高,因此,不能用现代的医疗水平衡量医疗纠纷发生当时的医疗行为。其次,要注意医疗机构所在的地区。在判定医疗过错时,应当注意医疗机构所处的具体地域,因为不同地域的医疗条件和水平存在差异。例如,同为二级甲等医院,经济发达地区与偏远地区也存在一定的差别。最后,还要注意医疗机构的不同等级。医疗机构的等级代表着医疗机构医疗条件、管理水平以及技术水平。同样的医疗过错行为对于不同等级的医疗机构,所承担的过错责任会有所不同,一般来说,医院等级越高,诊治疾病的水平越高,患者承担的医疗风险相对越小。

(四)医疗损害的内容与后果

1. 医疗损害的内容

(1)患者的人身权损害。对患者生命权的侵害,即诊疗过错行为使患者丧失生命;对患者健康权的侵害,即医疗过错行为对患者生理机能的正常运行和功能完善发挥造成损害,大多数表现为使患者出现不同程度的残疾,例如,在对患者行阑尾手术时,误切了患者右侧卵巢组织,造成患者残疾;对患者身体权的侵害,表现为医务人员违反诊疗护理常规和技术规范,导致患者身体的完整性受到损害。如在未经患者及家属同意的情况下,将死亡患者的皮肤、肾脏、角膜等个别器官取出、切除或移植的行为,就属于侵害患者身体权的行为。

(2)患者的名誉权损害。由于性病、肝炎、艾滋病等一些疾病的误诊,且未履行保密义务,导致患者的名誉和社会评价受到损害。

(3)患者的隐私权损害。《民法典》第1226条规定:"医疗机构及其医务人员应当对患者的隐私和个人信息保密。泄露患者的隐私和个人信息,或者未经患者同意公开其病历资料的,应当承担侵权责任。"

(4)患者的肖像权损害。为了教学或广告宣传,未经患者同意将其肖像暴露给公众或予以传播,对患者造成损害。

(5)患者及亲属的精神损害。《民法典》第1183条规定:"侵害自然人人身权益造成严重精神损害的,被侵权人有权请求精神损害赔偿。因故意或者重大过失侵害自然人具有人身意义的特定物造成严重精神损害的,被侵权人有权请求精神损害赔偿。"医疗侵权无论损害了患者的生命权、健康权、身体权,还是名誉权、隐私权与肖像权都会造成患者及其亲属的精神损害,因此精神损害作为医疗损害的间接后果,同样也应给予精神损害赔偿(精神损害抚慰金)。

(6)患者的财产权损害。医疗过错行为造成患者人身损害的后果,就必然导致患者及其近亲属财产收入减少和不必要财产支出的增加。《民法典》第 1179 条规定:“侵害他人造成人身损害的,应当赔偿医疗费、护理费、交通费、营养费、住院伙食补助费等为治疗和康复支出的合理费用,以及因误工减少的收入。造成残疾的,还应当赔偿辅助器具费和残疾赔偿金;造成死亡的,还应当赔偿丧葬费和死亡赔偿金。”

2. 医疗损害的后果

医疗损害由重到轻可分为死亡、残疾、出生缺陷和错误出生、发生可以避免的并发症、手术部位错误,输液错误、输血错误和用药错误,手术器械或者其他异物遗留体内以及过度医治造成时间延长等。

(五)医疗过错行为与医疗损害后果之间因果关系的判定

因果关系分为事实因果关系和法律因果关系。事实因果关系是指医疗过错行为与患者损害后果之间的客观联系;法律因果关系是在事实因果关系的前提下,确定行为人是否存在违法行为以及违法行为与民事责任的关系,法律因果关系的判断属于法官的职权范围。

在医疗过错司法鉴定过程中,鉴定人需要运用临床医学以及法医学专业知识,分析医疗过错行为与患者损害后果之间的内在客观联系,进而分析、归纳、确定导致损害后果的原因。

1. 医疗损害因果关系的定性判定

(1)确定医疗损害的参与因素。通过仔细审阅病历以及辅助检查等鉴定资料,寻找可能造成患者损害后果的所有参与因素,如患者的年龄、自身疾病或者损伤情况、个体体质与状态、具体的医疗行为等,然后对各种因素进行逐一分析。例如,患者甲状腺瘤手术后喉返神经损伤,鉴定人既要考虑患者的喉返神经解剖结构是否有变异,又要考虑肿瘤和周围组织是否粘连以及粘连的程度,还需要考虑医疗机构的等级等。

(2)明确医疗损害参与因素的作用。通过收集相关病例的流行病学资料,根据临床研究的结果与理论,判定各相关因素的作用。此外,就案件的关键点和临床医生进行探讨,了解临床诊疗技术现状,作为判定因果关系的参考依据。需要注意的是,只有在损害结果实际发生的情况下,即损害结果必须是客观存在,才需要确定医疗机构的损害责任。

2. 医疗损害因果关系的定量判定

(1)医疗损害因果关系的类型。在医疗过程中,导致医疗损害后果的可能因素很多,主要包括医疗的过失、患者自身的因素、医疗机构的条件和水平等,损害后果可能是其中一个因素作用的结果,也可能是多个因素共同作用的结果。也就是说,医疗损害后果与原因之间并非一一对应的关系,更多的是多因一果的关系,区分引起医疗损害后果的具体原因以及各个具体原因与损害后果之间的类型,即医疗损害因果关系的类型。

医疗过错行为与医疗损害后果之间因果关系的类型,一般分为主要因果关系、临界因果关系、次要因果关系、直接因果关系与间接因果关系等。

(2)医疗损害责任参与度。所谓医疗损害责任参与度,是指医疗过错行为与疾病等因素共同存在的情况下,医疗过错行为在损害后果与损害责任中所占的比例。

医疗损害责任参与度是根据原因力的大小对医疗过错行为与损害后果因果关系的定量划分,一般根据责任的大小分为六种情况:完全责任、主要责任、同等责任、次要责任、轻微责任和无责任。

①完全责任:损害后果完全由医疗过错行为所致,医方承担全部责任(过错参与度为100%)。

②主要责任:损害后果主要由医疗过错行为所致,医方承担主要责任(过错参与度为75%左右)。

③同等责任:损害后果由医疗过错行为与患者自身疾病等因素共同所致,医方承担同等责任(过错参与度为50%左右)。

④次要责任:损害后果主要由自身疾病(或者损伤)等所致,医方存在的医疗过错行为是次要因素,医方承担次要责任(过错参与度为35%左右)。

⑤轻微责任:损害后果主要由自身疾病(或者损伤)等所致,医方的过错行为仅为诱发或者加重的因素,医方承担轻微责任(过错参与度为20%以下)。

⑥无责任:医方的过错行为与损害后果之间无因果关系,医方不承担赔偿责任。

3. 医疗损害因果关系与损害赔偿责任判定应注意的问题

对于是否存在医疗过错行为与损害后果,医患双方均负有举证责任,如毁灭证据或因证据灭失使之不能举证或不能查证的,应承担举证不利的责任。

医疗损害赔偿责任判定时应注意医疗技术的时间性、地域性以及不同等级医疗机构所应有的医疗条件和技术水平。此外,还需要注意患者自身疾病等具体情况以及患者是否配合治疗等情况。

(六)医疗损害伤残等级鉴定

医疗损害伤残等级鉴定标准依据2016年4月18日最高人民法院、最高人民检察院、公安部、国家安全部和司法部联合发布的,2017 年 1 月 1 日起正式施行的《人体损伤致残程度分级》标准,现有法律规范没有明确医疗损害的伤残适用这个新标准,实践中仍有参照《医疗事故技术鉴定暂行办法》,在此问题上,目前全国各地适用标准情况不一致。

(七)医疗损害司法鉴定的程序

1. 鉴定的委托

医疗损害司法鉴定的委托人应该是处理医疗纠纷案件人民法院、卫生行政机关等。鉴定资料由委托单位审查、认可并提交,因所提供鉴定材料不真实导致鉴定意见错误的,由委托方承担责任。

2. 鉴定的受理

(1)资料审查。首先,司法机关对于所提交的司法鉴定资料等必须进行审查,以确保鉴定资料的合法性、相关性和客观性。其次,鉴定人对于鉴定资料也应进行审查,判断其可信性、完整性和准确性。司法鉴定资料主要有:门诊病历、住院病历[包括病程记录、体温单、医嘱单、化验单(检验报告)、特殊检查同意书、手术同意书、手术及麻醉记录单、病理报告、护理记录等]医学影像资料以及国务院卫生行政部门规定的其他临床资料等。司法鉴定材料符合鉴定要求时,鉴定人即可受理鉴定,进入具体鉴定的环节。

(2)鉴定的过程。司法鉴定人通过对司法鉴定材料进行审查,明确司法鉴定的主要内容,选择司法鉴定的方式并进行必要的法医学检查。最高人民法院《关于审理医疗损害责任纠纷案件适用法律若干问题的解释》对司法鉴定程序进行了明确说明,进一步规范了鉴定程序,具有较强的可操作性。

(3)出具司法鉴定意见书。司法鉴定人根据委托人所提供司法鉴定资料以及听证会的意见或者鉴定小组讨论后形成的意见,按照司法鉴定书要求,制作并出具司法鉴定意见书交付委托人。

第三节 医疗事故的技术鉴定

医疗事故(medical negligence)是指医疗机构及其医务人员在医疗活动中,违反医疗卫生管理法律、法规、部门规章和诊疗护理规范,造成患者人身损害的事故。医疗事故适用《医疗事故处理条例》,目前由地市级以上的医学会组织相关专家进行医疗事故技术责任鉴定,采取合议制。医疗事故的鉴定可以接受卫生行政部门的委托,也可以接受人民法院的委托。

一、医疗纠纷形成原因和医疗事故

在临床医疗实践中,医患双方之间产生医疗纠纷情况非常复杂,按其形成的原因大致可以分为三种情况:医疗误会、医疗意外和医疗事故。

(一)医疗误会

医疗误会(medical misunderstanding)是指在诊疗护理过程中,患者或其家属对医疗后果或者过程不满意而产生误解,认为医疗机构或其工作人员的工作有过失应当承担责任,从而引起的纠纷。这是由于患方的误解、怀疑或者医疗机构的说明不足所导致的纠纷,只要医疗机构耐心地做好患者及其家属的思想工作,就可以消除误会,解决纠纷。

(二)医疗意外

医疗意外(medical accident)是指由于不可抗力的作用造成患者在就医过程中发生不良损害后果的意外事件。《医疗事故处理条例》中明确规定,因不可抗力造成不良后果的,不属于医疗事故,医疗机构不承担责任。

(三)医疗事故

医疗事故(medical malpractice)是指医疗机构及其医务人员在医疗活动中,违反医疗卫生管理法律、行政法规、部门规章和诊疗护理规范、常规,过失造成患者人身损害的事故称为医疗事故。

根据国务院《医疗事故处理条例》和卫生部(已撤销)《医疗事故分级标准(试行)》的规定,按对患者人身损害的程度,医疗事故分为四级;除患者死亡外,标准将医疗事故的一级乙等至三级戊等所对应的伤残等级分为一至十级。规定专家鉴定组在进行医疗事故技术鉴定、卫生行政部门在判定重大医疗过失行为是否为医疗事故,或医疗事故争议双方当事人在协商解决医疗事故争议时,均按照本标准确定的基本原则和实际情况具体判定医疗事故的等级。《医疗事故分级标准(试行)》是《医疗事故处理条例》的配套文件之一,在医疗事故处理过程中具有重要的作用。医疗事故的等级与赔偿密切相关,同时也是行政处理的重要依据。《医疗事故分级标准(试行)》如下。

1. 一级医疗事故,系指造成患者死亡、重度残疾。(1)一级甲等医疗事故:死亡。(2)一级乙等医疗事故:重要器官缺失或功能完全丧失,其他器官不能代偿,存在特殊医疗依赖,生活完全不能自理。

2. 二级医疗事故,系指造成患者中度残疾、器官组织损伤导致严重功能障碍。

(1)二级甲等医疗事故:器官缺失或功能完全丧失,其他器官不能代偿,可能存在特殊医疗依赖,或生活大部分不能自理。(2)二级乙等医疗事故:存在器官缺失、严重缺损、严重畸形情形之一,有严重功能障碍,可能存在特殊医疗依赖,或生活大部分不能自理。(3)二级丙等医疗事故:存在器官缺失、严重缺损、明显畸形情形之一,有严重功能障碍,可能存在特殊医疗依赖,或生活部分不能自理。(4)二级丁等医疗事故:存在器官缺失、大部分缺损、畸形情形之一,有严重功能障碍,可能存在一般医疗依赖,生活能自理。

3. 三级医疗事故,系指造成患者轻度残疾、器官组织损伤导致一般功能障碍。(1)三级甲等医疗事故:存在器官缺失、大部分缺损、畸形情形之一,有较重功能障碍,可能存在一般医疗依赖,生活能自理。(2)三级乙等医疗事故:器官大部分缺损或畸形,有中度功能障碍,可能存在一般医疗依赖,生活能自理。(3)三级丙等医疗事故:器官大部分缺损或畸形,有轻度功能障碍,可能存在一般医疗依赖,生活能自理。(4)三级丁等医疗事故:器官部分缺损或畸形,有轻度功能障碍,无医疗依赖,生活能自理。(5)三级戊等医疗事故:器官部分缺损或畸形,有轻微功能障碍,无医疗依赖,生活能自理。

4. 四级医疗事故,系指造成患者明显人身损害的其他后果的医疗事故。

二、医疗事故技术鉴定的主要内容

(一)有无医疗过失

医疗过失就本质而言,都是由于未能认真执行医疗卫生管理法律、法规、部门规章和诊疗护理规范、常规而造成的。存在医疗过失是构成医疗事故的必备要件,所以医疗事故技术鉴定的关键内容之一,就是确定争议的医疗活动是否存在医疗过失,任何非医疗过失所发生的损害后果均不能构成医疗事故。《医疗事故处理条例》第33条明确规定,有下列情形之一的,不属于医疗事故。

1. 在紧急情况下为抢救垂危患者生命而采取紧急医学措施造成不良后果的。
2. 在医疗活动中由于患者病情异常或者患者体质特殊而发生医疗意外的。
3. 在现有医学科学技术条件下,发生无法预料或者不能防范的不良后果的。
4. 无过错输血感染造成不良后果的。
5. 因患方原因延误诊疗导致不良后果的。
6. 因不可抗力造成不良后果的。

(二)有无损害事实

通过调查和各种专门技术手段检查,确定有无患者人身损害的事实,是医疗事故技术鉴定的重要内容之一,只有损害事实客观存在,才可能符合医疗事故的构成要件。需要注意的是,在认定损害后果的过程中,必须有可靠的证据证明这种后果已经客观地发生,而不能通过主观臆想和缺乏医学根据便得出结论。常有患者仅主诉出现某些症状但并无相应的体征可见,必要的辅助检查也没有阳性改变发现,此时就不能轻易地认定有损害结果。

(三)医疗过失行为与人身损害后果之间有无因果关系

鉴定医疗事故必须确定医疗过失行为与人身损害后果之间因果关系的具体情况。在实际鉴定中,常见以下几种有因果关系的情形:

1. 一因一果,即一个损害结果由一个违法行为所造成。

2. 一因多果,即一个违法行为引起多种损害后果。所谓多种损害结果,可以是多个受害人,也可以是一个受害人出现数种损害后果。

3. 多因一果,即一个损害后果是由数个违法行为造成的。

三、医疗过失行为在医疗事故损害后果中的责任程度

专家鉴定组应当综合分析医疗过失行为在导致医疗事故损害后果中的作用、患者原有疾病状况等因素,判定医疗过失行为的责任程度。医疗事故中医疗过失行为责任程度分为:(1)完全责任,指医疗事故损害后果完全由医疗过失行为造成;(2)主要责任,指医疗事故损害后果主要由医疗过失行为造成,其他因素起次要作用;(3)次要责任,指医疗事故损害后果主要由其他因素造成,医疗过失行为起次要作用;(4)轻微责任,指医疗事故损害后果绝大部分由其他因素造成,医疗过失行为起轻微作用。判断医疗过失行为的责任程度时,还应注意分析以下问题。

1. 直接原因和间接原因。直接原因是指直接引起损害后果的原因,通常不需与其他原因结合就可以引起损害后果的发生,比如,肠道手术中误切卵巢,用药错误直接导致病人死亡或中毒等。间接原因是指作为中间环节,在有另外的原因参与过程中时才可产生损害后果。

2. 主要原因和次要原因。主要原因是指引起损害后果的初始原因。例如,致命性心脏损伤的病人,病人死亡的主要原因是心脏致命伤,抢救成功的概率极低。因此,心脏损伤是死亡的主要原因,而医务人员的过失行为只是次要原因。

第四节　医疗纠纷死亡原因鉴定及案例精选

死因鉴定在医疗纠纷案件处理中占比大,处理好死亡原因鉴定在处理医疗纠

纷中意义重大,是医疗纠纷案件处理的基础。

一、死因和死因分析

按照在死亡发生中的作用和死亡发生的不同情况,死因可进一步分为根本死因、直接死因、联合死因、辅助死因和诱因(详见本书第三章)。

二、尸体解剖在处理医疗纠纷导致患者死亡案件中的重要意义

在处理医疗纠纷导致患者死亡的案件中,很大一部分死亡原因不明或不甚明确,这种情况下,医疗机构对患者的死亡原因分析是猜测性的,有时可按死因可能性的大小列出数个死因。死亡原因不明确的案例,往往对医疗机构的责任难以认定,因此,进行尸体解剖查明死因,在医疗纠纷导致患者死亡的案件中是非常必要的。大量样本统计资料显示:尸体解剖对死因的查出率在98.6%以上,尸体解剖是查明死因的有效方法。但鉴于我国民众的认识和习俗,患者一方往往不太愿意对死者进行尸体解剖,这对查明死因及医学科学的发展都是不利的,在医疗纠纷患者死亡的案件中,医方认为要进行尸体解剖时,往往要做很多的说服工作。

医疗纠纷中尸体解剖按解剖主体的不同可分为:

1. 病理解剖。2002年卫生部(已撤销)公布的《医疗事故争议中尸检机构及专业技术人员资格认定办法》(卫医发〔2002〕191号,现已失效)第10条规定:“根据实际工作需要,设区的市级以上卫生行政部门可以指定符合条件的医疗机构承担尸检任务……”虽然由市级以上卫生行政部门指定的医疗机构进行,但是由于各地医疗资源参差不齐,被指定的医疗机构的鉴定能力并不能保证,以及由于鉴定机构和涉事医院同属医疗系统,因此其客观性、公正性、专业性、科学性均会受到质疑。

2. 法医学解剖,由独立的第三方鉴定机构进行,因此尸体法医学解剖更为客观公正,也是医疗纠纷案件中查明患者死因最常用的方法。

尸体解剖有一定的时间限制,一般为死亡后48小时内,有冷冻条件的应在7天内进行,如果超过以上时间,则对认定患者的死亡原因不利或不准确。因此,如需进行尸体解剖查明死因的应当在上述时间内进行。

三、案例精选

[**案例**]2015年8月15日白天,患者王某在当地个体诊所就诊,诊所给予其安乃近、头孢胶囊口服退热抗炎治疗,但王某仍发热,后于20:10许到当地县人民医院

急诊,主诉:全身酸痛、头痛伴发热 1 天,哺乳期 3 个月。查体:无咳嗽咳痰,无腹痛腹泻,体温 39.2℃,咽充血(-),心肺(-),腹平软,乳房未及红肿触痛,精神软,四肢肌力正常。初步诊断:发热待查,急性上呼吸道感染?给予 4 组药水静滴,分别是:(1)用炎琥宁 240mg + 5% 葡萄糖注射液 250ml;(2)注射二丁酰环磷腺苷钙 40mg + 注射用维生素 B6 0.2g + 注射用门冬氨酸钾镁 2.0g + 5% 葡萄糖注射液 500ml;(3)注射用头孢西丁钠 2.0g +0.9% 氯化钠注射液 100ml;(4)注射用兰索拉唑 3.0mg +0.9% 氯化钠注射液 100ml,以及口服用药:扑热息痛、复方鱼腥草颗粒。2015 年 8 月 16 日0:20许,患者输液完毕,准备回家,突发意识障碍 10 分钟伴恶心、呕吐(家属描述为喷射性呕吐),体温 38℃。诊断:意识障碍待查,0:35 急行头颅 CT 显示颅脑水肿明显。后经抢救无效,于 4:35 死亡。

2015 年 8 月 21 日 17 时,由当地卫生局委托当地地级市中医院对患者进行尸体解剖,2015 年 9 月 30 日出具病理诊断报告书,认为:其死亡原因与肠道病变有关。落款:某市中医院医学尸体解剖组,所加盖的印章是“某市中医院医务处”,编号:A2015 -01 号。

患者家属对上述鉴定意见不服,起诉至当地法院,患方申请法院重新鉴定,法院委托某司法鉴定中心对死者脏器检材进行重新取样,并复读原鉴定机构制作的病理切片,于 2016 年 3 月 10 日出具鉴定意见:被鉴定人系因输液导致急性心力衰竭及弥漫性脑水肿而死亡。

当地法院对本案很重视,因为两个鉴定意见完全不相同,为了查明事实,要求原告、被告各聘请一名专家辅助证人出庭,并要求两份鉴定的鉴定人出庭。但最终第一份报告的鉴定人拒绝出庭,理由是:出具病理报告的依据是 2002 年卫生部(已撤销)公布的卫医发〔2002〕191 号《医疗事故争议中尸检机构及专业技术人员资格认定办法》(现已失效),该规定并没有要求鉴定人出庭,换言之,出具该份报告的人员并非严格意义上的“鉴定人”。

重新鉴定的鉴定人明确认为:结肠部位的真菌是死亡之后变化。理由是:患者生前没有肠道不适的症状表现,且患者 30 岁,产后体健,尸体解剖是在死亡之后第 5 天进行,且真菌团位于结肠部孤立存在,没有发生包裹,白细胞浸润等生活反应表现。加之,鉴定人没有出庭接受质询等法律程序问题,当庭法官即否定第一份病理报告证据效力。最后,在法院的工作下,医患双方达成调解平息此案。

研究与思考

1. 简述医疗纠纷的概念。
2. 简述医疗纠纷解决的途径及适用的法律法规。
3. 简述医疗损害鉴定的概念、鉴定程序以及鉴定时应注意的事项。
4. 简述医疗事故鉴定的概念、鉴定程序以及鉴定时应注意的事项。

拓展阅读

1. 闵银龙主编:《法医学》,法律出版社 2015 年版。
2. 林子清、陈霆宇主编:《法医学》,中国人民公安大学出版社 2017 年版。
3. 刘技辉主编:《法医临床学》,人民卫生出版社 2016 年版。

主要参考文献

1. 郭景元主编:《现代法医学》,科学出版社 2000 年版。
2. 王保捷主编:《法医学》,人民卫生出版社 2001 年版。
3. 黄瑞亭、陈新山主编:《中国法医学史》,华中科技大学出版社 2015 年版。
4. 徐英含主编:《最新法医病理学》,世界图书出版公司北京公司 1996 年版。
5. 张益鹄主编:《法医病理学理论与实践》,湖北科学技术出版社 1996 年版。
6. 祝家镇主编:《法医病理学》,人民卫生出版社 1999 年版。
7. 丛斌主编:《法医病理学》,人民卫生出版社 2016 年版。
8. 闵建雄编著:《法医损伤学》,中国人民公安大学出版社 2010 年版。
9. 张益鹄主编:《法医学》,科学出版社 2003 年版。
10. 陈世贤主编:《法医学》,法律出版社 2005 年版。
11. 侯一平主编:《法医学》,高等教育出版社 2004 年版。
12. 吴家駇主编:《法医学》,四川大学出版社 2006 年版。
13. 马建民、王斌、马莉主编:《法医解读典型命案》,群众出版社 2006 年版。
14. 吕德坚、陆惠玲编著:《DNA 亲权鉴定》,暨南大学出版社 2005 年版。
15. 丁梅主编:《法医学概论》,人民卫生出版社 2016 年版。
16. 马立人、蒋中华主编:《生物芯片》,化学工业出版社 2000 年版。
17. 刘良主编:《法医毒理学》,人民卫生出版社 2016 年版。
18. 沈敏主编:《法医毒物司法鉴定实务》,法律出版社 2011 年版。
19. 廖林川主编:《法医毒物分析》,人民卫生出版社 2016 年版。
20. 刘技辉主编:《法医临床学》,人民卫生出版社 2016 年版。
21. 闵银龙主编:《法医学》,法律出版社 2015 年版。
22. 胡泽卿主编:《法医精神病学》,人民卫生出版社 2016 年版。
23. 张丽卿:《司法精神病学——刑事法学与精神医学之整合》,中国检察出版社 2016 年版。
24. 侯一平主编:《法医物证学》,人民卫生出版社 2016 年版。
25. 林子清、陈霆宇主编:《法医学》,中国人民公安大学出版社 2017 年版。
26.《司法鉴定执业分类规定(试行)》。
27.《司法鉴定程序通则》。

28. 杜志淳等:《“中国罪犯 DNA 数据库”模式库——13 个 STR 位点基因在中国人群中的分布》,载《法医学杂志》2000 年第 1 期。
29. 周鑫:《法医案例信息库的构建与教研互动》,载《科教文汇(下旬刊)》2011 年第 8 期。
30. 王彬:《论基于大数据的犯罪侦查》,载《犯罪研究》2017 年第 2 期。
31. 陈宣亦:《法医鉴定在刑事诉讼中的运用》,重庆大学 2017 年硕士学位论文。

后　记

《法医学》一书是司法部部级重点学科监狱学和教育部、财政部高等学校特色专业建设点监狱学系列教材中的一种，全书共分十三章，从绪论、法医学鉴定、死亡与尸体变化、机械性损伤、物理性损伤、窒息、中毒及其法医学鉴定、猝死、法医临床鉴定、DNA 分型技术与法医物证鉴定、法医人类学与个人识别、法医精神病鉴定、医疗纠纷的法医学鉴定等方面阐述了法医学相关知识，同时附有解剖学和生理学基础知识、法医学尸体检验，基本上反映了近年来国内外法医学学科发展的新进展及与法医学相关的我国法治建设的新变化。

该书由刘迎春主编，各章作者（以所写章节为序）如下：

刘迎春　第一章、第三章、第四章、第六章、第八章、第九章（第一至四节）
张建勋　第二章、第五章、第十一章
吴媛媛　第七章
高安迪　第九章（第五、六节）、附录一（第五至十一节）
刘希玲　第十章
黄富银　第十二章
解志考　第十三章（第一、二、三节）、附录二
王越华　第十三章（第四节）
祁碧菽　附录一（第一至四节）

各位作者完成书稿后由主编刘迎春进行统稿。感谢法律出版社编辑同志和其他专家的辛苦工作。由于理论水平和实践经验有限，本书难免存在错误和不足，恳请读者朋友批评指正。

附录一　解剖学和生理学基础知识

第一节　概　　述

法医学对伤亡人体等进行研究，必须先了解人体的正常形态结构及其生理功能，才可能对损伤部位、形态进行描述记录，对人体各脏器组织进行识别，以及对伤情、病变、死因等进行分析研究。鉴于公安政法院校学生缺乏学习掌握法医学必备的基础医学知识，本书编写了与法医学关系密切的人体解剖学、生理学基础知识，对人体器官、组织的正常形态结构和生理功能做一概括介绍，为前面学习掌握法医学基本知识奠定基础。解剖学与生理学均为生物学的分支，前者研究生物体的正常形态结构，后者研究生物体功能活动的规律，其中以人体结构和功能为研究对象的称为人体解剖学和人体生理学，在医学科学中，人体解剖学和人体生理学都是重要的基础学科。

一、生命的基本特征

生命是生物体存在的一种状态，生物体只在有生命时，才有功能活动，这些功能活动统称为生命活动。生命活动至少由三部分组成，即新陈代谢、兴奋性与生殖，三者是活的生物体所特有的，因此是生命的基本特征。

1. 新陈代谢。生活在适宜环境中的生物体，总是不断地从环境中摄取各种营养物质以重新建造自身的特殊结构，同时又在不断地破坏自身已衰老的结构并将分解产物排出体外，这个过程就称为新陈代谢，或称为自我更新。新陈代谢是不能停止的，一旦停止就意味着生物体的死亡。

2. 兴奋性。适宜的环境是生物体进行新陈代谢的必要条件，而当环境发生某些变化时，生物体又能主动地作出相应的反应。通常在生理学中，将引起生物体出现反应的各种环境变化称为刺激，将受刺激后产生反应的过程及其表现称为兴奋，而将这种受刺激后产生兴奋的能力称为兴奋性。兴奋性是生物体能够生存的必要条件,所以也是生命的基本特征。

3. 生殖。生物体生长发育到一定阶段后,能够产生与自己相似的子代个体,这种功能称为生殖或自我复制。任何生物体的寿命都是有限的,必然要衰老、死亡。一切生物都是通过自我复制来延续种系的,所以生殖也是生命的基本特征之一。

二、细胞的结构和功能

细胞是构成人体的基本单位,它的结构和功能是人体生命活动的重要基础。因此,研究细胞的特性,对于揭示人生理机能的本质和发展规律具有十分重要的意义。细胞的化学组成成分为:水(70%)、无机盐、糖类、脂类、脱氧核糖核酸(DNA)和核糖核酸(RNA)等。

(一)细胞的结构

细胞的体积很小,只能借助于显微镜才能看到;细胞的形态随其功能和环境而异,肌细胞细又长,血细胞呈圆形。细胞的形态虽然不同,但是它们的基本结构相同,都具有细胞膜、细胞质、细胞核。

1. 细胞膜,是细胞表面的一层薄膜,又称质膜,由类脂质与蛋白质组成。类脂质是构成细胞膜的基本成分;蛋白质有运载其他物质以通过细胞膜的作用,且有高度选择性和定向性。

2. 细胞质,在细胞膜与细胞核之间的部分称为细胞质,生活状态时为透明的胶状物。细胞质包括以下几部分。

(1)基质:细胞质内的液态部分,是细胞质的基本成分,主要由蛋白质、糖类、无机盐和水组成。

(2)细胞器:分布于基质内,具有一定形态结构,主要包括线粒体(参与细胞内物质氧化和形成 ATP)、核糖体(是合成蛋白质的重要结构)、内质网(功能较复杂,可参与某些物质的合成或分解)、高尔基复合体(主要参与细胞的分泌活动)、溶酶体(是细胞内重要的“消化器官”)。

(3)包含物:指除细胞器以外的其他有形成分,如脂滴、糖原和色素等。

3. 细胞核,除成熟的红细胞外,人体内所有的细胞都具有细胞核。多数细胞只有 1 个细胞核,少数可有 2 个以上,如骨骼肌细胞。细胞核由以下几部分组成。

(1)核膜:为一层薄膜,膜上有许多小孔,称核孔,可允许大分子物质通过。

(2)核液:为无结构的胶体物质。

(3)核仁:是核中的重要结构,除个别细胞(如中性粒细胞)外,细胞一般均有核仁。核仁的化学成分是蛋白质与核糖核酸(RNA)。在核仁形成的核糖体通过核孔进入细胞质内，参与蛋白质的合成。

(4)染色质：主要是由蛋白质和脱氧核糖核酸(DNA)形成的核蛋白丝，易被碱性染液着色，故又称染色质丝。当细胞进入分裂期时，每条染色质丝均高度螺旋化，变粗变短，成为一条条的染色体，人的染色体共有23对，其中22对为常染色体，1对为性染色体，男性的性染色体为XY，女性的性染色体为XX。目前认为，个体的性状是由染色体上的一定基因所控制，这些遗传基因均存在于DNA分子中，DNA通过复制等复杂过程，把遗传信息一代一代传下去。

(二)细胞的功能

首先，细胞在生活过程中最基本的功能是新陈代谢，即从外界取得营养物质，经过消化，合成自己的物质，同时细胞本身的物质又不断分解，放出能量，并将分解产物排泄于体外。其次，细胞对各种刺激都能产生不同的反应，如神经细胞可产生神经冲动，腺细胞能进行分泌等。最后，细胞能够以分裂的方式增殖，细胞分裂包括无丝分裂、有丝分裂和减数分裂等。

三、组织的结构和功能

在人胚胎发育的早期，所有细胞的形态和功能大致相同，随着细胞的生长和增殖，原来相似的细胞在形态上、功能上均发生变化，显出差异，这种现象称为细胞分化。在分化过程中，如某些细胞与细胞间质在形态结构与生理功能上基本相同，它们组合起来，就形成了组织。人体的组织可分为四类：上皮组织、结缔组织、肌肉组织、神经组织。

(一)上皮组织

上皮组织是由上皮细胞与少量细胞间质互相连接组成的膜状结构，上皮组织被覆于机体外表面以及体内所有腔、管、囊的内表面。其暴露面为游离面，深面以基膜与结缔组织相连，称为基底面。上皮组织一般无血管，其营养物质来自结缔组织血管。

上皮组织具有保护、吸收、分泌、感觉等功能。人体内不同部位的上皮组织功能各有差别，如分布在体表的上皮组织以保护功能为主，衬在消化管内表面的上皮组织除具有保护功能外，还有分泌、吸收等功能。根据上皮细胞的形态及排列层次，可将上皮组织分为多种类型，现将上皮组织的主要类型及其分布列表如下。

1. 单层上皮

(1)单层扁平上皮。

①内皮：心脏、血管、淋巴管等内腔面。

②间皮:腹膜等表面、胸膜、心包膜。

③其他:肺泡壁、肾小囊壁层和髓袢降支等处。

(2)单层立方上皮:肾小管、甲状腺滤泡上皮等。

(3)单层柱状上皮:胃、肠、子宫等黏膜等上皮。

(4)假复层纤毛柱状上皮:呼吸道蒙古膜上皮等。

2. 复层上皮

(1)复层扁平上皮。

①角化上皮:皮肤的表皮。

②未角化上皮:口腔、食管、阴道黏膜上皮。

(2)复层柱状上皮:睑结膜、尿道海绵体黏膜上皮。

(3)变移上皮:肾盂、肾盏、输尿管、膀胱黏膜上皮。

(二)结缔组织

结缔组织由细胞和细胞间质构成,对人体有支持、连接、营养和防御保护等功能。根据结缔组织形态与功能的不同,可作如下分类:疏松结缔组织(分布于器官之间、组织之间)、致密结缔组织(分布于皮肤的真皮、器官的被膜等处)、脂肪组织(分布于皮肤下等处)、网状结缔组织(分布于造血器官和淋巴组织等处)、软骨组织(分布于呼吸道、关节等处)、骨组织和血液。

(三)肌肉组织

肌肉组织由肌细胞和少量细胞间质组成。肌细胞细而长,故又称肌纤维,肌细胞有收缩能力并因此产生运动或其他生理功能。

根据肌细胞的形态、功能特点,可将肌肉组织分为以下几类:骨骼肌(附着在骨骼上)、平滑肌(分布于胃、肠等内脏器官)和心肌(构成心脏)。骨骼肌和心肌细胞的细胞质中有明暗相间的横纹,因而两者也称为横纹肌。骨骼肌属于随意肌,心肌和平滑肌受植物神经支配,属于不随意肌。

(四)神经组织

神经组织主要由神经细胞(又名神经元)和神经胶质细胞组成。神经细胞是具有胞突的细胞,它的胞突分为两种:一种称为树突,其功能是接受刺激并将神经冲动传入神经元;另一种称为轴突,具有传导神经冲动离开神经元的功能。依功能可将神经元分为接受刺激的感觉神经元(传入神经元)、连接至效应器使之发生运动的运动神经元(传出神经元),以及位于二者之间起联络作用的联络神经元(中间神经元)。

神经胶质细胞对神经元起着支持、绝缘、输送营养、排出代谢废物和防御等重要功能。

四、器官与系统

由几种不同组织构成的具有一定功能的结构单位称为器官，如心、肝、脾、肺、肾等。由多个器官组成的具有特定生理功能的总体称为系统，如运动系统、神经系统、循环系统、呼吸系统等。呼吸、消化、泌尿和生殖四大系统又称为内脏，内脏各器官有的内部有空腔，叫作中空性器官，如胃、肠；有的无特定空腔，叫作实质性器官，如肝、脾、肾。

五、常用解剖学术语

为准确描述各系统、器官的结构形态，特别确定了标准的解剖学姿势，这就是：人体直立，面向前，两眼向正前方平视，两臂下垂，两腿并立，手掌和足尖向前。

（一）方位用语

根据上述解剖学姿势，又规定了如下方位用语。

1. 上和下接近头顶的为上，远离头顶的为下。

2. 前（腹侧）和后（背侧）：距身体胸腹面近者为前（腹侧），距背面近者为后（背侧）。

3. 内侧和外侧：距离人体正中面近者为内侧，远者为外侧。

4. 内和外：这是表示与空腔相互位置关系的名词，与空腔距离近者为内，远者为外。

5. 浅和深：距离皮肤表面近者为浅，远者为深。

6. 近侧和远侧：在四肢，接近肢体根部的叫近侧，较远的为远侧。

此外，在上肢，凡接近桡骨的叫桡侧，接近尺骨的叫尺侧。同样，下肢有胫侧与腓侧的区别。

（二）面

为说明人体或器官的内部结构，常应用几种切面以显示其位置关系，这几种切面是。

1. 水平面：是横断人体的面，又称横断面。

2. 冠状面：与水平面垂直，纵断人体为前后两部时，其断面就是冠状面，又称额面。

3. 矢状面：与水平面和冠状面均垂直，纵断人体为左右两部时，其断面就是矢状面。

4. 横切面与纵切面:描述器官的断面一般不用水平面、冠状面和矢状面这些术语,而是用横切面与纵切面,以器官本身的长轴为标准,与其长轴平行的切面为纵切面,与其长轴垂直的切面为横切面。

第二节 运动系统

运动系统由骨、骨连接和骨骼肌组成,它的主要功能是构成人体支架;产生运动;形成颅腔、胸腔、腹腔和盆腔,保护脑髓、心、肺、肝、脾等器官。

一、概述

成人的骨共有206块,借骨连接串连起来构成骨骼。骨骼上附着有骨骼肌,全身共有骨骼肌600多块。

(一)骨

骨按其形态可分为长骨、短骨、扁骨和不规则骨等。

1. 长骨:呈长管状,中间细长称骨干,两端膨大称骨骺,管腔内容纳骨髓。人的四肢骨多属长骨,在运动中起杠杆作用。

2. 短骨:一般呈立方形,多分布于手腕及足跟等处,有支持以及使运动灵活的作用。

3. 扁骨:呈板状,主要构成颅腔、胸腔和盆腔的壁,有支持、保护重要器官的作用。

4. 不规则骨:形状不规则,功能多样,如椎骨、上颌骨等。

(二)骨连接

骨连接是骨与骨联系的纽带,可分为直接连接与间接连接两类。

1. 直接连接:骨与骨之间借结缔组织相连,之间无间隙,不活动或仅有轻微活动,如颅顶各骨的连接,椎骨体之间的连接等。

2. 间接连接:又称关节,其功能是进行灵活运动。

(三)骨骼肌

人体的骨骼肌相当发达,每一块骨骼肌均由肌腹(主要为横纹肌纤维)和肌腱(主要为胶原纤维)两部分构成,肌腱位于肌腹的两端并附着于骨、软骨、皮肤、黏膜、关节囊或筋膜上。骨骼肌在神经系统的支配下,通过其收缩和舒张功能而使人体产生各种活动。骨骼肌的血液供应很丰富,当受到暴力作用时,不仅会造成肌组织断裂,还会导致肌内或肌间出血。

二、颅

颅由23块形状、大小不同的扁骨和不规则骨组成。颅骨分为脑颅骨和面颅骨。

(一)脑颅骨

共8块,包括额骨、枕骨、蝶骨和筛骨各1块,顶骨和颞骨各2块,它们构成容纳脑的颅腔。颅腔的顶呈穹窿形,都由扁骨组成,内外面各有一层骨密质(致密的骨组织),分别称为内、外板,内、外板之间是骨松质叫作板障。颅底的形态比较复杂,从内面看可分为前、中、后三个颅窝。

(二)面颅骨

面颅骨共15块,构成眼眶,容纳和保护眼球,还可构成鼻腔和口腔,支持和保护呼吸系统、消化系统的起始部分。

三、脊柱

脊柱是由椎骨(颈椎7块、胸椎12块、腰椎5块)、骶骨及尾骨连接而成。脊柱位于背部正中,是人体的中轴,它的上端承托颅,它的胸段、腰段和骶尾段分别参与胸腔、腹腔和盆腔的形成。脊柱的椎管容纳脊髓。

四、胸廓

胸廓是由胸椎、肋骨(12对)及胸骨连接组成的笼状结构。胸廓上小下大,前后径小,横径大,它有上下两口,上口较小,下口处由膈肌(为向上膨隆呈穹隆形的扁薄骨筋肌)将胸、腹腔分开。膈肌成为胸腔的底和腹腔的顶。两侧肋弓在中线相交,构成胸骨下角,角间夹有剑突。相邻两肋间的间隙称为肋间隙,肋间隙之间有肋间内肌与肋间外肌。胸廓具有一定的弹性和活动性,其主要功能是:支持、保护胸腹腔器官,参与呼吸运动。

五、骨盆

骨盆是由骶骨、尾骨及两块髋骨所构成的,髋骨分为髂骨、坐骨和耻骨三部分,髂骨位于上方,耻骨位于前下方,坐骨位于后下方。耻骨内侧有长圆形粗糙面,称为耻骨联合面,它与对侧耻骨联合面连接为耻骨联合。骨盆内部的腔是盆腔,向上与腹腔合为一体。

从青春期开始,男女骨盆的形态逐渐出现差异,在法医学个人识别中,可根据这些差异来鉴别骨骼的性别。另外,耻骨联合面的形态也随着年龄的增长而不断发生变化,故也可据此推断骨骼的年龄。

第三节 神经系统

一、概述

(一)神经系统的分部

神经系统分为中枢部和周围部。中枢部包括脑和脊髓,也称中枢神经系统。周围部包括脑神经、脊神经和内脏神经,又称周围神经系统。

(二)神经系统的结构特点

在中枢部,神经细胞比较集中的地方,色泽灰暗,称为灰质,其中功能相同的细胞集团称为神经核,被覆于大脑半球和小脑表面的灰质称为皮质。功能相同的神经细胞轴突(神经纤维)集合成束,向着同一个方向排列,称为神经束。具有不同功能的许多神经束集合在一起,色泽亮白,特称白质。

在周围部,同一功能的神经细胞集合成为神经节,其神经纤维集合成束,称神经。神经再分支,最后分布到一定的器官和组织中去。

(三)神经系统的活动方式

1. 突触传递。神经元是构成神经系统的基本结构与功能单位,神经系统的活动有赖于神经元的特性,它具有感受刺激与传导兴奋的功能。神经元由细胞体与突起(树突和轴突)组成。神经冲动,即由一个神经元的轴突传递到另一个神经元的细胞体或树突,它们相接触的部位称为突触。在电子显微镜下观察到,突触的接触处各有膜隔开,轴突末梢的轴突膜称突触前膜,与突触前膜相对的胞体膜或树突膜则称为突触后膜,两膜之间为突触间隙。兴奋冲动通过突触的机制如下:神经轴突的兴奋冲动→突触前膜兴奋并释放化学递质→递质经过突触间隙扩散并作用于突触后膜→突触后膜产生兴奋→兴奋传至整个神经元。

化学递质也称神经递质,种类很多,如乙酰胆碱、去甲肾上腺素等。化学递质发挥生理作用后,就被相应的酶水解而失去活性,如乙酰胆碱被胆碱酯酶水解成胆碱和乙酸而失去活性。

2. 反射。神经系统的一切活动都是以反射方式出现,即感受器接受刺激,将刺激转变为神经冲动,然后经过一连串的神经元,最后将冲动传至效应器,发生反应,这个全过程,称为反射。执行反射的结构称为反射弧,参与反射弧的神经元有以下几种。

(1)感觉(传入)神经元,其细胞体在脑神经节、脊神经节中,它把感觉器所接受的刺激传入中枢。

(2)运动(传出)神经元,细胞体在中枢,它发出轴突到达效应器。

(3)联络(中间)神经元,神经元全部都在中枢,位于感觉和运动神经元之间。执行联络功能。

二、中枢神经系统

(一)脑

脑位于颅腔内,分为大脑、间脑、小脑、中脑、脑桥和延髓。通常把中脑、脑桥和延髓一起合称为脑干。

大脑主要包括左、右两个大脑半球,半球表面布满深浅不同的沟,沟与沟之间有隆起的回。每个半球覆盖表面的灰质称大脑皮质,深部的白质称髓质。大脑皮质具有很多高级中枢,如躯体运动中枢,躯体感觉中枢,语言中枢,内脏活动调节中枢,视觉、嗅觉、味觉中枢等。

小脑可分为左右半球及中央蚓部,其表面有薄层灰质,内部为白质。小脑的主要功能是维持身体的平衡,调节肌张力和协调运动。脑干有重要的生命中枢,如呼吸中枢、心血管运动中枢和体温调节中枢等。

(二)脊髓

脊髓位于椎管内,在枕骨大孔处与延髓接连。通过横切面观察,脊髓中央是中央管,管周围为蝶形灰质,灰质的周围为白质。

脊髓的重要功能之一是传导。来自身体各部的刺激,唯有通过脊髓才能上达脑,而脑的神经活动也只有通过脊髓才能实现各种复杂的活动。除此之外,脊髓还能完成许多反射活动。

(三)脑和脊髓的被膜

脑和脊髓的外面包有三层膜,由外向内依次为硬膜、蛛网膜和软膜,它们具有保护、支持脑和脊髓的作用。

硬膜与颅骨(或椎管)内面之间有硬膜外腔。硬膜与蛛网膜之间为硬膜下腔。蛛网膜与软膜之间是宽阔的蛛网膜下腔。

三、周围神经系统

(一)脊神经

脊神经发自脊髓,共31对,分为颈神经8对,胸神经12对,腰神经5对,骶神经

5 对和尾神经 1 对。

每一脊神经都是混合性的,含有感觉和运动两种纤维,感觉纤维传导来自躯体和内脏的感觉冲动;运动纤维分别控制骨骼肌、平滑肌、心肌和腺体的活动。

(二)脑神经

脑神经发自脑干,共 12 对,按其自脑干发出的头尾侧排列顺序,依次为嗅神经、视神经、动眼神经、滑车神经、三叉神经、展神经、面神经、前庭蜗神经、舌咽神经、迷走神经、副神经、舌下神经。脑神经的成分较脊神经复杂,它们含有躯体和内脏的感觉纤维,以及支配骨骼肌、平滑肌和心肌的运动纤维。此外,还有联系特殊感官的感觉纤维等。

(三)内脏神经

内脏神经主要分布于内脏、心血管和腺体,含有内脏感觉纤维和内脏运动纤维。因内脏神经主要是控制和调节动、植物共有的新陈代谢活动,并不支配动物所特有的骨骼肌,因此,也称为植物神经。内脏神经由于形态和功能不同,又分为交感神经和副交感神经,交感神经支配范围较大,除胸、腹腔脏器外,尚遍及头颈器官、全身血管和皮肤;副交感神经的分布范围较小,大部分的血管、汗腺、竖毛肌、肾上腺髓质无副交感神经支配。同一器官受双重支配时,交感神经和副交感神经在功能上是拮抗的,例如,当机体运动加强时,交感神经的活动加强,而副交感神经的活动则减弱,于是出现心跳加快,血压升高,支气管扩张,瞳孔放大,消化活动受到抑制等现象,这时机体的代谢加强,能量消耗加快,以适应环境的剧烈变化。在相反的情况下,即当机体处于安静或睡眠状态时,副交感神经的活动转而加强,而交感神经却受到抑制,因而出现心跳减慢,血压下降,支气管收缩,瞳孔缩小,消化活动增强等现象,这样有利于体力的恢复和能量的储存。交感神经和副交感神经的活动是在脑的较高级中枢的控制和调节下进行的。

第四节 循环系统

循环系统是一个封闭的管道系统,分为心血管系统和淋巴系统两部分,心血管系统包括心脏、动脉、毛细血管和静脉;淋巴系统包括淋巴管道、淋巴器官和淋巴组织,淋巴管道的末端通入大静脉。循环系统的功能主要是输送,即向全身各器官输送营养物质和氧气,同时又把代谢过程中产生的废物和二氧化碳带到排泄器官而排出体外。此外,内分泌腺所产生的激素也借循环系统送至相应的器官,以调节其生理功能。

一、心血管系统

(一)心血管系统的组成

1. 心脏。心脏是心血管系统的动力器官,位于胸腔内,外面裹以心包。心脏共有四个腔,左侧为左心房和左心室,右侧为右心房和右心室,同侧的房、室借房室口相通,但左右侧互不相通。心房接受静脉,心室发出动脉。在房室口和动脉口处有瓣膜,它们像阀门一样,血液顺流时开放,逆流时关闭,保证血液朝一个方向流动。

心房和心室的壁都由三层膜组成,内层为心内膜,中层为心肌,外层为心外膜。营养心脏的血管称为冠状动脉,其分支由心外膜进入心肌,在心肌细胞间形成丰富的毛细血管网。

2. 动脉。由心室发出的血管称为动脉,其中右心室发出的称肺动脉,左心室发出的称主动脉。动脉的特点是管壁厚、弹性大。血液对动脉壁的侧压称动脉血压,其高低随心脏舒缩发生周期性变化,这种变化引起的动脉血管搏动称动脉脉搏。

3. 静脉。引导血液流回心房的血管称为静脉,其特点是管壁薄、弹性小,承受压力的能力比相应的动脉小。

4. 毛细血管。连于动、静脉之间,互相连接呈网状的极微细血管,称为毛细血管。毛细血管的数量大、管壁薄,血液在此流动缓慢,因此有利于血液与组织和细胞之间进行物质交换。

5. 血液。在心血管系统中循环流动的血液是结缔组织的一种类型,由血浆、血细胞和血小板等组成。新鲜的血液呈鲜红色或暗红色,具有一定的黏稠性。

(1)血浆。血浆为黄色液体,主要成分是水,此外还有蛋白质、无机盐等。血液流出血管后凝固成血块,血块形成后即析出淡黄色透明液体,称为血清。

(2)红细胞。红细胞是双凹圆盘状的无核细胞,其主要成分是血红蛋白(为有色的含铁蛋白质),血红蛋白具有携氧和二氧化碳的功能。与氧结合的血红蛋白称为氧合血红蛋白,呈鲜红色;与二氧化碳结合的血红蛋白称为还原血红蛋白,呈暗红色。

(3)白细胞。白细胞是无色有核的细胞,具有吞噬、免疫功能等。

(4)血小板。血小板是具有不完整结构的细胞,在止血和凝血过程中起重要作用。

(二)血液循环的途径

根据血液循环的途径,可分为体循环和肺循环。两种循环会同时进行。

1. 体循环。体循环又称大循环。当心脏收缩时,含有营养物质和氧气的血液自左心室流入主动脉,沿主动脉的各级分支到达各组织中的毛细血管。血液在此一方面向组织和细胞放出氧气和营养物质,另一方面则接受它们的代谢废物和二氧化碳,原来鲜红色的动脉血通过上述两种交换作用变成暗红色的静脉血,然后沿各级静脉,分别合成上、下腔静脉,反流于右心房。体循环的主要特点是路程长,流经范围广,以动脉血滋养全身各部,而将其代谢产物运回心脏。

2. 肺循环。肺循环又称小循环。静脉血从右心房进入右心室,由于心室的收缩将其送入肺动脉,然后分别进入左、右两肺。肺动脉在肺内反复分支,终成毛细血管包于肺泡壁,静脉血在此吸入氧气排出二氧化碳,遂转化为鲜红色的动脉血,然后经由各级静脉合成肺静脉,反流于左心房,由左心房进入左心室,仍衔接大循环的起始部。肺循环的主要特点是路程短,只通过肺,主要功能是使静脉血转变为含氧丰富的动脉血。

二、淋巴系统

淋巴系统包括淋巴管道、淋巴器官和淋巴组织。淋巴管道内流动着无色透明的淋巴液。

(一)淋巴管道

淋巴管道起始于毛细淋巴管,它位于组织间隙内,当血液自动脉运行到毛细血管时,含有一定成分的液体透过毛细血管,进入组织间隙成为组织液,组织液与组织进行物质交换后,大部分液体重被毛细血管吸收,进入静脉,小部分液体则进入毛细淋巴管成为淋巴液,淋巴液沿各级淋巴管向心流动,途中要经过一系列的淋巴结,最后流入静脉。因此,淋巴系统常被看作静脉系统的辅助部分。

(二)淋巴器官

1. 淋巴结。淋巴结是圆形或椭圆形的灰红色小体,分布于淋巴管道沿途的一定部位。淋巴结是体内重要的防卫器官,能制造淋巴细胞参与机体的免疫反应,并对淋巴液起过滤和检疫作用。

2. 脾。脾位于左季肋部,是体内重要的淋巴器官之一。脾质软而脆,故左季肋部受暴力打击后易破裂出血。脾有制造淋巴细胞和储存血液的功能。

(三)淋巴组织

淋巴组织是含有大量淋巴细胞的网状结缔组织,主要存在于呼吸道和消化道的黏膜内,有抵御病菌的功能。

第五节　呼 吸 系 统

呼吸系统由肺和呼吸道组成。呼吸道包括鼻、咽、喉、气管和支气管等，通常把鼻、咽、喉叫上呼吸道，把气管及其分支叫下呼吸道，把肺称为呼吸器官。呼吸系统的主要功能是实现体内外气体交换，即吸入氧，呼出二氧化碳，以保证机体新陈代谢的顺利进行。

一、呼吸道的结构

呼吸道是传导气体的通道，它的内表面均衬以黏膜，黏膜具有分泌黏液的功能。喉与气管均以软骨作为结构支架，喉的软骨包括甲状软骨、环状软骨和会厌。

二、肺的结构

肺位于胸腔内，右肺三叶，左肺两叶，质地松软而富有弹性。因肺内含有空气，故比重较轻，能浮于水，在法医学上，常用此方法来鉴别活产与死产。

两肺的表面及胸腔内表面均覆盖着一层光滑的浆膜，由于浆膜的覆盖，在两肺周围分别形成两个完全封闭的腔隙，称为胸膜腔。胸膜腔内压低于大气压，故称为负压。

肺主要由肺内各级支气管和无数肺泡组成。肺泡是肺的基本呼吸单位，它与细小支气管相通。肺泡壁上有密集的毛细血管网，对于保证血液与外界气体交换具有重要作用。

三、呼吸过程

在呼吸中枢的控制和调节下，呼吸肌（膈肌和肋间肌）有节律的舒缩使胸廓有节律地扩大和缩小。胸廓扩大时，肺脏被动性扩张，肺泡内压力低于大气压，空气即经呼吸道从外界进入肺脏；当胸廓缩小时，肺脏被动性缩小，肺泡内压力就高于大气压，肺内气体即以相反的方向排出体外。人们把气体进入肺脏的过程称为吸气，而把肺内气体排出体外的过程称为呼气。在呼吸过程中，胸膜腔的密闭性也是肺泡扩张的重要条件，因为只有在密闭的状态下，胸膜腔才能保持负压，肺泡才有扩张的可能性，如胸廓外伤致胸膜腔与外界相通，则胸膜腔内压力与外界空气相等，此时尽管呼吸运动仍在进行，但肺泡已失去扩张能力。

第六节 消 化 系 统

消化系统由消化管和消化腺组成,消化管包括口腔、咽、食管、胃、小肠和大肠等;消化腺包括唾液腺、肝、胰以及消化道的所有腺体。消化系统的主要功能是消化食物、吸收水和营养物质并排出消化吸收后剩余的食物残渣。

一、消化管的结构和功能

消化管的内表面均衬以黏膜,黏膜光滑湿润,便于食物的运送、消化和吸收,除口腔、咽、食管上段和肛门为骨骼肌外,其余部分均为平滑肌。肌层的收缩与舒张运动,可使消化液与咀碎的食物充分混合,并不断推进。大部分消化管的外表面覆盖浆膜,这样可以减少蠕动时的摩擦。

(一)口腔

口腔内有人体最硬的器官——牙齿,每个牙均包括牙冠(暴露于口腔内)、牙根(嵌入牙槽内)和牙颈(位于根、冠间缩细处)三部分。牙内部的空隙称牙髓腔,内含牙髓。牙主要由牙本质构成,在牙冠部牙表面覆有白色、光亮坚硬的牙釉质,由于经常咀嚼食物致牙咬合面磨耗,可使牙釉质消失、牙本质暴露。在法医学个人识别时,常根据牙齿的上述变化来判定年龄。

(二)食管

食管是消化管中最狭窄的部分,上接口咽,下连胃贲门。

(三)胃

胃是消化管的膨大部分,可分为贲门、胃底、胃体和幽门部。贲门与食管相连,幽门部通往十二指肠。胃的主要功能是分泌酸性胃液,暂时贮存食物并进行初步消化。

食物由胃排入十二指肠的过程称为胃的排空,通常情况下,食物进入胃后5分钟就开始排入十二指肠。不同食物的排空速度是不同的,这和食物的物理性状及化学组成都有关系,一般来说,稀的流体食物比稠的或固体食物排空快;切碎的颗粒小的食物比大块的食物排空快;等渗溶液比非等渗溶液快。在三种主要食物中,糖类的排空时间较蛋白质为短,脂肪的排空最慢,对于混合食物,由胃完全排空通常需要4~6小时。在法医学鉴定中,常根据胃内食物的消化排空程度推测死亡时间。

（四）小肠

小肠上连于胃幽门部，下接大肠，是消化管最长的部分，全长3～5米，又分为十二指肠、空肠和回肠三部分。小肠的功能主要是继续消化食物、吸收营养物质并将消化后的食物残渣运送到大肠。

（五）大肠

大肠是消化管的末端，起自右下腹，又分为盲肠、结肠和直肠三部分。大肠的主要功能是吸收水分，将食物残渣变成粪便并排出体外。

1. 盲肠。盲肠是大肠的起始部，位于右下腹，左接回肠，上通升结肠，是大肠最短的一段。盲肠内粪便呈液体状，故死后腐败菌容易在此繁殖生长而引起腐败分解，出现尸绿较早。在盲肠的后内侧有一蚯蚓状结构，称为阑尾。

2. 结肠。结肠根据其分布和形状又分升结肠、横结肠、降结肠及乙状结肠等四部分。乙状结肠向下移行为直肠。

3. 直肠。直肠位于盆腔内，全长15～16厘米，下通肛门。

二、消化腺的结构和功能

（一）肝

肝位于右上腹部，是体内最大的腺体，质软而脆，如果受到暴力打击，易破裂出血。肝的功能很复杂，主要有糖的分解、糖原的贮存、分泌胆汁、合成及解毒等功能。

（二）胰腺

胰腺位于胃的后方，是体内仅次于肝的大腺体，可分为膜头、胰体和胰尾三部分。胰的外分泌部分泌胰液，经胰管排入十二指肠，对糖、脂肪和蛋白质都有消化作用，在某种病理情况下，如胰膜管阻塞使胰液反流，会造成胰的自我消化而引起急性出血性坏死性炎症，这是造成急死的常见原因之一。胰的内分泌部是胰岛，属内分泌腺，分泌胰岛素。

第七节　泌尿系统

一、泌尿系统的功能

泌尿系统的功能是排出体内的代谢产物。人体在代谢过程中所产生的废物如尿酸、尿素和多余的水分等，由血液输送到肾，在肾内形成尿液，尿液经排尿管道排出体外。

二、泌尿系统的结构

泌尿系统由肾、输尿管、膀胱、尿道四部分组成。肾是制造尿的器官,尿经输尿管到膀胱暂时储存,储存至一定量再经尿道而排到体外。

(一)肾

肾位于腹腔后上部,左右各一,形似蚕豆,其内侧缘凹陷称为肾门。输尿管和出入肾的血管、神经和淋巴管共同组成肾蒂,由肾门通过。在肾的额状切面上,可看到肾分为皮质、髓质、肾盂等,肾盂下端延续为输尿管。

肾脏是体内重要的排泄器官,可将大部分代谢废物排除,不仅如此,它还对维持水及电解质平衡起重要作用。

(二)输尿管

输尿管是一对细而长的肌性管道,起于肾盂,下端开口于膀胱。输尿管上的平滑肌有节律地蠕动,使尿液不断流入膀胱。

(三)膀胱

膀胱位于盆腔前部,是一肌性囊状贮尿器官。

(四)尿道

男性尿道见男性生殖器。女性尿道较男性短、宽,仅有排尿功能。

第八节 生殖系统

一、男性生殖系统

(一)内生殖器

内生殖器主要包括睾丸、附睾、输精管、射精管、男性尿道、精囊腺和前列腺等。

睾丸是男性的生殖腺,有产生男性生殖细胞,即精子和分泌男性激素的功能。睾丸成对,位于阴囊内,其后缘上是附睾,附睾是储藏精子的器官,分头、体、尾三部分,其尾部与输精管相连。输精管与精囊腺的排泄管结合构成射精管,射精管穿入前列腺开口于尿道,精囊腺和前列腺都是外分泌腺,其分泌物同精子混合组成精液。输精管、射精管和男性尿道均为输送管道。

(二)外生殖器

外生殖器包括阴囊和阴茎。阴囊是位于阴茎后下方的皮肤囊袋,内有左右两个腔,分别容纳两侧的睾丸和附睾。阴茎是男性性交器官,分头、体、根三部分,主要由两条阴茎海绵体和一条尿道海绵体组成,每个海绵体的外面,都包有一层坚厚的纤维膜(称为白膜),海绵体的内部是与血管相通的空隙,当这些空隙充血时,阴茎变粗变大而勃起;反之则变软。尿道海绵状内含尿道,并在阴茎头处开口(称为尿道外口)。

二、女性生殖系统

(一)内生殖器

内生殖器包括卵巢、输卵管、子宫和阴道。

1. 卵巢。卵巢左右成对,是女性的生殖腺,有产生卵子和分泌雌性激素的功能。

2. 输卵管。输卵管是一对输送卵子的肌性管道,位于子宫两侧,环抱卵巢,其内侧端穿进子宫壁,开口于子宫腔,其外侧端游离,开口于腹膜腔。

3. 子宫。子宫是一厚壁的肌性器官,呈倒置的梨形,上部叫子宫底,向外侧连接左右输卵管,底以下为子宫体,子宫体下端缩小而延续为子宫颈。子宫的主要功能是孕育胎儿。

4. 阴道。阴道位于子宫和外生殖器之间,下端以阴道口开口于阴道前庭。在处女阴道口周围有处女膜附着,处女膜可呈环形、半月形等,处女膜破裂后,阴道口周围留有处女膜痕。阴道上端包绕子宫颈,二者间形成环状凹陷,称阴道穹窿。阴道是排出月经和娩出胎儿的通道。

(二)外生殖器

外生殖器,即女性外阴,因女性乳房的功能与生殖有关,故亦在此讨论。

1. 外阴。包括阴阜、大阴唇、小阴唇、阴蒂和阴道前庭等。阴道前庭是位于两侧小阴唇之间的裂隙,前部有尿道外口,后部有阴道口。

2. 乳房。乳房左右各一,是女性的哺乳器官,其中央的突起叫乳头,乳头周围色素较多的环形区叫乳晕。乳房内含乳腺和丰富的脂肪组织。乳房于青春期开始发育生长,在妊娠和哺乳期有分泌活动。

第九节 内分泌系统

内分泌系统是体内除神经系统以外的另一功能调节系统,是由内分泌腺组成的,内分泌腺也就是无排泄管的腺,主要有甲状腺、肾上腺、脑垂体、甲状旁腺、松果体、胰岛、性腺等,它们的分泌物是一种化学物质,称为激素。激素可直接进入血液及淋巴液,并通过血液循环运送到全身,对机体的生长发育及新陈代谢等产生重要的调节作用。

一、甲状腺

甲状腺位于颈前区,分为左右两叶及中间的峡部,它分泌甲状腺素,可促进机体新陈代谢和生长发育。

二、肾上腺

肾上腺位于肾上端,左右各一,左侧者呈半月形,右侧者呈三角形。

肾上腺又分表层的皮质和深层的髓质两部分。皮质分泌皮质激素,调节机体的水盐及糖代谢;髓质分泌肾上腺素和去甲肾上腺素,作用于心肌和平滑肌,能使心跳加快,血压升高。

三、脑垂体

脑垂体呈椭圆形,位于垂体窝内,可分为前叶和后叶。垂体前叶分泌多种激素,特别是骨骼的生长,而且能够影响其他内分泌腺的活动。

四、胰岛

胰岛是胰腺的内分泌部分,主要分泌胰岛素和胰高血糖素,调节碳水化合物的代谢。胰岛素不足则患糖尿病。

第十节　皮　　肤

皮肤被覆于全身表面,是人体最大的器官之一,它的主要功能是保护机体、感受刺激、分泌排泄、调节体温、参与代谢等。

(一)表皮

表皮位于皮肤的浅部,属于复层扁平上皮。上皮最深层的细胞称为基底细胞,基底细胞质中含有数量不等的棕褐色黑色素颗粒,皮肤的颜色主要取决于黑色素的含量。基底层细胞是表皮的增殖部分,增殖后的新细胞向浅层推移,并逐渐分化为其余各层细胞,所以基底层是表皮的生发层。表皮最浅层的细胞称为角质层,此层的厚薄因人体部位而异,以手掌足底部最厚。在正常生理情况下,角质层表层细胞常成片衰老脱落,成为皮屑,同时深层细胞不断分化补充,这种动态平衡使表皮维持一定厚度和结构。

(二)真皮

真皮位于表皮下面,向下与皮下组织相连。真皮由致密结缔组织构成,并含有丰富的血管、淋巴管和神经。

(三)皮下组织

皮下组织为连接皮肤与肌肉之间的组织,由疏松结缔组织和脂肪组织构成,并在组织内分布有较大的血管。因皮下组织较疏松,故局部受暴力打击易造成血管破裂出血。此层内脂肪组织多少依个体状况而异,如较肥胖的人可形成较厚的脂肪层。脂肪组织具有防止体热散发、缓冲机械压力和营养等作用。

(四)皮肤附属器

皮肤的附属器包括汗腺、毛发、皮脂腺和指(趾)甲等。

1. 汗腺。在身体不同部位汗腺的数量也不同,以手掌足底部最多。汗腺属于外分泌腺,导管开口于表皮表面的汗孔。汗腺的作用有:(1)汗液可湿润表皮的角质层;(2)借助水分和离子的排出以调节体温及水盐平衡;(3)排出代谢产物。

2. 毛发。在整个人体表面,除手掌及足底等处外,均有毛发分布。毛发的性状因所在部位、年龄和性别而有差异,其中以头发最粗长,躯干四肢的毛最细小。每根毛发可分为毛干、毛根和毛尖,毛干是露出皮肤以外的部分,毛根是埋藏在皮肤内的部分且由毛囊包裹。毛囊下端膨大,呈球形,称为毛球,毛球底部凹陷,含有结缔组织、毛细血管及神经,称为毛乳头。毛发与皮肤表面成一定角度,在钝角侧有一条斜形的平滑肌束称立毛肌,它一端附于毛囊,另一端终止于真皮的浅部。立毛肌受交感神经的支配,在寒冷、恐惧、愤怒时可收缩而使毛发竖直,使皮肤呈现鸡皮现象。

3. 皮脂腺。皮脂腺多位于毛囊与立毛肌之间,开口于毛囊的上段,其分泌物称为皮脂,皮脂具有滑润和保护皮肤毛发的作用。

第十一节 视觉器官

视觉器官能接受光波的刺激,经视神经传导至脑的视觉中枢而产生视觉。视觉器官由眼球及它的附属器官(眼睑和泪腺等)组成。

一、眼球

眼球位于眼眶的前部,它的前面有眼睑保护,眼球由眼球壁及其内容物所组成,后面有视神经连于间脑。

(一)眼球壁

眼球壁可分为外、中、内三层。

1. 外膜。外膜由结缔组织构成,具有保护眼球内容物的作用,可分为角膜和巩膜两部分。

(1)角膜。角膜占外膜的前1/6,坚实透明,曲度较大,有折光作用,死后角膜混浊,根据混浊程度可推测死亡时间。

(2)巩膜。巩膜占外膜的后5/6,不透明,呈乳白色。

2. 中膜。中膜含有丰富的血管及色素,呈棕黑色,由后向前可区分为脉络膜、睫状体和虹膜三部分。

(1)脉络膜。脉络膜占中膜的后2/3,其主要功能是为眼球内组织提供营养。

(2)睫状体。睫状体在脉络膜的前方,是中膜最肥厚的部分。睫状体内有平滑肌称睫状肌,该肌的收缩与舒张可调节晶状体的曲度。

(3)虹膜。虹膜为中膜的最前部,呈圆盘形,中央的圆孔称瞳孔。虹膜把角膜和晶状体之间的腔隙分成眼前房和眼后房,二者借瞳孔相通。虹膜内有平滑肌,可控制瞳孔的放大和缩小。在活体通过角膜可看见虹膜和瞳孔,死后由于角膜混浊,则不易看到。虹膜的颜色有人种差异,可有黑、棕、蓝和灰色等数种,黄种人的虹膜多呈棕色。

3. 内膜。内膜位于中膜的内面,又称视网膜。视网膜的前部无感光作用,称为盲部;后部有感光作用,称为视部。

(二)眼球内容物

眼球内容物包括房水、晶状体和玻璃体,它们都是透明的,无血管,具有屈光作用,称为眼的屈光系统。

1. 房水。房水是一种无色透明的液体,充满眼房内。房水产生于睫状体,流入巩膜静脉窦进入血液循环。房水除具有屈光作用外,还有营养角膜、晶状体以及维持眼内压的功能。

2. 晶状体。晶状体位于虹膜后方,为双凸镜状透明体,是眼球屈光系统的主要组成部分。

3. 玻璃体。玻璃体是无色透明的胶状物质,充填于晶状体与视网膜之间的眼内腔。

二、眼内附属器官

眼的附属器官包括眼睑、结膜、泪腺、眼肌及眶内的筋膜与脂肪等,主要对眼球起保护、运动和支持作用。

眼睑俗称眼皮，位于眼球的前方，可分为上睑和下睑，眼睑皮肤薄嫩，皮下组织松弛，同时血管也较丰富，故受暴力作用后眼睑易形成皮下出血。结膜是一层薄而透明的黏膜，覆盖在眼睑的后面（睑结膜）与眼球的前面（球结膜）。泪腺分泌泪液，位于眼眶上壁外侧的泪腺窝内。

附录二　法医学尸体检验

第一节　概　　述

一、法医学尸体剖验的法律依据

根据原卫生部1979年9月10日重新发布施行的《解剖尸体规则》第2条的规定，尸体解剖分为下列三种：普通尸体解剖、法医解剖、病理解剖。法医解剖限于各级人民法院、人民检察院、公安局以及医学院校附设的法医科（室）施行，凡符合下列条件之一者进行法医尸体解剖：(1)涉及刑事案件必须经过尸体解剖始能判明死因的尸体和无名尸体需要查明死因及性质者；(2)急死或突然死亡，有他杀或自杀嫌疑者；(3)因工、农业中毒或烈性传染病死亡涉及法律问题的尸体。我国《刑事诉讼法》第131条规定，对于死因不明的尸体，公安机关有权决定解剖，并且通知死者家属到场。在司法实践中，家属拒绝到场的，不影响解剖进行。

二、尸体剖验的原则和程序

（一）尸体剖验原则

法医学尸体剖验作为法医学的主要工作方法之一，除了应当遵循法医学鉴定的一般原则外，还应当遵循以下原则。

1. 系统性原则。法医学尸体检验应强调系统性，在有条件的情况下进行系统的尸体剖验及做局部性检查，这样不会遗漏重要现象。

2. 规范性原则。法医学尸体检验应当遵循既定的规范，只有按照规范才能不影响检验的结论。我国规定了多条关于尸体检验的行业标准，主要有：《法医学尸体检验》（GA/T 0149－1996）；《法医学尸体解剖》（GA/T 0147－1996）；《机械性损伤尸体检验规范》（GA/T 0168－2019）；《新生儿尸体检验》（GA/T 0151－1996）；《中毒尸体检验规范》（GA/T 0149－2019）；《机械性窒息尸体检验》（GA/T 0150－1996）；《法医病理学检材的提取、固定、包装及送检方法》（GA/T 0148－1996）。

（二）程序

法医学尸体检验应当按照全面系统的要求，从外向内，逐步进行，首先是现场尸体检验，其次进行尸体外表检验，最后是进行尸体解剖检验。虽然各步骤检验内容和重点不同，但它们之间存在密切联系并互相影响。

1. 现场尸体检验。在作案现场或发现尸体的现场进行调查、勘验及尸体外表检验，发现并采集有关物证的过程，称为尸体现场检验。通过现场检验手记物证，可以确证死亡，获得对案件的初步印象和有关线索。

2. 尸体外表检验。对于尸体的一般情况、尸体现象、体表征象、损伤和病变情况进行仔细检查，可在现场或将尸体搬运至条件较好场所或解剖室进行。

3. 尸体剖验。经过前述两个步骤后，仍然不能确定死因或者需要了解其他问题的，应当进行全面系统的解剖。

4. 特殊型尸体检验。包括碎尸、无名尸、发掘尸体、传染病尸体、特殊类型交通事故尸体和新生儿尸体检验，检验方法、内容和要求均不同于常规的尸体检验。

三、法医学尸体检验的类型

鉴于法医学尸检的对象不同，法医学尸体检验可分为一般尸体检验和特殊尸体检验两种类型。其中特殊类型尸体检验主要包括：无名尸检验，碎尸检验，在凶杀案和嫌疑凶杀案时将已埋葬的尸体挖掘出来进行的尸体检验，以及与成人检验方法不同的对死胎及新生儿尸体的检验。

四、法医学尸体检验的意义

法医学尸体检验是法医学鉴定工作中的重要环节，是保证鉴定质量的基础和前提。法医学尸体检验在司法实践中占有主要地位，特别是刑事案件的侦破或医疗纠纷引起的非刑事案件中，要求法医工作者做到的不仅是出具一份验尸报告或鉴定书，还要通过现场勘验、尸体检验后进行周密、细致的分析，并主要解决下述问题。

（一）死亡原因

准确的死亡原因，应是在全面的尸体检验，包括实验室（如病理、毒化等）检验后，进行综合分析评判。但侦查初期不可能得到有关实验室的检验报告，法医工作者应根据基本材料作出分析意见供侦查部门参考。

（二）案件性质

造成死者死亡的原因是他杀、自杀、意外事故或是疾病所致。

(三)死者身源

对于无名尸体应确定死者的人种、年龄,对于碎尸或白骨,还要确定死者的性别、身高。解决身源的关键是认真细致地检验、准确如实地描述死者的个性特征,尤其是死者的缺牙、镶牙、补牙、手术疤痕、陈旧性骨折等特征,因为,这些信息通常在医院病案之中有记录。通过死者的遗留物及尸体检验,可判断死者的社会身份、职业,对于查找身源也同样具有重要的意义,特别在白骨案或尸体高度腐败的命案中,实验室检验如颅骨复原面貌、颅相重合及毛发、骨的DNA检验等有可能直接认定死者身份。

(四)死亡时间判定

根据尸温、尸僵、尸斑、腐败、昆虫生长、玻璃体离子浓度、某些脏器组织的酶化学反应情况等综合分析。死前最后一餐距死亡时间的判断,是根据胃内容物的消化程度、胃肠的排空情况来分析。在判定死亡时间时,值得一提的是,要注意尸体发现现场的环境情况,如通风、温度、湿度等而且不同的个体如老年人、青壮年、儿童、长期卧床的体弱者等情况及其进食的种类不同,都直接影响着消化和排空时间。因此,应结合具体情况综合分析。

(五)致伤物的推断和判断

根据损伤特征等,推断致伤物类型,如棍棒、砍切器、单(双)刃刺器、火器等。对于碎尸案,还要根据肢体断端特征确定碎尸工具。

(六)死亡发生的经过情况

在刑事案件中,要求法医工作者对现场、尸体勘验之后,在临场讨论会上根据现场情况、血迹分布、倒卧姿势、位置等结合尸检的损伤特征、分布数量和程度等,分析判断死者伤亡过程和推断罪犯的作案过程,达到重建案件的目的,准确地刻画罪犯条件,为侦查破案提供重要线索和证据。

五、法医学尸体检验的要求

法医学尸体检验,必须依据法医学鉴定程序,按照国家对尸体解剖的有关规定进行。凶杀案和嫌疑凶杀案必须坚持解剖,对于已经埋葬的尸体,也应在当地公安机关批准后,进行开棺验尸。我国法律已逐步趋于完善,没有经过剖验,仅凭尸表检验作出的鉴定结论,是不符合法医学鉴定要求的。在某些地区,特殊的民风、民俗不允许解剖,或家属因迷信、感情因素不同意剖验的,应请政府有关部门、有关人员一起,做好解释工作,坚持全面检验,否则不予出具法医学鉴定书。尸检人员通常由一名主检者、一至二名助手、一名记录员、一名摄影师组成。尸检前应先拍照固定,同时检验中所见的阳性和有价值阴性体征也要拍照固定。通过法医学尸体检验,如果要使出具的检验报告或鉴定书准确无误,必须按照下列要求进行。

(一)及时性

法医学尸体检验应及时进行,一旦拖延了时间致尸体腐败,则会直接影响检验结果,所以要力争做到真实、客观。

(二)科学性

法医学尸体检验一定要遵循科学原则,对于阳性与阴性所见均需详细记录。除常规检验外,有时还需进行X射线检查、细菌学检查、组织化学和酶化学检查,以及透射电子显微镜或扫描电子显微镜检查等各种特殊技术检查。

(三)系统完整性

法医学尸体检验应全面系统地进行,在体表、解剖检验后,还常需进行病理组织学或毒物分析等其他检验,才能得出可靠结论。切忌因局部检验而忽视全面检查,即使发现致死性外伤,也要全面解剖,在认定的同时还要有排除和否定其他可能性的可靠依据。

(四)尸体解剖及设备基本要求

1. 尸体解剖室基本要求

(1)尸体解剖室应设在光线充足、空气通畅、地方干爽、尸体搬运方便的地方,一般应为独立建筑。

(2)解剖室设置尸体解剖台,并安装自来水管和与排污水管相连接的出水口。

(3)解剖室应设有充足的照明设施及用作消毒的紫外线灯。

(4)解剖室地面应以水泥或水磨石地板为宜,四周墙壁从地面向上至少2米高度镶以白瓷砖,以利清洁消毒。

(5)有条件应附设尸体解剖预备室,室内设有小沐浴室、更衣室,并设有保存解剖器械和衣物的器械柜及更衣柜。

(6)其他设备:解剖衣帽、乳胶手套、大小量杯、木枕、小水盆、小木台、大小天平、体重磅、海绵块、脱脂棉、纱布、墙壁挂钟、标本缸及固定液等物品。

2. 器材准备

医学上有专门的尸检器材及工具。解剖室应备有尸体解剖用的各种器械和用具,如刀类(脑刀或器官刀、软骨刀、截断刀、解剖刀等)、剪类(肋骨剪、骨剪、肠剪、眼科剪、钝头剪、尖头直剪和弯剪等)、镊子(有齿和无齿镊)、钳子(咬骨钳、直的和弯的血管钳)、锯类(板锯、脊柱锯)、铁锤、“丁”字凿、骨凿、缝针、缝线、探针、量尺、量杯、量筒、长柄水勺、液体吸取器、注射器和针头、天平、称、盆或盘、头颅固定器、木枕、海绵或纱布、测量器等,以及清理尸体检验器材用的工具,并备足盛装各种物证、检材标本的器皿、瓶、袋,这对外出尸体检验和尸体发掘尤为重要。还要备有其他如福尔马林、消毒药品、温度计、放大镜、显微镜、手摇钻、滤纸、pH 试纸和血液试验用品、毒物预试用品、指纹擦印纸、指纹擦印盒以及照相机、录音机、录像机等用品。如果怀疑尸体内有某种异物,或者为查明尸体内骨折的形态,应用 X 线检查。其他如冰冻尸体须酌情先行解冻。外出时应准备有关照明、避雨及交通工具等用品。对于烈性传染病的尸体,还应注意防护措施的准备等。

第二节　一般常规法医学尸体检验

一、法医学尸表检验

尸表检验首先应注意观察尸斑、尸僵的分布和程度,个体特征及损伤的分布、数量和损伤程度等,并应作出是否生前伤的肉眼诊断和分析判断受伤及死亡经过的时间以及死者的社会阶层和有无与职业有关的特征等分析。

1. 头部。发型、发长、色泽,是否烫发、染色;头皮有无损伤,颜面是否发生紫绀、出血和肿胀;眼睑结膜、球结膜有无点状或片状出血及异常,瞳孔大小是否对称、等圆;口唇黏膜有无损伤,口腔内有无异物、异味或出血,舌尖有无咬伤,颊黏膜颜色、有无损伤出血或腐蚀现象,牙根有无损伤,牙齿有无松动脱落、有无义齿及牙齿萌出数目、排列特征、磨损程度、牙垢色泽性状等。

2. 颈部。有无扼伤痕、表皮剥脱、索沟和皮下出血以及舌骨骨折、颈椎脱位,皮下有无捻发感等。

3. 胸腹部。是否对称,有无手术瘢痕、肋骨骨折,胸部皮下有无捻发感,腹部有无波动感,女尸腹壁有无妊娠纹等。

4. 腰背部。有无压痕,脊柱有无脱位、损伤和畸形等。

5. 臀部及会阴部。有无损伤或排泄物;外生殖器有无损伤;阴毛色泽,有无黏附物。

6. 四肢。有无搏斗伤、咬痕、针孔、骨折、关节脱臼等损伤;手指有无戒指压痕,腕部有无手表压迹,指(趾)甲是否染色,甲缝有无血迹和表皮等;手中是否抓握有东西(如毛发、布片、纤维和纽扣等)。

对尸表各部位的损伤数目和特征,如形状、大小、方向和深度、创壁是否光滑、创腔有无组织间桥或异物、创缘有无附着物等的观察、发现是十分重要的。在有些凶杀案件中,创内留有异物往往有侦查价值和证据作用,因此尸检时应注意发现提取以备检验鉴定。

二、尸体解剖检验

法医解剖检验尸体时,除法医检验人员外,通常还要有现场指挥人、检验记录人、检验见证人、家属或亲友参加。

1. 现场指挥人,是负责现场勘查和尸体检验的指挥人员,一般由办案负责人或领导担任。

2. 检验记录人,是负责将法医检验尸体中所见到的描述尸体的情况完全记录下来的人员。

3. 检验见证人,在检验前邀请死者单位与案件无关的领导或有威望的群众2人,全程观察法医的解剖工作,检验完毕后,若见证人对法医检验所见提不出异议,应在检验的记录上签字或捺印指纹。

4. 家属或亲友,一般由家属或亲友商议推荐1~2名代表参加,检验完毕后,可以对法医检验提出疑问,若提不出异议,家属或亲友应在检验记录上签字或捺印指纹。

尸体解剖应在对尸表检验后进行。尸体解剖可根据不同要求选择不同的术式,一般采用直线切开法,以下颌缘正中为起点,沿颈、胸、腹部的正中线做直线切开皮肤及皮下组织,至耻骨联合。在脐部要绕过脐左侧,如果切线上有新的损伤及病变时,切口时要避开,在切完后,先将胸部软组织自切线沿肋骨向两侧充分暴露肋骨。

(一)颈部解剖检验

自切口向两侧分离颈部皮肤,使皮肤与皮下组织和肌肉进行分离,首先,要观察皮肤、皮下组织有无充血、出血和血肿。其次,再分层剥离并检查皮下组织和各层肌肉,如颈阔肌、胸锁乳突肌、舌骨上下肌群等有无出血、血肿情况。最后,检查甲状软骨、环状软骨及舌骨有无骨折,颌下腺、甲状腺有无肿大、出血等。在检验颈部时应先检查肌肉组织,再切开血管检查,否则会出现血污染肌肉的情况,影响检查。在颈部的一般检验完毕后,用刀沿下颌正中刺入口腔,沿下颌骨内缘向左右两侧切断口腔底,将舌拉出,沿硬、软腭交界处切开后,再切断咽后壁,将咽食道后壁从脊柱上分离下来,边拉边分离割断相连部分,这样即可将舌、咽、食管、喉、气管和支气管等一并取出检验。检查舌尖、舌面情况及上呼吸道情况,对疑为机械性窒息尸体,对于皮肤损伤及对应的皮下软组织、肌层应仔细检查,确定损伤是否有生活反应,判明生前伤及死后伤;对于甲状软骨、舌骨等骨折部位仔细检验分析,判明作用力的部位、方向和大小;对于用软性衬垫物衬垫颈部后扼勒窒息死亡的尸体,在皮肤、皮下组织、肌层不易形成明显的出血等现象,在检验时要仔细辨别,对软组织颜色有差异怀疑有出血的区域,必须提取检材做法医病理学检验。

(二)胸腔解剖检验

肋骨暴露后,不要马上剪断肋骨暴露胸腔,先要检查皮下组织和肌肉有无出血,如果发现出血则要检查出血的部位、形态和范围等;同时要检查各肋骨有无骨折,要注意检查骨折的部位、程度、骨折周围软组织是否出血等。如果怀疑死者有气胸,应先做气胸试验以证实,气胸试验过程如下:沿锁骨和胸骨作“Y”形切口,由中间向两侧分离皮肤和皮下组织达锁骨中线,提起两侧皮肤,加入一定量的水,确保所有肋间隙将充满,用探针从上至下分别刺破各肋间隙,观察有无气体冒出,若有气体则为阳性,否则为阴性。从肋骨与肋软骨交界处内侧 0.5 厘米处,刀口向外偏斜逐一切断肋软骨,避免伤及肺脏,切断肋间肌及膈肌,提起胸骨及相连的肋骨端,从下往上将胸骨与纵隔分离。剪断第一肋骨前,先检查胸腔内有无液体,其性质与容量如何。分离胸锁关节,剪断第一肋骨,暴露胸腔,检查胸膜是否光滑,有无点状出血。检查胸腺的大小,剥离取出后,观察脂肪化程度和大小并称量重量(正常成人胸腺约重 25 克,25 岁后逐渐被脂肪组织替代,25 岁以后退化为脂肪组织,对推断年龄有一定参考价值);观察肺的各部是否与胸膜粘连,注意检查粘连的部位、程度、是否容易剥离等。用剪刀自心尖部将心包作“Y”字形切口,将心脏完全暴露出来,观察心包腔内液体的颜色、性状和数量,正常心包液为淡黄色的澄清液体,为 5~10 毫升。如果心包腔内有多量血液,要测量其量的多少,是否已有凝血块形成。同时要检查心室壁和主动脉根部有无动脉瘤破裂。

(三)胸腔脏器取出检验

在胸腔上口处切断两侧结缔组织和血管,用左手抓住喉头、气管、食管等颈部器官连同心肺一并往下牵拉,使胸腔器官与脊椎分离,直达膈肌上方,最后在该处切断主动脉、下腔静脉及食管,取出胸腔内脏器,检验各脏器有无损伤及病变。对有损伤的部位进行检验测量,并与皮肤软组织损伤相联系,判断致伤工具的形态及特征。怀疑肺动脉栓塞时,应先在胸腔内原位剖开检查右心和肺动脉总干有无血栓栓塞。

(四)腹腔解剖检验

用钩镊子提起脐和剑突之间的腹膜切一小口,用左手食指、中指插入小口中,略向上提起切口处的腹膜,在两指间剪开腹膜,沿肋缘切断腹壁的肌肉,充分暴露腹腔。检查腹直肌颜色及状态,并测量腹壁脂肪厚度,注意腹膜的表面是否光滑,有无出血、粘连,腹腔内有无异常气味,有无积液,如果有要测量其数量,观察其颜色和形状。要检查测量血水的比重,检查腹腔有无凝血块,注意出血的脏器和破裂血管的位置;各脏器位置是否正常,有无损伤,检查胃的大小、充盈情况;肝、脾是否肿大;大网膜及肠系膜是否有脂肪坏死灶;阑尾有无炎症。女性尸体须详细检查盆腔各脏器有无损伤及病变。随后将右手伸入膈肌下方测量左右脯肌高度。

(五)腹腔脏器取出检验

腹腔和盆腔脏器的取出一般先摘出脾脏,取出小肠和大肠,其次取出肝、胆囊、胃、十二指肠和胰腺,最后取出肾上腺、肾脏和盆腔脏器,检查各脏器有无损伤及病变,观察胃及十二指肠内容物性状、消化情况,推断死亡时间,并提取内容物送毒物分析。观察尿液性状和容量,并用注射器从膀胱中抽取尿液 50 ~ 100 毫升供毒物分析,最后要检查腹主动脉及下腔静脉管腔及内膜情况。实质脏器(如肝、肾)损伤能反映凶器的部分特征,如刺创能在这些脏器上留下刺器尖部的形态,要测量其损伤面积和形态并提取该器官冷冻或以药物固定并妥为保管,以备与侦查获取的凶器做比对检验。

(六)颅腔及脑解剖检验

剖颅检查通常在胸腹脏器剖验之后进行。常规切口选用从一侧耳郭上方经顶部至另一侧耳上方切开头皮,深达颅骨,将头皮向前、后方向剥离,前至眉弓,后至枕骨结节处,检查头皮下有无血肿,血肿对应部位的颅骨及颅骨其他部位有无骨折,如有则需测量其位置、大小、骨折线的长短、方向等。如遇颅骨呈粉碎性骨折时,要将所有的大小骨片收集起来,按解剖学的原来部位镶接复原,观察骨折的性状,分析研究损伤工具,接触面的特点,打击方向、次数及打击的先后等。然后锯开颅骨,掀起颅顶盖,分离硬脑膜与颅顶盖,将颅顶盖取下后,检查顶骨内侧面有无骨折、畸形或缺损,检查硬膜外有无血肿,硬膜有无充血及硬脑膜的紧张程度。然后沿正中线剪开上矢状窦,检查有无血栓或静脉炎等病理改变。自前向后掀开硬脑膜检查硬膜下有无血肿或出血,在何部位,量如何,并显露两侧大脑半球,以左手指将额叶向上、向后抬起,逐一剪断嗅神经、视神经、垂体茎、颈内动脉和动眼神经等。切断附着于颗岩部上缘的小脑幕,检查小脑池有无血液,并依次剪断 4 ~ 12 对脑神经和第一对脊神经,将刀伸入脊椎管内,切断脊髓和椎动脉,将脑取出。然后小心地分离并取出垂体做横切面检查,检查脑的外表、两侧大脑半球和小脑半球是否对称、脑回有无变平、脑沟是否变浅;脑基底动脉、椎动脉、大脑中动脉和大脑前、后动脉有无血管瘤和是否破裂或有其他改变;脑组织外表有无脑挫伤及出血灶,如果发现,要检查其他部位、大小及其他性状,并与头皮的损伤和颅骨损伤进行重合对比,看是否一致,分析其形成原因。检查软脑膜血管有无充血、蛛网膜下腔有无出血或过多液体。最后检查脑神经有无变化,并称量脑组织重量是否正常,检查整个脑膜、硬脑膜各静脉窦有无血栓形成,撕掉颅底硬脑膜,仔细检查有无颅底骨折。对于脑内部检查,通常将脑固定7~10日后进行,如需立即检查,要将脑刀刃面用水或酒精擦拭后切开。切开大脑的方法有冠状、矢状和水平三种,应根据案情及颅脑外部检查结果而定,切开大脑后仔细检查各切面是否有出血、坏死、软化等异常改变。小脑的检查是在蚓部作一矢状切口,显露第四脑室,继而将小脑两半球作多数水平切面,以显露齿状核等。中脑、桥脑、延脑均可做多数横切面检查。

(七)脊髓解剖检验

怀疑颈段脊髓损伤而死亡的尸体,应取出脊髓进行检验。常用的传统方法有从腹侧和背侧取出脊髓两种,都采用锯开脊柱椎管取脊髓的方式,操作比较复杂。可以用脊髓内取器从枕骨大孔插入椎管内取出的方法则较为简便。

(八)检材的采取

法医尸体解剖检验时采取包括组织学检材、血检材、细菌学检材、生物化学检材和毒物检材等,应根据不同案例要求来决定采取检材的种类和方法。

1. 组织学检材的采取。最好是将心脏扁桃体、肾上腺、胸腺、甲状腺、脑垂体全部取出,主动脉、大肠、小肠、睾丸、骨髓应视情况少取或多取。检材应用10%的中性甲醛液固定。如需做组化检验应专门配制固定液。

2. 血检材的采取。血液标本收集最好从上肢或下肢血管中(肘静脉或股静脉)抽取,或用纱布浸湿后阴干;对女性尸体应取出阴道分泌物检验有无精液,并取唾液检验其分泌型。进行毒物分析检材,应按照毒物分析的步骤严格进行。尸体全部检验完毕后,将体表切口用线缝合,冲洗干净,交死者亲属或殡礼工人处理。尸体经法医学检验后,认为没有必要的,应通知有关方面尽快火化。

(九)照相、摄像及记录

在法医尸体检验过程中,对阳性发现及重要的阴性反应必须拍摄照片、绘图或录像,以补充尸检记录的不足,然后把照片、简图和笔录汇合成一份完整的材料。

尸检完成后,尸检在场人员应在尸检记录上签字。法医鉴定人应根据尸检记录和实验室的检验结果作出鉴定结论。

第三节　特殊尸体检验

一、无名尸的检验

身份不明的尸体称无名尸体。无名尸体的法医学检验包括凶杀案件、重大车祸、空难、海难及其他事故中死亡的身份不明者，其检验与常规尸检基本相同，但观察应更为细致，记录应更为详尽、翔实。通过检验，除了要解决常规尸检需要解决的问题外，还应对以下问题作出推断。

1. 死亡经过时间。检验时应根据尸体现象和实验室有关病理学、组织化学、生物化学检验结果推断死亡时间。对于胃内消化时间推断，应根据胃内容物进行漂浮清洗，确定进食的种类和消化的情况。十二指肠亦应切开观察，确定排空情况，以更准确地确定死亡距最后一餐的时间。

2. 年龄。可根据骨骼发育生长情况，如耻骨联合面形态改变、颅骨骨缝的愈合情况，骨骺线、骨髓腔、胸骨变化等，或根据牙齿的萌出和磨损程度，以及面部皱纹、毛发颜色等情况综合判断。

3. 社会阶层。根据衣着和随身携带的物品、饰物，化妆，手足皮肤是否粗糙，骨骼肌肉是否发达，指(趾)甲缺失磨损情况，甲缝、甲沟及皮肤残留物的性状、特征和成分分析等进行综合分析评断。

4. 生活地区。根据死者的体貌特征、发式、装束打扮特点及佩戴的装饰品可推断其生前生活的地区和民族，如风沙大的地区，皮肤粗糙；高原地区皮肤血管扩张；高氟地区牙齿呈氟斑牙等。有些少数民族的服饰具有独特之处。

5. 个体识别特征。全身各部的色素沉着、胎迹、文身、文眉、文唇；生理缺陷、畸形；手术瘢痕、肿块、器官的病变等；镶牙、假牙、缺牙等；染发、假发、耳环孔等。

6. 捺印指纹，有条件的捺取唇纹、皮纹或拍照，以备个人识别用。

7. 如尸体腐烂，应提取毛发、骨骼做血型检验；提取颅骨做容貌复原或颅像重合，以确定死者身源。

二、碎尸的检验

用暴力手段将完整的尸体分解成数段或数块称碎尸。碎尸的目的是便于移尸、抛尸以毁灭证据、逃脱罪行。此类案件一般多为无名尸，检验时，除按无名尸要求检验外，需注意以下几点。

1. 详细了解发现当时情况。抛尸现场的响动及有无谈话及对话内容、口音，现场的地形、地貌是否隐蔽，交通工具能否到达，现场附近是否有停车痕迹等。

2. 认真勘查抛尸现场。重点是勘验、考证和研究运载、包装物品，有无名称、代号、标记、标号等，还有捆绑的绳索及其加工材料的质量、型号、打结方式等情况。

3. 杀人手法。根据尸检所见头部有无打击伤、颈部有无卡扼伤痕，胸、腹部有无刺伤等，可推断杀人手法、可能死因。此外，还应注意是否投放安眠药或毒物、麻醉剂致死后再碎尸的。碎尸案中因打击头部、扼颈部和刺损胸腹器官致死后碎尸的较为多见。

4. 碎尸工具。根据各碎尸块断面的特征推断碎尸工具的种类或形状,如断面宽大整齐,深达骨骼或将骨骼在同一水平离断,应为长而宽的具有砍、切功能的锋利刀具形成;如断端创面窄小,皮瓣拖尾伤痕多,创面不整齐,则为刃面窄的,刀刃不够锋利的小型刀具切割形成。断端骨质如有锯痕,应测算锯齿大小,常见的碎尸的锯子多为钳工用的钢锯,检验鉴定时应注意鉴别,应尽量提取骨断面的金属粉末以备与侦查中获取的可疑钢锯的金属成分用扫描电镜进行元素分析,做定量对比检验。

5. 犯罪的职业技能的推断。根据碎尸解离手法,如四肢关节、脊柱的解离干净利落,对关节面,尤其是脊柱的椎间关节不造成明显损伤者,多为具有解剖知识、熟悉解剖部位者所为。

6. 个人识别。碎尸案的罪犯抛尸灭迹往往不是在同时同一处将全部尸块抛出,即使是一次性抛完,也常常是在不同地点先后被发现。因此,尸检时需提取血痕、毛发或骨骼做 DNA 检验,特别是一次多人的碎尸案件中,尤应全面提取检验,加以识别。必要时须将断端骨骼取下,供进一步发现或寻找到尸块时作断端吻合比对,以准确作出是否同一个人的认定。

7. 碎尸现场环境的推断。认真、仔细地提取碎尸块上的微量黏附物及包装物内的黏附物,送实验室做扫描电镜、质谱、离子光谱或中子活化微量物证检验,可推断碎尸环境、缩小侦查范围。

在碎尸案的检验中,尤应注意水中浮尸被大、小机动船螺旋桨打击等所致的尸体肢体离断,医院截肢所丢弃的肢体,与碎尸案的组织块进行认真鉴别。

三、已埋葬尸体的检验

挖掘出已埋葬的尸体进行检查称尸体发掘或称开棺验尸或已埋葬尸体的检验。尽管国家法令推行火葬,但有个别地区,特别是偏僻农村,仍有土葬存在。对于可疑暴力性死因的,或死因不明和有争议的,根据原有资料难以明确结论时,均需挖掘尸体检验。挖掘尸体或开棺验尸之前,应先了解生前案情、健康状况、生活习惯和嗜好等,观察墓地情况、棺材质料、形状,以及周围情况等,记载并照相。启开棺盖后,检查、记录、拍照棺内衣物和充填物等。挖掘尸体多高度腐败,可先剖开腹部和刺破肠管,放出腐败气体,再尽可能地系统剖验尸体。怀疑溺死者需取骨髓和牙齿做硅藻检查。怀疑中毒死者,除常规提取胃肠内容物、心血、膀胱尿,以及相应器官组织外,还需取上腹部肉泥、棺内充填物及其棺周泥土等,作毒物检材对照,以排除充填物与自然泥土中某种毒物的浸污。尸体白骨化时,亦需详查骨骼、牙齿、毛发等有否损伤或病变,骨组织中亦可检测出某些重金属毒物。

四、强奸杀人案的尸体剖验

强奸杀人犯的手段多为使用暴力或毒物使受害者失去抵抗力,通过弃尸荒野或掩埋、移尸、焚尸、碎尸等方法毁灭罪证。应对现场情况、尸体姿态、损伤性质,尤其有关性交行为等物证痕迹进行认真仔细检验。尸检应注意以下几方面。

1. 现场搏斗痕迹,衣服破损情况,尸体姿态和裸露情况,防卫抵抗伤,与性行为有关的损伤(如颜面、乳房、胸腹部等咬伤),特别是阴唇、处女膜、两大腿内侧等损伤。

2. 颈部的扼痕、索痕,颜面及口鼻捂压等可能的窒息死因,怀疑中毒的,需取材做毒物检验。

3. 强奸案的受害者,多有不同程度的外阴部、大小阴唇和处女膜损伤,如挫伤、撕裂,局部出血、凝血、充血水肿等。检查处女膜时,记录其形状类型、大小、深浅位置、伸展性、宽度、厚度、颜色和硬度,尤须注意新鲜裂口部位、深度、方向等,可按表盘的 12 等分标记裂口的位置。性交所致的处女膜破裂,多位于处女膜下半部 4 点与 7 点两处,呈放射性向基底部撕裂,生前多次性交的处女膜撕裂处瘢痕化。一般处女膜伤后 3 天内,可见破裂缘充血、肿胀、出血和血瘢;3 天后炎症消退;5 天后仅遗留愈合后破裂口。幼年受害者,可能会造成会阴撕裂。处女膜的损伤程度亦与其发育类型有关,薄嫩的处女膜易于破裂;厚韧的可撕裂,伤后流血多;弹力好的易于伸展,损伤较轻。

4. 认定强奸嫌疑犯的主要证据为现场、衣物、尸体上精液斑,特别是外阴和阴道内的精液与阴道黏膜液的混合斑。提取检材时,应用消毒脱脂纱布或棉签揩下,晾干后分别包装送物证检验。

五、死胎及新生儿尸检

死胎及新生儿尸体的检验方法与成人有所不同。

1. 需要了解家族史、产妇健康状况、婚姻及生育史、妊娠及分娩情况、生后情况和病史、产妇的产伤等情况。

2. 尸体解剖注意:(1)死胎应注意浸软,观察胎儿成熟程度,脐带和胎盘发育情况,有无畸形;(2)新生儿应注意观察皮肤发育情况,测量头围、胸围、腹围、身长和躯干长等判断成熟程度;(3)做肺、胃、肠浮扬试验和肺组织学等检查判断鉴别活产儿或死产儿;(4)据肺扩张程度、新生儿黄疸度、脐带残端变化、胎粪或食物排空情况等判断产后存活时间;(5)特别需要注意各种先天性畸形或疾病,如唇腭裂、脊柱裂、脑积水、先天性心血管病、肺不张、胆道或肛门闭锁等。

头部检查:注意产瘤、骨缝移位嵌合情况、前后囟门大小和膨隆情况。常用篮状剪切法开颅,用尖剪从后囟外侧角水平线向前剪开颞骨及额骨,在前正中额缝和矢状缝左右旁 0.5 厘米处,剪开额骨及顶骨,达人字缝,在两侧大脑半球间留有一条 1 厘米宽的骨桥,形似篮状。检查硬膜外、硬膜下、蛛网膜下腔及静脉窦有无损伤出血,剪开矢状窦有无血栓。在小脑幕切迹水平切断桥脑,取出大脑,暴露小脑幕,检查有无撕裂、出血。沿颞骨岩部上缘剪断小脑幕,取出小脑、脑桥及部分脊髓。注意颅脑损伤出血等产伤。

口腔检查:从上唇正中至颏隆凸与颈、胸、腹正中线一并切开,分离下唇、颏部及颈部皮肤至两侧下颌角,用骨剪剪断下颌角前,向两侧推开下颌骨,暴露口腔及咽喉部,注意有无异物、损伤及腭裂等异常。

心脏和大血管检查:联合提取心脏—动脉弓及左右肺动脉—腹主动脉,注意心室发出大动脉干有无异常骑跨,房间隔卵圆孔和室间隔膜部有无缺损,二尖瓣和三尖瓣是否正常,动脉导管是否生理性闭合、管腔扩张、内膜光滑和有无血栓等。

第四节　尸体的虚拟解剖

一、虚拟解剖概述

虚拟解剖(virtopsy)是指运用表面扫描、X 射线(多层螺旋 CT)、磁共振等无创或微创的方法取代传统尸检的解剖刀或剪刀,对尸体进行检验的过程。主要包括三维人体表面成像、多排多层计算机断层扫描(CT)、磁共振成像(MRI)、表面数据和放射学资料合并、高分辨率显微 CT 和显微磁共振成像(MR 显微镜检查)、磁共振光谱(死亡时间测定)、影像引导的经皮穿刺活检、死后血管造影、人造人体模型显影。与传统的解剖检验相比,虚拟尸检具有下述优势:(1)可提供客观的影像学资料存档;(2)微创或非破坏性的;(3)按照实际尺寸记录;(4)不需要触摸尸体,不破坏法医证据;(5)可提供 3D 结构;(6)对复杂身体部位的解剖提供可选或更多的检验工具;(7)可解决尸体解剖在伦理上的冲突,如宗教、当事人不许可的情形;(8)提供二维和三维后处理技术,使人们能用肉眼观察到在检验中未显示的结构,对一些特殊部位的检验优于传统解剖,如血管造影、肺部的某些征象;(9)为远程会诊提供依据等。

虚拟解剖技术为法医学检验提供了一种非侵入性的检验途径，可客观准确地反映骨折、软组织损伤、创道、器官损伤等，为法医学鉴定实践提供直观有力的证据。目前世界范围内，虚拟解剖检验还是法医学界新的研究方向，很多地方都在大力研究，目前国内研究较少，国内开展较早的是司法部司法鉴定科学技术研究所。本节综合国内外最新文献资料，从虚拟解剖在法医损伤鉴定、机械性窒息、溺死、高低温死亡、疾病诊断及其在法医有限元损伤研究中的应用等方面进行综述，阐述了这一新的法医学研究方向。

二、虚拟解剖技术在损伤鉴定中的应用

（一）颅脑损伤

目前虚拟解剖研究仍主要集中于颅脑损伤领域。研究表明，多层螺旋 CT 对检测骨质损伤有较大优势，能够反映出尸体解剖中难以发现或较难观察的骨折，如上、下颌骨的骨折，将多层螺旋 CT 图像经三维重建后能更形象地展现出复杂的骨折形态及类型。核磁 MRI 则适用于软组织损伤检测，对于脑梗死、脑挫伤及脑干损伤的解析度高于多层螺旋 CT，尤其是对于腐败尸体，应用 MRI 在不打开颅骨的情况下，可以提供有关原位的脑组织解剖学概况并且可以排除一些脑内严重的病理学改变，体现了其相对于传统尸体解剖的优势。

法医学实践中，多层螺旋 CT 用于检测外伤性头皮损伤也得到了很好的应用。外伤致头皮损伤患者进行多层螺旋 CT 扫描，并将扫描结果与头部表面检查结果相对比，多层螺旋 CT 扫描能检测到所有的头皮撕裂创和大部分的头皮血肿，并正确诊断出损伤属于何种类型的损伤形态。此外，MSCT 还能显示尸表检查难以发现的颅骨骨折和颅内出血，且能对损伤的几何学数据进行测量，通过对骨骼损伤的几何学数据，如损伤的长度、宽度、深度等进行准确测量，能提供致伤物的信息，为法医工作者推断可疑致伤物提供依据。

多层螺旋 CT 及 MRI 对于颅外、颅内多种组织的出血、骨折、水肿等改变的检出率在 90% 以上，与常规尸体解剖相比，能准确检测硬脑膜外热血肿、脑室内出血、脑组织冲击伤—对冲伤、气体栓塞等改变。另外，根据不同颅脑损伤造成的特征性影像的改变，可以对颅脑损伤的机制进行分析，对致伤物进行推断，通过三维重建，再现损伤过程。然而，在检测颅脑损伤方面，影像学技术也存在缺陷，由于技术的限制（有限的分辨率），影像学技术普遍无法检测到直径小于 3mm 的病灶。

（二）身体其他部位损伤

CT 与尸体解剖对于软组织损伤和骨折检查结果的吻合度为 76% 和 86%，并且

死后 CT 扫描对于骨折以及头颈部区域损伤的检测敏感性更高,而对于软组织损伤,尸体解剖的敏感性则更胜一筹。颈部解剖操作难度较大,尤其是颈椎解剖,虚拟解剖在颈部损伤检验中的应用亦具有重要意义,CT 相对于尸体解剖具有明显优势,如 CT 可以发现尸体解剖发现不了的颈椎骨折、可以轻易检测到尸体解剖无法发现的气胸的严重程度或颈部血肿所致的呼吸道堵塞等。

MRI 可以很好地辨识气胸、腹腔和腹膜后出血、胸腔积血,其鉴定肺挫伤和肺撕裂伤灵敏度也很高。但是 MRI 对于上肢骨折鉴定的灵敏度则较低,并且 MRI 在上腹部器官损伤鉴定中的灵敏度也很有限。但联合应用多层螺旋 CT 和 MRI 鉴定肝脏及其他腹腔脏器损伤,灵敏度则显著提高。

(三)枪弹伤

多层螺旋 CT 对于骨骼损伤、软组织损伤、出血、体内气体等均有很好的检出率,其在枪弹伤检验中的优势更为强大。对于枪弹伤 CT 全身扫描可以三维重建及三维容积重建,以检验射入口及射出口处骨质损伤,观察体内创道走行,定位子弹及体内骨碎片等,CT 及三维重建技术对于穿孔性枪弹创及贯通枪弹创的影像识别度高,检验效果极佳。研究发现运用影像学、病理学及组织学方法探测到脑组织枪弹伤的形态学改变,包括骨碎片及颅内高压导致的二次损伤。在无伪影干扰的情况下,MRI 能极好地显示脑组织的碎裂情况以及创道的形态,而 CT 则在检测及定位嵌入脑组织内的颅骨碎片方面有明显优势,常常能够探查出常规解剖及组织学方法无法显示的微小颅骨碎片。因此,若 CT、MRI 等影像学方法与传统解剖、组织学方法结合使用,将成为颅脑枪弹伤鉴定的强有力工具。

(四)高坠伤

运用 MSCT 技术对大落差高坠(5 ~ 70m)致死的尸体进行全身扫描,随后进行三维重建,可以观察损伤形态与分布情况及骨骼损伤模式与高坠致伤能量大小的关联度,与传统尸体解剖具有高度吻合。研究发现,在大落差高坠案例中,胸部损伤往往最为常见,且不受高坠致伤能量的影响。在检查高坠伤硬脑膜下出血、蛛网膜下腔出血、脊柱骨折等方面,多层螺旋 CT 是一个非常有用的工具,且漏检率很低,与传统解剖相比多层螺旋 CT 更加省时省力。

(五)交通伤

应用高分辨率表面扫描、多层螺旋 CT 及 MRI 技术,可实现对交通事故中车辆及人体的三维建模,准确明晰事故涉案人员相关损伤的致伤方式,该技术的优势在于:可以提供准确、详细的车辆和人体参数、车辆损坏及人体损伤情况,并利用高分辨率彩色尸表扫描图像及多层螺旋 CT 或 MRI 尸体内部扫描资料进行事故动画重现,很好地解决了交通事故中机动车—行人及机动车—自行车碰撞位置判断的问题。

此外,交通事故中的挥鞭样损伤一直是法医鉴定实践中的难点问题。多层螺旋 CT 和 MRI 技术对脊椎和脊髓改变敏感性高,不仅能清楚地显示脊椎脱位与骨折还可分辨外伤性椎间盘损伤、韧带断裂、硬脊膜下(外)血肿、脊髓水肿、出血、横断以及区别急慢性脊髓损伤等,在此类损伤的检验中有重要的应用价值。

(六)其他

多层螺旋 CT 与尸体解剖对于显示体内异物、创道、骨骼及器官损伤以及死因推断的准确性,多层螺旋 CT 对于深度、潜在危险性甚至致死性创道有着极高的检出率,基本可以取代费时费力的传统创道探查方法。此外,MSCT 和 MRI 能显示由损伤引发的血胸、气胸、胸腔积血等改变,亦能准确诊断出心脏压塞、气体栓塞等,尽可能避免了人工检验气体栓塞过程中操作失误致气体逃逸的情况。

三、机械性窒息和溺死

有些机械性窒息由食物致上呼吸道梗阻引起,已有利用多层螺旋 CT 检测出阻塞气管的食物,从而侦破案件的报道。被徒手、前臂扼颈或绳索勒颈死者进行了颈部 MRI 扫描,诊断颈部损伤并评估其所受扼颈行为的危险性。MRI 清晰地显示了颈部皮下脂肪层、颈部肌群、淋巴结、咽部及喉部软组织内出血、肿胀等病理性改变,弥补了传统法医学肉眼检验只能发现针尖样出血点所造成的遗漏。

在法医学实践中,当在水中发现一具尸体并怀疑尸体可能是死后移尸时,溺死的准确鉴定显得至关重要。当多层螺旋 CT 扫描发现呼吸道内出现泡沫性液体或高密度沉淀物,高度怀疑为溺死,当多层螺旋 CT 扫描发现鼻旁窦积液、气管及支气管腔积液、乳突气房积液、肺内弥漫性毛玻璃样高密度影、胃及十二指肠扩张积液等,则可从影像学上支持诊断为溺死。国内有报道利用 MSCT 成功判断了一起坠入污水泵池的中年男性死亡案例,这对于国内的溺死虚拟解剖研究具有重要意义。

四、高低温死亡

法医学鉴定实践中,多层螺旋 CT 及 MRI 亦被用于低温、炭化等特殊尸体的检验。对炭化尸体的正确检验始终是法医学上的一大挑战,死亡原因、死亡方式和致伤物等鉴定都存在较大困难。研究发现,多层螺旋 CT 和 MRI 可以显示烧伤案例中人体的损伤反应(如空气栓塞等),所以死后影像学检查对于炭化尸体的检验潜力巨大。在低温致死的案例中,损伤的形态学表现是多变的、非特异性的,但髂腰肌内出血可作为低温致死的诊断标准,并认为这是低温致死相对特征的反应。

五、虚拟解剖在疾病诊断中的应用

猝死在法医学鉴定实践中以心血管疾病多见。MRI 成像技术的快速发展已能够反映心肌组织缺血性改变,运用 MRI 技术对心肌梗死死亡的尸体进行扫描,着重对心肌梗死部位、类型及新鲜度进行检验,并与尸体解剖、组织学检查所见相比较,结果基本一致,说明 MRI 技术可以成为心肌梗死检测的有效工具。但是 MRI 的应用同样有其限制,由于尸体腐败或气体栓塞引起的心腔内气体的聚集对 MRI 成像会产生影响,这些气体会导致图像的伪影,从而影响结果,并且与骨骼肌出现尸僵类似,心脏在心肌 ATP 储备耗尽时仍会收缩,这会导致从心包下到心内膜下心肌内压力的增加,因此当心肌肥厚或尸僵处于最大水平时(死后 24 ~ 48h)间质内液体会积聚于压力更小的心外膜下区域,使心包下到心外膜下信号下降。随着尸体血管造影技术的较快发展,解决排查血管系统病变这一困扰法医学界的技术难题成为可能。血管造影技术可用于观察血管走行、破裂或狭窄程度等,并能提供优质的影像学结果或数据,经血管造影后,可明确显示血管系统解剖结构,极大地方便了法医鉴定分析。目前,尸体血管造影技术主要应用于离体的单个器官上,进行全身血管造影的报道并不多见,仅见于动物、胚胎、胎儿以及新生儿中(死亡后不久的新鲜尸体),这主要是由于灌注技术要求高、操作精细以及缺乏专业的实验设备。同时,现有的造影技术在灌注和成像时,其造影剂都是一种静止状态,无法模拟人体在血液流动情况下的血管形态,故灌注技术的流动性也是微创虚拟解剖技术发展的重要方向。

六、虚拟解剖与法医学有限元在损伤研究中的应用

有限元方法(finite element method,FEM)是一种与现代计算机技术相联系的计算应力分析方法,可以有效地分析人体组织结构的物理性质,已逐渐成为生物力学领域仿真人体结构力学功能研究的一个重要手段。近年来,硬件、软件方面的革新使多层螺旋 CT 和 MRI 图像更方便地进行格式转化,产生符合有限元建模所需的基于医学图像通信标准存储格式的医学图像,使有限元建模的技术瓶颈得以突破,目前该方法已成为三维有限元模型建模的主流方法。有效建立符合真实损伤情况的有限元模型及开展虚拟状态下的应力响应研究,已成为国内外法医学者研究的